2024
国家统一法律职业资格考试

历年客观试题精讲

主编 桑 磊
编著 颜 飞

刑诉法
[章节版]

历年经典客观题，配套教材大纲，章节自测
十余位法学专家学者倾力奉献，全新解读；深度解析命题思路，点拨答题方法

扫码进题库

中国法制出版社
CHINA LEGAL PUBLISHING HOUSE

图书在版编目（CIP）数据

2024 国家统一法律职业资格考试历年客观试题精讲：章节版．刑诉法／桑磊主编．—北京：中国法制出版社，2024.6

ISBN 978-7-5216-4156-1

Ⅰ．①2… Ⅱ．①桑… Ⅲ．①刑事诉讼法-中国-资格考试-题解 Ⅳ．①D920.4

中国国家版本馆 CIP 数据核字（2024）第 032520 号

策划编辑：李连宇

责任编辑：李连宇 黄丹丹 刘海龙 潘环环 封面设计：拓 朴

2024 国家统一法律职业资格考试历年客观试题精讲：章节版．刑诉法

2024 GUOJIA TONGYI FALÜ ZHIYE ZIGE KAOSHI LINIAN KEGUAN SHITI JINGJIANG：ZHANGJIEBAN. XINGSUFA

主编／桑 磊

经销／新华书店

印刷／三河市华润印刷有限公司

开本／787 毫米×1092 毫米 16 开 印张／11 字数／320 千

版次／2024 年 6 月第 1 版 2024 年 6 月第 1 次印刷

中国法制出版社出版

书号 ISBN 978-7-5216-4156-1 总定价：261.00 元（全八册）

北京市西城区西便门西里甲 16 号西便门办公区

邮政编码：100053 传真：010-63141600

网址：http://www.zgfzs.com 编辑部电话：010-63141811

市场营销部电话：010-63141612 印务部电话：010-63141606

（如有印装质量问题，请与本社印务部联系。）

本书二维码内容由桑磊法考提供，用于服务广大考生，有效期截至 2024 年 12 月 31 日。

目 录

	试题	详解
第一章　刑事诉讼法概述	1	1
第二章　刑事诉讼法的基本原则	5	6
第三章　专门机关与诉讼参与人	11	12
第四章　管辖	14	16
第五章　回避	21	22
第六章　辩护与代理	26	27
第七章　刑事证据的基本属性、种类与分类	32	34
第八章　证据规则	42	44
第九章　刑事诉讼证明	53	53
第十章　强制措施	56	58
第十一章　附带民事诉讼	69	70
第十二章　立案	77	78
第十三章　侦查措施	81	83
第十四章　起诉	92	94
第十五章　刑事审判概述	100	101
第十六章　公诉案件第一审程序	107	109
第十七章　自诉案件第一审程序	117	117
第十八章　简易程序	121	121
第十九章　认罪认罚从宽制度与速裁程序	125	125
第二十章　第二审程序	127	128
第二十一章　死刑复核后的处理	131	132
第二十二章　审判监督程序	136	137
第二十三章　执行	142	143
第二十四章　未成年人刑事案件诉讼程序	148	150

		试题	详解
第二十五章	当事人和解的公诉案件诉讼程序	159	159
第二十六章	缺席审判程序	162	162
第二十七章	犯罪嫌疑人、被告人逃匿、死亡案件违法所得的没收程序	164	164
第二十八章	依法不负刑事责任的精神病人的强制医疗程序	167	168

法律文件简称对照表

简称	全称
刑诉法	中华人民共和国刑事诉讼法
法院解释	最高人民法院关于适用《中华人民共和国刑事诉讼法》的解释
检察规则	人民检察院刑事诉讼规则
公安部规定	公安机关办理刑事案件程序规定
六部门规定	最高人民法院、最高人民检察院、公安部、国家安全部、司法部、全国人大常委会法制工作委员会关于实施刑事诉讼法若干问题的规定

第一章　刑事诉讼法概述

1. 关于我国刑事诉讼构造，下列哪一选项是正确的？（2017-2-22）

A. 自诉案件审理程序适用当事人主义诉讼构造

B. 被告人认罪案件审理程序中不存在控辩对抗

C. 侦查程序已形成控辩审三方构造

D. 审查起诉程序中只存在控辩关系

2. 刑事诉讼法的独立价值之一是具有影响刑事实体法实现的功能。下列哪些选项体现了这一功能？（2016-2-64）

A. 被告人与被害人达成刑事和解而被法院量刑时从轻处理

B. 因排除犯罪嫌疑人的口供，检察院作出证据不足不起诉的决定

C. 侦查机关对于已超过追诉期限的案件不予立案

D. 只有被告人一方上诉的案件，二审法院判决时不得对被告人判处重于原判的刑罚

3. 关于刑事诉讼构造，下列哪一选项是正确的？（2014-2-24）

A. 刑事诉讼价值观决定了刑事诉讼构造

B. 混合式诉讼构造是当事人主义吸收职权主义的因素形成的

C. 职权主义诉讼构造适用于实体真实的诉讼目的

D. 当事人主义诉讼构造与控制犯罪是矛盾的

4. 关于"宪法是静态的刑事诉讼法、刑事诉讼法是动态的宪法"，下列哪些选项是正确的？（2014-2-64）

A. 有关刑事诉讼的程序性条款，构成各国宪法中关于人权保障条款的核心

B. 刑事诉讼法关于强制措施的适用权限、条件、程序与辩护等规定，都直接体现了宪法关于公民人身、住宅、财产不受非法逮捕、搜查、扣押以及被告人有权获得辩护等规定的精神

C. 刑事诉讼法规范和限制了国家权力，保障了公民享有宪法规定的基本人权和自由

D. 宪法关于人权保障的条款，都要通过刑事诉讼法保证刑法的实施来实现

5. 在刑事司法实践中坚持不偏不倚、不枉不纵、秉公执法原则，反映了我国刑事诉讼"惩罚犯罪与保障人权并重"的理论观点。如果有观点认为"司法机关注重发现案件真相的立足点是防止无辜者被错误定罪"，该观点属于下列哪一种学说？（2013-2-22）

A. 正当程序主义

B. 形式真实发现主义

C. 积极实体真实主义

D. 消极实体真实主义

6. 在刑事诉讼中，法官消极中立，通过当事人举证、辩论发现事实真相，并由当事人推动诉讼进程。这种诉讼构造属于下列哪一种类型？（2013-2-23）

A. 职权主义　　　　B. 当事人主义

C. 纠问主义　　　　D. 混合主义

1. [答案] D　　[难度] 中

[考点] 刑事诉讼构造

[命题和解题思路] 命题人通过此题考查了考生对刑事诉讼构造的理解。关于此考点的传统考题，一般主要从以下两个方面考查：其一，各种刑事诉讼构造的内涵；其二，刑事诉讼目的与刑事诉讼构造的关系。相比之下，命题人此次的考查方式比较灵活，考生很难直接从相关教材中获取答案，而必须"活学活用"，根据自己对相关知识的理解逐项加以分析。

[选项分析] A选项涉及我国的刑事诉讼构造及其案件审理程序的关系。刑事诉讼构造是指刑事诉讼法所确立的进行刑事诉讼的基本方式以及专门机关、诉讼参与人在刑事诉讼中形成的法律

关系的基本格局，它集中体现为控诉、辩护、审判三方在刑事诉讼中的地位和相互间的法律关系。换句话说，刑事诉讼构造是对整个刑事诉讼中控、辩、审三方地位及相互关系的整体描述，不会因具体程序的不同而不同。一国的刑事诉讼构造与其历史传统和立法取向密切相关。我国当前的刑事诉讼脱胎于 1996 年刑诉法修改前的强职权主义的刑事诉讼，虽然吸收了大量的当事人主义诉讼的因素，但仍然更接近于大陆法系的职权主义诉讼。因此可以说我国自诉案件审理程序中具有当事人主义诉讼的因素，但是不能说我国自诉案件审理程序适用当事人主义诉讼构造。故此 A 错误。

B 选项是重点干扰项，涉及对被告人认罪案件中控辩对抗的理解。被告人认罪是对主要犯罪事实的承认，控辩双方仍有可能在一些细节方面，尤其是在一些量刑事实的认定方面存在争议，因此即便是在被告人认罪案件中也仍然存在控辩对抗。《刑诉法》第 218 条规定："适用简易程序审理案件，经审判人员许可，被告人及其辩护人可以同公诉人、自诉人及其诉讼代理人互相辩论。"由于适用简易程序审理的案件都是被告人认罪的案件，因此从这条规定中也可看出，在被告人认罪的案件中也仍然存在控辩对抗。因此 B 错误。

C 选项涉及对侦查程序诉讼构造的理解。英美国家对一些强制性侦查措施的采取适用司法审查制度，在司法审查程序中存在控辩审三方构造。在我国的侦查程序中，除逮捕措施的适用需要经检察机关批准外，其他侦查措施均可由侦查机关自行采取，而检察机关在整个刑事诉讼中属于控方，并且，即便认为检察机关在审查逮捕中扮演着类似于中立的裁判者的角色，但就整个侦查程序而言，我国的侦查程序显然还未形成控辩审的三方构造。故而 C 错误。

D 选项涉及对审查起诉程序诉讼构造的理解。在审查起诉程序中，只有负责审查起诉的检察机关和犯罪嫌疑人组成的两方构造，不存在中立的第三方。虽然法律要求检察机关在审查起诉中要遵守客观义务，实际上是相当于要求其尽可能保持中立、公正的立场，但是检察机关毕竟不是中立的裁判者，而是控方。因此在审查程序中只存在着控辩双方，故而 D 正确。

2. ［答案］ABD　　［难度］难

［考点］刑事诉讼价值、刑事诉讼法与刑法的关系

［命题和解题思路］命题人通过本题从刑事诉讼法影响刑事实体法实现的角度来考查刑诉法的价值，考查方式非常灵活，要求考生对刑事诉讼法的功能与价值有较深刻的理解，能够活学活用。本题的选项中均有原因和结果两个部分。因此本题的解答可分为两步。第一步是要弄清什么是"影响刑事实体法的实现"。简单来说，只要能影响定罪量刑就是能"影响刑事实体法的实现"。第二步是要弄清这些影响是不是刑事诉讼法的规定导致的？

［选项分析］A 选项中的结果是从轻处理，影响了量刑，原因是刑事和解，属于刑诉法的规定，因此反映了刑事诉讼法影响刑事实体法实现的功能，故选择 A。

B 选项中的结果是作不起诉处理，影响了定罪，原因是非法证据排除，属于刑诉法的规定，是程序影响实体结果的典型，故选择 B。

C 选项中的结果是不予立案，影响了定罪，但原因是超过追诉时效期限，虽然刑诉法中也有侦查机关对于超过追诉期限的案件不予立案的规定，但是追诉时效制度本身却是刑法规定的，不能算作受到了刑事诉讼法的影响。因此排除 C。

D 选项中的结果是不得判处更重的刑罚，影响了量刑，原因是刑诉法规定了上诉不加刑制度，反映了刑事诉讼法影响刑事实体法实现的功能，故选择 D。

3. ［答案］C　　［难度］难

［考点］刑事诉讼构造、刑事诉讼价值、刑事诉讼目的

［命题和解题思路］命题人通过此题考查了刑事诉讼构造及其与刑事诉讼价值、目的的关系，要求考生对各种刑事诉讼构造的特点都有所了解，并理解价值、目的与构造之间的关系。对于相关问题，考生可把握如下几方面的基本内容：第一，职权主义诉讼构造倾向于赋予国家机关强大的权力，以查清事实真相，也即在刑事诉讼追求实体真实、强调惩罚犯罪和追求程序正当、强调人权保障的目的之间更倾向于实体真实和惩罚犯罪，在刑事诉讼的工具价值与独立价值之间更强调工

具价值。第二，当事人主义诉讼构造更倾向于防范和限制国家权力对个人权利的侵害，强调国家权力与个人权利的平等，也即更倾向于程序正当和人权保障的刑事诉讼目的，更强调刑事诉讼的独立价值。第三，纠问式诉讼构造在本质上其实是一种极端的职权主义诉讼，对国家权力几乎不加限制。近现代的职权主义刑事诉讼，也即我们通常所说的职权主义刑事诉讼，就是脱胎于这种极端的职权主义诉讼模式（纠问式诉讼）的，其与纠问式诉讼的根本性区别在于实行控审分离，而这本身就是对当事人主义因素的吸收。也就是说，近现代职权主义诉讼本身就是纠问式诉讼吸收当事人主义的因素而形成的。第四，我们通常所说的混合式诉讼只是在近现代职权主义诉讼的基础上继续进一步地吸收当事人主义的因素。弄清了这些基本内容，相关的问题就比较容易理解和解答了。

[选项分析] A选项是重点干扰项。刑事诉讼价值是指刑事诉讼立法及其实施对国家、社会及其一般成员具有的效用和意义。关于刑事诉讼价值的理论主要有二：一是从内容上讲，认为刑事诉讼具有秩序、公正、效益等多方面的价值；二是从属性上讲，认为刑事诉讼的价值可以分为工具价值和独立价值两个层面，前者指刑事诉讼保障实体法实施方面的价值，后者指刑事诉讼本身所具有的价值。刑事诉讼价值观对刑事诉讼构造有重大影响，强调刑事诉讼工具价值的人会倾向于职权主义的诉讼构造，强调刑事诉讼独立价值的人则会倾向于当事人主义的诉讼构造。但是根据通行理论，真正对刑事诉讼构造起决定性作用的，是刑事诉讼的目的。故而排除A。

B选项中的混合式诉讼构造以日本和意大利为代表，他们都是在原有的职权主义诉讼构造的基础上吸收了当事人主义的因素形成的。因此B错误。

C选项揭示了刑事诉讼构造与刑事诉讼目的之间的关系。刑事诉讼目的是指国家制定刑事诉讼法和进行刑事诉讼活动所期望达成的结果。立法者总是基于一定的刑事诉讼目的设计相应的刑事诉讼构造，与追求实体真实的诉讼目的相适应的是职权主义诉讼构造。职权主义诉讼构造更倾向于赋予国家机关以强大的权力去调查和追究犯罪，以实现实体真实，而不是强调防范和限制国

家权力。故而C正确。

D选项中的当事人主义诉讼构造与职权主义诉讼构造相比较，确实更强调对国家权力的防范与限制，但其只是主张不能为了控制犯罪而放任国家权力的滥用，而不是反对控制犯罪，也不与控制犯罪相矛盾。故而D错误。

4. [答案] ABC   [难度] 中

[考点] 刑事诉讼法与法治国家、刑事诉讼价值

[命题和解题思路] 命题人通过此题考查了考生对宪法与刑诉法关系的理解，同时也考查了考生对刑诉法工具价值及独立价值的理解。宪法和刑诉法的一个共同功能都是规制国家权力的运行，防范国家权力对个人权利的不当侵犯。宪法规定基本的原则，因而是静态的；刑诉法规定实现这些原则的具体程序，因而是动态的。对宪法和刑诉法的功能和内容有基本了解的考生凭常识即可对本题有关宪法和刑诉法的关系表述作出判断，只是最后一个选项还涉及刑诉法的工具价值与独立价值的关系问题。

[选项分析] A选项涉及刑诉法与宪法的基本关系。宪法的人权保障条款主要体现在防止国家权力对个人权利的不当侵犯，而国家权力最容易对个人权利产生不当侵犯的领域就是刑事诉讼领域，因此刑事诉讼的程序性条款构成了各国宪法中关于人权保障的核心。因此A正确。

B选项根据常识及宪法和刑诉法的规定均可判断。《宪法》第37条规定："中华人民共和国公民的人身自由不受侵犯。任何公民，非经人民检察院批准或者决定或者人民法院决定，并由公安机关执行，不受逮捕。禁止非法拘禁和以其他方法非法剥夺或者限制公民的人身自由，禁止非法搜查公民的身体。"《宪法》第39条规定："中华人民共和国公民的住宅不受侵犯。禁止非法搜查或者非法侵入公民的住宅。"刑事诉讼中关于强制措施的适用权限、条件、程序与辩护等规定显然体现了宪法中这些规定的精神。因此B正确。

C选项也是根据常识即可判断。刑事诉讼法总的程序性规定为国家权力的行使提供了规范，防止了国家权力的滥用，其根本就是要防止滥用的国家权力侵犯公民的基本权利与自由。因此C正确。

D 选项为重点干扰项。一则宪法关于人权保障的条款未必都与刑诉法直接相关，比如受教育权、劳动权、休息权等；二则即便是与刑诉法直接相关的权利，也主要是刑诉法通过自身的程序性规定对国家权力的行使予以规范来实现的，而不是都要通过保证刑法的实施来实现。这实际上涉及刑诉法的工具价值和独立价值问题，刑诉法的工具价值是指其保障刑法实施的价值，主要体现为通过保障刑法的实施来控制和惩罚犯罪，刑诉法的独立价值则主要体现为通过程序性规定本身规范国家权力的运行，以保障个人权利不受国家权力的不当侵犯。<mark>因此宪法关于人权保障的条款，主要是通过刑诉法本身的程序性规定来实现的，而不是通过保障刑法实施来实现的。</mark>因此 D 错误。

5. [答案] D　　[难度] 中

[考点] 刑事诉讼的基本理念（惩罚犯罪与保障人权、实体公正与程序公正）

[命题和解题思路] 本题实际要考查的内容并不复杂，即"司法机关注重发现案件真相的立足点是防止无辜者被错误定罪"的观点属于哪种学说。但是，命题人却有意设计了比较复杂的题干来干扰考生。对于这样的题，考生要善于在长题干中迅速找出核心问题，以免受到干扰和浪费时间。本题的核心问题就是"司法机关注重发现案件真相的立足点是防止无辜者被错误定罪"的观点反映了哪种学说。而这一表述中的核心语汇又是<mark>"发现案件真相"和"防止无辜者被错误定罪"，这两个语汇显然都是指向定罪这一实体问题的，也即均涉及实体真实</mark>，这一基本的判断是解答此题的前提与关键。

[选项分析] A 选项为重点干扰项。正当程序主义是与实体真实主义相对应的一种关于刑事诉讼目的的学术观点。该观点认为，刑事诉讼的目的重在维护正当程序。由于正当程序确实有利于保障无辜者，所以有些考生可能会误选此项。但是，"防止无辜者被错误定罪"针对的是有罪无罪这一实体问题的，而不是程序问题，因此排除 A。

B 选项中的形式真实发现主义是与实质真实发现主义相对应的学术观点。该观点认为，客观发生的案件事实是存在于诉讼程序之外的，刑事诉讼只能通过能够利用的资料对案件事实作出合

理的认定，并尽可能地使这一认定接近于客观事实本身，但它永远不可能就是客观事实本身，因此它所体现的"真实"只能是一种形式上的真实。"发现案件真相"和"防止无辜者被错误定罪"都没有体现这方面的含义，因此排除 B。

C、D 两个选项中的积极实体真实主义和消极实体真实主义是相对应的学术观点。这两种观点都强调刑事诉讼的目的是发现案件真相，程序本身不是目的，而是实现这一目的的手段。如果考生明确知道"积极实体真实主义"和"消极实体真实主义"的含义，此题当然可以迎刃而解。不过即便考生不知道这两种学说，<mark>只要根据"积极"和"消极"两词本身的含义来"猜测"，也应该能够"猜"到</mark>，对实施犯罪的人予以追究和惩罚是从正向、积极的角度来描述我们要追求什么，而防止无辜者被错误定罪是从反向的、消极的角度来描述我们要避免什么，换句话说，积极实体真实主义强调的是"不纵"的一面，即认为刑事诉讼的目的就在于发现、追究和惩罚犯罪，不能使犯罪人逃脱惩罚；消极实体真实主义则强调"不枉"的一面，即认为发现案件真相也应当包括防止无辜者被错误地定罪，因此排除 C，选择 D。

6. [答案] B　　[难度] 易

[考点] 刑事诉讼构造

[命题和解题思路] 本题是对当事人主义诉讼构造基本内涵的直接考查，命题人在此题中没有"兜弯子"，考得非常直接，基本为送分题。考生即便不知道各选项中各种诉讼构造的基本含义，<mark>单从文字上判断，也应能看出"法官消极中立，通过当事人举证、辩论发现事实真相，并由当事人推动诉讼进程"显然是在突出当事人的作用，因此，即便猜也应该猜到是选 B。</mark>

[选项分析] A 选项中的"职权主义"是与"当事人主义"相对应的，用以标表现代西方国家刑事诉讼构造的概念。"职权主义"脱胎于"纠问主义"，强调法官在刑事诉讼中的调查职权，"法官消极中立"显然不符合职权主义的特征，因此排除 A。

B 选项中的"当事人主义"脱胎于"弹劾主义"，强调法官的消极中立，同时强调当事人在刑事诉讼中的作用，主张通过当事人举证、辩论发

现事实真相，并由当事人推动诉讼进程。因此选择 B。

C 选项中"纠问主义"在西方刑事诉讼法学中是与"弹劾主义"相对应的概念，如果用现在的词语翻译，可以分别译为"调查主义"和"控告主义"，前者的本质特征就是法官依职权主动调查，不实行不告不理，后者的本质特征则恰恰是要实行不告不理，要求法官消极中立。"纠问式诉讼"同时特指继"弹劾式诉讼"之后在欧洲大陆出现并于中世纪中后期盛行的一种诉讼制度，其与"弹劾式诉讼"最大的不同就是不再实行不告

不理，而是由法官依职权主动调查案件。因此排除 C。

D 选项中的"混合主义"兼具"职权主义"和"当事人主义"的双重特征，既反对法官的过分消极，主张发挥法官在调查案件事实方面的能动性，同时又坚持控审分离、不告不理，注重控辩双方的平等对抗。在我国刑事诉讼法学中，"混合式诉讼"特指以日本、意大利为代表的原来实行职权主义诉讼模式的国家，在职权主义诉讼的基础上向当事人主义诉讼予以借鉴而形成的兼具双方特征的诉讼模式。因此排除 D。

第二章　刑事诉讼法的基本原则

试　题

1. 关于人民检察院的组织体系，下列哪些说法是正确的？（2020 年回忆版）

A. 上级检察院可以调用辖区内下一级检察院的检察人员出庭支持公诉

B. 检察院内设业务机构负责人对本部门的办案活动进行监督管理

C. 检察院办理刑事案件，应当由两名以上检察官组成办案组办理

D. 检察官在检察长领导下开展工作，重大办案事项由检察委员会决定

2. 某市发生一起社会影响较大的绑架杀人案。在侦查阶段，因案情重大复杂，市检察院提前介入侦查工作。检察官在开展勘验、检查等侦查措施时在场，并就如何进一步收集、固定和完善证据以及适用法律向公安机关提出了意见，对已发现的侦查活动中的违法行为提出了纠正意见。关于检察院提前介入侦查，下列哪些选项是正确的？（2017-2-64）

A. 侵犯了公安机关的侦查权，违反了侦查权、检察权、审判权由专门机关依法行使的原则

B. 体现了分工负责，互相配合，互相制约的原则

C. 体现了检察院依法对刑事诉讼实行法律监督的原则

D. 有助于严格遵守法律程序原则的实现

3. 关于程序法定，下列哪些说法是正确的？（2015-2-64）

A. 程序法定要求法律预先规定刑事诉讼程序

B. 程序法定是大陆法系国家法定原则的重要内容之一

C. 英美国家实行判例制度而不实行程序法定

D. 以法律为准绳意味着我国实行程序法定

4. 关于公检法机关的组织体系及其在刑事诉讼中的职权，下列哪些选项是正确的？（2015-2-65）

A. 公安机关统一领导、分级管理，对超出自己管辖的地区发布通缉令，应报有权的上级公安机关发布

B. 基于检察一体化，检察院独立行使职权是指检察系统整体独立行使职权

C. 检察院上下级之间是领导关系，上级检察院认为下级检察院二审抗诉不当的，可直接向同级法院撤回抗诉

D. 法院上下级之间是监督指导关系，上级法院如认为下级法院审理更适宜，可将自己管辖的案件交由下级法院审理

5. 社会主义法治要通过法治的一系列原则加以体现。具有法定情形不予追究刑事责任是《刑事诉讼法》确立的一项基本原则，下列哪一案件的处理体现了这一原则？（2014-2-23）

A. 甲涉嫌盗窃，立案后发现涉案金额 400 余元，公安机关决定撤销案件

B. 乙涉嫌抢夺，检察院审查起诉后认为犯罪

情节轻微，不需要判处刑罚，决定不起诉

C. 丙涉嫌诈骗，法院审理后认为其主观上不具有非法占有他人财物的目的，作出无罪判决

D. 丁涉嫌抢劫，检察院审查起诉后认为证据不足，决定不起诉

6. 关于刑事诉讼基本原则，下列哪些说法是正确的？（2014-2-65）

A. 体现刑事诉讼基本规律，有着深厚的法律理论基础和丰富的思想内涵

B. 既可由法律条文明确表述，也可体现于刑事诉讼法的指导思想、目的、任务、具体制度和程序之中

C. 既包括一般性原则，也包括独有原则

D. 与规定具体制度、程序的规范不同，基本原则不具有法律约束力，只具有倡导性、指引性

7. 社会主义法治的公平正义，要通过法治的一系列基本原则加以体现。"未经法院依法判决，对任何人都不得确定有罪"是《刑事诉讼法》确立的一项基本原则。关于这一原则，下列哪些说法是正确的？（2013-2-64）

A. 明确了定罪权的专属性，法院以外任何机关、团体和个人都无权行使这一权力

B. 确定被告人有罪需要严格依照法定程序进行

C. 表明我国刑事诉讼法已经全面认同和确立无罪推定原则

D. 按照该规定，可以得出疑罪从无的结论

8. 被告人刘某在案件审理期间死亡，法院作出终止审理的裁定。其亲属坚称刘某清白，要求法院作出无罪判决。对于本案的处理，下列哪些选项是正确的？（2013-2-74）

A. 应当裁定终止审理

B. 根据已查明的案件事实和认定的证据，能够确认无罪的，应当判决宣告刘某无罪

C. 根据刘某亲属要求，应当撤销终止审理的裁定，改判无罪

D. 根据刘某亲属要求，应当以审判监督程序重新审理该案

详 解

1. [答案] AB　　[难度] 中

[考点] 人民检察院的组织体系

[命题和解题思路] 本题主要考查修订后的《检察规则》中关于检察院的组织体系的相关规定。解题的关键在于注意理解检察院内部上令下从的关系。

[选项分析] 根据《检察规则》第9条的规定，上级人民检察院可以依法统一调用辖区的检察人员办理案件，调用的决定应当以书面形式作出。被调用的检察官可以代表办理案件的人民检察院履行出庭支持公诉等各项检察职责。因此A正确。

根据《检察规则》第6条的规定，人民检察院根据检察工作需要设置业务机构，在刑事诉讼中按照分工履行职责。业务机构负责人对本部门的办案活动进行监督管理。因此B正确。

根据《检察规则》第5条的规定，人民检察院办理刑事案件，根据案件情况，可以由1名检察官独任办理，也可以由2名以上检察官组成办案组办理。由检察官办案组办理的，检察长应当指定1名检察官担任主办检察官，组织、指挥办案组办理案件。因此C错误。

根据《检察规则》第4条的规定，检察官在检察长领导下开展工作。重大办案事项，由检察长决定。检察长可以根据案件情况，提交检察委员会讨论决定。其他办案事项，检察长可以自行决定，也可以委托检察官决定。本规则对应当由检察长或者检察委员会决定的重大办案事项有明确规定的，依照本规则的规定。本规则没有明确规定的，省级人民检察院可以制定有关规定，报最高人民检察院批准。需要注意的是，可能会有考生觉得确有部分重大办案事项是由检察委员会决定，因此本选项说法正确。但是，这种说法是不全面的，至少应当表述为重大办案事项，由检察长或者检察委员会决定。因此D错误。

2. [答案] BCD　　[难度] 中

[考点] 刑事诉讼的基本原则、侦查监督的途径和措施

[命题和解题思路] 命题人以检察院提前介入侦查为切入点，考查了考生对相关的刑事诉讼基本原则的理解。本题的关键是要把握住提前介入侦查只是检察院履行监督职能的一种特殊方式，其在性质上仍然是监督，而不是直接进行侦查。相比于一般的事后监督模式，这种同步监督在敦

促依法侦查和及时纠正违法侦查方面更加有效。把握住了这一点，各选项就都比较容易判断了。

[选项分析] 人民检察院是国家的法律监督机关，公安机关的侦查活动是其重要的监督对象之一，"提前介入侦查"是人民检察院履行监督职能的一种特殊方式，其只是将事后监督调整为了同步监督，也即只是改变了监督的时点和方式，而不是直接行使侦查权，因此不构成对公安机关侦查权的侵犯，也没有违反侦查权、检察权、审判权由专门机关依法行使的原则。故而排除 A。

如上所述，检察院提前介入侦查实际上是一种特殊的监督方式。在侦查活动中，公安机关和人民检察院分别承担着侦查职能和监督职能，这是分工负责的体现；检察院就如何进一步收集、固定和完善证据以及适用法律向公安机关提出意见和指导，这是互相配合的体现；检察院对已发现的侦查活动中的违法行为提出纠正意见及对可能发生的违法行为形成震慑，这是互相制约的体现。因此，检察院提前介入侦查体现了分工负责、互相配合、互相制约的原则。故而 B 正确。

如上所述，检察院提前介入侦查是一种特殊的监督方式。《检察规则》第 256 条规定："经公安机关商请或者人民检察院认为确有必要时，可以派员适时介入重大、疑难、复杂案件的侦查活动，参加公安机关对于重大案件的讨论，对案件性质、收集证据、适用法律等提出意见，监督侦查活动是否合法。"因此 C 正确。

检察院变事后监督为事前和同步监督，提前抑制和及时纠正违法侦查，当然有助于严格遵守法律程序原则的实现。因此 D 正确。

3. [答案] ABD　　[难度] 中
[考点] 严格遵守法律程序原则

[命题和解题思路] 命题人通过此题考查了考生对程序法定原则的理解，其内容既涉及我国规定，也涉及两大法系的相关情况，需要考生有较宽的知识面。考纲中没有明确将程序法定原则列为考点，但是却列了"严格遵守法律程序原则的基本内容"。《刑诉法》第 3 条第 2 款规定："人民法院、人民检察院和公安机关进行刑事诉讼，必须严格遵守本法和其他法律的有关规定。"这就是程序法定原则在我国的反映。程序法定原则显然意在规范司法权及相关国家权力的行使，防止权

力的滥用。考生们只要抓住这条，就可以对本题作出正确推断。

[选项分析] A 选项是程序法定原则字面的应有之义。程序法定原则有两层含义，一是立法方面，刑事诉讼程序应当由法律事先明确规定；二是司法方面，刑事诉讼活动应当依据国家法律规定的刑事程序进行。即便不能准确解析程序法定原则的如上两层含义，根据程序法定原则的字面含义及其功能，也可推知，必须先由法律明确规定刑事诉讼程序，才谈得上要求国家权力依程序行使，从而防止国家权力的滥用。故而 A 正确。

B 选项是对大陆法系国家法定原则的解读。在大陆法系国家，程序法定原则与罪刑法定原则从程序和实体两个方面共同构成其法定原则的内容。故而 B 正确。

可能会有考生认为程序法定原则专属于大陆法系，而英美法系不适用程序法定原则。但是，众所周知，英美法系是非常强调对程序的遵守，只不过一般称其为正当程序原则，而非程序法定原则，但是其基本的含义和功能是一致的，都强调程序要由法律预先确定，而刑事诉讼活动要遵守预先确定的法定程序。只不过，英美法系奉行判例制度，其程序是由判例法确定的，但判例法也是法，因此由判例法来确定程序，刑事诉讼活动必须遵守判例法所确定的程序，这同样是程序法定原则的体现。故而 C 错误。

D 选项容易被漏选。有考生会认为，是"严格遵守法定程序"原则而非"以法律为准绳"原则意味着我国实行程序法定。其实，"以法律为准绳"中的法律既包括实体法，也包括程序法，以程序法为准绳就是要求通过法律预先规定程序，刑事诉讼活动要遵守法定的程序，也即在程序法的角度与"严格遵守法定程序"是同一意思。因此 D 也正确。

4. [答案] ABC　　[难度] 中
[考点] 刑事诉讼中的专门机关；人民法院、人民检察院依法独立行使职权原则

[命题和解题思路] 命题人通过此题考查了考生对公安机关、人民检察院、人民法院的组织原则及人民法院、人民检察院依法独立行使职权原则的理解。在选项设计上，将理论阐述与法律规定结合了起来，有的选项是一半正确一半错误，

由此增加了选项的迷惑性。但是从整体上讲，考生只要把握住以下几点，这一考点的考题一般都可答对：公安机关是国家治安保卫机关，性质上属于行政机关，是各级人民政府的组成部分，实行统一领导，分级管理；检察机关是国家的法律监督机关，实行检察一体化原则，整个检察系统作为一个整体独立行使检察权，不受系统外行政机关、社会团体和个人的干涉，但在系统内，上下级人民检察院之间是领导与被领导的关系；法院是国家的审判机关，各个法院都有权独立行使审判权，不仅不受其他行政机关、社会团体和个人的干涉，也不受包括上级法院在内的其他法院的干涉，上下级法院之间是监督与被监督的关系。

[选项分析] A 选项中的公安机关是国家的治安保卫机关，它不属于司法机关，而属于行政机关，是各级人民政府的组成部分，实行统一领导、分级管理。同时，《刑诉法》第 155 条第 2 款规定："各级公安机关在自己管辖的地区以内，可以直接发布通缉令；超出自己管辖的地区，应当报请有权决定的上级机关发布。"故而 A 正确。

B 选项中的人民检察院是我国的法律监督机关。在领导体制上，我国检察机关实行双重领导体制：一方面，各级人民检察院由同级人民代表大会产生，对它负责，受它监督；另一方面，最高人民检察院领导地方各级人民检察院和专门人民检察院的工作，上级人民检察院领导下级人民检察院的工作，并可以直接参与指挥下级人民检察院的办案活动，也就是说，人民检察院的上下级之间是领导与被领导的关系，因此，独立行使检察权实质上是指整个检察系统作为一个整体独立行使检察权，不受系统外行政机关、社会团体和个人的干涉，而不是指各级检察机关之间的独立，这在理论上就被称为检察一体化。可见 B 是正确的。

C 选项仍然涉及检察一体化原则。根据检察一体化理论，上下级人民检察院之间是领导与被领导的关系，上级人民检察院领导下级人民检察院的工作，并可以直接参与指挥下级人民检察院的办案活动。《刑诉法》第 232 条规定："地方各级人民检察院对同级人民法院第一审判决、裁定的抗诉，应当通过原审人民法院提出抗诉书，并且将抗诉书抄送上一级人民检察院。原审人民法院应当将抗诉书连同案卷、证据移送上一级人民

法院，并且将抗诉书副本送交当事人。上级人民检察院如果认为抗诉不当，可以向同级人民法院撤回抗诉，并且通知下级人民检察院。"可见，C 也正确。

D 选项中的人民法院是我国的审判机关，其上下级之间是监督与被监督的关系，各法院在具体案件的审判过程中独立行使审判权，不仅不受行政机关、社会团体和个人的干涉，也不受包括上级法院在内的其他法院的干涉。同时，我国关于人民法院的级别管辖有着明确的规定，特殊的、严重的刑事案件要由级别较高的法院管辖，上级法院不能将自己管辖的案件交由下级法院审理。故选项 D 错误。

5. [答案] A　　[难度] 中

[考点] 具有法定情形不予追究刑事责任

[命题和解题思路] 命题人通过此题考查了考生对于具有法定情形不予追究刑事责任的原则的理解。事实上，所有的撤销案件、不起诉和无罪判决都是不再追究刑事责任了，但是命题人此题要考查的却仅是作为刑诉法基本原则的"具有法定情形不予追究刑事责任"原则中的法定情形，也即《刑诉法》第 16 条所规定的法定情形。凡属于这些情形之一的，才是对"具有法定情形不予追究刑事责任"原则的体现，反之则不是。

[选项分析]《刑诉法》第 16 条规定："有下列情形之一的，不追究刑事责任，已经追究的，应当撤销案件，或者不起诉，或者终止审理，或者宣告无罪：（一）情节显著轻微、危害不大，不认为是犯罪的；（二）犯罪已过追诉时效期限的；（三）经特赦令免除刑罚的；（四）依照刑法告诉才处理的犯罪，没有告诉或者撤回告诉的；（五）犯罪嫌疑人、被告人死亡的；（六）其他法律规定免予追究刑事责任的。"

A 选项中没有明确说明撤销案件的原因，仅指出盗窃涉嫌金额为 400 余元。本选项可通过三种方法判断：第一，根据《刑法》第 264 条的规定，"盗窃公私财物，数额较大的，或者多次盗窃、入户盗窃、携带凶器盗窃、扒窃的"才构成盗窃罪，而根据最高人民法院、最高人民检察院《关于办理盗窃刑事案件适用法律若干问题的解释》第 1 条的规定，盗窃公私财物 1000 元至 3000 元以上的才能认定为"数额较大"，因此盗窃 400

余元应当属于《刑诉法》第16条中的"（一）情节显著轻微、危害不大，不认为是犯罪的"情形，反映了"具有法定情形不追究刑事责任"的原则。第二，即便不知上述司法解释的具体规定，根据常识也可判断，盗窃400余元应当属于"情节显著轻微、危害不大，不认为是犯罪的"情形。第三，可用排除法判断。与本选项相比，本题中的其他三个选项较易判断，排除了其他三个选项，即可知本选项正确。

B选项是重点干扰项，该选项中不起诉的原因是"犯罪情节轻微，不需要判处刑罚"，其与《刑诉法》第16条中的"（一）情节显著轻微、危害不大，不认为是犯罪的"容易混淆，要注意区别。"犯罪情节轻微，不需要判处刑罚"的情形实际上是构成犯罪的，只是犯罪情节轻微，不需要判处刑罚，属于酌定不起诉的范畴，可以不起诉，也可以起诉；"情节显著轻微、危害不大，不认为是犯罪的"的情形本身不构成犯罪，属于法定不起诉的范畴，不能起诉。总之，B选项规定的情形不属于《刑诉法》第16条规定的情形，因此应予排除。

C选项中无罪判决的原因是丙在主观上不具有非法占有的目的，因此不构成犯罪，而非因"情节显著轻微、危害不大"而不构成犯罪，也不属于《刑诉法》第16条规定的其他情形，因此也应排除。

D选项中不起诉的原因是证据不足，也不属于《刑诉法》第16条规定的情形，因此也应予以排除。

易混淆点解析

《刑诉法》第16条第1项规定的"情节显著轻微、危害不大，不认为是犯罪的"情形与《刑诉法》第177条规定的"犯罪情节轻微，不需要判处刑罚"容易混淆，要注意区分，其区别如下：

第一，前者要求"情节显著轻微，危害不大"，后者仅要求"（犯罪）情节轻微"。

第二，前者不构成犯罪，属于"具有法定情形不予追究刑事责任"原则中的情形，在任何诉讼阶段均不应追究刑事责任，而应当不立案、撤销案件、不起诉或宣告无罪；后者构成犯罪，在审查起诉阶段可以作不起诉处理，但在其他诉讼

阶段则仍应追究刑事责任，只是最终可以判处免予刑事处罚。

第三，前者在审查起诉阶段属于法定不起诉的情形，只能作出不起诉决定，不能起诉；后者属于酌定不起诉的情形，可以不起诉，也可以起诉。

6. ［答案］ABC　　　［难度］易

［考点］基本原则的概念和特点

［命题和解题思路］命题人通过此题考查了考生对刑事诉讼基本原则的理解。通说认为，刑事诉讼基本原则具有以下四个方面的特点：第一，体现刑事诉讼活动的基本规律；第二，必须由法律明确规定；第三，一般贯穿于刑事诉讼全过程或主要诉讼阶段，具有普遍或重大指导意义；第四，具有法律约束力。其中，必须由法律明确规定并非指必须由专门的法律条文明确、直接地予以表述，体现在刑事法的指导思想、目的、任务、具体程序和制度中，也属于"由法律明确规定"，考生对这点应予注意。

［选项分析］A选项凭借常识即可判断。例如，严格遵守法律程序原则，人民法院、人民检察院依法独立行使职权原则，犯罪嫌疑人、被告人有权获得辩护原则，未经人民法院依法判决，对任何人都不得确定有罪原则等蕴含了包括罪刑法定、正当程序、有效辩护、无罪推定等理念与思想。因此A正确。

B选项涉及刑事诉讼基本原则的表现形式。刑事诉讼基本原则必须由法律明确规定，但其表现形式却既可以是由法律条文明确表述，也可体现于刑事诉讼法的指导思想、目的、任务、具体制度和程序之中。例如，证据裁判原则、直接言辞原则等在我国刑诉法中并没有通过法律条文明确、直接地表述出来，但是却体现在刑事诉讼法的证据制度和审判程序中。因此B正确。

C选项涉及刑事诉讼基本原则的适用范围。刑事诉讼的基本原则既包括一般性原则，即三大诉讼均须共同遵守的原则，如以事实为根据、以法律为准绳原则，各民族公民有权使用本民族语言文字进行诉讼原则，保障诉讼参与人诉讼权利原则等；也包括仅适用于刑事诉讼的独有原则，如侦查权、检察权、审判权由专门机关行使原则、

分工负责、互相配合、互相制约原则，犯罪嫌疑人、被告人有权获得辩护原则等。因此 C 正确。

D 选项根据常识即可排除。基本原则规定在刑诉法中，当然具有法律约束力。一方面，具体的诉讼制度和程序必须符合基本原则，不能违背基本原则；另一方面，在具体的诉讼制度和程序没有作出明确规定的情况下，可以直接适用基本原则，即基本原则具有弥补法律规定不足和填补法律漏洞的功能。无论从哪个方面来看，基本原则都具有法律约束力。

7. ［答案］AB ［难度］难

［考点］未经人民法院依法判决对任何人不得确定有罪原则

［命题和解题思路］命题人通过此题考查的是我国的未经人民法院依法判决对任何人不得确定有罪原则，但实际上要求考生对无罪推定原则也要有所了解，尤其是要知道我国的这条原则与无罪推定原则相比有哪些不同。

如果对这两个原则的内容和确立背景都比较熟悉，应该可以作出正确的选择。对这两个原则并不熟悉的考生，则可以根据语言逻辑进行分析推断："不得确定有罪"并未提及可推定为无罪，从语言逻辑的角度分析，实际上等同于有罪无罪无法确定的状态，只是更强调在这种状态下不得确定为有罪；而"无罪推定"则就等同于无罪的状态。二者显然是不同的。从"不得确定有罪"的表述中只能推导出"不能疑罪从有"的结论，而"不能疑罪从有"并不意味着"疑罪从无"，只是强调疑罪就是疑罪，不能在疑罪的情况下确定有罪而已，其实际上是主张"疑罪从疑"。

［选项分析］A 选项是"未经人民法院依法判决，对任何人不得确定有罪"原则的首要内涵。从语言逻辑上看，该原则的表述显然意味着只有人民法院才有权力判决一个人有罪，其他任何机关、团体和个人都无权行使这一权力，也即明确了定罪权的专属性。因此 A 正确。

B 选项是该原则的深层内涵。"未经人民法院依法判决，对任何人不得确定有罪"强调人民法院要"依法"判决，既包括实体法，也包括程序法，这意味着人民法院要确定一个人有罪要严格依照法定程序进行。因此 B 正确。

C 选项忽视了该原则与无罪推定原则的区别。

根据本题的命题和解题思路中所述，"不得确定有罪"与"无罪推定"还是有很大差别的。《公民权利和政治权利国际公约》第 14 条第 2 款对无罪推定原则的表述是："凡受刑事控告者，在未经依法证实有罪之前，应有权被视为无罪。"也即肯认被告人的无罪状态。而我国的"不得确定有罪"原则是 1996 年《刑诉法》修改时确立的，当时对如何表述曾有过很大的争议，最后采取了"不得确定有罪"的表述，主要是秉持实事求是的原则，认为有罪就是有罪，无罪就是无罪，无法确定有罪无罪就是不能确定有罪也不能确定无罪，只是由于我们在实践中存在有罪推定的倾向，所以专门强调了"不能确定有罪"的方面。现在在理论上，虽然无罪推定原则已被普遍接受，但是单从这条规定来看，表述上并没有发生改变，因此这条规定本身并不意味着我国刑事诉讼法已经全面认同和确立无罪推定原则。故而排除 C。

D 选项为重点干扰项。因为很多教科书在解读"未经人民法院依法判决，对任何人都不得确定有罪"的原则时，都列举了我国刑事诉讼法中体现和贯彻该原则的相关规定，这也是考试大纲明确列出的考点，其中就有体现疑罪从无的规定，即根据《刑诉法》第 200 条的规定，证据不足、不能认定被告人有罪的，人民法院应当作出证据不足、指控罪名不能成立的无罪判决。但是，本选项的表述是"按照该规定，可以得出疑罪从无的结论。"这里的"该规定"指的是《刑诉法》第 12 条"未经法院依法判决，对任何人都不得确定有罪"的规定，因此，这里能否得出疑罪从无的结论，只能按照第 12 条的规定来判断，而不能从这个规定之外的其他规定来判断。而单从第 12 条的表述来看，根据本题的命题和解题思路中的分析，是无法得出疑罪从无的结论的。故而排除 D。

8. ［答案］AB ［难度］中

［考点］具有法定情形不予追究刑事责任原则、终止审理

［命题和解题思路］命题人对本题的表述不够严谨，可能会给考生带来一定的困扰，理解为法院作出终止审理的裁定之后，亲属又要求法院作出无罪判决，这时法院应如何处理？如果这样理解，本题就没有正确选项了。因此，对于本题题干的理解只能是，被告人刘某在案件审理期间死

亡，其亲属要求法院作出无罪判决，法院的处理哪些是正确的？

本题可以通过两种方法解答：第一，根据《刑诉法》第16条、《法院解释》第295条第1款的明确规定解答。第二，本题也可使用排除法解答，由于根据常识，C、D选项必然错误，而此题又是多选题，故只能选择A、B选项。详见选项分析。

[选项分析]《刑诉法》第16条规定："有下列情形之一的，不追究刑事责任，已经追究的，应当撤销案件，或者不起诉，或者终止审理，或者宣告无罪：……（五）犯罪嫌疑人、被告人死亡的；……"《法院解释》第295条第1款规定："对第一审公诉案件，人民法院审理后，应当按照下列情形分别作出判决、裁定：……（十）被告人死亡的，应当裁定终止审理；但有证据证明被告人无罪，经缺席审理确认无罪的，应当判决宣告被告人无罪。"据此，A、B正确。

C选项凭常识即可排除。根据常识可以判断，仅根据亲属的要求，不经任何程序就撤销裁定改判无罪显然是错误的。

D选项为重点干扰项。但是申诉必须符合法定的条件才可能导致重新审判，不可能亲属要求作出无罪判决就重审案件，故可排除D。

第三章　专门机关与诉讼参与人

试　题

第一节　当事人

1. 犯罪嫌疑人、被告人在刑事诉讼中享有的诉讼权利可分为防御性权利和救济性权利。下列哪些选项属于犯罪嫌疑人、被告人享有的救济性权利？（2017-2-67）

A. 侦查机关讯问时，犯罪嫌疑人有申辩自己无罪的权利

B. 对办案人员人身侮辱的行为，犯罪嫌疑人有提出控告的权利

C. 对办案机关应退还取保候审保证金而不退还的，犯罪嫌疑人有申诉的权利

D. 被告人认为一审判决量刑畸重，有提出上诉的权利

2. 关于保障诉讼参与人的诉讼权利原则，下列哪些选项是正确的？（2016-2-65）

A. 是对《宪法》和《刑事诉讼法》尊重和保障人权的具体化

B. 保障诉讼参与人的诉讼权利，核心在于保护犯罪嫌疑人、被告人的辩护权

C. 要求诉讼参与人在享有诉讼权利的同时，还应承担法律规定的诉讼义务

D. 保障受犯罪侵害的人的起诉权和上诉权，是这一原则的重要内容

3. 关于刑事诉讼当事人中的被害人的诉讼权利，下列哪些选项是正确的？（2015-2-66）

A. 撤回起诉、申请回避

B. 委托诉讼代理人、提起自诉

C. 申请复议、提起上诉

D. 申请抗诉、提出申诉

4. 关于被害人在刑事诉讼中的权利，下列哪一选项是正确的？（2014-2-25）

A. 自公诉案件立案之日起有权委托诉讼代理人

B. 对因作证而支出的交通、住宿、就餐等费用，有权获得补助

C. 对法院作出的强制医疗决定不服的，可向作出决定的法院申请复议一次

D. 对检察院作出的附条件不起诉决定不服的，可向上一级检察院申诉

第二节　其他诉讼参与人

在袁某涉嫌故意杀害范某的案件中，下列哪些人员属于诉讼参与人？（2017-2-66）

A. 侦查阶段为袁某提供少数民族语言翻译的翻译人员

B. 公安机关负责死因鉴定的法医

C. 就证据收集合法性出庭说明情况的侦查人员

D. 法庭调查阶段就范某死因鉴定意见出庭发

表意见的有专门知识的人

详　解

第一节　当事人

1. ［答案］BCD　　［难度］易

［考点］犯罪嫌疑人、被告人的诉讼权利

［命题和解题思路］命题人通过此题考查了犯罪嫌疑人、被告人诉讼权利的分类。犯罪嫌疑人、被告人的诉讼权利按其性质和作用可以分为防御性权利和救济性权利两类。其中，**防御性权利是指犯罪嫌疑人、被告人为对抗追诉方的指控、抵消其控诉效果所享有的诉讼权利**；**救济性权利是指犯罪嫌疑人、被告人对国家专门机关所作的对其不利的行为、决定或裁判，要求作出决定的机关或其上级机关或其他国家专门机关予以审查并作出改变或撤销的诉讼权利**。对照这两类诉讼权利的含义即可判断犯罪嫌疑人、被告人各项诉讼权利的归属。实际上，**根据"防御"和"救济"两词的含义即可判断出各项权利的归属，前者是针对"进攻"行为的，是与"进攻"行为同时进行的，意在抵制进攻行为、抵消进攻效果；后者则是针对某一已经完成的行为或某一结果的，具有嗣后性，意在对该行为或结果予以纠正和补救。**

［选项分析］A选项中犯罪嫌疑人申辩自己无罪的权利是直接针对控诉方的讯问的，与控诉方的讯问同时进行，是对抗追诉方的指控、抵消其控诉效果的诉讼权利，因此属于防御性权利。故而排除A。

B、C、D选项中的控告权、申诉权和上诉权则分别是针对办案人员对其进行的人身侮辱行为、办案机关不退回保证金的行为和一审法院的裁判，前两项针对的是已经完成的行为，后一项针对的是已经发生的结果，都具有嗣后性，都是请求国家专门机关对这些已经完成的行为和已经发生的结果予以审查并予以纠正和补救，因此均属于救济性权利。故而本题选择B、C、D。

2. ［答案］ABC　　［难度］中

［考点］保障诉讼参与人的诉讼权利原则、被害人的权利

［命题和解题思路］命题人通过此题考查了考

生对保障诉讼参与人诉讼权利原则的理解，选项中大多涉及对该原则的整体理解，但也涉及了一些具体诉讼参与人的具体权利，比如被害人能否享有上诉权？对此，命题人设计了一个小陷阱，将"被害人"表述为"受犯罪侵害的人"，考生稍不留意，就有可能选错。被害人的诉讼权利是高频考点，考生在复习时要多加留意。

［选项分析］A选项涉及宪法与刑诉法的关系。《宪法》和《刑诉法》都规定了尊重和保障人权，诉讼权利当然是人权的组成部分，因此保障诉讼权利当然也就属于保障人权的具体化。故而A正确。

B选项涉及保障诉讼参与人的诉讼权利的核心内容。在刑事诉讼中，其诉讼权利最容易受到侵害、最需要法律提供保障的就是犯罪嫌疑人、被告人，而犯罪嫌疑人、被告人的诉讼权利中最核心的又是辩护权。因此，保障诉讼参与人的诉讼权利的核心在于保护犯罪嫌疑人、被告人的辩护权。此外，《刑诉法》第14条第1款规定："人民法院、人民检察院和公安机关应当保障犯罪嫌疑人、被告人和其他诉讼参与人依法享有的辩护权和其他诉讼权利。"该规定将犯罪嫌疑人、被告人和辩护权与其他诉讼参与人和其他诉讼权利相并列规定，实际上是突出了对犯罪嫌疑人、被告人辩护权的保障，显示了其核心地位。因此B正确。

C选项涉及诉讼权利与诉讼义务的关系。权利与义务的不可分割是基本的法律常识，因此诉讼参与人在享有诉讼权利的同时，当然还应承担法律规定的诉讼义务。故而C正确。

D选项涉及被害人的诉讼权利。**我国采国家追诉原则，除少量自诉案件外，受犯罪侵害的人也即被害人是不享有起诉权和上诉权的，而只享有申诉权和申请抗诉权。**因此D错误。

3. ［答案］BD　　［难度］中

［考点］被害人的诉讼权利

［命题和解题思路］命题人通过此题考查了被害人的诉讼权利，其所设计的每个选项中都包含了两项权利，只有这两项权利都为被害人所享有，该选项才是正确的。在有关这些权利的法条中，有的可能直接表述为被害人有权如何如何，有的可能表述为当事人、控告人或自诉人等，要注意

这些称谓与被害人间的关系。被害人权利中最常考的，也是被害人权利中最有特点的内容包括：其一，被害人与被告人不同，其没有上诉权，只有请求人民检察院抗诉的权利；其二，被害人作为控告人，与报案人、举报人不同，对于不予立案的决定，其有申请复议的权利。

[选项分析] A选项是重点干扰项。被害人享有申请回避权，但不必然享有撤回起诉权。一方面，《刑诉法》第29条规定："审判人员、检察人员、侦查人员有下列情形之一的，应当自行回避，当事人及其法定代理人也有权要求他们回避：……"被害人属于当事人，因此当然具有申请回避的权利。但是另一方面，撤回起诉权却只能由人民检察院和自诉人享有，虽然被害人有可能成为自诉人，但是不能把自诉人享有撤回起诉的权利，理解为被害人享有撤回起诉的权利，因为在公诉案件中，被害人是不具有撤回起诉权的。因此排除A。

B选项中的委托诉讼代理人的权利和提起自诉的权利均属被害人权利。一方面，《刑诉法》第46条第1款规定："公诉案件的被害人及其法定代理人或者近亲属，附带民事诉讼的当事人及其法定代理人，自案件移送审查起诉之日起，有权委托诉讼代理人。自诉案件的自诉人及其法定代理人，附带民事诉讼的当事人及其法定代理人，有权随时委托诉讼代理人。"可见被害人享有委托诉讼代理人的权利。另一方面，《刑诉法》第114条规定："对于自诉案件，被害人有权向人民法院直接起诉……"可见，被害人也享有提起自诉的权利。因此B正确。

C选项中申请复议的权利为被害人所享有，但被害人不享有提起上诉的权利。本选项中，一方面，命题人没有说明"申请复议"指的是对什么决定申请复议，不过关于被害人诉讼权利的一般理论中所列的"申请复议权"一般就是指被害人对于侵犯其合法权利的犯罪嫌疑人、被告人有权提出控告，而如果相关机关不予立案，其有权申请复议的权利，也即《刑诉法》第112条的规定："人民法院、人民检察院或者公安机关对于报案、控告、举报和自首的材料，应当按照管辖范围，迅速进行审查，认为有犯罪事实需要追究刑事责任的时候，应当立案；认为没有犯罪事实，或者犯罪事实显著轻微，不需要追究刑事责任的

时候，不予立案，并且将不立案的原因通知控告人。控告人如果不服，可以申请复议。"可见，作为控告人的被害人有权对不立案决定申请复议。但是另一方面，被害人没有提起上诉的权利，只有请求人民检察院抗诉的权利。《刑诉法》第229条规定："被害人及其法定代理人不服地方各级人民法院第一审的判决的，自收到判决书后五日以内，有权请求人民检察院提出抗诉。人民检察院自收到被害人及其法定代理人的请求后五日以内，应当作出是否抗诉的决定并且答复请求人。"可见公诉案件的被害人对一审判决仅有请求人民检察院抗诉的权利，没有直接上诉的权利。可见C错误。

D选项中的申请抗诉权和提出申诉权均为被害人所享有。一方面，如上述《刑诉法》第229条规定，被害人享有申请抗诉权。另一方面，《刑诉法》第252条规定："当事人及其法定代理人、近亲属，对已经发生法律效力的判决、裁定，可以向人民法院或者人民检察院提出申诉，但是不能停止判决、裁定的执行。"被害人属于当事人，因此当然有提出申诉权。可见，被害人既享有申请抗诉权，也享有提出申诉权。D选项是正确的。

4. [答案] D   [难度] 中
[考点] 被害人的诉讼权利
[命题和解题思路] 命题人通过此题考查了考生对被害人诉讼权利的了解。被害人的诉讼权利也是高频考点，尤其是被害人权利与证人权利的比较常常被考到，对此，考生应当注意，对于既适用于证人也适用于被害人的主要是有关询问程序的规定，而不是关于诉讼权利的规定。此外，对于被害人不同于其他诉讼参与人的控告权、申请复议权、申诉权、抗诉请求权等也应特别留意。

[选项分析] A选项涉及被害人有权委托诉讼代理人的时间。《刑诉法》第46条第1款规定："公诉案件的被害人及其法定代理人或者近亲属，附带民事诉讼的当事人及其法定代理人，自案件移送审查起诉之日起，有权委托诉讼代理人……"可见A错误。

B选项涉及被害人出庭作证有无经济补助的问题。《刑诉法》第65条第1款规定："证人因履行作证义务而支出的交通、住宿、就餐等费用，应当给予补助……"可能会有考生认为，很多适

用于证人的规定也适用于被害人，从而得出对被害人出庭作证的也应给予经济补助的结论。但事实上，**对证人和被害人同样适用的规定主要限于《刑诉法》第二章"侦查"中的第三节"询问证人"**，该节中的第 127 条规定："询问被害人，适用本节各条规定。"而《刑诉法》第 65 条则规定，在第五章"证据"中关于证人的规定并不适用于被害人。此外，被害人是为了自己的利益而出庭作证，于情理来看，也不应给予经济补偿。故而排除 B。

C 选项涉及被害人对强制医疗决定有无权利申请复议及向哪一级法院申请复议，为重点干扰项。《刑诉法》第 305 条第 2 款规定："被决定强制医疗的人、被害人及其法定代理人、近亲属对强制医疗决定不服的，可以向上一级人民法院申请复议。"可见，被害人有权申请复议，但是应当向上一级人民法院，而不是作出决定的人民法院申请复议。可见 C 错误。

D 选项涉及被害人对附条件不起诉有无权利申诉及向哪一级人民检察院申诉。《刑诉法》第 282 条第 2 款规定："对附条件不起诉的决定，公安机关要求复议、提请复核或者被害人申诉的，适用本法第一百七十九条、第一百八十条的规定。"而《刑诉法》第 180 条规定："对于有被害人的案件，决定不起诉的，人民检察院应当将不起诉决定书送达被害人。被害人如果不服，可以自收到决定书后七日以内向上一级人民检察院申诉……"可见，D 是正确的。

第二节　其他诉讼参与人

[答案] AB　　[难度] 中

[考点] 诉讼参与人

[命题和解题思路] 命题人通过此题考查了诉讼参与人的范围。诉讼参与人是指在刑事诉讼过程中享有一定诉讼权利，承担一定诉讼义务的除国家专门机关工作人员以外的人，包括当事人、法定代理人、诉讼代理人、辩护人、证人、鉴定人和翻译人员。考生据此解题即可。

[选项分析] A 选项中的翻译人员属于诉讼参与人，因此选 A。

B 选项中的法医为鉴定人，也属于诉讼参与人，因此选 B。

C 选项中的侦查人员是国家专门机关工作人员，不属于诉讼参与人，因此排除 C。

D 选项中的具有专门知识的人不是鉴定人，也不属于诉讼参与人中的任何一类，因此排除 D。

> **易混清点解析**
> 警察出庭的情况有两种：
> 其一，《刑诉法》第 192 条第 1、2 款规定："公诉人、当事人或者辩护人、诉讼代理人对证人证言有异议，且该证人证言对案件定罪量刑有重大影响，人民法院认为证人有必要出庭作证的，证人应当出庭作证。人民警察就其执行职务时目击的犯罪情况作为证人出庭作证，适用前款规定。"这种情况下出庭的警察是就自己耳闻目睹的犯罪事实提供证言，与一般证人无异，属于诉讼参与人。
> 其二，《刑诉法》第 59 条第 2 款规定："现有证据材料不能证明证据收集的合法性的，人民检察院可以提请人民法院通知有关侦查人员或者其他人员出庭说明情况；人民法院可以通知有关侦查人员或者其他人员出庭说明情况。有关侦查人员或者其他人员也可以要求出庭说明情况。经人民法院通知，有关人员应当出庭。"这种情况下出庭的警察是以国家机关工作人员的身份就自己履行职务的行为予以说明，不同于一般证人，不属于诉讼参与人。

第四章　管　辖

试　题

第一节　立案管辖

🔖 J 国人汤姆（45 岁）和杰瑞（20 岁）（二人系父子关系）在我国甲市乙县旅游，杰瑞酒后殴打他人致重伤。关于本案的办理，下列哪些说法是正确的？（2019 年回忆版）

A. 可由乙县公安机关立案侦查

B. 汤姆向公安机关提出由其担任杰瑞的辩护

人，公安机关应当同意

C. 对杰瑞采取刑事拘留应报甲市公安机关批准

D. 对杰瑞批准逮捕的决定应报甲市检察院备案

第二节　审判管辖

1. 甲被某市 A 区法院判决构成诈骗罪后提出上诉。中级法院审理期间，甲因另一起案件涉嫌诈骗罪被起诉至该市 B 区法院。关于本案，中级法院的下列哪一做法是正确的？（2023 年回忆版）

A. 中止审理，等待 B 区法院的审理结果

B. 继续审理，暂不用考虑另一诈骗案

C. 发回重审，由 A 区法院将另一诈骗案并案审理

D. 撤销原判，一并提审两个诈骗案

2. 甲、乙、丙三人在境外开设赌博网站盈利，并向境内某搜索引擎植入木马病毒，以提高赌博网站的搜索点击率。案发后，甲、乙二人归案，丙在境外一直未归。关于本案的处理，下列哪一说法是正确的？（2023 年回忆版）

A. 公安部可商最高检察院和最高法院指定某地公安机关对本案立案侦查

B. 如甲不认罪认罚，对乙适用认罪认罚从宽制度无需乙签署具结书

C. 法院如对网站某些内容用语不甚理解，应要求公安机关移送情况说明

D. 丙在被通缉一年后仍未归案，检察院可向法院申请没收其违法所得

3. 甲从大江市出发前往大河市，途径大海市。在大海市期间，甲拍摄了淫秽视频。到达大河市后，甲又乘车前往大山市，在大山市发布了淫秽视频，后甲被捕。关于本案，下列哪一地法院具有管辖权？（2021 年回忆版）

A. 大江市

B. 大河市

C. 大海市

D. 大山市

4. 齐某在 A 市 B 区利用网络捏造和散布虚假事实，宣称刘某系当地黑社会组织"大哥"，A 市中级法院院长王某为其"保护伞"。刘某以齐某诽谤为由，向 B 区法院提起自诉。关于本案处理，

下列哪一选项是正确的？（2017-2-24）

A. B 区法院可以该案涉及王某为由裁定不予受理

B. B 区法院受理该案后应请求上级法院指定管辖

C. B 区法院受理该案后，王某应自行回避

D. 齐某可申请 A 市中级法院及其下辖的所有基层法院法官整体回避

5. 某县破获一抢劫团伙，涉嫌多次入户抢劫，该县法院审理后认为，该团伙中只有主犯赵某可能被判处无期徒刑。关于该案的移送管辖，下列哪些选项是正确的？（2014-2-66）

A. 应当将赵某移送中级法院审理，其余被告人继续在县法院审理

B. 团伙中的未成年被告人应当一并移送中级法院审理

C. 中级法院审查后认为赵某不可能被判处无期徒刑，可不同意移送

D. 中级法院同意移送的，应当书面通知其同级检察院

第三节　特殊管辖

1. 徐某在 A 市 B 区因故意伤害罪被判处有期徒刑 8 年，在 A 市监狱服刑 3 年后，徐某逃往 C 市，在 C 市 D 区持刀抢劫致人死亡，最后在 E 市客运站被抓获。关于本案，下列哪个法院具有管辖权？（2023 年回忆版）

A. A 市 B 区法院

B. A 市中级法院

C. C 市中级法院

D. E 市中级法院

2. 黄某为甲市居民，杨某为乙市居民，两人均在巴拿马籍货轮"瞭望号"上工作。货轮在航行至公海时，黄某将杨某推入海中致其死亡。该船从丙市入境并停泊，黄某上岸后逃匿至丁市居住后被抓获。关于该案，下列哪些法院有管辖权？（2020 年回忆版）

A. 甲市法院　　　B. 乙市法院

C. 丙市法院　　　D. 丁市法院

3. 甲、乙（户籍地均为 M 省 A 市）共同运营一条登记注册于 A 市的远洋渔船。某次在公海捕鱼时，甲乙二人共谋杀害了与他们素有嫌隙的水

手丙。该船回国后首泊于 M 省 B 市港口以作休整，然后再航行至 A 市。从 B 市起航后，在途经 M 省 C 市航行至 A 市过程中，甲因害怕乙投案自首一直将乙捆绑拘禁于船舱。该船于 A 市靠岸后案发。关于本案管辖，下列选项正确的是：（2016-2-92）

　　A. 故意杀人案和非法拘禁案应分别由中级法院和基层法院审理

　　B. A 市和 C 市对非法拘禁案有管辖权

　　C. B 市中级法院对故意杀人案有管辖权

　　D. A 市中级法院对故意杀人案有管辖权

详　解

第一节　立案管辖

［答案］AD　　［难度］中

［考点］外国人犯罪案件的办理、辩护人的范围

［命题和解题思路］外国人犯罪案件的办理属于相对不常考的知识点，但几乎每隔两三年就会有题目考查。相对于普通案件，外国人犯罪案件其实并没有非常特殊的规定，一是注意案件是否涉及危害国家安全（涉及管辖问题）；二是需要向上级机关报备。

［选项分析］选项 A 说法正确。根据题干可知，杰瑞涉嫌故意伤害，并不涉及危害国家安全犯罪。根据《公安部规定》第 363 条的规定，外国人犯罪案件，由犯罪地的县级以上公安机关立案侦查。所以 A 正确。

B 选项说法错误。本选项涉及辩护人的范围。根据《法院解释》第 40 条的规定，汤姆作为杰瑞的父亲，可以担任其辩护人。但是，从选项的表述可知，此时案件尚处于侦查阶段，侦查阶段只能委托律师。而以律师身份担任辩护人必须是在中华人民共和国的律师事务所执业的律师，因此 B 错误。

C 选项说法错误。根据《公安部规定》第 367 条的规定，对外国籍犯罪嫌疑人依法作出取保候审、监视居住决定或者执行拘留、逮捕后，应当在 48 小时以内层报省级公安机关，同时通报同级人民政府外事办公室。由此可见，拘留的决定权仍在办案机关，只是作出决定或者执行后要层报省级公安机关，因此 C 错误。

D 选项说法正确。从前述分析可知，本案可由乙县公安机关立案侦查，如果乙县公安机关提请批准逮捕，应移送至乙县检察院。根据《检察规则》第 294 条的规定，外国人、无国籍人涉嫌本条第一款规定（危害国家安全犯罪）以外的其他犯罪案件，决定批准逮捕的人民检察院应当在作出批准逮捕决定后 48 小时以内报上一级人民检察院备案，同时向同级人民政府外事部门通报。上一级人民检察院对备案材料经审查发现错误的，应当依法及时纠正。可见，乙县检察院批准逮捕后须向甲市检察院报备，但决定权仍然由乙县检察院行使，所以 D 正确。

第二节　审判管辖

1. ［答案］C　　［难度］中

［考点］并案审理

［命题和解题思路］本题考查同种犯罪的并案审理，涉及 2021 年《法院解释》的两个新增法条。解答本题，考生应注意，当法院发现被告人还有其他犯罪被起诉或未判决时，前后两罪是否是同种犯罪，会对是否并案审理产生决定性影响。了解中止审理的情形，可排除 A 选项；了解二审法院撤销原判的后果，可排除 D 选项。

［选项分析］根据《法院解释》第 24 条规定，人民法院发现被告人还有其他犯罪被起诉的，可以并案审理；涉及同种犯罪的，一般应当并案审理。人民法院发现被告人还有其他犯罪被审查起诉、立案侦查、立案调查的，可以参照前款规定协商人民检察院、公安机关、监察机关并案处理，但可能造成审判过分迟延的除外。根据前两款规定并案处理的案件，由最初受理地的人民法院审判。必要时，可以由主要犯罪地的人民法院审判。根据《法院解释》第 25 条规定，第二审人民法院在审理过程中，发现被告人还有其他犯罪没有判决的，参照前条规定处理。第二审人民法院决定并案审理的，应当发回第一审人民法院，由第一审人民法院作出处理。根据以上两个条文规定，如果同一人前后涉嫌两罪为同种犯罪的，一般应当并案审理，原则上由最初受理地的法院审判。从应然层面而言，对于同种犯罪，特别是分案处理可能导致对被告人刑罚裁量不利的，应当并案审理。有些案件，确实无法与原提起公诉的检察院、拟并案审理的法院对应的检察院以及上级检

察院协商一致的，只能分案处理，在刑罚裁量时酌情考虑。故而《法院解释》第24条第1款使用的表述是"一般应当"而非"应当"，对于分案处理对被告人的刑罚裁量无实质不利影响（如一罪被判处死刑、无期徒刑，采用吸收原则进行并罚的）和确实无法就并案问题协商一致的，可以允许分案审理。（《刑事诉讼法解释》起草小组：《〈关于适用刑事诉讼法解释〉的理解与适用》，载《人民司法·应用》2021年第7期）

中止审理是法院在审判过程中遇到影响审判正常进行的诉讼外的障碍时的做法，本案显然不能适用中止审理。A选项错误。

当前案第二审法院发现被告人还有其他同种犯罪没有判决的，应当首先考虑并案审理方案，而不是继续审理且暂不考虑另一案。B选项错误。

如前所述，对被告人前后涉嫌同种犯罪的两案，一般应当并案审理。本案中，中级法院原则上应将本案发回A区法院，由最初受理本案的A区法院与A区检察院、B区法院和B区检察院协商，将前后两起诈骗案并案审理。C选项正确。

第二审法院如撤销原判后，要么发回重审，要么改判。A区法院的一审案件已经进展至市中级法院的二审案件，市中级法院也无法再提审本案。D选项错误。

2. ［答案］A ［难度］难
［考点］信息网络犯罪案件的管辖、认罪认罚案件具结书签署、电子数据内容说明的移送、违法所得没收的适用范围

［命题和解题思路］本题以一起境外实施的信息网络犯罪案件为主线，综合考查信息网络犯罪的管辖、认罪认罚案件具结书签署、电子数据内容说明的移送和违法所得没收的适用范围共4个知识点。解答本题，考生应注意掌握不需要签署认罪认罚具结书的情形，法院对检察院未移送相关材料时的处理，以及违法所得没收程序适用的案件类型。

［选项分析］A选项考查信息网络犯罪案件的指定侦查管辖。根据《关于办理信息网络犯罪案件适用刑事诉讼程序若干问题的意见》第8条规定，对于具有特殊情况，跨省（自治区、直辖市）指定异地公安机关侦查更有利于查清犯罪事实、保证案件公正处理的重大信息网络犯罪案件，以

及在境外实施的信息网络犯罪案件，公安部可以商最高人民检察院和最高人民法院指定侦查管辖。本案是在境外实施的信息网络犯罪案件，公安部可指定侦查管辖。容易迷惑考生的点是商请最高检察院和最高法院这一做法是否正确。考虑到由侦查机关所在地的检察院和法院进行审查起诉和审判更利于诉讼的推进，公安部在指定侦查管辖时与最高检察院、最高法院进行协商，可统一三个阶段的指定管辖机关。A选项正确。

B选项考查无需签署认罪认罚具结书的情形。根据《刑诉法》第174条和《关于适用认罪认罚从宽制度的指导意见》第31条的规定，犯罪嫌疑人自愿认罪，同意量刑建议和程序适用的，应当在辩护人或者值班律师在场的情况下签署认罪认罚具结书。犯罪嫌疑人认罪认罚，有下列情形之一的，不需要签署认罪认罚具结书：（1）犯罪嫌疑人是盲、聋、哑人，或者是尚未完全丧失辨认或者控制自己行为能力的精神病人的；（2）未成年犯罪嫌疑人的法定代理人、辩护人对未成年人认罪认罚有异议的；（3）其他不需要签署认罪认罚具结书的情形。由此可见，适用认罪认罚从宽制度，不需要签署认罪认罚具结书的情形被限定于犯罪嫌疑人自身的某些特殊情况，同案犯是否认罪认罚与此无关。B选项错误。

C选项考查对电子数据内容说明的移送。根据《法院解释》第115条规定，对视听资料、电子数据，还应当审查是否移送文字抄清材料以及对绰号、暗语、俗语、方言等不易理解内容的说明。未移送的，必要时，可以要求人民检察院移送。C选项错误。

D选项考查违法所得没收程序的适用案件范围。根据《刑诉法》第298条规定，对于贪污贿赂犯罪、恐怖活动犯罪等重大犯罪案件，犯罪嫌疑人、被告人逃匿，在通缉1年后不能到案，或者犯罪嫌疑人、被告人死亡，依照刑法规定应当追缴其违法所得及其他涉案财产的，人民检察院可以向人民法院提出没收违法所得的申请。根据《关于适用犯罪嫌疑人、被告人逃匿、死亡案件违法所得没收程序若干问题的规定》第1条和《法院解释》第609条，《刑诉法》第298条规定的"贪污贿赂犯罪、恐怖活动犯罪等"犯罪案件，是指下列案件：（1）贪污贿赂、失职渎职等职务犯罪案件；（2）《刑法》分则第二章规定的相关恐

怖活动犯罪案件，以及恐怖活动组织、恐怖活动人员实施的杀人、爆炸、绑架等犯罪案件；（3）危害国家安全、走私、洗钱、金融诈骗、黑社会性质组织、毒品犯罪案件；（4）电信诈骗、网络诈骗犯罪案件。可见，**开设赌场案件不属于违法所得没收程序的适用案件范围**。D 选项错误。

3. ［答案］D　　［难度］难

［考点］地区管辖

［命题和解题思路］本题虽然是考查地区管辖这一常见考点，但在题干中设置了较多干扰性表述，且一定程度上融合了刑法的知识点，**需要考生判断哪个地点是犯罪地**。

［选项分析］通过题干可知，首先判断甲涉嫌的是传播淫秽物品罪，而该行为是发生在大山市，因此根据地区管辖的规定，应由大山市法院审理此案，即 D 当选。

C 选项有一定的迷惑性，因为甲是在大海市拍摄的淫秽视频，但是拍摄行为本身不构成犯罪，且从题干中也无法判断该拍摄行为是发布行为的预备，因此 C 不当选。

本案并非持续行为，A、B 选项两地并不是犯罪地，所以 A（大江市）、B（大河市）不当选。

4. ［答案］B　　［难度］中

［考点］指定管辖、回避的理由

［命题和解题思路］命题人通过此题考查了指定管辖的适用。指定管辖是指当管辖不明或者有管辖权的法院不宜行使管辖权时，由上级人民法院以指定的方式确定案件的管辖。有管辖权的法院不宜行使管辖权的最常见的原因就是本院院长需要回避。但是命题人在本题中设计了一个比较特殊的情节，即不是有管辖权的法院的院长需要回避，而是其上一级法院的院长需要回避。这可能会给考生造成一定的困扰。但是"有管辖权的法院不宜行使管辖权"的原因有很多，"本院院长需要回避"只是其常见原因之一，"上一级法院的院长需要回避"也可以成为其不宜行使管辖权的原因之一，换句话说，**只要有管辖权的法院不宜行使管辖权即可适用指定管辖**，至于其不宜行使管辖权的具体原因则并不影响指定管辖的适用。

［选项分析］A 选项涉及不予受理的理由。《法院解释》第 320 条第 2 款规定："具有下列情形之一的，应当说服自诉人撤回起诉；自诉人不

撤回起诉的，裁定不予受理：（一）不属于本解释第一条规定的案件的；（二）缺乏罪证的；（三）犯罪已过追诉时效期限的；（四）被告人死亡的；（五）被告人下落不明的；（六）除因证据不足而撤诉的以外，自诉人撤诉后，就同一事实又告诉的；（七）经人民法院调解结案后，自诉人反悔，就同一事实再行告诉的；（八）属于本解释第一条第二项规定的案件，公安机关正在立案侦查或者人民检察院正在审查起诉的；（九）不服人民检察院对未成年犯罪嫌疑人作出的附条件不起诉决定或者附条件不起诉考验期满后作出的不起诉决定，向人民法院起诉的。"显然，该案涉及王某不能成为不予受理的理由。故而排除 A。

B 选项涉及指定管辖的适用条件。《法院解释》第 18 条规定："有管辖权的人民法院因案件涉及本院院长需要回避或其他原因，不宜行使管辖权的，可以请求移送上一级人民法院管辖。上一级人民法院可以管辖，也可以指定与提出请求的人民法院同级的其他人民法院管辖。"与该解释相比，本案有一个特殊之处，即不是受理案件的 B 区法院的院长需要回避，而是其上一级法院，也即 A 市中级人民法院的院长需要回避，但是这一特殊之处并不影响指定管辖的适用。**指定管辖的适用条件是"有管辖权的人民法院不宜行使管辖权"**，导致其不宜行使管辖权的原因可能是"本院院长需要回避"，也可能是"其他原因"，也可以包括上一级法院院长需要回避，因为这种情况同样可能影响案件的公正审理和公信力，只是这种情况的指定管辖会涉及越级指定的问题，但在 B 区法院应请求上级法院指定管辖的问题上当无疑义。故而 B 正确。

C 选项是重点干扰项，涉及自行回避的适用。《法院解释》第 27 条规定："审判人员具有下列情形之一的，应当自行回避……（五）与本案当事人有其他利害关系，可能影响公正审判的。"第 37 条规定："本章所称的审判人员，包括人民法院院长、副院长、审判委员会委员、庭长、副庭长、审判员和人民陪审员。"根据这两条解释，人民法院院长与案件当事人有其他利害关系，可能影响公正审判的，应当自行回避。但是**这种"其他利害关系"应当是现实存在并为本人认可的**，刑诉法及司法解释并未规定只要有人声称审判人员与本案当事人有其他利害关系，可能影响公正审判

的，该审判人员就应当自行回避。因此排除 C。

D 选项涉及回避的理由。本案中，A 市中级法院及其下辖的所有基层法院法官并不具有法律及司法解释所规定的回避理由，我国也并未确立集体回避制度。因此排除 D。

5. [答案] CD　　　[难度] 中

[考点] 级别管辖、移送管辖、未成年人刑事案件诉讼程序的原则（分案处理原则）

[命题和解题思路] 命题人通过一个未成年人与可能被判处无期徒刑的成年人共同犯罪的案例，考查了级别管辖及与之相关的案件移送程序，同时还考查了未成年人刑事案件诉讼程序中的分案处理原则。这种跨考点的考题需要考生能够迅速判断出各选项所针对的考点，从而避免陷入命题人设计的陷阱。本题中，如果考生对有关分案处理原则的考查意图不够敏感，就有可能选错。关于未成年人刑事案件诉讼程序，要注意《人民检察院办理未成年人刑事案件的规定》中的内容。

[选项分析] A 选项涉及级别管辖中的全案移送原则。《刑诉法》第 21 条规定："中级人民法院管辖下列第一审刑事案件：（一）危害国家安全、恐怖活动案件；（二）可能判处无期徒刑、死刑的案件。"本案中，由于赵某可能被判处无期徒刑，因此应由中级人民法院管辖。同时，《法院解释》第 15 条规定："一人犯数罪、共同犯罪或者其他需要并案审理的案件，其中一人或者一罪属于上级人民法院管辖的，全案由上级人民法院管辖。"因此，本案应全案移送中级人民法院管辖，不能只移送赵某，而由县法院继续审理其余的被告人。因此 A 错误。

B 选项涉及未成年人刑事案件诉讼程序的分案处理原则，是重点干扰项。很多考生可能会根据上述《法院解释》第 15 条规定的全案移送原则认为本选项的陈述是正确的，但是全案移送原则是适用于普通程序的一般性原则，而分案处理原则则是适用于未成年人刑事案件诉讼程序中的特别原则，其效力优于一般原则。关于分案处理，考生比较熟悉的是对未成年人与成年人应分别关押、分别执行。但本案涉及的则是对未成年人与成年人共同犯罪的案件，是否应当分别起诉、分别审理？对此，《人民检察院办理未成年人刑事案件的规定》第 51 条第 1 款规定："人民检察院审

查未成年人与成年人共同犯罪案件，一般应当将未成年人与成年人分案起诉。但是具有下列情形之一的，可以不分案起诉：（一）未成年人系犯罪集团的组织者或者其他共同犯罪中的主犯的；（二）案件重大、疑难、复杂，分案起诉可能妨碍案件审理的；（三）涉及刑事附带民事诉讼，分案起诉妨碍附带民事诉讼部分审理的；（四）具有其他不宜分案起诉情形的。"可见，未成年人与成年人共同犯罪的案件是以分案起诉为原则，以不分案起诉为例外的，也即除非存在特殊情形，对未成年人与成年人共同犯罪的案件应当分案起诉。就本案而言，一则题干中并未提及存在上述特殊情形，因此，应将未成年人和成年人分案起诉，成年人案件因赵某可能被判处无期徒刑而应移送中级人民法院管辖，未成年人案件则因为分案原则不必一并移送；二则即便存在特殊情形，也只是"可以"不分案起诉，也即"可以"一并移送中级人民法院审理，而非"应当"一并移送。因此 B 错误。

C 选项涉及因级别管辖而移送案件的具体程序。《法院解释》第 17 条第 3 款规定："需要将案件移送中级人民法院审判的，应当在报请院长决定后，至迟于案件审理期限届满十五日以前书面请求移送。中级人民法院应当在接到申请后十日内作出决定。不同意移送的，应当下达不同意移送决定书，由请求移送的人民法院依法审判；同意移送的，应当下达同意移送决定书，并书面通知同级人民检察院。"可见中级人民法院可以不同意移送。因此 C 正确。

D 选项也涉及因级别管辖而移送案件的具体程序。根据上述《法院解释》第 17 条第 3 款的规定可知，中级人民法院同意移送的，应当书面通知同级人民检察院。因此 D 正确。

易混清点解析

基层人民法院向中级人民法院移送案件的情况有两种：

第一，应当移送的情况：根据管辖规定，案件本来应当由中级人民法院管辖，但却先由基层人民法院受理了，这种情况下基层人民法院应当将案件移送中级人民法院。应当由中级人民法院管辖的案件包括：（1）危害国家安全、恐怖活动案件；（2）可能判处无期徒刑、死刑的案件。这

种移送本质上是对错误管辖的纠正。

第二，可以移送的情况：根据法律规定，案件可以由基层人民法院管辖，但由于特殊原因，基层人民法院可以将案件移送中级人民法院，包括：（1）重大、复杂案件；（2）新类型的疑难案件；（3）在法律适用上具有普遍指导意义的案件。这种移送属于《刑诉法》第 24 条规定的移送管辖，即"上级人民法院在必要的时候，可以审判下级人民法院管辖的第一审刑事案件；下级人民法院认为案情重大、复杂需要由上级人民法院审判的第一审刑事案件，可以请求移送上一级人民法院审判。"

第三节 特殊管辖

1.［答案］B ［难度］中

［考点］服刑地管辖

［命题和解题思路］本题考查罪犯服刑期间又犯罪的管辖问题。解答本题，应注意区分罪犯服刑期间又犯罪的具体情况，牢记以罪犯服刑地法院管辖为原则的基本要求以及以犯罪地法院管辖为例外的具体情形，同时应注意根据案件具体情形分析管辖法院的级别。

［选项分析］根据《法院解释》第 13 条规定，正在服刑的罪犯在判决宣告前还有其他罪没有判决的，由原审地人民法院管辖；由罪犯服刑地或者犯罪地的人民法院审判更为适宜的，可以由罪犯服刑地或者犯罪地的人民法院管辖。罪犯在服刑期间又犯罪的，由服刑地的人民法院管辖。罪犯在脱逃期间又犯罪的，由服刑地的人民法院管辖。但是，在犯罪地抓获罪犯并发现其在脱逃期间犯罪的，由犯罪地的人民法院管辖。本案中，徐某在服刑期间犯脱逃罪，在脱逃期间又犯抢劫罪，但是其未在犯抢劫罪的犯罪地 C 市被抓获，而是到了 E 市才被抓获，故徐某仍由服刑地 A 市的法院管辖。徐某在脱逃期间犯抢劫罪且致人死亡，可能被判处无期徒刑以上刑罚，应由中级法院管辖。B 选项当选。

2.［答案］ABCD ［难度］易

［考点］海上刑事案件的管辖权

［命题和解题思路］本题主要考查了对海上发生的刑事案件的管辖，解题时只需注意题干中涉

及的四个地点对应的法条规定即可。

［选项分析］根据《关于海上刑事案件管辖等有关问题的通知》第 1 条第 3 项的规定，中国公民在中华人民共和国领海以外的海域犯罪，由其登陆地、入境地、离境前居住地或者现居住地的人民法院管辖；被害人是中国公民的，也可以由被害人离境前居住地或者现居住地的人民法院管辖。本案中涉及的四个地点，甲市为犯罪嫌疑人离境前居住地，乙市为被害人离境前居住地，丙市为入境地，丁市为犯罪嫌疑人现居住地，因此四个法院均有管辖权，所以本题的正确选项为 ABCD。

3.［答案］BC ［难度］中

［考点］级别管辖、地区管辖、几种特殊情况的管辖

［命题和解题思路］命题人通过此题考查了级别管辖、地区管辖和几种特殊情况的管辖，案例设计得复杂而巧妙，既涉及共同犯罪和一人犯数罪，又涉及多个可能的管辖地点，需要考生对各种管辖规定都非常熟悉并能灵活运用。考生对本案的分析应首先确定故意杀人案属于在域外的中国船舶内犯罪，非法拘禁案属于持续性犯罪，然后再根据选项逐个予以分析。

［选项分析］A 选项涉及级别管辖。《刑诉法》第 20 条规定："基层人民法院管辖第一审普通刑事案件，但是依照本法由上级人民法院管辖的除外。"第 21 条规定："中级人民法院管辖下列第一审刑事案件：（一）危害国家安全、恐怖活动案件；（二）可能判处无期徒刑、死刑的案件。"故意杀人案属于可能判处无期徒刑、死刑的案件，应当由中级人民法院管辖。非法拘禁案属于较轻的普通刑事案件，应当由基层人民法院管辖。但是，《法院解释》第 15 条规定："一人犯数罪、共同犯罪或者其他需要并案审理的案件，其中一人或者一罪属于上级人民法院管辖的，全案由上级人民法院管辖。"本案中，甲乙共同实施了故意杀人的犯罪行为，甲还实施了非法拘禁的犯罪行为，既符合共同犯罪，也符合一人犯数罪，因此故意杀人案和非法拘禁案应当合并审理，由于故意杀人案应由中级人民法院管辖，因此应一并由中级人民法院管辖。故而 A 错误。

B 选项涉及地区管辖。《刑诉法》第 25 条规

定："刑事案件由犯罪地的人民法院管辖。如果由被告人居住地的人民法院审判更为适宜的，可以由被告人居住地的人民法院管辖。"《法院解释》第2条第1款规定："犯罪地包括犯罪行为地和犯罪结果地。"非法拘禁是一个持续性的犯罪行为，整个非法拘禁期间所经过的地方都属于犯罪地。本案中，非法拘禁行为在A市和C市都处于持续进行的状态，因此A市和C市均有管辖权。故B正确。

C选项涉及特殊管辖。需要注意的是2020年最高法、最高检、中国海警局制定了《关于海上刑事案件管辖等有关问题的通知》，对于《法院解释》中关于海上刑事案件的管辖问题作出了补充性规定。根据该《通知》第1条第1款的规定："一、对海上发生的刑事案件，按照下列原则确定管辖：（一）在中华人民共和国内水、领海发生的犯罪，由犯罪地或者被告人登陆地的人民法院管辖，如果由被告人居住地的人民法院审判更为适宜的，可以由被告人居住地的人民法院管辖；（二）在中华人民共和国领域外的中国船舶内的犯罪，由该船舶最初停泊的中国口岸所在地或者被

告人登陆地、入境地的人民法院管辖；（三）中国公民在中华人民共和国领海以外的海域犯罪，由其登陆地、入境地、离境前居住地或者现居住地的人民法院管辖；被害人是中国公民的，也可以由被害人离境前居住地或者现居住地的人民法院管辖；（四）外国人在中华人民共和国领海以外的海域对中华人民共和国国家或者公民犯罪，根据《中华人民共和国刑法》应当受到处罚的，由该外国人登陆地、入境地、入境后居住地的人民法院管辖，也可以由被害人离境前居住地或者现居住地的人民法院管辖；（五）对中华人民共和国缔结或者参加的国际条约所规定的罪行，中华人民共和国在所承担的条约义务的范围内行使刑事管辖权的，由被告人被抓获地、登陆地或者入境地的人民法院管辖。"根据题干可知，故意杀人是发生于中国籍船舶在公海期间，因此符合第2项的规定，由船舶最初停泊地，即B市法院管辖，因此C说法正确。

根据前述分析可知，故意杀人行为是发生在中国籍船舶，不适用第3项的规定，因此D说法错误。

第五章　回　避

试　题

📶 **1.** 张某涉嫌诈骗一案由甲市乙县法院法官王某担任审判长，林某担任书记员。一审判决张某有期徒刑5年，张某以事实不清为由提起上诉。二审由甲市中院法官赵某担任审判长，后裁定发回重审。重审期间，王某被任命为乙县法院的专职审委会委员。该案经合议庭报请审委会讨论后，改判张某有期徒刑4年，张某不服再次上诉。下列说法正确的是？（2022年回忆版）

A. 二审法院应当开庭审理

B. 该案被发回重审后，林某不能继续担任该案的书记员

C. 王某不能参与审委会对该案的讨论

D. 张某再次提起上诉后，赵某不能作为该案的审判长

📶 **2.** 未成年人小付涉嫌故意伤害袁某，袁某向

法院提起自诉。小付的父亲委托律师黄某担任辩护人，袁某委托其在法学院上学的儿子担任诉讼代理人。本案中，下列哪些人有权要求审判人员回避？（2015-2-68）

A. 黄某

B. 袁某

C. 袁某的儿子

D. 小付的父亲

📶 **3.** 林某盗版销售著名作家黄某的小说涉嫌侵犯著作权罪，经一审和二审后，二审法院裁定撤销原判，发回原审法院重新审理。关于该案的回避，下列哪些选项是正确的？（2014-2-67）

A. 一审法院审判委员会委员甲系林某辩护人妻子的弟弟，黄某的代理律师可申请其回避

B. 一审书记员乙系林某的表弟而未回避，二审法院可以此为由裁定发回原审法院重审

C. 一审合议庭审判长丙系黄某的忠实读者，

应当回避

D. 丁系二审合议庭成员，如果林某对一审法院重新审判作出的裁判不服再次上诉至二审法院，丁应当自行回避

📶 **4.** 法院审理过程中，被告人赵某在最后陈述时，以审判长数次打断其发言为理由申请更换审判长。对于这一申请，下列哪一说法是正确的？（2013-2-28）

A. 赵某的申请理由不符合法律规定，法院院长应当驳回申请

B. 赵某在法庭调查前没有申请回避，法院院长应当驳回申请

C. 如法院作出驳回申请的决定，赵某可以在决定作出后五日内向上级法院提出上诉

D. 如法院作出驳回申请的决定，赵某可以向上级法院申请复议一次

详　解

1. [答案] C　　[难度] 难

[考点] 回避、二审审理方式

[命题和解题思路] 本题主要考查了审判回避中的特殊情形，并融入了二审审理方式这一考点。此类题型由于考点集中，因此解题时尤其需要注意细节性的表述。

[选项分析]《法院解释》第393条规定："下列案件，根据刑事诉讼法第二百三十四条的规定，应当开庭审理：（一）被告人、自诉人及其法定代理人对第一审认定的事实、证据提出异议，可能影响定罪量刑的上诉案件；（二）被告人被判处死刑的上诉案件；（三）人民检察院抗诉的案件；（四）应当开庭审理的其他案件。被判处死刑的被告人没有上诉，同案的其他被告人上诉的案件，第二审人民法院应当开庭审理。"可能会有考生认为题干中被告人张某以事实不清为由提起上诉，符合第一款的情形，因此二审应当开庭审理。但是，《法院解释》第394条又规定："对上诉、抗诉案件，第二审人民法院经审查，认为原判事实不清、证据不足，或者具有刑事诉讼法第二百三十八条规定的违反法定诉讼程序情形，需要发回重新审判的，可以不开庭审理。"需要特别提醒的是，第393条规定的"应当开庭"是指二审法院亲自审理此案时应当开庭，如果仅是因为事实不

清或者违反法定程序而裁定发回重审，这是无须开庭的。因此，选项A说法错误。

B选项有较强的迷惑性，因为二审裁定发回重审的案件，一审法院应当另行组成合议庭，那么书记员林某是否也不能继续担任案件的书记员呢？可能会有考生想到《法院解释》第29条的规定，参与过本案调查、侦查、审查起诉工作的监察、侦查、检察人员，调至人民法院工作的，不得担任本案的审判人员。在一个审判程序中参与过本案审判工作的合议庭组成人员或者独任审判员，不得再参与本案其他程序的审判。但是，此条规定的是合议庭组成人员或者独任审判员，并不包括书记员，书记员并不属于合议庭成员的范畴，所以即便发回重审，林某也可以继续担任重审案件的书记员，所以选项B说法错误。

王某系一审的审判长，发回重审后，根据前述《法院解释》第29条的规定，王某当然不能继续参与该案的审理。此时，王某作为审委会委员，如果参与该案的讨论，系实质性的参与到案件的审理，所以选项C说法正确。

D选项考查的是审判回避中的特殊规定，根据《法院解释》第29条第2款的规定，在一个审判程序中参与过本案审判工作的合议庭组成人员或者独任审判员，不得再参与本案其他程序的审判。但是，发回重新审判的案件，在第一审人民法院作出裁判后又进入第二审程序、在法定刑以下判处刑罚的复核程序或者死刑复核程序的，原第二审程序、在法定刑以下判处刑罚的复核程序或者死刑复核程序中的合议庭组成人员不受本款规定的限制。赵某作为二审的审判长，裁定发回重审，案件再次上诉到二审法院，此时赵某符合上述第29条第2款的规定，可以继续担任该案的合议庭成员，而合议庭成员自然也包括该案的审判长。因此选项D说法错误。

2. [答案] ABCD　　[难度] 中

[考点] 回避的申请

[命题和解题思路] 命题人通过此题考查了有权申请回避的人员范围。关于这一范围，有两条法律作出了规定，一是《刑诉法》第29条规定："审判人员、检察人员、侦查人员有下列情形之一的，应当自行回避，当事人及其法定代理人也有权要求他们回避：……"二是《刑诉法》第32条

第 2 款规定："辩护人、诉讼代理人可以依照本章的规定要求回避、申请复议。"考生对《刑诉法》第 29 条的规定一般都很熟悉，但有可能忽略第 32 条第 2 款的规定，从而漏选 A 和 C。这也是命题人设计本题的用意所在。

[选项分析] 根据上述《刑诉法》第 29 条和第 32 条第 2 款的规定可知，有权申请回避的人包括：当事人及其法定代理人、辩护人、诉讼代理人。

A 选项中的黄某是被告人的辩护人，根据《刑诉法》第 32 条第 2 款的规定，有权申请回避。

B 选项中的袁某是自诉人，属于当事人，根据《刑诉法》第 29 条的规定，有权申请回避。

C 选项中袁某的儿子是自诉人的诉讼代理人，根据《刑诉法》第 32 条第 2 款的规定，有权申请回避。

D 选项中小付的父亲是被告人的法定代理人，根据《刑诉法》第 29 条的规定，有权申请回避。

3. [答案] AB　　[难度] 难

[考点] 回避的理由；回避的适用人员；回避的申请；对上诉、抗诉案件审理后的处理（裁定撤销原判，发回重审）

[命题和解题思路] 命题人通过此题重点考查了考生对回避的理由和回避适用的人员范围的把握。这一类问题的难度一般并不是很大，但本题中，命题人不仅考查了《刑诉法》及《法院解释》中的相关规定，还涉及《关于审判人员在诉讼活动中执行回避制度若干问题的规定》，该规定并非刑诉法修改后实施的，容易为考生所忽略。

[选项分析] A 选项涉及回避的理由及其是否适用于审判委员会委员以及有权申请回避的人员。关于回避是否适用于审判委员会委员。《法院解释》第 37 条规定："本章（指'第二章回避'）所称的审判人员，包括人民法院院长、副院长、审判委员会委员、庭长、副庭长、审判员和人民陪审员。"本选项中，甲系审判委员会委员，属于这里所称的"审判人员"。关于回避的理由，《法院解释》第 27 条规定："审判人员具有下列情形之一的，应当自行回避，当事人及其法定代理人有权申请其回避：（一）是本案的当事人或者是当事人的近亲属的；（二）本人或者其近亲属与本案有利害关系的；（三）担任过本案的证人、鉴定

人、辩护人、诉讼代理人、翻译人员的；（四）与本案的辩护人、诉讼代理人有近亲属关系的；（五）与本案当事人有其他利害关系，可能影响公正审判的。"本案中，甲系辩护人的妻弟，并不属于一般意义上的近亲属，也即并不符合"（四）与本案的辩护人、诉讼代理人有近亲属关系的"情况。但是，最高人民法院《关于审判人员在诉讼活动中执行回避制度若干问题的规定》第 1 条第 2 款规定："本规定所称近亲属，包括与审判人员有夫妻、直系血亲、三代以内旁系血亲及近姻亲关系的亲属。"也即对回避理由中的"近亲属"做了扩大解释。有的真题解析图书据此认为，"妻弟"属于近姻亲关系，因此甲属于"与本案的辩护人、诉讼代理人有近亲属关系的"情形，故而应当回避。但是，该《规定》第 1 条第 1 款的规定却是："审判人员具有下列情形之一的，应当自行回避，当事人及其法定代理人有权以口头或者书面形式申请其回避：（一）是本案的当事人或者与当事人有近亲属关系的；（二）本人或者其近亲属与本案有利害关系的；（三）担任过本案的证人、翻译人员、鉴定人、勘验人、诉讼代理人、辩护人的；（四）与本案的诉讼代理人、辩护人有夫妻、父母、子女或者兄弟姐妹关系的；（五）与本案当事人之间存在其他利害关系，可能影响案件公正审理的。"也即，该《规定》中的回避理由并没有"与本案的辩护人、诉讼代理人有近亲属关系的"，而是"与本案的诉讼代理人、辩护人有夫妻、父母、子女或者兄弟姐妹关系的"，可见该《规定》只是想扩大解释本款规定中（一）（二）里的"近亲属"，而并不想扩大（四）的范围，因此干脆明确列出具体的人员范围，其仍与《刑诉法》第 106 条规定的"近亲属"范围一致，未予扩大，即"（六）'近亲属'是指夫、妻、父、母、子、女、同胞兄弟姊妹。"由此可见，无论根据《刑诉法》《法院解释》还是根据该《规定》，仅凭甲系辩护人妻弟这条理由并不能导致甲应回避。但是官方给出的正确答案中是有 A 的，其原因在于忽略了该《规定》第 1 条第 1 款中的（四）并没有"近亲属"这一表述。关于有权申请回避的人员，《刑诉法》第 32 条第 2 款规定："辩护人、诉讼代理人可以依照本章的规定要求回避、申请复议。"因此黄某的代理律师，也即其诉讼代理人是可以申请回避的。

B 选项中涉及回避的理由及其是否适用于书记员以及二审发回重审的理由。关于回避是否适用于书记员，《刑诉法》第 32 条第 1 款规定："本章关于回避的规定适用于书记员、翻译人员和鉴定人。"可见，有关回避的规定是适用于书记员的。关于回避的理由，《刑诉法》第 29 条规定："审判人员、检察人员、侦查人员有下列情形之一的，应当自行回避，当事人及其法定代理人也有权要求他们回避：（一）是本案的当事人或者是当事人的近亲属的；（二）本人或者他的近亲属和本案有利害关系的；（三）担任过本案的证人、鉴定人、辩护人、诉讼代理人的；（四）与本案当事人有其他关系，可能影响公正处理案件的。"本案中，书记员乙是被告人林某的表弟，表弟不属于近亲属，但是却属于"与本案当事人有其他关系，可能影响公正处理案件的"情形，因此符合回避的理由。关于二审发回重审的理由，《刑诉法》第 238 条规定："第二审人民法院发现第一审人民法院的审理有下列违反法律规定的诉讼程序的情形之一的，应当裁定撤销原判，发回原审人民法院重新审判：（一）违反本法有关公开审判的规定的；（二）违反回避制度的；（三）剥夺或者限制了当事人的法定诉讼权利，可能影响公正审判的；（四）审判组织的组成不合法的；（五）其他违反法律规定的诉讼程序，可能影响公正审判的。"本案中，书记员乙是被告人林某的表弟，属于"与本案当事人有其他关系，可能影响公正处理案件的"情形，因此，乙未回避，第二审人民法院可以"违反回避制度"为由将案件发回重审。故而 B 正确。

C 选项中的丙属于审判人员，但是仅凭其"系黄某的忠实读者"这一个理由却不能认定存在"可能影响公正处理案件"的情形，故而认为丙应当回避缺乏依据，因此 C 错误。

D 选项中的丁是二审的审判人员，林某对一审法院重新作出的裁判不服再次上诉至二审法院，案件仍在二审中，丁应当继续审理，而不是回避。《法院解释》第 29 条第 2 款规定："在一个审判程序中参与过本案审判工作的合议庭组成人员或者独任审判员，不得再参与本案其他程序的审判。但是，发回重新审判的案件，在第一审人民法院作出裁判后又进入第二审程序、在法定刑以下判处刑罚的复核程序或者死刑复核程序的，原第二

审程序、在法定刑以下判处刑罚的复核程序或者死刑复核程序中的合议庭组成人员不受本款规定的限制。"这是因为，发回重审后"又进入"的第二审程序、在法定刑以下判处刑罚的核准程序或者死刑复核程序是原来的第二审程序、核准程序或死刑复核程序的继续，也即这里并不存在在一个审判程序中参加过本案审判工作的审判人员又参与本案"其他"程序的审判的情形，因此当然不受相关规定的限制。因此 D 错误。

4. ［答案］A   ［难度］难

［考点］回避（回避的理由、回避的期间、回避的申请、审查与决定、回避决定的复议）

［命题和解题思路］关于回避制度的考查往往比较碎和细。这道题就涉及回避制度的多个考点，要求考生对回避制度非常熟悉。命题人以小案例的方式将情境设定为当庭申请回避和以审判长数次打断其发言为理由申请回避，这些都是回避中的比较特殊的情形，增加了试题的难度。对此类考题，宜使用排除法，对每一个选项中所涉及的要素逐一作出判断，有一个要素出现错误，则该选项错误。

［选项分析］A 选项涉及回避的理由和决定回避的人员。《刑诉法》第 29、30 条对回避的理由作出了规定。其中，第 29 条规定："审判人员、检察人员、侦查人员有下列情形之一的，应当自行回避，当事人及其法定代理人也有权要求他们回避：（一）是本案的当事人或者是当事人的近亲属的；（二）本人或者他的近亲属和本案有利害关系的；（三）担任过本案的证人、鉴定人、辩护人、诉讼代理人的；（四）与本案当事人有其他关系，可能影响公正处理案件的。"第 30 条规定："审判人员、检察人员、侦查人员不得接受当事人及其委托的人的请客送礼，不得违反规定会见当事人及其委托的人。审判人员、检察人员、侦查人员违反前款规定的，应当依法追究法律责任。当事人及其法定代理人有权要求他们回避。"本案中赵某提出的审判长数次打断其发言的理由显然不符合刑诉法的规定。而根据《刑诉法》第 31 条第 1 款的规定："审判人员、检察人员、侦查人员的回避，应当分别由院长、检察长、公安机关负责人决定；院长的回避，由本院审判委员会决定；检察长和公安机关负责人的回避，由同级人民检

察院检察委员会决定。"本案中，赵某申请审判长回避，应当由法院院长决定。而且，即便赵某只是申请一般的审判员或人民陪审员回避，也应由院长决定，因为他们都属于"审判人员"。但是，值得指出的是，根据《法院解释》第35条第2款的规定："……不属于刑事诉讼法第二十九条、第三十条规定情形的回避申请，由法庭当庭驳回，并不得申请复议。"对于这种应由法庭当庭驳回的情形，是否还需要经院长决定，值得讨论。

B选项涉及提出回避申请的期间。刑诉法和各司法解释仅规定了在侦查、审查起诉和审判阶段均可提出回避申请，但并无关于提出回避申请的具体的有效期间的规定，更无关于回避申请只能在法庭调查前提出的规定，因此B选项说法错误。

C选项的错误比较明显。上诉只能针对判决和裁定提出，对决定只能申请复议，不能提出上诉。

D选项涉及对驳回回避申请的复议。本选项可通过三种方法排除。第一，《法院解释》第35条第2款的规定："……不属于刑事诉讼法第二十九条、第三十条规定情形的回避申请，由法庭当庭驳回，并不得申请复议。"如上所述，赵某提出的审判长数次打断其发言的理由不属于《刑诉法》第29、30条规定的情形，因此应当由法庭当庭驳回，并且不得申请复议。因此D错误。第二，《刑诉法》第31条第3款规定"对驳回申请回避的决定，当事人及其法定代理人可以申请复议一次。"《法院解释》第35条第2款规定："当事人及其法定代理人申请回避被驳回的，可以在接到决定时申请复议一次……"这种没有提及向哪一级人民法院申请复议的规定就意味着是向本院申请复议。由此也可知D错误。第三，即便考生不知道上述规定，也可根据选项本身的表述疏漏将其排除。该选项陈述"赵某可以向上级法院申请复议一次"，这个"上级法院"是哪一级法院呢？如此表述实际上意味着赵某可以向任意一级上级法院申请复议一次，而刑诉法显然不可能做如此规定，故D可排除。

> **难点解析**
>
> 关于回避的理由，《法院解释》在《刑诉法》第29、30条规定的基础上作了更细致的规定。
>
> 《法院解释》第27条规定："审判人员具有下列情形之一的，应当自行回避，当事人及其法

定代理人有权申请其回避：（一）是本案的当事人或者是当事人的近亲属的；（二）本人或者其近亲属与本案有利害关系的；（三）担任过本案的证人、鉴定人、辩护人、诉讼代理人、翻译人员的；（四）与本案的辩护人、诉讼代理人有近亲属关系的；（五）与本案当事人有其他利害关系，可能影响公正审判的。"与《刑诉法》第29条的规定相比，增加了"与本案的辩护人、诉讼代理人有近亲属关系"的情形。

第28条规定："审判人员具有下列情形之一的，当事人及其法定代理人有权申请其回避：（一）违反规定会见本案当事人、辩护人、诉讼代理人的；（二）为本案当事人推荐、介绍辩护人、诉讼代理人，或者为律师、其他人员介绍办理本案的；（三）索取、接受本案当事人及其委托人的财物或者其他利益的；（四）接受本案当事人及其委托人的宴请，或者参加由其支付费用的活动的；（五）向本案当事人及其委托人借用款物的；（六）有其他不正当行为，可能影响公正审判的。"与《刑诉法》第30条规定相比，增加了"（二）为本案当事人推荐、介绍辩护人、诉讼代理人，或者为律师、其他人员介绍办理本案的""（五）向本案当事人及其委托人借用款物的""（六）有其他不正当行为，可能影响公正审判的"。

第29条规定："参与过本案调查、侦查、审查起诉工作的监察、侦查、检察人员，调至人民法院工作的，不得担任本案的审判人员。在一个审判程序中参与过本案审判工作的合议庭组成人员或者独任审判员，不得再参与本案其他程序的审判。但是，发回重新审判的案件，在第一审人民法院作出裁判后又进入第二审程序、在法定刑以下判处刑罚的复核程序或者死刑复核程序的，原第二审程序、在法定刑以下判处刑罚的复核程序或者死刑复核程序中的合议庭组成人员不受本款规定的限制。"

如果考虑到上述第28条的规定，本题还要进一步判断相关情形是否属于"（六）有其他不正当行为，可能影响公正审判的"情形。而根据《法院解释》第287条的规定："……被告人在最后陈述中多次重复自己的意见的，审判长可以制止；陈述内容蔑视法庭、公诉人，损害他人及社

会公共利益，或者与本案无关的，应当制止。在公开审理的案件中，被告人最后陈述的内容涉及国家秘密、个人隐私或者商业秘密的，应当制止。"可见，本案中审判长数次打断被告人陈述

的情形并不属于"有其他不正当行为，可能影响公正审判的"情形。由此也可知，赵某的申请理由不符合法律的规定。

第六章 辩护与代理

试 题

📶 **1.** 田某流窜多地盗窃，后被抓获。检察院批准逮捕后，田某提出法律援助申请。关于本案，下列哪一说法是正确的？（2023年回忆版）

A. 田某系最低生活保障金领取人员，法律援助机构免予核查其经济困难状况

B. 田某的家属向价格认定中心申请鉴定盗窃财物的价值，法律援助机构据此决定不给予法律援助

C. 田某向首次盗窃地的法律援助机构提出申请

D. 关押田某的看守所在收到田某申请的第三日将申请转交法律援助机构

📶 **2.** 甲因涉嫌运输毒品罪被批准逮捕，其未委托辩护人。审查起诉期间，值班律师乙为甲提供法律帮助。关于本案的处理，下列哪一选项是正确的？（2023年回忆版）

A. 即使甲未约见乙，乙也可经办案机关许可主动会见甲

B. 为了乙的安全，办案机关可在乙会见甲时安排人员在场

C. 检察院应准许乙查阅、摘抄、复制案卷材料

D. 即使甲自愿认罪认罚，乙也可以量刑建议过重为由拒绝在具结书上签字

📶 **3.** 张某涉嫌诈骗罪被甲县公安局立案侦查。侦查人员在三日内讯问了张某两次，但在第二次讯问时才告知其有权委托律师、亲友等人担任辩护人。张某遂委托了王律师担任其辩护人。王律师向甲县公安局提出了会见张某以及了解案件有关情况的请求。关于本案，下列哪一选项是正确的？（2018年回忆版）

A. 侦查人员在第二次讯问时告知张某有权委托辩护人，符合《刑事诉讼法》的规定

B. 侦查人员告知张某有权委托亲友担任辩护人，充分保障了张某的辩护权

C. 对于王律师的会见请求，甲县公安局批准会见并派员在场，是依法保障律师执业权利的表现

D. 如甲县公安局以妨碍侦查为由拒绝告知王律师本案的有关情况，则侵犯了王律师的诉讼权利

📶 **4.** 法官齐某从A县法院辞职后，在其妻洪某开办的律师事务所从业。关于齐某与洪某的辩护人资格，下列哪一选项是正确的？（2016-2-25）

A. 齐某不得担任A县法院审理案件的辩护人

B. 齐某和洪某不得分别担任同案犯罪嫌疑人的辩护人

C. 齐某和洪某不得同时担任同一犯罪嫌疑人的辩护人

D. 洪某可以律师身份担任A县法院审理案件的辩护人

📶 **5.** 郭某涉嫌参加恐怖组织罪被逮捕，随后委托律师姜某担任辩护人。关于姜某履行辩护职责，下列哪一选项是正确的？（2016-2-26）

A. 姜某到看守所会见郭某时，可带1~2名律师助理协助会见

B. 看守所可对姜某与郭某的往来信件进行必要的检查，但不得截留、复制

C. 姜某申请法院收集、调取证据而法院不同意的，法院应书面说明不同意的理由

D. 法庭审理中姜某作无罪辩护的，也可当庭对郭某从轻量刑的问题发表辩护意见

📶 **6.** 根据《刑事诉讼法》的规定，辩护律师收集到的下列哪一证据应及时告知公安机关、检察

院？（2016-2-27）

　　A. 强奸案中被害人系精神病人的证据

　　B. 故意伤害案中犯罪嫌疑人系正当防卫的证据

　　C. 投放危险物质案中犯罪嫌疑人案发时在外地出差的证据

　　D. 制造毒品案中犯罪嫌疑人犯罪时刚满 16 周岁的证据

7. 关于有效辩护原则，下列哪些理解是正确的？（2015-2-69）

　　A. 有效辩护原则的确立有助于实现控辩平等对抗

　　B. 有效辩护是一项主要适用于审判阶段的原则，但侦查、审查起诉阶段对辩护人权利的保障是审判阶段实现有效辩护的前提

　　C. 根据有效辩护原则的要求，法庭审理过程中一般不应限制被告人及其辩护人发言的时间

　　D. 指派没有刑事辩护经验的律师为可能被判处无期徒刑、死刑的被告人提供法律援助，有违有效辩护原则

8. 鲁某与洪某共同犯罪，洪某在逃。沈律师为鲁某担任辩护人。案件判决生效三年后，洪某被抓获并被起诉。关于沈律师可否担任洪某辩护人，下列哪一说法是正确的？（2013-2-29）

　　A. 沈律师不得担任洪某辩护人

　　B. 如果洪某系法律援助对象，沈律师可以担任洪某辩护人

　　C. 如果被告人洪某同意，沈律师可以担任洪某辩护人

　　D. 如果公诉人未提出异议，沈律师可以担任洪某辩护人

9. 在法庭审判中，被告人翻供，否认犯罪，并当庭拒绝律师为其进行有罪辩护。合议庭对此问题的处理，下列哪一选项是正确的？（2013-2-38）

　　A. 被告人有权拒绝辩护人辩护，合议庭应当准许

　　B. 辩护律师独立辩护，不受当事人意思表示的约束，合议庭不应当准许拒绝辩护

　　C. 属于应当提供法律援助的情形的，合议庭不应当准许拒绝辩护

　　D. 有多名被告人的案件，部分被告人拒绝辩

护人辩护的，合议庭不应当准许

详　解

1. ［答案］A　　［难度］难

［考点］法律援助申请

［命题和解题思路］本题以《法律援助法》关于法律援助申请的规定为依据，考查了刑事法律援助制度中较偏的几个知识点。解答本题，应注意掌握申请法律援助的基本要求。把握获得法律援助的条件，可排除 B 选项；把握受理法律援助的机构，可排除 C 选项；了解转交法律援助申请的时间要求，可排除 D 选项。

［选项分析］A 选项考查免予核查经济困难状况的情形。根据《法律援助法》第 41 条规定，因经济困难申请法律援助的，申请人应当如实说明经济困难状况。法律援助机构核查申请人的经济困难状况，可以通过信息共享查询，或者由申请人进行个人诚信承诺。法律援助机构开展核查工作，有关部门、单位、村民委员会、居民委员会和个人应当予以配合。根据第 42 条第 2 项规定，法律援助申请人有材料证明属于社会救助、司法救助或者优抚对象的，免予核查经济困难状况。本案中，田某如果是最低生活保障金领取人员，属于社会救助对象，对其可免予核查经济困难状况。A 选项正确。

　　B 选项考查获得法律援助的条件。法律援助是国家建立的为经济困难公民和符合法定条件的其他当事人无偿提供法律咨询、代理、刑事辩护等法律服务的制度。根据《法律援助法》第 24 条规定，刑事案件的犯罪嫌疑人、被告人因经济困难或者其他原因没有委托辩护人的，本人及其近亲属可以向法律援助机构申请法律援助。由此可见，刑事诉讼中，是否给予申请人法律援助，主要根据申请人的经济情况而定。本案中，田某的家属是否向价格认定中心申请鉴定盗窃财物的价值，与田某的经济情况无关，不能影响法律援助机构的决定。B 选项错误。

　　C 选项考查受理法律援助申请的机构。根据《法律援助法》第 38 条规定，对诉讼事项的法律援助，由申请人向办案机关所在地的法律援助机构提出申请；对非诉讼事项的法律援助，由申请人向争议处理机关所在地或者事由发生地的法律援助机构提出申请。据此，田某应向办案机关所

在地法律援助机构提出申请，而非初次犯罪地法律援助机构。C 选项错误。

D 选项考查转交法律援助申请的时间要求。根据《法律援助法》第 39 条规定，被羁押的犯罪嫌疑人、被告人、服刑人员，以及强制隔离戒毒人员等提出法律援助申请的，办案机关、监管场所应当在 24 小时内将申请转交法律援助机构。犯罪嫌疑人、被告人通过值班律师提出代理、刑事辩护等法律援助申请的，值班律师应当在 24 小时内将申请转交法律援助机构。D 选项错误。

2. [答案] A　　[难度] 难

[考点] 值班律师的权利与义务

[命题和解题思路] 本题考查值班律师的权利与义务，涉及值班律师会见权、提出意见权、协助申请权等知识点。解答本题，考生应准确把握值班律师的法律帮助者角色。牢记会见时不被监听，可排除 B 选项；掌握值班律师阅卷权的行使方式，可排除 C 选项；谨记值班律师在认罪认罚具结书签署时的职责，可排除 D 选项。

[选项分析] A 选项考查值班律师的会见权。根据《法律援助值班律师工作办法》第 6 条第 3 款规定，值班律师办理案件时，可以应犯罪嫌疑人、被告人的约见进行会见，也可以经办案机关允许主动会见；自人民检察院对案件审查起诉之日起可以查阅案卷材料、了解案情。据此，值班律师享有主动会见其帮助的犯罪嫌疑人、被告人的权利，但应经办案机关允许。A 选项正确。

B 选项考查会见时的权利保障。根据《刑诉法》第 39 条第 4 款规定，辩护律师会见犯罪嫌疑人、被告人时不被监听。既然不被监听，当然更不能以任何理由派员在场当面听，否则会妨碍会见中的沟通交流。值班律师会见犯罪嫌疑人、被告人，参考辩护人会见的相关要求，同样不得派员在场。B 选项错误。

C 选项考查值班律师的阅卷权。根据《法律援助值班律师工作办法》第 21 条规定，侦查阶段，值班律师可以向侦查机关了解犯罪嫌疑人涉嫌的罪名及案件有关情况；案件进入审查起诉阶段后，值班律师可以查阅案卷材料，了解案情，人民检察院、人民法院应当及时安排，并提供便利。已经实现卷宗电子化的地方，人民检察院、人民法院可以安排在线阅卷。据此，值班律师的

阅卷权和辩护律师依据《刑诉法》第 40 条规定可以查阅、摘抄、复制案卷材料的阅卷权存在明显不同。值班律师尚无摘抄、复制案卷材料的权利。C 选项错误。

D 选项考查值班律师在签署认罪认罚具结书时的职责。根据《法律援助值班律师工作办法》第 10 条规定，犯罪嫌疑人签署认罪认罚具结书时，值班律师对犯罪嫌疑人认罪认罚自愿性、人民检察院量刑建议、程序适用等均无异议的，应当在具结书上签名。值班律师对人民检察院量刑建议、程序适用有异议的，在确认犯罪嫌疑人系自愿认罪认罚后，应当在具结书上签字，同时可以向人民检察院提出法律意见。犯罪嫌疑人拒绝值班律师帮助的，值班律师无需在具结书上签字。据此，只要确认犯罪嫌疑人系自愿认罪认罚，值班律师就应在具结书上签字，从而书面确认此时犯罪嫌疑人认罪认罚的自愿性。至于其认为量刑建议过重，可以在犯罪嫌疑人签字前向其提出建议，也可以在签字后向人民检察院提出意见。D 选项错误。

3. [答案] D　　[难度] 易

[考点] 辩护人的诉讼权利

[命题和解题思路] 本题以小案例的形式综合考查了在侦查阶段，委托辩护律师、辩护律师行使会见权、辩护律师了解案件的权利等规定，难度并不大。解题的关键在于把握住案件尚处于侦查阶段，且属于普通刑事案件，并非需要批准的危害国家安全犯罪和恐怖活动犯罪即可正确解答。

[选项分析] A 选项说法错误。根据《刑诉法》第 34 条第 2 款的规定，侦查机关在第一次讯问犯罪嫌疑人或者对犯罪嫌疑人采取强制措施的时候，应当告知犯罪嫌疑人有权委托辩护人。而 A 选项中是第二次讯问时才告知，因此说法错误。

B 选项说法错误，有一定的迷惑性。需要注意的是，根据题干，案件尚处于侦查阶段，侦查阶段只能委托律师担任辩护人，其他辩护人只有在案件移送审查起诉后才能介入案件。因此，B 选项中告知委托亲友担任辩护人的说法错误。

C 选项说法错误。一是，张某涉嫌诈骗罪，不属于会见时需要事先征得办案机关同意的案件类型（危害国家安全犯罪和恐怖活动犯罪）；二是，会见时派员在场，违反了会见时不被监听的规定。

D 选项说法正确。根据《刑诉法》第 38 条的规定，辩护律师在侦查期间可以为犯罪嫌疑人提供法律帮助；代理申诉、控告；申请变更强制措施；向侦查机关了解犯罪嫌疑人涉嫌的罪名和案件有关情况，提出意见。因此，甲县公安局拒绝告知王律师有关案件情况的做法错误，故而 D 选项说法正确。

4. [答案] D　　[难度] 难
[考点] 辩护人的范围与人数
[命题和解题思路] 命题人在题干中设计了法官辞职的情形，主要考查的是《法院解释》第 41 条关于审判人员和人民法院其他工作人员离任后或者其近亲属在担任辩护人方面的限制，考查得非常细致，而且利用了考生普遍存在的一些误识设计了小陷阱。例如，法官辞职后 2 年内只是不能以律师身份担任辩护人，而不是不能担任辩护人；又如，法官辞职后不能在原审法院担任辩护人，但是这一禁止不是绝对的，而是存在例外的。对于此类小陷阱，考生稍不留意就会陷进去。

[选项分析] A 选项为重点干扰项，涉及辞职法官能否在其原任职法院审理的案件中担任辩护人。考生误选此项，一般出于两种可能：一是认为法官辞职后 2 年内不得担任辩护人。这是将辩护人等同于了律师。实际上《法院解释》第 41 条第 1 款仅规定："审判人员和人民法院其他工作人员从人民法院离任后二年内，不得以律师身份担任辩护人。"也即齐某以非律师身份担任辩护人并不为法律所禁止。二是认为即便辞职法官可以以非律师身份担任辩护人，但是也不能在原来任职的法院审理的案件中担任辩护人。这是把禁止性规定绝对化了，忽略了但书条款。《法院解释》第 41 条第 2 款规定："审判人员和人民法院其他工作人员从人民法院离任后，不得担任原任职法院所审理案件的辩护人，但系被告人的监护人、近亲属的除外。"综上，齐某并非绝对不能担任 A 县法院审理案件的辩护人，当其为被告人的监护人、近亲属时，即便案件在 A 县法院审理，齐某也可以非律师身份担任辩护人。故排除 A。

B 选项涉及同一律师事务所的律师或配偶能否担任同案犯罪嫌疑人的辩护人，也有较强的干

扰性。《法院解释》第 43 条第 2 款规定："一名辩护人不得为两名以上的同案被告人，或者未同案处理但犯罪事实存在关联的被告人辩护。"该条仅禁止一名辩护人为两名以上的同案被告人辩护，并不禁止同一律师事务所的不同律师或互为配偶、近亲属的律师为同案被告人辩护。故排除 B。

C 选项涉及同一律师事务所或配偶能否同时担任同一被告人的辩护人。《法院解释》第 43 条第 1 款规定："一名被告人可以委托一至二人作为辩护人。"对于这两名辩护人可否为同一律所的律师或近亲属，则没有限制。故排除 C。

D 选项涉及辞职法官的配偶可否在其原任职法院担任辩护人。《法院解释》第 41 条第 3 款规定："审判人员和人民法院其他工作人员的配偶、子女或者父母不得担任其任职法院所审理案件的辩护人，但系被告人的监护人、近亲属的除外。"这里仅禁止在任法官的配偶、子女或者父母在其任职法院所审理的案件中担任辩护人。本案中，由于齐某已经辞职，因此其妻子洪某不在限制之列。故 D 正确。

易混淆点解析
《法院解释》第 41 条的规定可通过下表记忆：

人员	时间	禁止	例外
离任的法院工作人员	2 年内	以律师身份担任辩护人	无
	永远	担任原任职法院所审案件的辩护人	是被告人的监护人、近亲属
现任法院工作人员的配偶、子女或者父母	任职期内	担任其任职法院所审理案件的辩护人	是被告人的监护人、近亲属

5. [答案] D　　[难度] 难
[考点] 辩护人的权利
[命题和解题思路] 命题人通过此题考查了辩护人权利的多方面内容，主要考查的是最高人民法院、最高人民检察院、公安部、国家安全部、

司法部《关于依法保障律师执业权利的规定》中的内容。辩护人权利历来是考试重点，考生不但要掌握刑诉法及检法两家司法解释中的规定，还要掌握该《规定》中的重点内容。本题中的选项大多只能对照该《规定》作答，对于不了解该规定的考生来说，此题比较困难。

[选项分析] A 选项涉及律师会见在押嫌疑人时可否及可带几名律师助理。对此，该《规定》第 7 条第 4 款有明确规定，即"……辩护律师可以带一名律师助理协助会见……"故 A 错误。

B 选项为重点干扰项，涉及的是看守所对嫌疑人和辩护律师的往来信件可否进行检查、截留、复制的问题。对此，该《规定》第 13 条规定："看守所应当及时传递辩护律师同犯罪嫌疑人、被告人的往来信件。看守所可以对信件进行必要的检查，但不得截留、复制、删改信件，不得向办案机关提供信件内容，但信件内容涉及危害国家安全、公共安全、严重危害他人人身安全以及涉嫌串供、毁灭证据等情形的除外。"可见，看守所可以对信件进行检查，一般情况下不得截留、复制、删改信件，但是存在例外情形。本案涉及恐怖组织罪，相关信件极有可能符合例外情形，"不得截留、复制"的绝对性表述是错误的，故而排除 B。

C 选项涉及律师申请调查取证权的保障程序。该《规定》第 18 条规定："辩护律师申请人民检察院、人民法院收集、调取证据的，人民检察院、人民法院应当在三日以内作出是否同意的决定，并通知辩护律师。辩护律师书面提出有关申请时，办案机关不同意的，应当书面说明理由；辩护律师口头提出申请的，办案机关可以口头答复。"可见法院并非一概都要书面答复，故而排除 C。

D 选项涉及律师作无罪辩护还可否当庭发表从轻量刑的建议。该《规定》第 35 条规定："辩护律师作无罪辩护的，可以当庭就量刑问题发表辩护意见，也可以庭后提交量刑辩护意见。"因此 D 正确。

6. [答案] C　　[难度] 中

[考点] 辩护人的义务

[命题和解题思路] 命题人通过此题考查了考生对《刑诉法》第 42 条的掌握。第 42 条实际上是规定了在证据开示中辩方需要向控方开示的证据范围。所谓证据开示，是指控辩双方在审前即

应将向对方展示相应的证据，其中，控方证据要向辩方全面开示，主要是通过允许对方阅卷的方式，以保障辩方能够充分有效地准备辩护，辩方证据则是有限地展示给控方，主要是为了防止证据突袭造成的审判迟延。命题人在选项中分别设计了对应《刑诉法》第 42 条规定中的各类情形的小案例，同时在细节上设计了一些小陷阱，如法律要求辩护人展示犯罪嫌疑人系精神病人的证据，命题人给出的选项则是被害人系精神病人，考生稍不认真就可能掉入陷阱。

[选项分析]《刑诉法》第 42 条规定："辩护人收集的有关犯罪嫌疑人不在犯罪现场、未达到刑事责任年龄、属于依法不负刑事责任的精神病人的证据，应当及时告知公安机关、人民检察院。"

A 选项中是"被害人"而非"犯罪嫌疑人"系精神病人，因此并不属于《刑诉法》第 42 规定的辩方应当开示的情形，故而应当排除。

B 选项是关于正当防卫的证据，也不属于《刑诉法》第 42 条规定的情形。

C 选项符合《刑诉法》第 42 条规定的"犯罪嫌疑人不在犯罪现场"的情形，故为正确选项。

D 选项为重点干扰项，需要结合刑法知识解答。可能会有考生认为"刚满 16 周岁"属于"未达到刑事责任年龄"的情形，但《刑法》第 17 条第 1 款规定："已满十六周岁的人犯罪，应当负刑事责任。"也即年满 16 周岁就达到了刑事责任年龄，故而 D 也错误。

7. [答案] ACD　　[难度] 中

[考点] 犯罪嫌疑人、被告人有权获得辩护原则

[命题和解题思路] 命题人通过此题考查了考生对有效辩护原则的理解，本题的选项设计得比较灵活，需要考生根据自己的理解加以分析。有效辩护原则是犯罪嫌疑人、被告人有权获得辩护原则的内容之一，强调辩护应当是实质意义上的，而不应当是形式上的，考生只要抓住这一关键点，相关选项还是比较容易判断的。

[选项分析] A 选项根据常识即可判断。有效辩护原则的确立在于保障犯罪嫌疑人、被告人有效地行使辩护权，有利于强化辩方力量，当然有助于实现控辩平等对抗。因此 A 正确。

B选项也可根据常识排除。犯罪嫌疑人、被告人在侦查、审查起诉和审判阶段均享有辩护权，只要赋予了其辩护权，当然要保障其有效行使，无论在什么阶段。因此B错误。

C选项有一定的迷惑性，但也可根据常识加以推断。要保障被告人有效行使辩护权，当然就要保障被告人及其辩护人能够进行充分的陈述，而且本选项采用的表述是"一般不应限制"，而没有做过分绝对化的表述。因此C正确。

D选项中指派没有刑事辩护经验的律师为可能被判处无期徒刑、死刑的被告人提供法律援助，在形式上完成了为被告人提供法律援助的任务，但是却忽视了辩护的实际效果。因此有违有效辩护原则。故而D正确。

8. ［答案］A　　　［难度］易

［考点］辩护（辩护人的范围与人数）

［命题和解题思路］命题人在本题中设计了共同犯罪中另一犯罪嫌疑人在判决生效后才被抓获以及该嫌疑人系法律援助对象、自己同意、公诉人无异议等迷惑性条件，但归根结底还是要考查一名辩护人能不能为共同犯罪中的不同犯罪嫌疑人担任辩护人，只要把握住这条思路，本题并不难解。

［选项分析］《法院解释》第43条规定："一名被告人可以委托一至二人作为辩护人。一名辩护人不得为两名以上的同案被告人，或者未同案处理但犯罪事实存在关联的被告人辩护。"本案中的鲁某和洪某虽然因洪某在逃而未能同案处理，但是他们是共同犯罪的被告人，属于"未同案处理但犯罪事实存在关联的被告人"，因此同一律师不能分别为他们辩护。故只有A正确。

对于不知道此条规定的考生，只要能摒除干扰条件，抓住核心问题，也能选出正确答案。本题的核心问题实际上就是一个律师能否为共同犯罪中的不同犯罪嫌疑人担任辩护人的问题。关于这一问题，考生一般都能作出否定性的回答。至于其中一名嫌疑人3年后才被抓获和起诉、被告人同意、公诉人未提出异议等，均为干扰条件，考生应该不会有关于这几种例外情形的印象，因此可以大胆选A。

B、C、D都设定了一定的干扰条件，但这些干扰条件的设定毫无依据。同一律师不能为共同

犯罪的犯罪嫌疑人、被告人担任辩护人，是因为他们之间具有利害关系，这一点并不因为其系法律援助的对象、自己同意或者公诉人无异议而改变，因此即便附加了这些条件，沈律师也不能为洪某担任辩护人。

9. ［答案］A　　　［难度］中

［考点］拒绝辩护

［命题和解题思路］本题考查的是拒绝辩护制度，命题人设计了被告人当庭拒绝辩护的情形，选项中则涉及拒绝辩护中的多种特殊情况，比较全面地考查了本考点中的相关知识，还顺带着考查了考生对辩护人地位的理解。辩护制度是刑事诉讼制度中最为重要的制度之一，内容非常繁杂。与辩护人的范围、权利等内容相比，拒绝辩护制度容易为考生所忽视。但事实上，刑诉法和司法解释对拒绝辩护的规定又是非常复杂和细致的，容易出题，因此拒绝辩护也是命题人比较青睐的考点。

本题可以通过两种方法解答：其一，根据法律的规定逐项予以分析，这是比较困难的解答方法，详见选项分析部分。其二，从常识判断，被告人之所以委托律师为其提供辩护就是为了更好地维护被告人的合法权益，当被告人认为律师的辩护不能维护其权益，甚至会损害其权益时，其当然可以拒绝辩护，据此常识可直接判断出A正确。

［选项分析］A选项肯定了被告人拒绝辩护的权利，符合《刑诉法》第45条规定，即"在审判过程中，被告人可以拒绝辩护人继续为他辩护，也可以另行委托辩护人辩护"。

B选项涉及辩护人的诉讼地位问题，有一定的干扰性。辩护人在刑事诉讼中确实是独立的诉讼参与人，依自己的意志独立进行辩护，不受犯罪嫌疑人、被告人意思表述的约束。但是，辩护人有无独立的诉讼地位与犯罪嫌疑人、被告人有无权利拒绝辩护是两回事儿。辩护人有权根据自己的意志独立进行辩护，犯罪嫌疑人、被告人也有权拒绝辩护，这是他们各自应有的权利。

C选项是重点干扰项，涉及指定辩护中的拒绝辩护问题。《刑诉法》中没有对法律援助中的拒绝辩护作出规定。但《法院解释》第50条规定："被告人拒绝法律援助机构指派的律师为其辩护，坚持自己行使辩护权的，人民法院应当准许。属于应当提供法律援助的情形，被告人拒绝指派的

律师为其辩护的，人民法院应当查明原因。理由正当的，应当准许，但被告人应当在五日以内另行委托辩护人；被告人未另行委托辩护人的，人民法院应当在三日以内通知法律援助机构另行指派律师为其提供辩护。"根据此条规定可知，**对于法律援助机构指派的律师，包括应当提供法律援助的情形下指派的律师，被告人也有权拒绝**。只是在"应当指定"的情形下，由于被告人只能要求另行指定辩护律师，而不能要求自行辩护，因此其必须提供正当的理由方可拒绝当前的指定辩护律师，而要求另行指定辩护律师。故此可知C错误。

D选项涉及多名被告人中部分被告人拒绝辩护的问题。《法院解释》第311条第3款规定："有多名被告人的案件，部分被告人拒绝辩护人辩护后，没有辩护人的，根据案件情况，可以对该部分被告人另案处理，对其他被告人的庭审继续进行。"可见**部分被告人拒绝辩护的，合议庭应当准许**，D也错误。

易混淆点解析

关于拒绝辩护，还应当注意《法院解释》第311条第2款的规定："被告人当庭拒绝辩护人辩护，要求另行委托辩护人或者指派律师的，合议庭应当准许。被告人拒绝辩护人辩护后，没有辩护人的，应当宣布休庭；仍有辩护人的，庭审可以继续进行。"第4、5款的规定："重新开庭后，被告人再次当庭拒绝辩护人辩护的，可以准许，但被告人不得再次另行委托辩护人或者要求另行指派律师，由其自行辩护。被告人属于应当提供法律援助的情形，重新开庭后再次当庭拒绝辩护人辩护的，不予准许。"

根据上述规定，拒绝辩护的对象可以分为三类：第一，委托辩护人；第二，法律援助制度中"可以指定"情形下的指定辩护律师；第三，法律援助制度中"应当指定"情形下的指定辩护律师。对于这三种律师，犯罪嫌疑人、被告人均有权拒绝辩护，但有如下区别：

对于委托辩护，被告人可以任何理由拒绝辩护，并可以选择自行辩护或另行委托辩护人辩护。对另行委托辩护人的，被告人还可以再次行使拒绝辩护的权利，只是这次拒绝辩护之后，被告人只能自行辩护。也即在委托辩护中，**拒绝辩护权可行使两次，不需要理由，但第二次行使拒绝辩护权后只能自行辩护**。

对于"**可以指定辩护**"的情形，被告人也可以拒绝辩护，如其选择自行辩护，拒绝辩护本身并不需要理由，但如要求另行指定辩护律师，则需要提供正当理由。对另行指定辩护律师的，被告人还可以再次拒绝辩护，只是这次拒绝辩护之后，被告人只能自行辩护。也即在此种情形下，**拒绝辩护权也可行使两次，但第二次拒绝辩护后也只能自行辩护。拒绝辩护而自行辩护不需要提供理由，但拒绝辩护而要求另行指定辩护律师则应提供正当理由。**

对于"**应当指定辩护**"的情形，被告人也可以拒绝辩护，但不能选择自行辩护，而只能要求另行指定辩护律师，因此必须提供正当理由。对另行指定的辩护律师，被告人不可以再次拒绝辩护。也即这种情形下，**拒绝辩护权只能行使一次，而且需要提供正当理由以要求另行指定辩护律师**。

第七章　刑事证据的基本属性、种类与分类

试题

第一节　刑事证据的基本属性

▣ 关于证据的关联性，下列哪一选项是正确的？（2014-2-27）

A. 关联性仅指证据事实与案件事实之间具有因果关系

B. 具有关联性的证据即具有可采性

C. 证据与待证事实的关联度决定证据证明力的大小

D. 类似行为一般具有关联性

第二节　刑事证据的收集、审查判断和运用

▣ *1.* 刘某因涉嫌盗窃变压器被立案侦查。根据价格认定机构的鉴定，公安机关认定变压器的价值

5000 元。关于刘某审查起诉阶段的陈述，下列哪些选项属于犯罪嫌疑人的供述？（2023 年回忆版）

A. 我不知道盗窃的变压器是谁的

B. 这变压器不贵，就 1000 多元

C. 警察说只要认罪认罚就能取保候审

D. 我盗窃变压器的时候，徐某在外面望风

2. 因李某涉嫌重大毒品犯罪，公安机关决定对其采取技术侦查。该案侦查终结后起诉至法院。审理期间，法院依职权通知鉴定人张某、刘某出庭作证。关于本案的处理，下列说法正确的是：（2022 年回忆版）

A. 检察院应将通过技术侦查所获得的电子数据的原始介质移送至法院

B. 法院可以在庭外核实通过技术侦查获得的电子数据

C. 如张某不到庭，法院审查后可以将其出具的鉴定意见作为定案的根据

D. 对出庭的鉴定人刘某的询问，发问程序应由审判长决定

3. 黄某涉嫌集资诈骗罪，侦查人员对其住宅搜查时发现其电脑中存有大量与案件相关的电子数据。对此，下列哪一说法是正确的？（2021 年回忆版）

A. 侦查人员从电脑中提取电子数据时应当制作笔录和清单

B. 侦查人员提取电子数据时应有见证人在场

C. 如提取的电子数据未以封存状态移送，不得作为定案的依据

D 如提取的电子数据有修改情形，不能作出合理解释的，不得作为定案的依据

4. 某县法院在审理一起环境污染案件中，控辩双方对一份关于水源被污染的鉴定意见有重大分歧。关于本案的审理，下列哪些说法是错误的？（2019 年回忆版）

A. 鉴定意见中未注明用于鉴定的水样的来源的，鉴定意见不能作为定案的根据

B. 鉴定人未签名的，经补正后，鉴定意见可以作为定案的根据

C. 法院认为有必要通知鉴定人出庭，鉴定人无正当理由不出庭的，鉴定意见不能作为定案的根据

D. 被告人可以申请 3 名有专门知识的人出庭对鉴定意见提出意见

5. 某幼儿园老师甲因 4 岁的小朋友小杨午休期间吵闹而用针扎了他。同是 4 岁的小刘目睹了小杨被针扎的过程，放学后将此事告诉了妈妈。小刘妈妈随即报警。甲因涉嫌犯罪被公安机关立案侦查。关于本案，下列哪一选项是正确的？（2018 年回忆版）

A. 因小刘对所证事实具有辨别能力，符合其智力水平，其证言可以作为定案的依据

B. 4 岁的小杨作为被害人可以对犯罪嫌疑人甲进行辨认

C. 由于小杨的辨认笔录没有见证人的签名，该辨认笔录不能作为定案的依据

D. 小刘的母亲与案件有利害关系，其证言不得作为定案的依据

6. 甲涉嫌利用木马程序盗取 Q 币并转卖他人，公安机关搜查其住处时，发现一个 U 盘内存储了用于盗取账号密码的木马程序。关于该 U 盘的处理，下列哪些选项是正确的？（2017-2-69）

A. 应扣押 U 盘并制作笔录

B. 检查 U 盘内的电子数据时，应将 U 盘拆分过程进行录像

C. 公安机关移送审查起诉时，对 U 盘内提取的木马程序，应附有该木马程序如何盗取账号密码的说明

D. 如 U 盘未予封存，且不能补正或作出合理解释的，U 盘内提取的木马程序不得作为定案的根据

7. 甲女与乙男在某社交软件互加好友，手机网络聊天过程中，甲女多次向乙男发送暧昧言语和色情图片，表示可以提供有偿性服务。二人于酒店内见面后因价钱谈不拢而争吵，乙男强行将甲女留在房间内，并采用胁迫手段与其发生性关系。后甲女向公安机关报案，乙男则辩称双方系自愿发生性关系。乙男提供了二人之前的网络聊天记录。关于这一网络聊天记录，下列选项正确的是：（2016-2-95）

A. 属电子数据的一种

B. 必须随原始的聊天时使用的手机移送才能作为定案的依据

C. 只有经甲女核实认可后才能作为定案的依据

D. 因不具有关联性而不得作为本案定罪量刑的依据

8. 关于证人证言与鉴定意见，下列哪一选项是正确的？（2015-2-23）

A. 证人证言只能由自然人提供，鉴定意见可由单位出具

B. 生理上、精神上有缺陷的人有时可以提供证人证言，但不能出具鉴定意见

C. 如控辩双方对证人证言和鉴定意见有异议的，相应证人和鉴定人均应出庭

D. 证人应出庭而不出庭的，其庭前证言仍可能作为证据；鉴定人应出庭而不出庭的，鉴定意见不得作为定案根据

第三节　刑事证据的分类

1. 甲手写并复印了多份恐吓信敲诈乙，后案发，甲被逮捕。在讯问时，甲供述了自己敲诈勒索的过程，乙向公安机关提交了自己书写的关于被敲诈的情况说明。甲在看守所羁押期间把自己作案的过程告诉了同监室的丙，丙向看守所管理人员举报了甲。对此，下列哪一说法是正确的？（2022年回忆版）

A. 甲复印的恐吓信是传来证据

B. 乙提交的情况说明是传闻证据

C. 丙的证言可以对甲的口供补强

D. 恐吓信是言词证据

2. 甲因涉嫌交通肇事罪被刑事拘留，在看守所内与乙成为好友，并将自己销售伪劣产品的经过告诉乙。后公安机关对甲涉嫌销售伪劣产品罪展开侦查。关于本案证据，下列哪一说法是正确的？（2022年回忆版）

A. 乙对于甲犯罪事实的陈述，可作为甲陈述的补强证据

B. 乙的自书证词属于原始证据

C. 销售伪劣产品的价格认定报告属于实物证据

D. 交通事故认定书只可以作为定罪量刑的参考

3. 国家工作人员陆某在知道其上司刘某的老婆顾某给自己的钱是受贿款的情况下，仍按照顾某的要求转移，被检察院以涉嫌洗钱罪起诉。关于本案的证据，下列哪些说法是正确的？（2022年回忆版）

A. 顾某称："自己将钱交给陆某时，陆某说'明白了'。"顾某的该陈述系传来证据

B. 陆某称："自己曾给刘某行贿10万元。"

陆某的该陈述与本案具有关联性

C. 同单位人员孙某说："陆某系单位财务人员，其应当知道拿到的这些钱超过刘某的合法收入。"孙某的该陈述可以作为证据使用

D. 陆某称："顾某给我的钱是我和她合伙做生意的收益款。"陆某的该陈述是直接证据

4. 李某有一批限量黑胶片被盗，后公安部门将犯罪嫌疑人王某抓获，并从王某处缴获了被盗胶片。对此，下列哪些说法是正确的？（2021年回忆版）

A. 防盗门的划痕是原始证据

B. 丢失胶片清单是实物证据

C. 丢失的胶片是间接证据

D. 记录嫌疑人作案的视频监控是传来证据

5. 甲涉嫌盗窃室友乙存放在储物柜中的笔记本电脑一台并转卖他人，但甲辩称该电脑系其本人所有，只是暂存于乙处。下列哪一选项既属于原始证据，又属于直接证据？（2015-2-25）

A. 侦查人员在乙储物柜的把手上提取的甲的一枚指纹

B. 侦查人员在室友丙手机中直接提取的视频，内容为丙偶然拍下的甲打开储物柜取走电脑的过程

C. 室友丁的证言，内容是曾看到甲将一台相同的笔记本电脑交给乙保管

D. 甲转卖电脑时出具的现金收条

详　解

第一节　刑事证据的基本属性

[答案] C　　[难度] 中

[考点] 刑事证据的基本属性、关联性规则

[命题和解题思路] 命题人通过此题考查了考生对刑事证据的基本属性和关联性规则等理论的理解。由于我国刑事证据理论将我国证据的三性理论、大陆法系的证据能力和证明力理论、英美法系的关联性规则和可采性规则全都糅杂在一起，因此此题中的"关联性"实际上也具有多重含义，有的是指证据三性中的关联性，有的则是指关联性规则中的关联性。

对此，考生可从如下几个方面厘清脉络：

第一，我国的<u>证据三性理论</u>是指证据应具有客观性、关联性和合法性。其中，关联性是指证

据应当与待证事实之间存在客观的联系，这种联系可以是丰富多样的，但应当是客观的，而不是臆想出来的。

第二，大陆法系证据理论中证据应当具有证据能力和证明力，其中证据能力也即证据资格，证明力则是指证据对待证事实的证明价值。如果要将我国的证据三性理论与大陆法系证据能力及证明力理论相结合，那么合法性应当属于证据能力或说证据资格的范畴，关联性则与证明力密切相关，证据与案件事实的联系越密切，其对案件事实的证明力就越大，也即证据与待证事实的关联度决定着证据的证明力的大小。

第三，关联性规则是英美法系的证据规则。关联性规则是指不具备关联性的证据均不可采，而不具备关联性的证据主要是指品格证据和类似行为证据。品格证据规则是指用以证明某人具有某种品格的证据与某人实施了反映此种品格的行为之间是不具有关联性的，也即品格证据是不可采的。类似行为证据规则是指用以证明某人曾经实施过某种行为的证据与某人后来实施了相类似的行为之间是不具有关联性的，也即类似行为证据是不可采的。可见，关联性规则中的关联性和我国证据三性中的关联性其实是不一样的，关联性规则是由法律预先否定了某一类证据的关联性，实际上也就是认为这类证据均不可采；证据三性中的关联性则并非针对某一类证据，而是要针对具体案件中的具体证据与待证事实的关系，具体问题具体分析。不过，我国的通说并没有将英美法系的关联性规则和我国证据三性中的关联性区分开来，因此通说认为关联性规则是调整证明力的规则。这一点需要考生注意，2017-2-26题就是对此通说的考查，考生还是要按通说答题。

[选项分析] A选项涉及证据三性中的关联性。关联性也称相关性，是指证据必须与案件事实有客观联系，对证明刑事案件事实具有某种实际意义。证据与案件事实之间的关联性是多种多样的，其中最常见的是因果关系，但是并不局限于因果关系。因此A错误。

B选项涉及关联性与可采性的关系。不具有关联性的证据都是不可采的，但具有关联性的证据是否可采，还要看其是否违反了其他的可采性规则，如果违反了其他的可采性规则，如非法证据排除规则等，即便该证据是具有关联性的，也

不可采。故而排除B。

C选项涉及关联性与证明力之间的关系。证据与待证事实之间的关联性越紧密，其在证明待证事实方面的价值就越大，也即证明力就越大。因此C正确。

D选项涉及类似行为证据规则。该规则的基本含义是，用以证明某人曾经实施过某种行为的证据与某人后来实施了相类似的行为之间是不具有关联性的，也即类似行为证据是不可采的。例如，某人曾经实施过盗窃与其后来又实施了盗窃之间是不具有关联性的，也即某人曾经实施过盗窃的证据不能用以证明他后来又实施了盗窃。故而D错误。

第二节　刑事证据的收集、审查判断和运用

1. [答案] AD　　[难度] 中
[考点] 犯罪嫌疑人供述与辩解
[命题和解题思路] 本题考查犯罪嫌疑人、被告人供述与辩解的界定。解答本题，应准确界定供述和辩解的不同，注意区分针对实体性事实的陈述与程序性事实的陈述，注意根据证明作用界定犯罪嫌疑人检举他人内容的证据类别。

[选项分析] 犯罪嫌疑人、被告人供述和辩解是指犯罪嫌疑人、被告人就有关案件的情况向侦查、检察和审判人员所作的陈述，通常称为口供。它的内容主要包括犯罪嫌疑人、被告人承认自己有罪的供述和说明自己无罪、罪轻的辩解，即承认自己有罪的内容是供述，说明自己无罪、罪轻的内容是辩解。

A选项中的迷惑内容是"不知道"，但刘某不知道的内容是"盗窃的变压器是谁的"，但承认了变压器是"盗窃的"。犯罪嫌疑人作案时是否知道被害人是谁，不影响对其犯罪行为的认定。故A项中的表述属于供述。A选项正确。

B选项中，刘某虽然对盗窃财物的价值有所认知，但相对公安机关认定的5000元，刘某所述的价格是更有利于自己的。如按刘某所述价格认定，刘某可能达不到盗窃罪的构罪标准，或者刚刚达到，故B项中的表述属于辩解。B选项错误。

C选项中，刘某是对侦查人员侦查行为的陈述，如发挥证明作用，也是针对诉讼的程序性事实，属于程序性事实的证人证言。C选项错误。

D选项中，刘某检举他人犯罪的性质和内容的证据属于何种证据，应当具体分析。共同犯罪

的同案犯罪嫌疑人、被告人检举其他共犯的犯罪事实属于犯罪嫌疑人、被告人供述和辩解的内容，不是证人证言。因为共犯是指二人以上共同故意犯罪，共犯相互之间就共同犯罪的情况相互检举，与个人的罪责有关。因为共犯口供仍然属于口供，共犯不能互为证人。而单个犯罪嫌疑人、被告人检举他人的犯罪事实，或同案犯罪嫌疑人、被告人对非共犯的检举，则与自己的罪责无关，应属于证人证言。D 选项中的表述，刘某对徐某行为的检举，同时也在完整表述其与徐某的犯罪分工，故属于供述。D 选项正确。

2. [答案] BD　　　[难度] 中

[考点] 技术侦查、电子数据的收集、鉴定人出庭

[命题和解题思路] 本题属于综合性考题，将多个考点融合到一个题目之中。解题时须注意区分题干中哪些表述回应的是选项中的考点，并逐一分析。

[选项分析] 根据《法院解释》第 110 条第 1 项的规定，对电子数据是否真实，应当着重审查以下内容：是否移送原始存储介质；在原始存储介质无法封存、不便移动时，有无说明原因，并注明收集、提取过程及原始存储介质的存放地点或者电子数据的来源等情况。由此可见，电子数据的收集和移送对原始介质并非要求一定要收集或移送。如果出现无法封存、不便移动等情况时，只要注明相关情况即可。选项 A 说法错误。

证据的认定原则上必须经过法庭质证、辩论并查证属实方能作为定案的依据。但是，对于技术侦查所获得的证据（不限于电子数据）有例外规定。根据《法院解释》第 120 条的规定，采取技术调查、侦查措施收集的证据材料，应当经过当庭出示、辨认、质证等法庭调查程序查证。当庭调查技术调查、侦查证据材料可能危及有关人员的人身安全，或者可能产生其他严重后果的，法庭应当采取不暴露有关人员身份和技术调查、侦查措施使用的技术设备、技术方法等保护措施。必要时，审判人员可以在庭外对证据进行核实。由此可见，选项 B 说法正确。

根据《法院解释》第 99 条的规定，经人民法院通知，鉴定人拒不出庭作证的，鉴定意见不得作为定案的根据。鉴定人由于不能抗拒的原因或

者有其他正当理由无法出庭的，人民法院可以根据情况决定延期审理或者重新鉴定。从题干可知，法院依职权通知鉴定人出庭，而鉴定人无正当理由未出庭，因此其鉴定意见不得作为定案的根据。选项 C 说法错误。

根据《法院解释》第 259 条的规定，证人出庭后，一般先向法庭陈述证言；其后，经审判长许可，由申请通知证人出庭的一方发问，发问完毕后，对方也可以发问。法庭依职权通知证人出庭的，发问顺序由审判长根据案件情况确定。根据《法院解释》第 260 条的规定，鉴定人、有专门知识的人、调查人员、侦查人员或者其他人员出庭的，参照适用前两条（第 258、259 条）规定。从题干可知，法院依职权通知鉴定人出庭，因此对该鉴定人的发问顺序由审判长确定，选项 D 说法正确。

3. [答案] A　　　[难度] 难

[考点] 电子数据的审查

[命题和解题思路] 本题主要考查了电子数据的收集与审查。解题时需要区分瑕疵证据和有根本性缺陷的证据。

[选项分析] 根据最高人民法院、最高人民检察院、公安部《关于办理刑事案件收集提取和审查判断电子数据若干问题的规定》第 14 条的规定，收集、提取电子数据，应当制作笔录，记录案由、对象、内容、收集、提取电子数据的时间、地点、方法、过程，并附电子数据清单，注明类别、文件格式、完整性校验值等，由侦查人员、电子数据持有人（提供人）签名或者盖章；电子数据持有人（提供人）无法签名或者拒绝签名的，应当在笔录中注明，由见证人签名或者盖章。A 说法正确。

根据《关于办理刑事案件收集提取和审查判断电子数据若干问题的规定》第 15 条的规定，收集、提取电子数据，应当根据刑事诉讼法的规定，由符合条件的人员担任见证人。由于客观原因无法由符合条件的人员担任见证人的，应当在笔录中注明情况，并对相关活动进行录像。因此没有见证人，可以录像替代。B 说法错误。

根据《法院解释》第 113 条的规定，电子数据的收集、提取程序有下列瑕疵，经补正或者作出合理解释的，可以采用；不能补正或者作出合理解释的，不得作为定案的根据：（1）未以封存

状态移送的；（2）笔录或者清单上没有调查人员或者侦查人员、电子数据持有人、提供人、见证人签名或者盖章的；（3）对电子数据的名称、类别、格式等注明不清的；（4）有其他瑕疵的。因此未以封存状态移送，属于取证瑕疵，可以补正或者作出合理解释。C 说法错误。

根据《法院解释》第 114 条的规定，电子数据具有下列情形之一的，不得作为定案的根据：（1）系篡改、伪造或者无法确定真伪的；（2）有增加、删除、修改等情形，影响电子数据真实性的；（3）其他无法保证电子数据真实性的情形。由此可见，如出现修改情形，属于根本性缺陷，不得作为定案的根据。D 说法错误。

4. ［答案］BD　　［难度］中

［考点］鉴定意见的审查、有专门知识的人的出庭

［命题和解题思路］证据的审查判断属于法考每年必考的内容，尤其是口供、鉴定意见、辨认笔录、搜查笔录等，在备考时应对《法院解释》第 82 条到第 122 条的内容高度熟悉，特别是注意区分哪些属于瑕疵，哪些属于基本要素不全（不能补正或者合理解释）的情形。

［选项分析］选项 A 说法正确。根据《法院解释》第 98 条第 3 项的规定，送检材料、样本来源不明，或者因污染不具备鉴定条件的不能作为定案的根据。因此 A 说法正确，不当选。

B 选项说法错误。关于鉴定意见，有一点特别需要注意，鉴定意见不存在所谓的瑕疵情形，只要有违反《法院解释》第 98 条的情形之一的，不得作为定案的根据，且没有可以补正或者合理解释的情形。因此 B 当选。

C 选项说法正确。根据《刑诉法》第 192 条的规定，经人民法院通知，鉴定人拒不出庭作证的，鉴定意见不得作为定案的根据。因此 C 说法正确，不当选。

D 选项说法错误。根据《法院解释》第 250 条第 2 款的规定，申请有专门知识的人出庭，不得超过 2 人。有多种类鉴定意见的，可以相应增加人数。本案中只有一个鉴定意见，因此 3 名的说法错误，当选。

5. ［答案］B　　［难度］中

［考点］证人证言、辨认笔录的审查

［命题和解题思路］本题用小案例的形式综合考查了对证人证言、辨认笔录的审查，考查的规定比较细致，有一定难度，如果不熟悉具体规定，则难以正确回答。

［选项分析］A 选项说法错误，且有一定的迷惑性。其错误之处在于，小刘由于对所证事实具有辨别能力，符合其智力水平，因此其具备证人资格，其证言可以作为证据使用。但是，要作为定案的依据，须经法庭质证辩论，查证属实方能作为定案的依据。

B 选项说法正确。根据《公安部规定》第 258 的规定，为了查明案情，在必要的时候，侦查人员可以让被害人、证人或者犯罪嫌疑人对与犯罪有关的物品、文件、尸体、场所或者犯罪嫌疑人进行辨认。因此，小杨作为被害人可以对犯罪嫌疑人甲进行辨认。

C 选项说法错误。根据《法院解释》第 104 条的规定，对辨认笔录应当着重审查辨认的过程、方法，以及辨认笔录的制作是否符合有关规定。根据《法院解释》第 105 条的规定，辨认笔录具有下列情形之一的，不得作为定案的根据：（1）辨认不是在调查人员、侦查人员主持下进行的；（2）辨认前使辨认人见到辨认对象的；（3）辨认活动没有个别进行的；（4）辨认对象没有混杂在具有类似特征的其他对象中，或者供辨认的对象数量不符合规定的；（5）辨认中给辨认人明显暗示或者明显有指认嫌疑的；（6）违反有关规定、不能确定辨认笔录真实性的其他情形。选项中表述为缺少见证人签名，不属于上述不能作为定案依据的情形，说法错误。

D 选项说法错误。虽然小刘妈妈与案件事实有利害关系，但不影响其证人资格，其证言经过法庭质证辩论，查证属实的情况下也可以作为定案依据，所以说法错误。

6. ［答案］ABCD　　［难度］中

［考点］电子数据的收集和审查判断

［命题和解题思路］命题人通过此题考查了电子数据的收集和审查判断，实际上是直接考查了最高人民法院、最高人民检察院和公安部联合发布的《关于办理刑事案件收集提取和审查判断电子数据若干问题的规定》。该规定于 2016 年 10 月 1 日起实施，因此几乎是必然会出现在 2017 年的考题中。命题人虽然采取了小案例的形式，但考

查方式还是比较直接的，没有绕弯子，关键还是要看考生对相关规定的熟悉程度。此外，从常识出发应该也能答对此题。

[选项分析] A选项涉及对电子数据原始储存介质的处理。U盘是木马程序的原始储存介质。该《规定》第8条第1款规定："收集、提取电子数据，能够扣押电子数据原始存储介质的，应当扣押、封存原始存储介质，并制作笔录，记录原始存储介质的封存状态。"因此A正确。

B选项涉及电子数据检查的程序。该《规定》第16条第2款规定："电子数据检查，应当对电子数据存储介质拆封过程进行录像……"因此B正确。

C选项涉及随案移送电子数据的程序。该《规定》第19条第1款规定："对侵入、非法控制计算机信息系统的程序、工具以及计算机病毒等无法直接展示的电子数据，应当附电子数据属性、功能等情况的说明。"本案中，关于木马程序如何盗取账号密码的说明就是对该电子数据功能的说明。因此C正确。

D选项涉及电子数据的审查判断。该《规定》第27条规定："电子数据的收集、提取程序有下列瑕疵，经补正或者作出合理解释的，可以采用；不能补正或者作出合理解释的，不得作为定案的根据：（一）未以封存状态移送的……"因此D正确。

7. [答案] A　　[难度] 中

[考点] 视听资料和电子数据的概念与特点、证据的收集、审查判断和运用、证据的基本属性

[命题和解题思路] 命题人通过此题考查了电子数据的范围、提取和移送的程序要求以及证据的关联性问题，有些是有关电子数据的特殊问题，有些则是普适性问题。既可以依据最高人民法院、最高人民检察院、公安部《关于办理刑事案件收集提取和审查判断电子数据若干问题的规定》解答，也可以依据刑诉法和一般性的司法解释中的相关内容及常识解答。

[选项分析] A选项涉及刑事证据的种类。本选项凭常识即可判断。该《规定》第1条第2款规定："电子数据包括但不限于下列信息、电子文件：（一）网页、博客、微博客、朋友圈、贴吧、网盘等网络平台发布的信息；（二）手机短信、电子邮件、即时通信、通讯群组等网络应用服务的通信信息；（三）用户注册信息、身份认证信息、

电子交易记录、通信记录、登录日志等信息；（四）文档、图片、音视频、数字证书、计算机程序等电子文件。"根据常识及上述规定均可确定网络聊天属于电子数据。故A正确。

B选项为重点干扰项，涉及电子数据的收集提取。该《规定》第9条第1款规定："具有下列情形之一，无法扣押原始存储介质的，可以提取电子数据，但应当在笔录中注明不能扣押原始存储介质的原因、原始存储介质的存放地点或者电子数据的来源等情况，并计算电子数据的完整性校验值：（一）原始存储介质不便封存的；（二）提取计算机内存数据、网络传输数据等不是存储在存储介质上的电子数据的；（三）原始存储介质位于境外的；（四）其他无法扣押原始存储介质的情形。"根据此款规定可推知，电子数据并非一定要随原始存储介质移送，虽然题干中并未指出该手机存在哪种特殊情况，但至少网络聊天记录"必须随原始的聊天时使用的手机移送才能作为定案的依据"的说法过于绝对了。故应当排除B。

C选项的错误凭常识即可判断。一则刑诉法及刑诉规则均无此规定，二则对方当事人不承认的证据就不能用，这显然有悖常识。故而排除C。

D选项涉及电子数据的审查判断。证据的关联性是指证据与案件事实之间存在客观联系，这种联系对判断案件事实的真伪具有实际意义。本案中，甲乙聊天记录的主要内容是乙自愿向甲提供有偿性服务，该证据的存在不能证明后来乙与甲的性行为就是其自愿的，但是其能够证明存在这种可能性，因此其与案件事实是有关联性的，属于证据分类里的有利于被告人的证据，至于又有其他不利于被告人的证据证明了乙是非自愿的，则并不影响有利于被告人的证据本身与案件事实的关联性。并且，即便有其他证据证明了乙是非自愿的，该证据也能够证明乙本身具有一定的过错，被害人有过错属于酌定情节，当然与案件事实具有关联性。故而D错误。

8. [答案] D　　[难度] 中

[考点] 证人证言的收集程序、证人的资格、鉴定意见的运用、鉴定人出庭

[命题和解题思路] 命题人通过此题综合考查了有关证人证言和鉴定意见的各方面的程序要求，考查的内容比较细，要求考生注意细节问题，尤

其是要注意法律对证人证言和鉴定意见、证人出庭和鉴定人出庭的不同规定。每个选项都由两部分组成，命题人经常是用一对一错的搭配来迷惑考生，考生只能根据法律规定和相关理论、常识逐个加以判断，只有前后两部分都正确的才是正确选项。

[选项分析] A 选项是重点干扰项，涉及作证主体。关于证人证言是否只能由自然人提供在理论上存在一定争议，但通说认为证人证言只能由自然人提供，因为单位无法像自然人一样感知案件事实。至于鉴定意见，则只能由自然人提供，不能由单位提供，鉴定人虽然一般都隶属于某一个鉴定机构，但其必须以个人名义出具鉴定意见。《刑诉法》第 147 条规定："鉴定人进行鉴定后，应当写出鉴定意见，并且签名。鉴定人故意作虚假鉴定的，应当承担法律责任。"可见鉴定人进行鉴定和承担责任都是以个人名义进行的。因此 A 错误。

B 选项涉及证人和鉴定人资格问题。《刑诉法》第 62 条第 2 款规定："生理上、精神上有缺陷或者年幼，不能辨别是非、不能正确表达的人，不能作证人。"可见，"生理上、精神上有缺陷"并不必然导致不能作证，只有当这种缺陷导致不能辨别是非、不能正确表达的情况下才不能够作证，可见本项的前半句是正确的。至于生理上、精神上有缺陷的人能否担任鉴定人的问题，刑诉法没有明文规定，要判断这半句的正误有两种方法：第一，《司法鉴定人管理办法》第 18 条规定："有下列情形之一的，不得授予司法鉴定人职业资格：（一）因故意犯罪受到刑事处罚的；（二）曾被开除公职的；（三）无民事行为能力或限制行为能力的；（四）法律、法规规定不予授予职业资格的其他情形。"也即只有当其生理上、精神上的缺陷导致其无行为能力或限制行为能力的，才不能担任鉴定人。因此本选项的后半句是错误的。其二，如果考生不知道《司法鉴定人管理办法》的相关规定，也可根据常识判断，生理上有缺陷，如盲、聋、哑等，但是具备高超专业能力的人有很多，这样的人当然可以成为鉴定人。只有其生理上、精神上的缺陷影响了其在专业问题上的判断能力或表达能力时，才不能担任鉴定人。因此本选项的后半句是错误的。故而排除 B。

C 选项涉及证人、鉴定人的出庭范围。《刑诉法》第 192 条第 1 款规定："公诉人、当事人或者

辩护人、诉讼代理人对证人证言有异议，且该证人证言对案件定罪量刑有重大影响，人民法院认为证人有必要出庭作证的，证人应当出庭作证。"可见，证人应当出庭作证的条件有三个：第一，控辩双方有异议；第二，该证人证言对定罪量刑有重大影响；第三，人民法院认为证人有必要出庭作证。只有在这三个条件均具备的情况下，证人才应当出庭作证。可见本选项的前半句是错误的。同时，《刑诉法》第 192 条第 3 款规定："公诉人、当事人或者辩护人、诉讼代理人对鉴定意见有异议，人民法院认为鉴定人有必要出庭的，鉴定人应当出庭作证……"可见，鉴定人应当出庭作证有两个条件：第一，控辩双方对鉴定意见有异议；第二，人民法院认为鉴定人有必要出庭。（与证人出庭作证的条件相比，鉴定人出庭作证少了一条，这是因为，鉴定意见一般都是对定罪量刑有重大影响的，否则就没必要进行鉴定了。）也就是说，即便双方对鉴定意见有异议，鉴定人也不是必须出庭，只有法院认为其有必要出庭时，鉴定人才应当出庭。可见本题的后半句也是错误的。故而排除 C。

D 选项涉及应出庭而不出庭的证人的庭前证言及鉴定人的鉴定意见的证据资格问题。《刑诉法》第 192 条第 3 款关于鉴定人出庭的规定中规定了："……经人民法院通知，鉴定人拒不出庭作证的，鉴定意见不得作为定案的根据。"但第 192 条第 1 款关于证人出庭的规定中却并无类似规定。而《法院解释》第 91 条第 3 款则明确规定："经人民法院通知，证人没有正当理由拒绝出庭或者出庭后拒绝作证，法庭对其证言的真实性无法确认的，该证人证言不得作为定案的根据。"本规定说明即使证人拒绝出庭，只要法庭确认其庭前证言的真实性，该证言还是可以作为定案根据的，由此可见，D 选项的前半句也是正确的。法律之所以如此规定，是因为鉴定人是可以更换的，可以重新鉴定，而证人无法替换，一旦将应出庭而不出庭的证人证言一概排除，可能过分影响刑事诉讼惩罚犯罪之价值的实现。因此 D 正确。

扩展解析

关于鉴定意见只能由作为鉴定人的自然人出具，而不能由单位出具的问题，前面关于 A 选项

的解析中已有分析。但是要注意《法院解释》第97条的规定："对鉴定意见应当着重审查以下内容：……（四）鉴定意见的形式要件是否完备……是否由鉴定机构加盖司法鉴定专用章并由鉴定人签名、盖章；……"也就是说，虽然鉴定意见应由鉴定人以个人名义出具，由鉴定人签名、盖章，但仍然要由鉴定机构加盖司法鉴定专用章。

第三节　刑事证据的分类

1. ［答案］B　　［难度］难

［考点］证据的分类、补强证据

［命题和解题思路］本题通过一个案例考查了证据分类与口供补强规则。对于证据类题目，解题时须认真阅读题干，注意区分各类证据的种类，并重点关注各类证据的形成过程。

［选项分析］凡是来自原始出处，即直接来源于案件事实的证据材料，均是原始证据。例如，被害人对自己受害经过的陈述、犯罪嫌疑人、被告人对自己罪行的供述、证人根据自己看到和直接听到的事实所提供的证言、书证的原件、物证的原物等。凡非直接来源于案件事实，而是经过中间环节中转后形成的证据，均是传来证据。分析某个证据是原始证据还是传来证据的一个比较简单的方法就是看其在侦查人员收集该证据之前有没有经过中转环节（侦查人员收集证据的行为不能算作中转环节），如证人根据从他人处听到的情况所作的转述、物证的复制品、书证的复印件等。注意不要简单地把复印件、复制品当然地视为传来证据，比如本题中恐吓信的复印件是由犯罪嫌疑人自己复印，并没有经过中转环节，直接来源于案件事实，所以也是原始证据。选项A说法错误。

传闻证据是指除亲身感知案件的人在法庭上提供的陈述以外的证据，也即只要不是亲身感知案件的人在法庭上所做的陈述，一概属于传闻证据。它主要有两种表现形式：一是书面传闻证据，即亲身感知案件的人在法庭外所做的书面证人证言和记录其法庭外证言的询问笔录；二是言辞传闻证据，即非亲身感知案件的人对他人陈述的转述。从题干可知，乙提供的书面陈述是向公安机关提供的，并非乙本人在法庭所作的陈述，因此属于传闻证据。选项B说法正确。

补强证据必须具有独立的来源，即与被补强

的证据有不同的来源。丙的证言来源于甲，与甲的口供属于同一来源，因此不能对甲的口供进行补强。选项C说法错误。

凡是表现为人的陈述，即以言词作为表现形式的证据，均是言词证据，通常包括证人证言、被害人陈述、犯罪嫌疑人、被告人供述和辩解、鉴定意见。此外，辨认笔录、侦查实验笔录通常也属于言词证据。凡是以实物作为表现形式的证据，均是实物证据，通常有物证，书证，勘验、检查笔录，视听资料，电子数据。恐吓信属于书证，属于实物证据，而不是言词证据。选项D说法错误。

2. ［答案］B　　［难度］中

［考点］证据

［命题和解题思路］本题综合考查了补强证据规则、证据的分类、事故调查报告的证据资格等多个证据知识点。考生在答题时，应当注意专门性问题报告虽未被《刑诉法》明确纳入某证据种类，但实际上是类似并参照鉴定意见运用，并且在2021年《法院解释》修改后，已确定了其证据资格。

［选项分析］A选项考查补强证据必须满足的条件，其中一项便是补强证据必须具有独立的来源，即补强证据与补强对象之间不能重叠，而必须独立于补强对象，具有独立的来源。如果用于补强的证据没有独立来源，就无法担保补强对象的真实性，因此就不能作为补强证据。本案中，乙关于甲犯罪事实的陈述源于甲对乙的告知，实际上与甲对于自己犯罪过程的陈述一样，都是来源于甲本人。显然，乙的陈述缺乏独立来源，不能作为甲陈述的补强证据。A选项错误。

B选项考查证人自书证词的学理分类，即自书证词属于原始证据还是传来证据。凡是来自原始出处，即直接源于案件事实的证据材料，均是原始证据。证人根据亲自看到、听到的事实所提供的证言是原始证据，转述从别人那里听到的情况形成的证言是传来证据。如果证人只是书写自己所见所闻形成书面材料，属于对作证方式进行改变，证言仍然来源于证人直接感知。因此，自书证词属于原始证据。B选项正确。

C选项考查价格认定报告的学理分类，即价格认定报告属于言词证据还是实物证据。从形式上看，价格认定报告是一份书面报告，看似书证。但形成于诉讼过程中的价格认定报告显然不同形成于案发时的书证。由于司法实践中司法鉴定的范围有限，大量关于专门性问题的报告被用于证明案件事实，为了解决这类报告的适用难题，2021 年《法院解释》明确规定这类报告可以作为证据使用，对其审查认定适用有关鉴定意见的规定。无论是形成原理还是规范界定，价格认定报告都更接近于鉴定意见这类证据。主流观点认为，鉴定意见的实质是鉴定人就鉴定的专门问题发表的个人意见，应当归属于言词证据。C 选项错误。

D 选项考查交通事故认定书的证据资格问题。交通事故认定书在司法实践中已经普遍运用于证明案件事实，早已被作为证据使用，经法定程序查证属实可以作为定案的根据，而不只是作为定罪量刑的参考。D 选项错误。

3. ［答案］BCD　　　［难度］难

［考点］证据

［命题和解题思路］证据是每年法考的必考点，考查的形式多样。该题考查了证据的分类、属性和证据资格问题，这些问题看似基础，但融入具体案例中，就比较考验考生的甄别能力。考生解题时，注意力要紧紧围绕洗钱罪的犯罪构成，准确判断相关证据内容与洗钱事实的联系。

［选项分析］A 选项的混淆点是顾某转述了陆某所说的"明白"，其陈述看似是传来证据。但实际上本案不存在转述，顾某就是对案情的直接描述，描述的是自己给陆某款项时陆某的反应。因此该陈述内容直接源于案件事实，属于原始证据。A 选项说法错误。

B 选项的混淆点是陆某的行贿行为与其洗钱行为看似没有直接联系。但实际上，陆某承认自己向刘某行贿的陈述可以用于证明陆某知道刘某具有受贿的行为，与"陆某知道顾某所给款项为受贿款"具有一定的关联性。B 选项说法正确。

C 选项的混淆点是孙某在陈述事实的同时表达了自己的意见，故孙某的证言系推断性证言，根据《法院解释》第 88 条第 2 款的规定，原则上不得作为证据使用，但根据一般生活经验判断符合事实的除外。本案中，鉴于陆某系单位财务人员，孙某判断其知道上司刘某的收入，系根据一般生活经验的判断，且符合事实，因此可以作为证据使用。C 选项说法正确。

直接证据可分为肯定的直接证据和否定的直

接证据。否定的直接证据只要否定其中一个要素即可。其证明内容是"不存在犯罪事实"（无事）或者"犯罪事实非某嫌疑人所为"（非此人）。根据《刑法》第 191 条的规定，为掩饰、隐瞒受贿所得款的来源和性质，实施转移资金行为的，成立洗钱罪。据此，如果转移的款项不是受贿款项，那么就不存在犯罪事实。因此，从证明关系看，陆某的陈述是对自己实施洗钱犯罪的否认，能够单独、直接证明不存在洗钱的事实。陆某的该陈述属于否定性的直接证据。D 选项说法正确。

4. ［答案］ABC　　　［难度］易

［考点］证据的分类

［命题和解题思路］本题以案例的形式考查了证据的分类。解题时注意把握证据分类的标准。

［选项分析］直接源于案件事实的证据材料是原始证据。需要注意的是，痕迹通常属于物证，但如果是将该痕迹拍成照片，该照片属于传来证据。因此 A 说法正确。

凡是表现为物品、痕迹或内容具有证据价值的书画文件，即以实物作为表现形式的证据，都是实物证据。B 选项中的丢失胶片清单属于办案人员在现场勘验中对所见情况的客观记载，也属于实物证据。因此 B 说法正确。

间接证据是不能单独、直接证明刑事案件主要事实，需要与其他证据相结合才能证明的证据。丢失的胶片属于物证，无法通过该证据说明何人实施了犯罪行为，因此属于间接证据。因此 C 说法正确。

该视频监控直接来源于案件事实，属于原始证据。如果说将该视频监控复制，复制品属于传来证据。因此 D 说法错误。

5. ［答案］C　　　［难度］中

［考点］原始证据与传来证据的划分标准与运用、直接证据与间接证据的划分标准

［命题和解题思路］命题人通过小案例的设计考查了考生对原始证据与传来证据、直接证据与间接证据的把握，考查方法灵活，要求考生对相关知识理解得比较透彻，尤其是直接证据与间接证据的划分、肯定的直接证据与否定的直接证据的划分。考生往往容易忽视否定的直接证据，而否定的直接证据恰恰是常考点。

原始证据和传来证据的划分比较简单，它们

是以证据材料的来源不同为依据来分类的。凡是来自原始出处，即直接来源于案件事实的证据材料，是原始证据。凡非直接来源于案件事实，而是经过中间环节中转后形成的证据，是传来证据。分析某个证据是原始证据还是传来证据的一个比较简单的方法就是看其在侦查人员收集该证据之前有没有经过中转环节（侦查人员收集证据的行为不能算作中转环节），如转述、复制等。

直接证据和间接证据的划分相对复杂些，它们是以证据与案件主要事实之间的证明关系为划分依据的。所谓案件主要事实，就是指有无犯罪事实和犯罪事实是否为嫌疑人所为。直接证据可分为肯定的直接证据和否定的直接证据。肯定的直接证据要包含两个要素：第一，存在犯罪事实；第二，犯罪事实为某嫌疑人所为。否定的直接证据只要否定其中一个要素即可。换句话说，直接证据就是直观地反映了谁实施了什么犯罪事实，或者不存在犯罪事实，或者犯罪事实不是某嫌疑人所为的证据。间接证据则不能单独、直接反映上述案件主要事实，而是只能反映出犯罪事实的某一个方面，必须结合其他证据才能推断出案件的主要事实。

本题中，案件主要事实就是甲盗窃了乙的电脑，如果一个证据包含两个要素，一是存在犯罪事实，也即乙的电脑是被盗窃的；二是犯罪事实为犯罪嫌疑人所为，也即乙的电脑是被甲盗窃的，那它就是肯定的直接证据。如果一个证据否定了这两个要素中的一个，即否定犯罪事实的存在，也即否定盗窃存在，或者否定犯罪事实为犯罪嫌疑人所为，也即否定甲实施盗窃，那么该证据就是否定的直接证据。如果一个证据既非同时包含存在犯罪事实和犯罪事实系犯罪嫌疑人所为这两个要素，又无法否定其中任何一个要素，那么该

证据就是间接证据。

[选项分析] A选项中甲的指纹是直接从乙的储物柜上提取的，没有经过中转环节，因此属于原始证据。但是它只能证明（这里的"证明"只考虑证据证明内容中所包含的要素，并不考虑证据的真伪问题）甲接触过该储物柜，既不能从肯定的角度证明甲盗窃了乙的电脑，也不能从否定的角度证明没有盗窃事实发生或者盗窃不是甲所为，换句话说，它只能证明案件事实的一个片段，因此属于间接证据。故应当排除A。

B选项是重点干扰项。侦查人员在丙手机中提取的视频是丙直接录制的，没有经过中转环节，也属于原始证据。关于该视频的证明内容，有考生可能会认为该证据证明甲实施了盗窃，因而误认为此视频属于肯定的直接证据。但事实上，该证据的内容却只能反映甲打开储物柜取走了电脑，而该电脑可能确实是甲暂存于乙处的，也即与A选项中的指纹一样，该视频既不能从肯定的角度证明甲盗窃了乙的电脑，也不能从否定的角度证明没有发生盗窃或者盗窃不是甲所为，也即它只能证明案件事实的一个片段，因此属于间接证据。故B也应当排除。

C选项中丁的证言内容是他亲眼看见的，因此也属于原始证据。该证据的内容是甲将一台相同的笔记本电脑交给乙保管，也即要证明该电脑是甲暂存于乙处的，因此甲拿走电脑的行为并非盗窃行为，实际上是否定了犯罪事实的存在，因此属于否定性的直接证据。故本题应当选C。

D选项中甲转卖电脑时出具的现金收条也不存在中转环节，属于原始证据。但其证明内容显然既不能证明甲实施了盗窃，也不能证明不存在盗窃或实施盗窃的不是甲，因此属于间接证据，故D也应被排除。

第八章　证据规则

试　题

第一节　关联性规则

下列哪一证据规则属于调整证据证明力的规

则？（2017-2-26）

A. 传闻证据规则

B. 非法证据排除规则

C. 关联性规则

D. 意见证据规则

第二节　非法证据排除规则

1. 甲因涉嫌领导黑社会性质组织罪被J市公安机关拘留。在拘留期间甲因遭受殴打而作出有罪供述。关于本案，下列哪些选项是正确的？（2019年回忆版）

A. 在拘留期间，甲只能向J市公安机关提出排除非法证据的申请

B. 甲在申请时提出了遭受殴打的准确时间，即属于提供了相关线索

C. 甲可以遭受殴打为由要求排除同一侦查人员对其后续讯问所得的供述

D. 如J市检察院不能证明口供的合法性，则应当排除其口供

2. 公安机关发现一具被焚烧过的尸体，因地处偏僻且天气恶劣，无法找到见证人，于是对勘验过程进行了全程录像，并在笔录中注明原因。法庭审理时，辩护人以勘验时没有见证人在场为由，申请排除勘验现场收集的物证。关于本案证据，下列哪一选项是正确的？（2016-2-29）

A. 因违反取证程序的一般规定，应当排除

B. 应予以补正或者作出合理解释，否则予以排除

C. 不仅物证应当排除，对物证的鉴定意见等衍生证据也应排除

D. 有勘验过程全程录像并在笔录中已注明理由，不予排除

3. 某地发生一起以爆炸手段故意杀人致多人伤亡的案件。公安机关立案侦查后，王某被确定为犯罪嫌疑人。关于本案辨认，下列哪一选项是正确的？（2016-2-34）

A. 证人甲辨认制造爆炸物的工具时，混杂了另外4套同类工具

B. 证人乙辨认犯罪嫌疑人时未同步录音或录像，辨认笔录不得作为定案的依据

C. 证人丙辨认犯罪现场时没有见证人在场，辨认笔录不得作为定案的依据

D. 王某作为辨认人时，陪衬物不受数量的限制

4. 辩护律师在庭审中对控方证据提出异议，主张这些证据不得作为定案依据。对下列哪些证据的异议，法院应当予以支持？（2016-2-68）

A. 因证人拒不到庭而无法当庭询问的证人证言

B. 被告人提供了有关刑讯逼供的线索及材料，但公诉人不能证明讯问合法的被告人庭前供述

C. 工商行政管理部门关于查处被告人非法交易行为时的询问笔录

D. 侦查人员在办案场所以外的地点询问被害人所获得的被害人陈述

5. 检察院对孙某敲诈勒索案审查起诉后认为，作为此案关键证据的孙某口供系刑讯所获，依法应予以排除。在排除该口供后，其他证据显然不足以支持起诉，因而作出不起诉决定。关于该案处理，下列哪一选项是错误的？（2014-2-35）

A. 检察院的不起诉属于存疑不起诉

B. 检察院未经退回补充侦查即作出不起诉决定违反《刑事诉讼法》的规定

C. 检察院排除刑讯获得的口供，体现了法律监督机关的属性

D. 检察院不起诉后，又发现新的证据，符合起诉条件时，可提起公诉

第三节　传闻证据规则

1. 某小学发生一起猥亵儿童案件，三年级女生甲向校长许某报称被老师杨某猥亵。许某报案后，侦查人员通过询问许某了解了甲向其陈述的被杨某猥亵的经过。侦查人员还通过询问甲了解到，另外两名女生乙和丙也可能被杨某猥亵，乙曾和甲谈到被杨某猥亵的经过，甲曾目睹杨某在课间猥亵丙。讯问杨某时，杨某否认实施猥亵行为，并表示他曾举报许某贪污，许某报案是对他的打击报复。关于本案证据，下列选项正确的是：（2017-2-96）

A. 甲向公安机关反映的情况，既是被害人陈述，也是证人证言

B. 关于甲被猥亵的经过，许某的证言可作为甲陈述的补强证据

C. 关于乙被猥亵的经过，甲的证言属于传闻证据，不得作为定案的依据

D. 甲、乙、丙因年幼，其陈述或证言必须有其他证据印证才能采信

2. 下列哪一选项属于传闻证据？（2015-2-26）

A. 甲作为专家辅助人在法庭上就一起伤害案

的鉴定意见提出的意见

B. 乙了解案件情况但因重病无法出庭，法官自行前往调查核实的证人证言

C. 丙作为技术人员"就证明讯问过程合法性的同步录音录像是否经过剪辑"在法庭上所作的说明

D. 丁曾路过发生杀人案的院子，其开庭审理时所作的"当时看到一个人从那里走出来，好像喝了许多酒"的证言

第四节 意见证据规则

📶 **1.** 未成年人杨某因涉嫌强奸罪被立案侦查。公安机关根据户口簿和身份证信息认定杨某作案时已满14周岁，但杨某父母表示其作案时未满14周岁，是因读书需要将杨某年龄改大了一岁。关于本案，下列哪一项属于意见证据？（2023年回忆版）

A. 人口普查员表示其看见的杨某生育证明上的涂改痕迹像是假的

B. 鉴定人表示骨龄鉴定的鉴定估龄与实际年龄差距一般在两岁以内

C. 某村民表示其听说当年村里出生的孩子里有杨某

D. 户籍民警说当年该村确实有人要求更改年龄

📶 **2.** 甲驾车将昏迷的乙送往医院，并垫付了医疗费。随后赶来的乙的家属报警称甲驾车撞倒乙。急救中，乙曾短暂清醒并告诉医生自己系被车辆撞倒。医生将此话告知警察，并称从甲送乙入院时的神态看，甲应该就是肇事者。关于本案证据，下列哪些选项是正确的？（2016-2-67）

A. 甲垫付医疗费的行为与交通肇事不具有关联性

B. 乙告知医生"自己系被车辆撞倒"属于直接证据

C. 医生基于之前乙的陈述，告知警察乙系被车辆撞倒，属于传来证据

D. 医生认为甲是肇事者的证词属于符合一般生活经验的推断性证言，可作为定案依据

📶 **3.** 关于鉴定人与鉴定意见，下列哪一选项是正确的？（2014-2-29）

A. 经法院通知，鉴定人无正当理由拒不出庭

的，可由院长签发强制令强制其出庭

B. 鉴定人有正当理由无法出庭的，法院可中止审理，另行聘请鉴定人重新鉴定

C. 经辩护人申请而出庭的具有专门知识的人，可向鉴定人发问

D. 对鉴定意见的审查和认定，受到意见证据规则的规制

第五节 补强证据规则

📶 下列哪一选项所列举的证据属于补强证据？（2014-2-28）

A. 证明讯问过程合法的同步录像材料

B. 证明获取被告人口供过程合法，经侦查人员签名并加盖公章的书面说明材料

C. 根据被告人供述提取到的隐蔽性极强、并能与被告人供述和其他证据相印证的物证

D. 对与被告人有利害冲突的证人所作的不利被告人的证言的真实性进行佐证的书证

详 解

第一节 关联性规则

[答案] C　　　[难度] 中

[考点] 刑事证据规则

[命题和解题思路] 命题人通过此题考查了考生对各种证据规则及证明力概念的理解。这些证据规则源自英美法系，有些已经为我国所确立，有些还尚未确立，有些规则中的概念与我国刑事证据理论中的相关概念其实并不一致。但命题人没有对此作出说明，因此考生只能根据我国刑事证据理论的通说来予以判断。此题的解答需分两步：**第一步，弄清什么是证明力？**证明力和证据能力是源自大陆法系证据理论中的概念。其中，证据能力是指某一材料能够被作为证据使用的资格，也即证据资格，英美法系称为证据的可采性；证明力则是指证据对待证事实的证明作用和价值。某一材料是否具有证据资格，取决于法律的规定。法律出于防止误导、抑制违法侦查等各种原因，会预先否定某种材料的证据资格，对于这类材料一律不得作为证据使用，或者说不得作为认定案件事实的根据。某一证据是否具有证明力及其证明力的大小则取决于其与待证事实的关联程度，其与待证事实没有关联性，也就没有证明力，其

与待证事实的关联性越强，证明力也就越大。第二步，弄清各个证据规则的内涵，并根据其内涵来判断该规则调整的是证据的证据能力还是证明力？

如果实在难于理解，考生也可以采取死记硬背的方式，记住我国刑事证据理论将证据规则分为了两大类：一类是调整证据能力的规则，包括传闻证据规则、非法证据排除规则、意见证据规则、最佳证据规则等；另一类是调整证明力的规则，包括关联性规则、补强证据规则等。

[选项分析] 在对各选项予以分析之前，有一点需要指出：对于不具有证据资格的证据，我国刑诉法及相关司法解释中一般都表述为"应当排除"或"不得作为定案的根据"。但在司法实践中，"不得作为定案的根据"实际上有两种可能：第一，该证据自始不具有证据资格，应当排除；第二，该证据虽然具有证据资格，但是如果不可靠、虚假或者与案件无关，那么也不得作为定案的根据。本题解析中，如无特别说明，"不得作为定案的根据"或者"不得作为认定案件事实的根据"指的是相关材料自始不具有证据资格。

A选项涉及传闻证据规则的功能。所谓传闻证据是指除亲身感知案件的人在法庭上提供的陈述以外的证据，也即只要不是亲身感知案件的人在法庭上所做的陈述，一概属于传闻证据。它主要有两种表现形式：一是书面传闻证据，即亲身感知案件的人在法庭外所做的书面证人证言和记录其法庭外证言的询问笔录；二是言辞传闻证据，即非亲身感知案件的人对他人陈述的转述。传闻证据规则也称传闻证据排除规则，就是指传闻证据应被排除，不能用作认定案件事实的根据，也即不具有证据资格或可采性。可见，传闻证据规则是调整证据资格或证据可采性的规则，而不是调整证明力的规则。因此排除A。

B选项涉及非法证据排除规则的功能。所谓非法证据排除规则就是指对于通过违法方法所取得的证据，应予排除，不能用作认定案件事实的根据，也即不具有证据资格。因此，非法证据排除规则也是调整证据资格或证据可采性的。故排除B。

C选项涉及关联性规则的功能。英美法系的关联性规则和我国刑诉理论通说中的关联性规则其实还是有一定差异的。前者指不具有关联性的证据

证据均不可采，在英美法系，这意味着不能在法庭上出示。不具备关联性的证据主要是指品格证据和类似行为证据。品格证据规则是指用以证明某人具有某种品格的证据与某人实施了反映此种品格的行为之间是不具有关联性的，也即品格证据是不可采的。类似行为证据规则是指用以证明某人曾经实施过某种行为的证据与某人后来实施了相类似的行为之间是不具有关联性的，也即类似行为证据是不可采的。可见，英美法系的关联性规则也是由预先否定了某一类证据的关联性，实际上也就是认为这类证据均不可采，在这一点上，与其他的可采性规则其实是一样的，其功能在于决定某一材料能否作为证据在法庭上出示，而不是判断其证明力的大小。而我国证据理论中的关联性则关注于具体案件中的具体证据与案件事实之间的关联性，需要具体问题具体分析，也即其不是由法律预先笼统地规定某一类证据均不具有关联性，而是要在具体的案件中分析某一个具体的证据与这个案件究竟有没有关联性，从而判断其对待证事实有没有证明价值，也即有没有证明力。因此，从我国证据理论对"关联性"的理解出发，可以认为关联性规则是调整证明力的。故选C。

D选项涉及意见证据规则的功能。意见证据规则是指，证人只能陈述自己亲身感受和经历的事实，而不得陈述对该事实的意见，也即对于证人的意见性的证言要予以排除，不能作为认定案件事实的根据，也即不具有证据资格。因此，意见证据规则也是调整证据能力的。故排除D。

第二节　非法证据排除规则

1. [答案] BC　　[难度] 中
[考点] 侦查阶段非法证据排除

[命题和解题思路] 非法证据排除是法考每年必考的重点，考生应重点掌握2017年最高人民法院、最高人民检察院、公安部、国家安全部、司法部《关于办理刑事案件严格排除非法证据若干问题的规定》的内容。

[选项分析] 根据该《规定》第14条的规定，犯罪嫌疑人及其辩护人在侦查期间可以向人民检察院申请排除非法证据。因此A选项说法错误。

根据该《规定》第20条的规定，犯罪嫌疑人、被告人及其辩护人申请排除非法证据，应当

提供涉嫌非法取证的人员、时间、地点、方式、内容等相关线索或者材料。因此，B 选项中提出遭受殴打的准确时间属于相关线索，B 选项说法正确。

根据该《规定》第 5 条的规定，采用刑讯逼供方法使犯罪嫌疑人、被告人作出供述，之后犯罪嫌疑人、被告人受该刑讯逼供行为影响而作出的与该供述相同的重复性供述，应当一并排除，但下列情形除外：（1）侦查期间，根据控告、举报或者自己发现等，侦查机关确认或者不能排除以非法方法收集证据而更换侦查人员，其他侦查人员再次讯问时告知诉讼权利和认罪的法律后果，犯罪嫌疑人自愿供述的；（2）审查逮捕、审查起诉和审判期间，检察人员、审判人员讯问时告知诉讼权利和认罪的法律后果，犯罪嫌疑人、被告人自愿供述的。本案中，殴打属于刑讯逼供的方法，在没有更换侦查人员的情况下，其后续讯问获得的口供属于应当排除的重复性供述，因此 C 选项说法正确。

根据材料可知，此时案件尚未进入审判阶段，不是由检察院来证明取证的合法性，而是经过调查核实，确实存在或者不排除存在非法取证的，就应当排除该证据。D 选项说法错误。

2. [答案] D　　　　[难度] 难
[考点] 非法证据排除规则、勘验检查
[命题和解题思路] 表面上，命题人通过此题考查的是非法证据排除规则，实际上却是在考查勘验程序。要判断本案中的物证是否应当排除，首先要判断该物证是否为非法取得，非法取得的物证才谈得上排除或补正、解释的问题，如果是合法取得的，不应排除，也无需补正和解释。
[选项分析]《刑诉法》第 133 条规定："勘验、检查的情况应当写成笔录，由参加勘验、检查的人和见证人签名或者盖章。"《法院解释》第 102 条规定："对勘验、检查笔录应当着重审查以下内容：（一）勘验、检查是否依法进行，笔录的制作是否符合法律、有关规定，勘验、检查人员和见证人是否签名或者盖章……"《法院解释》第 103 条规定："勘验、检查笔录存在明显不符合法律、有关规定的情形，不能作出合理解释的，不得作为定案的根据。"但是，《法院解释》第 80 条关于刑事诉讼活动见证人条件的规定中又规定：

"由于客观原因无法由符合条件的人员担任见证人的，应当在笔录材料中注明情况，并对相关活动进行全程录音录像。"本案因地处偏僻且天气恶劣，无法找到见证人，符合这里的"由于客观原因无法由符合条件的人员担任见证人"的情况，因此只要在笔录材料中注明情况，并对相关活动进行录像就可以了。综上，本案并不属于违法取证，因此也就不存在排除非法证据或者补正、解释的问题。故而 A、B、C 均应排除，只有 D 正确。

3. [答案] A　　　　[难度] 难
[考点] 辨认的程序、非法证据排除规则
[命题和解题思路] 命题人通过此题考查了辨认的程序，选项涉及混杂辨认中供辨认对象的数量和辨认程序中一些常见的误识。如考生们很可能认为没有见证人在场的情况下，辨认笔录不得作为定案根据，这是命题人专门挖的陷阱。此外，命题人没有直接描述作为辨认对象的物品的总数，而是表述为"另外 4 套"，这也会导致考生的误判。考生们只有在对有关辨认笔录的规定非常熟悉的前提下认真比对，才能作出正确的选择。
[选项分析] A 选项涉及混杂辨认中供辨认对象的数量。《公安部规定》第 260 条规定，"辨认时，应当将辨认对象混杂在特征相类似的其他对象中，不得给辨认人任何暗示。辨认犯罪嫌疑人时，被辨认的人数不得少于七人；对犯罪嫌疑人照片进行辨认的，不得少于十人的照片；辨认物品时，混杂的同类物品不得少于五件"。这里的 5 件是指被辨认的物品总数，所以 A 选项中在辨认犯罪工具时混杂了另外 4 套同类工具是符合辨认规则的，A 正确。

B 选项涉及辨认是否需要同步录音录像。本选项可通过两种方法判断：第一，《公安部规定》第 262 条规定："对辨认经过和结果，应当制作辨认笔录，由侦查人员、辨认人、见证人签名。必要时，应当对辨认过程进行录音或者录像。"可见，录音录像并非辨认程序的必然要求，因此没有录音录像也不会导致辨认笔录被排除，故而应排除 B。第二，《法院解释》第 105 条规定："辨认笔录具有下列情形之一的，不得作为定案的根据：（一）辨认不是在调查人员、侦查人员主持下进行的；（二）辨认前使辨认人见到辨认对象的；（三）辨认活动没有个别进行的；（四）辨认对象没有混杂在具有类似特征的其他对象中，或者供辨认的对象数量不符合规定的；（五）辨认中给辨认人明显暗示或者明显有指认嫌疑的；（六）违反有关规定、不能确定辨认笔录真实性的其他情形。"其中并没有规定辨认犯罪嫌疑人时未同步录音录像辨认笔录就不得作为定案的根据。因此应当排除 B。

C 选项是重点干扰项。上述《法院解释》第105 条中关于辨认笔录不得作为定案根据的情形中也没有"没有见证人在场"这一情形，故而应当排除 C。

D 选项也涉及混杂辨认问题。王某是犯罪嫌疑人，刑诉法及其他司法解释、规定均无当犯罪嫌疑人辨认时，陪衬无不受数量限制的规定，故而应当排除 D。

4. ［答案］BC　　　［难度］难

［考点］非法证据排除规则、证据的审查

［命题和解题思路］命题人表面上是在考查对辩护人的各种异议法院应否支持，实际上是在考查证据资格的问题，即什么样的证据不得作为定案的根据。考生应从这一角度出发来对各选项加以判断。对于侦查机关收集的证据，判断的依据是法律有无相关的排除规定，如无排除规定，则即便取证存在瑕疵，也应当具有证据资格，辩护律师的异议不被支持。对于非侦查机关收集的证据，判断的依据则是法律有无关于该证据可在刑事诉讼中使用的规定，也即赋予该证据以刑事证据资格的规定，如无相关规定，则一律不具有证据资格，辩护律师的异议应当被支持。

［选项分析］A 选项是重点干扰项，涉及应当出庭的证人没有出庭的情况下其证人证言的证据资格问题。我国刑诉法并未规定所有证人一律应当出庭，对依法可以不出庭的证人而言，其庭前的证人证言依然具有证据资格，这一点当无疑义。但是，对依法应当出庭的证人拒不到庭的，其庭前的证人证言是否还应具有证据资格的问题，考生可能会产生困惑。对此，《法院解释》第 91 条第 3 款规定："经人民法院通知，证人没有正当理由拒绝出庭或者出庭后拒绝作证，法庭对其证言的真实性无法确认的，该证人证言不得作为定案的根据。"可见，即便是应当出庭的证人拒不到庭的，也只有在"法庭对其证言的真实性无法确认"

的情况下，其证言才应当被排除。因此辩护律师仅以证人拒不到庭而无法当庭询问证人为由提出异议，法院可不予支持。故而 A 应当被排除。

B 选项涉及非法证据排除规则，为实践中辩护律师最常提出的异议。《刑诉法》第 56 条第 1款规定："采用刑讯逼供等非法方法收集的犯罪嫌疑人、被告人供述和采用暴力、威胁等非法方法收集的证人证言、被害人陈述，应当予以排除……"第 58 条第 2 款规定："当事人及其辩护人、诉讼代理人有权申请人民法院对以非法方法收集的证据依法予以排除。申请排除以非法方法收集的证据的，应当提供相关线索或者材料。"《刑诉法》第 59 条第 1 款规定："在对证据收集的合法性进行法庭调查的过程中，人民检察院应当对证据收集的合法性加以证明。"《刑诉法》第 60 条规定："对于经过法庭审理，确认或者不能排除存在本法第五十六条规定的以非法方法收集证据情形的，对有关证据应当予以排除。"综合这些规定，对被告人已经提供有关刑讯逼供线索和材料的，应当由公诉人证明讯问的合法性，如其不能证明，也即不能排除存在刑讯逼供等非法取证的情形，则该被告人的庭前供述就应当予以排除。辩护律师据此提出的异议，法院应当支持。故而 B 正确。

C 选项涉及行政机关收集的证据在刑事诉讼中的证据资格问题。《刑诉法》第 54 条第 2 款规定："行政机关在行政执法和查办案件过程中收集的物证、书证、视听资料、电子数据等证据材料，在刑事诉讼中可以作为证据使用。"该规定肯定了行政机关在行政执法和查办案件过程中收集到的实物证据在刑事诉讼中是具备证据资格的。这是因为实物证据一经排除是无法再重新收集的。但询问笔录等言辞证据则不在此列，侦查机关可以重新收集证人证言等言辞证据。因此辩护律师对将行政机关收集的询问笔录作为定案根据的做法提出异议的，法院应当支持。故而 C 正确。

D 选项涉及询问被害人的地点问题。《刑诉法》第 124 条规定："侦查人员询问证人，可以在现场进行，也可以到证人所在单位、住处或者证人提出的地点进行，在必要的时候，可以通知证人到人民检察院或者公安机关提供证言……"第127 条规定："询问被害人，适用本节各条规定。"可见，侦查人员询问被害人并非必须在办案场所进行。因此，辩护律师的相关异议是不成立的。

故而排除 D。

5. [答案] B　　[难度] 中

[考点] 不起诉、非法证据排除规则、人民检察院的性质

[命题和解题思路] 命题人通过此题考查了考生对存疑不起诉中相关问题的理解。本题的选项大多难度不大，要么为不起诉制度中的常识性知识，要么为法律或司法解释中的重点法条，但由于对存疑不起诉是否必须以至少一次的退回补充侦查为前提存在争议，因此增加了本题的难度。但如果对此争议问题不好判断，可通过排除法先判断出其他选项的正误。

[选项分析] A 选项涉及不起诉的种类。不起诉可以分为法定不起诉、酌定不起诉、存疑不起诉、附条件不起诉四种。不起诉的种类是高频考点，关于各种不起诉的内涵，这里不再赘述。本案中，检察院最终作出不起诉决定的原因是具有证据资格的证据不足以支持起诉，而非因不构成犯罪、不需要追究刑事责任或者犯罪情节轻微，依照刑法规定不需要判处刑罚或者免除刑罚等原因不起诉，因此显然是属于证据不足不起诉，也即存疑不起诉。故 A 正确。由于本题是要选出错误选项，故排除 A。

B 选项**存在争议**，可通过两种方法判断：第一，《刑诉法》第 175 条第 4 款规定："对于二次补充侦查的案件，人民检察院仍然认为证据不足，不符合起诉条件的，应当作出不起诉的决定。"《检察规则》第 367 条规定："人民检察院对于二次退回补充调查或者补充侦查的案件，仍然认为证据不足，不符合起诉条件的，经检察长批准，依法作出不起诉决定。人民检察院对于经过一次退回补充调查或者补充侦查的案件，认为证据不足，不符合起诉条件，且没有再次退回补充调查或者补充侦查必要的，经检察长批准，可以作出不起诉决定。"但是刑诉法及相关司法解释均未明确规定，未经退回补充侦查，能否直接作出不起诉决定。我们认为，退回补充侦查的前提是有补充侦查的必要，也即在补充侦查后有可能达到起诉条件，本案中，如果排除口供后，其他证据明显不能支持起诉，即便补充侦查也不可能达到起诉条件，那么就没有必要非得退回补充侦查才能作出不起诉决定。对没有必要退回补充侦查

的案件也一定要退回补充侦查后才能作出不起诉决定，这既浪费司法资源也不利于人权保障。因此 B 错误，本题选 B。第二，由于本选项存在争议，不好判断，可以先判断其他选项，确定其他选项均正确后，即可选出此项。

C 选项涉及检察机关的属性。检察机关是法律监督机关，对侦查机关的侦查行为予以监督，是检察机关作为法律监督机关的重要职能，排除刑讯获得的口供当然体现了检察机关作为法律监督机关的属性。本选项凭借常识即可判断为正确。由于本题是要选出错误选项，因此应当排除 C。

D 选项是重点干扰项，可能会有考生受禁止双重危险或一事不再理原则的影响，认为本选项错误。但是《检察规则》第 369 条规定："人民检察院根据刑事诉讼法第一百七十五条第四款决定不起诉的，在发现新的证据，符合起诉条件时，可以提起公诉。"因此本选项的陈述是正确的，应予排除。

第三节　传闻证据规则

1. [答案] A　　[难度] 难

[考点] 刑事证据的种类、补强证据规则、传闻证据规则

[命题和解题思路] 命题人通过此题考查了考生对部分证据种类的划分和补强证据规则、传闻证据规则的理解。被害人陈述和证人证言的划分比较简单。我国尚未确立传闻证据规则，因此即便是传闻证据，也可以成为定案的根据。补强证据的内容有几个常考点：一是补强证据与主证据的关系，详见 2014-2-28 题；二是补强证据的条件，包括本身具有证据能力、具有担保补强对象真实性的能力、具有独立的来源；三是关于补强证据规则的法律规定。本题考的是后两个点。

[选项分析] A 选项涉及被害人陈述与证人证言的划分。被害人陈述是指刑事被害人就其受害情况和其他与案件有关的情况向公安、司法机关所作的陈述。证人证言是指证人就所了解的案件情况向公安、司法机关所作的陈述。本案中，甲就自己遭受杨某猥亵的情况所作的陈述是被害人陈述，就乙、丙遭受杨某猥亵的情况所作的陈述则是证人证言。因此 A 正确。

B 选项涉及补强证据规则。补强证据是用以增强主证据的证明力的证据。**补强证据必须具有**

不同于主证据的独立来源，否则就无法起到增强主证据证明力的作用。本题中，许某对案件情况的了解本身就来自于甲的陈述，因此许某的证言不能成为甲陈述的补强证据。故而排除 B。

C 选项涉及传闻证据规则。所谓传闻证据是指除亲身感知案件的人在法庭上提供的陈述以外的证据，它主要有两种表现形式：一是书面传闻证据，即亲身感知案件的人在法庭外所做的书面证人证言和记录其法庭外证言的询问笔录；二是言辞传闻证据，即非亲身感知案件的人对他人陈述的转述。本案中，甲关于乙曾被杨某猥亵的陈述是从乙处听来的，也即是对乙的陈述的转述，因此确实属于传闻证据。但是，我国尚未确立传闻证据规则，也即并不否认传闻证据的证据资格，因此甲的证言可以作为定案根据。故而排除 C。

D 选项涉及年幼证人的证人证言是否需要补强。《刑诉法》第 62 第 2 款规定："生理上、精神上有缺陷或者年幼，不能辨别是非、不能正确表达的人，不能作证人。"反过来讲，也就是说，虽然年幼但是能辨别是非、正确表达的人是具有证人资格的。《法院解释》第 143 条规定："下列证据应当慎重使用，有其他证据印证的，可以采信：（一）生理上、精神上有缺陷，对案件事实的认知和表达存在一定困难，但尚未丧失正确认知、表达能力的被害人、证人和被告人所作的陈述、证言和供述；（二）与被告人有亲属关系或者其他密切关系的证人所作的有利被告人的证言，或者与被告人有利害冲突的证人所作的不利被告人的证言。"对比上述两个规定，可以发现，《法院解释》将"年幼"的情形从导致相关陈述应当有其他证据印证才能采信的情形中剔除了，反过来讲，就是说年幼但能够辨别是非、正确表达的证人所提供的证言并不一定非要有其他证据印证才能采信，也即并不需要补强。因此排除 D。

2. [答案] B　　[难度] 中
[考点] 传闻证据规则

[命题和解题思路] 命题人通过此题考查了考生对传闻证据的理解，考查的方式也很灵活，每个选项都是一个小案例，需要考生对传闻证据的内涵有比较透彻的理解，并具有较强的案例分析能力。所谓传闻证据是指除亲身感知案件的人在法庭上提供的陈述以外的证据，也即只要不是亲身感知案件的人在法庭上所做的陈述，一概属于传闻证据。它主要有两种表现形式：一是书面传闻证据，即亲身感知案件的人在法庭外所做的书面证人证言和记录其法庭外证言的询问笔录；二是言辞传闻证据，即非亲身感知案件的人对他人陈述的转述。传闻证据规则要求排除传闻证据，也即否定传闻证据的证据资格，不允许其作为认定案件事实的根据。不过本题要考的不是传闻证据能不能用的问题，而是哪些证据属于传闻证据的问题。只要根据上述传闻证据的内涵与形式进行认真比对，就能得出正确答案。

[选项分析] A 选项中专家辅助人就鉴定意见提出意见的行为是帮助甲进行有效质证的行为，不是提供证据的行为，该意见也不是证据，谈不上是不是传闻证据。故 A 应予排除。

B 选项中乙是亲身感知案件的人，但其证人证言并不是在法庭上提供的，虽然法官自行前往调查核实，也并不能改变该证据不是在法庭上提供的事实，因此属于传闻证据。故而 B 为正确选项。

C 选项为重点干扰项。本案中，关于丙可能存在两种情况：其一，丙是该录音录像的实际操作者，那么其对该录音录像是否经过剪辑在法庭上所做的说明就来自于自己的亲身经历，显然不属于传闻证据；其二，其并非该录音录像的实际操作者，而是根据自己的专业知识来对该录音录像是否经过剪辑作出判断并在法庭上说明自己的判断，这种判断是来自于他自己的分析，并非对他人陈述的转述，因此也不属于传闻证据。故而排除 C。

D 选项中丁亲眼看到了一个人从发生杀人案的院子里走出来，并在法庭上就其所看到的事实提供证言，因此显然不属于传闻证据。至于其所说的"好像喝了许多酒"属于意见证据，但其来源于丁自己的判断，而不是对他人陈述的转述，因此不属于传闻证据。故而 D 也应被排除。

第四节　意见证据规则

1. [答案] A　　[难度] 难
[考点] 意见证据

[命题和解题思路] 本题考查意见证据的界定。解答本题，考生应准确把握意见证据的概念，注意区分意见证据和客观表述。区分专家对客观

情况的阐述与对专业问题的分析，可排除 B 选项；区分转述和评述，可排除 C 选项。

[选项分析] 意见证据规则，是指证人只能陈述自己亲身感受和经历的事实，而不得陈述对该事实的意见或者结论。英美国家将证人分为"专家证人"与"普通证人"。允许专家证人基于专业知识提供意见证据，而普通人则只能陈述他们所知道的第一手资料，并且只能就事实提供证言，即他们不可以提供意见、推论或者结论。但也确定了一些允许普通证人提供意见证据的例外。我国将证人和鉴定人予以区分，鉴定意见是一种独立的证据种类，作为某一方面专家的鉴定人的意见可以作为诉讼中的证据。《刑诉法》第 197 条第 2 款规定，公诉人、当事人和辩护人、诉讼代理人可以申请法庭通知有专门知识的人出庭，就鉴定人作出的鉴定意见提出意见。《法院解释》第 97～101 条对如何审查作为专家证人的鉴定人提供的鉴定意见，作了较为详细的规定；关于普通证人的意见证据，第 88 条第 2 款规定，证人的猜测性、评论性、推断性的证言，不得作为证据使用，但根据一般生活经验判断符合事实的除外。根据上述对意见证据规则的阐释，意见证据分为两类，其一，鉴定专家作出的鉴定意见，可以作为证据适用；其二，证人就其所见所闻发表的意见，原则上不得作为证据使用。

A 选项中，人口普查员见到的是生育证明有涂改痕迹，但其对涂改痕迹发表了评论意见，认为是假的，该表述显然是意见证据。A 选项当选。

B 选项是本题最大的迷惑项，看似鉴定人发表了专家意见，即意见证据。但鉴定人实则是就一个科学问题作出了说明，该说明并非针对本案事实发表的意见，因而不属于意见证据。B 选项不当选。

C 选项中，村民客观表述了其曾听闻的情况，该陈述是传闻证据，但不是意见证据。C 选项不当选。

D 选项中，民警客观表述了当年其所经历的事情，非意见证据。D 选项不当选。

2. [答案] AC　　[难度] 中

[考点] 刑事证据的基本属性、证据的分类、意见证据规则

[命题和解题思路] 命题人通过案例考查了与证据有关的多个考点，考查方法灵活，对考生的综合分析能力要求较高。直接证据与间接证据、原始证据与传来证据的分类是考试中的高频考点，考生要深刻把握其划分依据，活学活用。本题的选项分析及难点解析中提供了区分直接证据与间接证据、原始证据与传来证据的一些方法和技巧，详见下文。

[选项分析] A 选项涉及证据的关联性。证据的关联性是指证据与案件事实之间要有客观联系，这种联系对证明案件事实是有实际意义的，也即因为该证据的存在至少可以推论案件事实存在的可能性是更大了或者是更小了。本案中，甲垫付医疗费的行为与交通肇事不具有客观联系，既不能证明他更有可能是肇事者，也不能证明他更不可能是肇事者。因此 A 正确。

B 选项为重点干扰项，涉及直接证据与间接证据的分类。直接证据与间接证据是以证据与案件主要事实之间的证明关系为划分依据的。所谓案件主要事实，就是指有无犯罪事实和犯罪事实是否为嫌疑人所为。直接证据可分为肯定的直接证据和否定的直接证据。肯定的直接证据要包含两个要素：第一，存在犯罪事实；第二，犯罪事实为某嫌疑人所为。否定的直接证据只要否定其中一个要素即可。换句话说，直接证据就是直观地反映了谁实施了什么犯罪事实，或者不存在犯罪事实，或者犯罪事实不是某嫌疑人所为的证据。间接证据则不能单独、直接反映上述案件主要事实，而是只能反映出犯罪事实的某一个方面，必须结合其他证据才能推断出案件主要事实的证据。本题中，乙所说的"自己系被车辆撞倒"只包含"存在犯罪事实"这一个要素，不包含"犯罪事实为犯罪嫌疑人所为"的要素，只反映了发生了交通肇事，没反映出是谁实施了交通肇事，因此只能算间接证据。故而 B 选项错误。

C 选项涉及原始证据与传来证据的分类。原始证据与传来证据是以证据材料的来源不同为依据来分类的。凡是来自原出处，即直接来源于案件事实的证据，是原始证据。凡非直接来源于案件事实，而是经过中间环节中转后形成的证据，是传来证据。本案中医生的陈述如果是基于耳闻目睹乙受伤的情况的陈述，那么属于原始证据，但是其基于乙的陈述所作的乙系被车辆撞倒

的陈述，由于并非亲自耳闻（指直接听见撞车声音之类，而不是听见乙说被车撞了）目睹，而是来自于乙的陈述，因此属于传来证据。故而 C 正确。

D 选项涉及意见证据规则。所谓意见证据规则是指证人只能陈述自己亲身感受和经历的事实，而不得陈述对该事实的意见、判断或者结论。《法院解释》第 88 条第 2 款规定："证人的猜测性、评论性、推断性的证言，不得作为证据使用，但根据一般生活经验判断符合事实的除外。"本题中，医生所说的从甲送乙入院时的神态来看甲应该就是肇事者，这显然不是对案件事实的陈述，而是医生自己的意见和推断，而这一推断事项并非根据一般生活经验就可以作出准确推断的事项，也不是医生凭借专业知识能够出具鉴定意见的事项。因此医生的这一意见证据应当予以排除。故而 D 错误。

易混淆点解析

第一，直接证据与间接证据的划分和原始证据与传来证据的划分。

直接证据与间接证据的划分是以其证明内容与证明对象或者说待证事实之间的关系为划分依据的，与证据的来源是直接的还是间接的没有关系。

由于各大教材对原始证据的解释中都有"直接"的字眼儿，即"直接来源于案件事实"，而对传来证据的解释中都有"间接"的字眼儿，即"从间接的非第一来源获得"，这导致考生容易将直接证据和间接证据的划分与原始证据和传来证据的划分弄混，认为直接证据就是直接来源于案件事实的证据，间接证据就是非直接来源于案件事实的证据。其实直接证据与间接证据与案件的来源无关，它们都既有可能是原始证据，也有可能是传来证据。

对此，考生要牢牢记住，直接证据中的"直接"和间接证据中的"间接"指的不是证据来源问题，而是其证明内容与证明对象的关系问题。肯定性的直接证据的证明内容中包含着"发生了犯罪事实"和"犯罪事实系某嫌疑人所为"这两个要素，其证明内容是"谁实施了什么犯罪事实"。否定性的直接证据是对这两个要素之一的否定，其证明内容是"不存在犯罪事实"或者

"犯罪事实非某嫌疑人所为"。间接证据的证明内容则仅包含案件的某一个片面，既不能直接证明是谁实施了什么犯罪事实，也不能直接证明不存在犯罪事实或者犯罪事实不是犯罪嫌疑人所为。从这个角度讲，我们或许可以把直接证据想成"直观证据"，它的内容直观地表达了谁实施了什么犯罪事实，或者不存在犯罪事实，或者犯罪事实不是某人所为。也可以把间接证据想成"片面证据"，其内容只能反映案件的某一个方面，只有和其他证据结合起来才能反映上述案件主要事实。虽然"直观证据"和"片面证据"不甚对应和准确，但考生可以通过这样的记忆来防止混淆。

第二，直接证据"能够单独地、直接地证明案件主要事实"与"孤证不能定案"的关系。

直接证据"能够单独地、直接地证明案件主要事实"是就其证明内容所包含的要素而言的，与证据的真伪无关。只要证据本身直观地表达了谁实施了什么犯罪事实，或者不存在犯罪事实，或者犯罪事实不是某人所为，它就是直接证据，无论真伪。

"孤证不能定案"涉及证据的真伪问题，是指任何证据都要有其他证据与之相印证，才能作为定案的根据。直接证据要想成为定案根据，也必须有其他证据的印证。但这种"印证"与间接证据需要与其他证据相结合才能推断出案件主要事实的"结合"是完全不同的。前者的目的是保障直接证据的可靠性，后者是为了弥补间接证据证明内容的不完整性。无论是直接证据还是间接证据，都要依靠其他证据的印证来证明其可靠性，不同的是，直接证据一旦被印证为可靠，即可直接对是否存在犯罪事实及谁实施了犯罪事实得出肯定或否定的结论，间接证据即便被印证为可靠，也无法直接得出这一结论。

3. [答案] C　　[难度] 中
[考点] 鉴定人出庭、意见证据规则
[命题和解题思路] 命题人通过此题主要考查了与鉴定人出庭有关的问题，同时也考查了考生对意见证据规则的把握。鉴定人出庭制度及专家辅助人制度都是 2012 年《刑诉法》修改增加的内容，易为命题人所青睐。由于证人出庭制度和鉴

定人出庭制度有很多相似之处，因此考生容易混淆，误以为强制出庭、意见证据规则等适用于证人的制度和规则也适用于鉴定人。这些易混淆的地方要加以注意。

[选项分析] A 选项涉及对鉴定人是否适用强制出庭制度。《刑诉法》第 192 条第 3 款规定："公诉人、当事人或者辩护人、诉讼代理人对鉴定意见有异议，人民法院认为鉴定人有必要出庭的，鉴定人应当出庭作证。经人民法院通知，鉴定人拒不出庭作证的，鉴定意见不得作为定案的根据。"《刑诉法》第 193 条规定："经人民法院通知，证人没有正当理由不出庭作证的，人民法院可以强制其到庭，但是被告人的配偶、父母、子女除外。证人没有正当理由拒绝出庭或者出庭后拒绝作证的，予以训诫，情节严重的，经院长批准，处以十日以下的拘留。被处罚人对拘留决定不服的，可以向上一级人民法院申请复议。复议期间不停止执行。"对比两条规定可见，我国的强制出庭制度仅适用于证人，并不适用于鉴定人，鉴定人拒不出庭作证的后果只是其鉴定意见不得作为定案的根据。因此 A 错误。

B 选项涉及鉴定人不出庭是否适用中止审理。《法院解释》第 99 条第 2 款规定："鉴定人由于不能抗拒的原因或者有其他正当理由无法出庭的，人民法院可以根据情况决定延期审理或者重新鉴定。"可见 B 错误。

C 选项涉及专家辅助人制度。《刑诉法》第 197 条第 2 款规定："公诉人、当事人和辩护人、诉讼代理人可以申请法庭通知有专门知识的人出庭，就鉴定人作出的鉴定意见提出意见。"这里"就鉴定人作出的鉴定意见提出意见"包括可向鉴定人发问。因此 C 正确。

D 选项涉及意见证据规则。意见证据规则源自英美法系的证据规则。英美法系国家将证人分为"专家证人"和"普通证人"，对普通证人适用意见证据规则，也即普通证人只能陈述自己亲身感受和经历的事实，而不得陈述对该事实的意见或者结论。至于专家证人，则类似于我们的鉴定人，是基于专业知识就案件中的专门性问题提供专家证言的人，该专家证言就类似于我们的鉴定意见，其在性质上本身就是一种意见，因此并不受意见证据规则的制约。故而 D 错误。

第五节 补强证据规则

[答案] C　　[难度] 难

[考点] 补强证据规则

[命题和解题思路] 命题人通过本题考查了考生对补强证据的理解。其中，主要考查了用以证明取证手段合法性的证据是否构成对供述的补强？这是一个容易产生混淆的问题。

补强证据是指用以增强另一证据证明力的证据。一开始收集到的对证实案情有重要意义的证据，称为"主证据"，而用以印证该证据真实性的其他证据就是"补强证据"。补强证据规则是为了防止误认事实或发生其他危险性，而在运用某些证明力明显薄弱的证据认定案情时，必须有其他证据补强其证明力，才能被法庭采信为定案根据。要判断某一证据是否为补强证据，需牢牢把握补强证据的基本特征：在存在补强证据的场合，必然存在两个证据，一个是"主证据"，另一个是"补强证据"。补强证据的作用不在于直接证明待证事实的真伪，而在于补充和增强主证据的证明力，如果一个证据是直接用以证明某一待证事实之真伪的，那么它就不是补强证据。此外，对于那些被直接用以证明某一证据具有证据能力（证据资格）的证据而言，其只能证明该证据是具备证据能力的，而并不能补强该证据的证明力，就该证据具有证据能力这一证明内容而言，其证明的方式是直接的，而不是通过补强其他证据来证明的，因此不是补强证据。

[选项分析] A 选项中的同步录像材料的作用在于直接证明犯罪嫌疑人供述的合法性，而非通过对"主证据"的补强来证明该过程的合法性，其与供述内容之间没有直接关系，从而无法构成对犯罪嫌疑人供述证明力的补强。故排除 A。

B 选项中的书面说明材料的作用也在于直接证明获取被告人口供过程的合法性，而非通过对"主证据"的补强来证明该过程的合法性，同时也与供述的内容无关，无法构成对供述证明力的补强。故排除 B。

C 选项是重点干扰项。该选项中的物证是根据被告人供述提取到的，它的作用在于和包括被告人供述在内的其他证据一起来证明案件事实，而非在于补充和强化被告人供述的证明力。《法院解释》第 141 条规定："根据被告人的供述、指认提取到了隐蔽性很强的物证、书证，且被告人的供述与其他证明犯罪事实发生的证据相互印证，并排除串供、逼供、诱供等可能性的，可以认定被告人有罪。"这也说明，该物证与其他证据之间的印证是为了直接证明被告人的犯罪事实，而非为了补强供述的证明力。故而排除 C。

D 选项中的书证是为了对证人证言进行佐证，也即因与被告人存在利害冲突的证人很有可能提供对被告人不利的虚假证言，因此这种证人证言的证明力是比较薄弱的，需要有其他证据来强化它的证明力方可采信，这里的书证就是用以强化该证人证言的证明力的，因此选择 D。

第九章　刑事诉讼证明

试题

详解

第一节　证明对象

下列哪些选项属于刑事诉讼中的证明对象？（2016-2-69）

A. 行贿案中，被告人知晓其谋取的系不正当利益的事实

B. 盗窃案中，被告人的亲友代为退赃的事实

C. 强奸案中，用于鉴定的体液检材是否被污染的事实

D. 侵占案中，自诉人申请期间恢复而提出的其突遭车祸的事实，且被告人和法官均无异议

第二节　证明责任

1. 关于我国刑事诉讼的证明主体，下列哪些选项是正确的？（2017-2-70）

A. 故意毁坏财物案中的附带民事诉讼原告人是证明主体

B. 侵占案中提起反诉的被告人是证明主体

C. 妨害公务案中就执行职务时目击的犯罪情况出庭作证的警察是证明主体

D. 证明主体都是刑事诉讼主体

2. 关于《刑事诉讼法》规定的证明责任分担，下列哪一选项是正确的？（2016-2-30）

A. 公诉案件中检察院负有证明被告人有罪的责任，证明被告人无罪的责任由被告方承担

B. 自诉案件的证明责任分配依据"谁主张，谁举证"的法则确定

C. 巨额财产来源不明案中，被告人承担说服责任

D. 非法持有枪支案中，被告人负有提出证据的责任

第一节　证明对象

[答案] AB　　[难度] 难

[考点] 证明对象的概念和内容

[命题和解题思路] 命题人通过此题考查了考生对证明对象理论和相关司法解释的理解，其所设计的选项分别涉及定罪事实、量刑事实、证据事实和免证事实，基本涵盖了证明对象理论中的各主要内容。考生既可根据证明对象的一般理论，也可根据相关司法解释的规定来解答此题。

[选项分析] 证明对象又称待证事实，是指证明主体运用一定的证明方法所要证明的一切法律要件事实。证明对象包括实体法事实和程序法事实两大类。实体法事实是指能够引起实体法效果的事实，可分为三大类：一是影响定罪的事实，也即犯罪构成要件事实；二是影响量刑的事实；三是排除行为违法性、可罚性和行为人刑事责任的事实。程序法事实是指可能引起程序法效果的事实，如关于管辖、回避、延期审理等的事实。证据事实属于用以证明待证事实的依据，其与待证事实不处于同一层面，因此证据事实不属于证明对象。免证事实本身不需要证明，因此也不属于证明对象。

《法院解释》第 72 条第 1 款规定："应当运用证据证明的案件事实包括：（一）被告人、被害人的身份；（二）被指控的犯罪是否存在；（三）被指控的犯罪是否为被告人所实施；（四）被告人有无刑事责任能力，有无罪过，实施犯罪的动机、目的；（五）实施犯罪的时间、地点、手段、后果以及案件起因等；（六）是否系共同犯罪或者犯罪事实存在关联，以及被告人在犯罪中的地位、作用；

（七）被告人有无从重、从轻、减轻、免除处罚情节；（八）有关涉案财物处理的事实；（九）有关附带民事诉讼的事实；（十）有关管辖、回避、延期审理等的程序事实；（十一）与定罪量刑有关的其他事实。"这些事实均为证明对象。《检察规则》第401条规定："在法庭审理中，下列事实不必提出证据进行证明：（一）为一般人共同知晓的常识性事实；（二）人民法院生效裁判所确认并且未依审判监督程序重新审理的事实；（三）法律、法规的内容以及适用等属于审判人员履行职务所应当知晓的事实；（四）在法庭审理中不存在异议的程序事实；（五）法律规定的推定事实；（六）自然规律或者定律。"这些事实均为免证事实，不属于证明对象。

综上，A 选项可通过两个方法判断：第一，从理论上看，该事实属于行贿罪的犯罪构成要件中主观方面的事实，要证明行贿罪的成立就必须用证据证明被告人知晓其谋取的系不正当利益，因此该事实属于证明对象。第二，从法律规定上来看，该事实属于《法院解释》第72条第1款中的"（二）被指控的犯罪是否存在"的事实，因此属于证明对象。

B 选项也可通过两个方法判断：第一，从理论上看，是否退赃是盗窃罪量刑中的酌定情节，属于量刑事实，因此也属于证明对象。第二，从法律规定来看，该事实属于《法院解释》第72条第1款中的"（八）有关涉案财物处理的事实"，因此属于证明对象。

C 选项中检材是否被污染的事实属于证据事实，不属于证明对象。虽然证据事实本身也存在真伪问题，但是证据是用于证明待证事实，也即证明对象的依据，该依据本身的真伪与证明对象的真伪不是同一层面的问题，故证据事实不属于证明对象。

D 选项中自诉人申请期间恢复所依据的事实为程序法事实，各方对该事实均无异议，因此该事实属于《检察规则》第401条规定的"（四）在法庭审理中不存在异议的程序事实"，也即属于免证事实，因而不属于证明对象。

第二节　证明责任

1. [答案] ABD　　[难度] 中
[考点] 刑事诉讼证明
[命题和解题思路] 命题人通过此题考查了考

生对刑事证明及刑事证明主体的理解。考纲中虽未将刑事证明主体明确列为考点，但却将刑事诉讼证明的概念明确列为考点。命题人看上去是在考查刑事证明主体的范围，实际上却是在考查刑事诉讼证明的含义。因为只有进行刑事证明活动的主体才是刑事证明主体，也即要弄清谁是刑事证明主体，首先要明确什么是刑事证明。在线形诉讼构造下，刑事证明是公检法机关依照法定程序收集证据、运用证据查明案件事实的活动。但在控辩平等对抗、法官居中裁判的正三角形诉讼构造下，刑事证明则是控辩双方依照法定程序向审判主体出示证据、运用证据阐明、论证己方主张的活动。我国当前的刑事证明属于后者，严格来说，其只存在于审判阶段，此前的查明活动是在为审判阶段的证明活动做准备。因此严格意义上的刑事证明主体实际上就是审判阶段的控辩双方，包括公诉人（国家公诉机关）、被害人、自诉人、附带民事诉讼原告人和被告人、附带民事诉讼被告人。

[选项分析] A 选项中的附带民事诉讼原告人在刑事附带民事审判中，有权出示证据、运用证据阐明、论证自己所主张的事实，因此是证明主体。故而 A 正确。

B 选项中在自诉案件中提起反诉的被告人，也有权出示证据、运用证据阐明、论证自己所主张的事实，因此也是证明主体。故而 B 正确。

C 选项中的警察是证人，证人不是当事人，其没有自己的诉讼主张，只是就自己耳闻目睹的事实提供证言，他的证言可能为控辩双方证明各自的证明提供依据，但其本身并非证明主体。因此 C 错误。

D 选项涉及刑事证明主体与刑事诉讼主体的关系。刑事诉讼主体是所有参与刑事诉讼活动，在刑事诉讼中享有一定诉讼权利、承担一定诉讼义务的国家专门机关和诉讼参与人。其范围远大于刑事证明主体。因此，刑事诉讼主体并不都是刑事证明主体，但刑事证明主体一定都属于刑事诉讼主体。故而 D 正确。

2. [答案] D　　[难度] 难
[考点] 证明责任的分担
[命题和解题思路] 命题人通过此题考查了刑事证明责任及其分配理论中的一些基本问题。刑事证明责任及其分配理论是一个复杂并充满争议

的问题。命题人的考查方式其实非常的简单直接，既没有设计案例，也没有设计陷阱，但由于证明责任理论本身的复杂性和争议性，导致与此有关的题目一般都还是有一定的难度。

一般认为，证明责任是提供证据责任和说服责任的统一。前者是指控辩双方在诉讼过程中根据诉讼进行的状态，就主张的事实或反驳的事实提供证据加以证明的责任。后者是指负有证明责任的一方具有运用证据说服法官采信己方所主张之事实，否则要承担因法官不采信该事实而导致的不利后果的责任。在刑事诉讼中，关于证明责任分配的最基本的原则就是，控方，包括公诉人和自诉人，要就被告人有罪这一概括的事实承担证明责任，而被告人应被推定为无罪。一些特殊的案件，如巨额财产来源不明案及非法持有类案件中证明责任的分配则存在一定的特殊性，即可能会要求被告人就对某个要件事实的否认提供证据，但就被告人有罪这一概括事实而言，则证明责任始终在控方。换句话说，即便是在特殊案件中，证明责任的分配也不能违反无罪推定原则。对刑事证明责任理论不熟悉的考生可从无罪推定的基本原则出发来解答此题。

[选项分析] A 选项中"证明被告人无罪的责任由被告方承担"违反了无罪推定原则，故 A 错误。

B 选项是重点干扰项。"谁主张，谁举证"原则是民事诉讼中证明责任分配的基本原则。《刑诉法》第 51 条规定了刑事诉讼中证明责任的分配原则，即"公诉案件中被告人有罪的举证责任由人民检察院承担，自诉案件中被告人有罪的举证责任由自诉人承担。"命题人设计此选项的意图是在强调，在民事诉讼中，谁主张，谁就举证，因此被告是有可能承担举证责任的，而在自诉案件中，被告人不承担证明责任。故排除 B。

C 选项中的巨额财产来源不明案，被告人需对其财产来源合法予以证明，但不能笼统地说巨额财产来源不明案件中被告人承担说服责任，这有违无罪推定原则。被告人是否构成巨额财产来源不明罪，最终仍然要由公诉方承担说服责任。故排除 C。

D 选项中的提出证据责任是指就主张事实提供证据加以证明的责任，在非法持有枪支案中，如被告人主张其持有合法，应当提供证据来证明其持有为合法的持有。因此 D 正确。

难点解析

本题涉及如下几个方面的争议，需要予以详细解析：

第一，关于举证责任和证明责任的关系。

《刑诉法》第 51 条使用的是"举证责任"，本题使用的是"证明责任"。关于举证责任和证明责任的关系，曾经出现过多种学说，比较通行的是，认为证明责任是公检法机关查明案件事实的责任，举证责任是当事人提供证据的责任。这主要是，由于我们当时处于线形诉讼构造向三角形诉讼构造转变的阶段。在线形构造下，公检法机关被认为是证明主体；而在三角形构造下，控辩双方被认为是证明主体。在这一转变过程中，证明责任理论带有明显的过渡性特征，比较混乱，既认为公检法机关是证明主体，又认为控辩双方是证明主体，因此出现了"证明责任"和"举证责任"两个概念。现在的通说不再区分举证责任和证明责任（民事诉讼中一般使用"举证责任"，刑事诉讼中两者混用），除非特别说明，其含义是一致的，都是指一方当事人（刑事诉讼中是公诉人和自诉人）就己方所主张的事实提供证据加以证明，并说服法官采信该事实，并在无法说服法官时承受相应不利后果的责任。

第二，关于"谁主张，谁举证"原则与举证责任的倒置。

"谁主张，谁举证"是指应由主张某一积极事实存在的一方就该事实存在承担证明责任，而不应由否定该事实的一方就该事实不存在承担证明责任，当该事实处于真伪不明的状态时，就意味着承担证明责任的那一方没能完成其证明责任，因此应当推定承担证明责任的那一方的主张不成立，也即推定该事实不存在。但在一些特殊的情况下，则由否认某一积极事实的一方就该事实不存在承担证明责任，也即当该事实真伪不明时，是推定该事实存在，而非不存在，此即举证责任的倒置。

在刑事诉讼中，控方主张被告人有罪，被告人否认其有罪，因此应由控方就被告人有罪承担证明责任，而不由辩方就被告人无罪承担证明责任，也即当无法确定有罪无罪时，意味着控方的证明责任没能完成，因此只能推定控方的有罪主张不成立，也即只能推定无罪，这与"谁主张，谁举证"原则其实是一致的。

第三，关于巨额财产来源不明和非法持有类案件中证明责任的分配。

在这类案件中举证责任被部分倒置了，即本来被告人不应当承担证明责任，但在这类案件中，被告人需要就其对部分要件事实的否认予以证明，包括证明其财产来源合法、持有合法。当其不能证明其财产来源合法、持有合法时，即便

控方也无法证明其财产来源非法、持有非法，也即在其财产来源是否合法、持有是否合法真伪不明的情况下，应推定被告人的主张不成立，而不是推定控方的主张不成立，即应推定其财产来源或持有为非法，而不是合法，这就是这两类案件在证明责任分配方面的特殊之处。但就其他要件事实及被告人实施了犯罪的这一概括事实而言，则仍由控方承担证明责任。

第十章 强制措施

试 题

第一节 取保候审

📶 **1.** 居住在 H 市的胡某在 G 市旅行期间殴打吕某，致其轻伤。胡某被 G 市公安机关立案侦查并取保候审。关于胡某的取保候审，下列哪一说法是正确的？（2023 年回忆版）

A. 胡某的取保候审应在 G 市执行

B. 公安机关应对胡某优先适用保证人保证

C. 公安机关可要求胡某不得向吕某发送短信

D. 如公安机关对胡某撤销案件，取保候审自动解除

📶 **2.** 甲被决定取保候审并交纳保证金 1 万元，但其在取保候审期间多次出差未报告。对此，公安机关可以采取下列哪一项措施？（2020 年回忆版）

A. 从已交纳的 1 万元保证金中没收 8 千元

B. 责令其再提出一保证人

C. 暂扣甲的驾驶证

D. 暂扣甲的身份证

📶 **3.** 甲与邻居乙发生冲突致乙轻伤，甲被刑事拘留期间，甲的父亲代为与乙达成和解，公安机关决定对甲取保候审。关于甲在取保候审期间应遵守的义务，下列哪一选项是正确的？（2016-2-31）

A. 将驾驶证件交执行机关保存

B. 不得与乙接触

C. 工作单位调动的，在 24 小时内报告执行机关

D. 未经公安机关批准，不得进入特定的娱乐场所

📶 **4.** 郭某涉嫌报复陷害申诉人蒋某，侦查机关因郭某可能毁灭证据将其拘留。在拘留期限即将届满时，因逮捕郭某的证据尚不充足，侦查机关责令其交纳 2 万元保证金取保候审。关于本案处理，下列哪一选项是正确的？（2015-2-27）

A. 取保候审由本案侦查机关执行

B. 如郭某表示无力全额交纳保证金，可降低保证金数额，同时责令其提出保证人

C. 可要求郭某在取保候审期间不得进入蒋某居住的小区

D. 应要求郭某在取保候审期间不得变更住址

📶 **5.** 未成年人郭某涉嫌犯罪被检察院批准逮捕。在审查起诉中，经羁押必要性审查，拟变更为取保候审并适用保证人保证。关于保证人，下列哪一选项是正确的？（2014-2-30）

A. 可由郭某的父亲担任保证人，并由其交纳 1000 元保证金

B. 可要求郭某的父亲和母亲同时担任保证人

C. 如果保证人协助郭某逃匿，应当依法追究保证人的刑事责任，并要求其承担相应的民事连带赔偿责任

D. 保证人未履行保证义务应处罚款的，由检察院决定

📶 **6.** 关于取保候审的程序限制，下列哪一选项是正确的？（2013-2-31）

A. 保证金应当由决定机关统一收取，存入指定银行的专门账户

B. 对于可能判处徒刑以上刑罚的，不得采取取保候审措施

C. 对同一犯罪嫌疑人不得同时使用保证金担保和保证人担保两种方式

D. 对违反取保候审规定，需要予以逮捕的，不得对犯罪嫌疑人、被告人先行拘留

第二节　拘留的执行与期限

📶 **1.** 甲、乙（户籍地均为 M 省 A 市）共同运营一条登记注册于 A 市的远洋渔船。某次在公海捕鱼时，甲乙二人共谋杀害了与他们素有嫌隙的水手丙。该船回国后首泊于 M 省 B 市港口以作休整，然后再航行至 A 市。从 B 市起航后，在途经 M 省 C 市航行至 A 市过程中，甲因害怕乙投案自首一直将乙捆绑拘禁于船舱。该船于 A 市靠岸后案发。关于本案强制措施的适用，下列选项正确的是：（2016-2-93）

A. 拘留甲后，应在送看守所羁押后 24 小时以内通知甲的家属

B. 如有证据证明甲参与了故意杀害丙，应逮捕甲

C. 拘留乙后，应在 24 小时内进行讯问

D. 如乙因捆绑拘禁时间过长致身体极度虚弱而生活无法自理的，可在拘留后转为监视居住

📶 **2.** 章某涉嫌故意伤害致人死亡，因犯罪后企图逃跑被公安机关先行拘留。关于本案程序，下列哪一选项是正确的？（2015-2-28）

A. 拘留章某时，必须出示拘留证

B. 拘留章某后，应在 12 小时内将其送看守所羁押

C. 拘留后对章某的所有讯问都必须在看守所内进行

D. 因怀疑章某携带管制刀具，拘留时公安机关无需搜查证即可搜查其身体

第三节　逮捕的批准和决定程序

📶 **1.** 检察机关审查批准逮捕，下列哪些情形存在时应当讯问犯罪嫌疑人？（2013-2-67）

A. 犯罪嫌疑人的供述前后反复且与其他证据矛盾

B. 犯罪嫌疑人要求向检察机关当面陈述

C. 侦查机关拘留犯罪嫌疑人 36 小时以后将其送交看守所羁押

D. 犯罪嫌疑人是聋哑人

📶 **2.** 在侦查过程中，下列哪些行为违反我国刑事诉讼法的规定？（2013-2-69）

A. 侦查人员拒绝律师讯问时在场的要求

B. 公安机关变更逮捕措施，没有通知原批准的检察院

C. 公安机关认为检察院不批准逮捕的决定有错误，提出复议前继续拘留犯罪嫌疑人

D. 侦查机关未告知犯罪嫌疑人家属指定居所监视居住的理由和处所

第四节　羁押必要性审查

📶 **1.** 吕某因涉嫌虚开发票罪被批准逮捕。半年后，该案进入一审阶段，检察院对吕某开展羁押必要性审查。对此，下列哪些说法是正确的？（2022 年回忆版）

A. 检察院在对吕某进行羁押必要性审查时，应考虑已被羁押的期限

B. 吕某犯高血压，看守所可建议检察院进行羁押必要性审查

C. 吕某上诉期间，检察院可建议一审法院进行羁押必要性审查

D. 公安机关可建议检察院对吕某进行羁押必要性审查

📶 **2.** 人民检察院在进行羁押必要性审查时，可以依据犯罪嫌疑人的下列哪些事由提出取保候审的建议？（2020 年回忆版）

A. 认罪认罚

B. 年满 65 周岁

C. 系生活不能自理的人的唯一抚养人

D. 已和被害人达成和解，需要解除羁押以便履行协议

📶 **3.** 甲、乙涉嫌非法拘禁罪被取保候审。本案提起公诉后，法院认为对甲可继续适用取保候审，乙因有伪造证据的行为而应予逮捕。对于法院适用强制措施，下列哪些选项是正确的？（2017-2-72）

A. 对甲可变更为保证人保证

B. 决定逮捕之前可先行拘留乙

C. 逮捕乙后应在 24 小时内讯问

D. 逮捕乙后，同级检察院可主动启动对乙的羁押必要性审查

📶 **4.** 甲涉嫌盗窃罪被逮捕。在侦查阶段，甲父向检察院申请进行羁押必要性审查。关于羁押必

要性审查的程序，下列哪一选项是正确的？（2017-2-27）

A. 由检察院侦查监督部门负责

B. 审查应不公开进行

C. 检察院可向公安机关了解本案侦查取证的进展情况

D. 如对甲父的申请决定不予立案的，应由检察长批准

🔖 **5.** 甲乙二人涉嫌猥亵儿童，甲被批准逮捕，乙被取保候审。案件起诉到法院后，乙被法院决定逮捕。关于本案羁押必要性审查，下列哪一选项是正确的？（2016-2-32）

A. 在审查起诉阶段对甲进行审查，由检察院公诉部门办理

B. 对甲可进行公开审查并听取被害儿童法定代理人的意见

C. 检察院可依职权对乙进行审查

D. 经审查发现乙系从犯、具有悔罪表现且可能宣告缓刑，不予羁押不致发生社会危险性的，检察院应要求法院变更强制措施

第五节 逮捕的变更、撤销或解除

🔖 **1.** 下列哪些情形是逮捕时的社会危险性因素？（2020 年回忆版）

A. 甲拒捕

B. 乙实施诈骗前生活困难

C. 丙聚众赌博前经常吸毒

D. 丁以盗窃作为主要生活来源

🔖 **2.** 我国强制措施的适用应遵循变更性原则。下列哪些情形符合变更性原则的要求？（2017-2-71）

A. 拘传期间因在身边发现犯罪证据而直接予以拘留

B. 犯罪嫌疑人在取保候审期间被发现另有其他罪行，要求其相应地增加保证金的数额

C. 犯罪嫌疑人在取保候审期间违反规定后对其先行拘留

D. 犯罪嫌疑人被羁押的案件，不能在法律规定的侦查羁押期限内办结的，予以释放

🔖 **3.** 下列哪些情形，法院应当变更或解除强制措施？（2016-2-70）

A. 甲涉嫌绑架被逮捕，案件起诉至法院时发现怀有身孕

B. 乙涉嫌非法拘禁被逮捕，被法院判处有期徒刑 2 年，缓期 2 年执行，判决尚未发生法律效力

C. 丙涉嫌妨害公务被逮捕，在审理过程中突发严重疾病

D. 丁涉嫌故意伤害被逮捕，因对被害人伤情有异议而多次进行鉴定，致使该案无法在法律规定的一审期限内审结

🔖 **4.** 关于犯罪嫌疑人的审前羁押，下列哪一选项是错误的？（2014-2-31）

A. 基于强制措施适用的必要性原则，应当尽量减少审前羁押

B. 审前羁押是临时性的状态，可根据案件进展和犯罪嫌疑人的个人情况予以变更

C. 经羁押必要性审查认为不需要继续羁押的，检察院应及时释放或变更为其他非羁押强制措施

D. 案件不能在法定办案期限内办结的，应当解除羁押

详 解

第一节 取保候审

1. ［答案］C ［难度］中

［考点］取保候审

［命题和解题思路］本题考查取保候审的相关知识点，涉及取保候审的执行地、保证方式、责令被取保候审人遵守的义务和取保候审的解除方式。解答本题，注意区分办案地和居住地，可排除 A 选项；了解优先适用保证人保证的情形，可排除 B 选项；了解自诉案件的受理条件，可排除 D 选项。

［选项分析］A 选项考查取保候审的执行地。根据《关于取保候审若干问题的规定》第 15 条第 1 款规定，公安机关决定取保候审的，应当及时通知被取保候审人居住地的派出所执行。被取保候审人居住地在异地的，应当及时通知居住地公安机关，由其指定被取保候审人居住地的派出所执行。必要时，办案部门可以协助执行。据此，本案对胡某执行取保候审的是 H 市公安机关，而非 G 市公安机关。A 选项错误。

B 选项考查保证方式。根据《关于取保候审若干问题的规定》第 4 条规定，对犯罪嫌疑人、

被告人决定取保候审的，应当责令其提出保证人或者交纳保证金。对同一犯罪嫌疑人、被告人决定取保候审的，不得同时使用保证人保证和保证金保证。对未成年人取保候审的，应当优先适用保证人保证。这样规定，可以充分发挥保证人的监管作用。本案中，题干并未专门说明胡某是未成年人，则视为一般情况对待。B 选项错误。

C 选项考查责令被取保候审人另行遵守的义务。根据《关于取保候审若干问题的规定》第 8 条规定，决定取保候审时，可以根据案件情况责令被取保候审人不得与下列"特定的人员"会见或者通信：（一）证人、鉴定人、被害人及其法定代理人和近亲属；（二）同案违法行为人、犯罪嫌疑人、被告人以及与案件有关联的其他人员；（三）可能遭受被取保候审人侵害、滋扰的人员；（四）可能实施妨害取保候审执行、影响诉讼活动的人员。前款中的"通信"包括以信件、短信、电子邮件、通话，通过网络平台或者网络应用服务交流信息等各种方式直接或者间接通信。C 选项正确。

D 选项考查取保候审的解除。根据《关于取保候审若干问题的规定》第 24 条第 2、3 款规定，对于发现不应当追究被取保候审人刑事责任并作出撤销案件或者终止侦查决定的，决定机关应当及时作出解除取保候审决定，并送交执行机关。有下列情形之一的，取保候审自动解除，不再办理解除手续，决定机关应当及时通知执行机关：（1）取保候审依法变更为监视居住、拘留、逮捕，变更后的强制措施已经开始执行的；（2）人民检察院作出不起诉决定的；（3）人民法院作出的无罪、免予刑事处罚或者不负刑事责任的判决、裁定已经发生法律效力的；（4）被判处管制或者适用缓刑，社区矫正已经开始执行的；（5）被单处附加刑，判决、裁定已经发生法律效力的；（6）被判处监禁刑，刑罚已经开始执行的。据此，D 选项错误。

2. ［答案］A　　［难度］易

［考点］保证金的没收

［命题和解题思路］本题主要考查被取保候审的人违反取保候审规定后的处理。解题的关键在于把握甲已被采取保证金的取保候审。

［选项分析］根据《公安部规定》第 96 条的

规定，被取保候审人在取保候审期间违反本规定第 89 条、第 90 条规定，已交纳保证金的，公安机关应当根据其违反规定的情节，决定没收部分或者全部保证金，并且区别情形，责令其具结悔过、重新交纳保证金、提出保证人、变更强制措施或者给予治安管理处罚；需要予以逮捕的，可以对其先行拘留。由此可见，A 选项没收部分保证金的做法是正确的。

对于 B 选项，需要注意的是选项中的表述是再提出保证人，而题干中已表明采用的是保证金，在没有更换担保方式的情况下，再提出保证人，属于同时使用保证金和保证人，因此做法错误。B 选项错误。

暂扣驾驶证属于决定采取取保候审时可以视情况采取的措施之一，而非违反规定的处罚；暂扣身份证属于决定采取监视居住时采取的措施之一。C、D 选项均错误。

3. ［答案］C　　［难度］易

［考点］被取保候审人的义务

［命题和解题思路］命题人通过此题考查了被取保候审人的义务。2012 年《刑诉法》修改对被取保候审人的义务改动较大，在所有被取保候审人都需要遵守的义务中增加了"住址、工作单位和联系方式发生变动的，在二十四小时以内向执行机关报告"，另外还增加了可根据案件情况施加于特定被取保候审人的义务。命题人所设计的四个选项中只有 C 是所有被取保候审人均需遵守的义务，其他选项都属于根据案件情况可责令被取保候审人遵守的特殊义务，而题干中并未交代有此特殊情况。

［选项分析］《刑诉法》第 71 条第 1 款规定："被取保候审的犯罪嫌疑人、被告人应当遵守以下规定：……（二）住址、工作单位和联系方式发生变动的，在二十四小时以内向执行机关报告；……" C 选项符合其中第 2 项的规定，属于甲在取保候审期间应遵守的义务，因此选 C。

《刑诉法》第 71 条第 2 款规定："人民法院、人民检察院和公安机关可以根据案件情况，责令被取保候审的犯罪嫌疑人、被告人遵守以下一项或者多项规定：（一）不得进入特定的场所；（二）不得与特定的人员会见或者通信；（三）不得从事特定的活动；（四）将护照等出入境证件、驾驶证件交执行机关保存。" A、B、D 三个选项中的义务都属于本款中规定的特殊义务，只有公安机关根据案件情况，责令甲遵守时，甲才需要遵守，而题干中并未提及公安机关有此要求，因此 A、B、D 均应排除。

4. [答案] C   [难度] 中

[考点] 取保候审（取保候审的执行、保证人保证与保证金保证、被取保候审人的义务）、立案管辖

[命题和解题思路] 命题人通过此题考查了取保候审中几个重要的考点，虽然题干是以案例方式呈现的，但除了 A 选项因涉及立案管辖，要结合案例稍加分析外，其余选项都是直接考查考生对取保候审相关法条的熟悉程度。本题所涉及的几个考点几乎都是高频考点，其中被取保候审人的义务为 2012 年《刑诉法》修改中变化较大的部分，考生应予重视。

[选项分析] A 选项涉及取保候审的执行机关和职能管辖。根据 2012 年《刑诉法》第 19 条第 2 款的规定："贪污贿赂犯罪，国家工作人员的渎职犯罪，国家机关工作人员利用职权实施的非法拘禁、刑讯逼供、报复陷害、非法搜查的侵犯公民人身权利的犯罪以及侵犯公民民主权利的犯罪，由人民检察院立案侦查……"可见，本案的侦查机关应当是人民检察院，而《刑诉法》第 67 条第 2 款规定："取保候审由公安机关执行。"因此 A 错误。注意，在 2018 年《刑事诉讼法》修改后，根据 2018 年 11 月 24 日，最高检《关于人民检察院立案侦查司法工作人员相关职务犯罪案件若干问题的规定》，报复陷害罪由监察委员会行使调查权，不再由检察机关立案侦查。

B 选项涉及保证人保证与保证金保证能否同时适用的问题。对此，《检察规则》第 89 条第 2 款规定："对同一犯罪嫌疑人决定取保候审，不得同时使用保证人保证和保证金保证方式。"故 B 错误。

C 选项涉及被取保候审人的义务。《刑诉法》第 71 第 2 款规定："人民法院、人民检察院和公安机关可以根据案件情况，责令被取保候审的犯罪嫌疑人、被告人遵守以下一项或者多项规定：（一）不得进入特定的场所；（二）不得与特定的人员会见或者通信；（三）不得从事特定的活动；

（四）将护照等出入境证件、驾驶证件交执行机关保存。"要求郭某在取保候审期间不得进入蒋某居住的小区就属于本款规定的"不得进入特定的场所"，因此 C 正确。

D 选项也涉及被取保候审人的义务。《刑诉法》第 71 第 1 款规定："被取保候审的犯罪嫌疑人、被告人应当遵守以下规定：（一）未经执行机关批准不得离开所居住的市、县；（二）住址、工作单位和联系方式发生变动的，在二十四小时以内向执行机关报告；（三）在传讯的时候及时到案；（四）不得以任何形式干扰证人作证；（五）不得毁灭、伪造证据或者串供。"可见，只能要求被取保候审人住址发生变动的要在 24 小时以内向执行机关报告，不能禁止其变更住址。故 D 错误。

5. [答案] B   [难度] 中

[考点] 保证人保证与保证金保证

[命题和解题思路] 命题人通过此题考查了取保候审的方式，包括保证人与保证金的方式可否同时适用、保证人的人数、责任及相关程序等。保证人保证和保证金保证不能同时适用是历年来的高频考点，考生一般都有所了解。保证人的人数和决定罚款的主体，考生则有可能未予留意。但本题最大的陷阱在于，刑诉法修改前的《法院解释》规定了帮助取保候审人逃匿的保证人的连带赔偿责任，而新的《法院解释》则取消了这一规定，不了解这一变化的考生很可能掉入陷阱。

[选项分析] A 选项涉及可否同时适用保证人保证与保证金保证，此为高频考点。《检察规则》第 89 条第 2 款规定："对同一犯罪嫌疑人决定取保候审，不得同时使用保证人保证和保证金保证方式。"本案中，不能既要求郭某的父亲担任保证人，又要求其交纳保证金。因此 A 错误。

B 选项涉及保证人保证的适用范围和保证人的人数。《检察规则》第 89 条第 3 款规定："对符合取保候审条件，具有下列情形之一的犯罪嫌疑人，人民检察院决定取保候审时，可以责令其提供一至二名保证人：（一）无力交纳保证金的；（二）系未成年人或者已满七十五周岁的人；（三）其他不宜收取保证金的。"本案中，郭某系未成年人，人民检察院可以责令其提供 1 至 2 名保证人，因此 B 正确。

C 选项为重点干扰项，涉及协助被取保候审

人逃匿时的保证人的责任。《刑诉法》第70条规定："保证人应当履行以下义务：（一）监督被保证人遵守本法第七十一条的规定；（二）发现被保证人可能发生或者已经发生违反本法第七十一条规定的行为的，应当及时向执行机关报告。被保证人有违反本法第七十一条规定的行为，保证人未履行保证义务的，对保证人处以罚款，构成犯罪的，依法追究刑事责任。"本案中，保证人协助郭某逃匿，根据《刑法》第310条的规定构成犯罪，也即："明知是犯罪的人而为其提供隐藏处所、财物，帮助其逃匿或者作假证明包庇的，处三年以下有期徒刑、拘役或者管制；情节严重的，处三年以上十年以下有期徒刑。犯前款罪，事前通谋的，以共同犯罪论处。"因此本案应当依法追究保证人的刑事责任。但是关于民事连带赔偿责任，刑诉法及司法解释则未予规定。在2012年修改之前的《法院解释》第73条规定："根据案件事实，认为已经构成犯罪的被告人在取保候审期间逃匿的，如果保证人与该被告人串通，协助其逃匿以及明知藏匿地点而拒绝向司法机关提供的，对保证人应当依照刑法有关规定追究刑事责任。具有前款规定情形的，如果取保候审的被告人同时也是附带民事诉讼的被告人，保证人还应当承担连带赔偿责任，但应当以其保证前附带民事诉讼原告人提起的诉讼请求数额为限。"然而，在2012年修改后的《法院解释》第122条中则删除了第二款规定，也即仅规定："根据案件事实和法律规定，认为已经构成犯罪的被告人在取保候审期间逃匿的，如果系保证人协助被告人逃匿，或者保证人明知被告人藏匿地点但拒绝向司法机关提供，对保证人应当依法追究刑事责任。"未再提及民事连带赔偿责任。在2021年《法院解释》第157条，"根据案件事实和法律规定，认为已经构成犯罪的被告人在取保候审期间逃匿的，如果系保证人协助被告人逃匿，或者保证人明知被告人藏匿地点但拒绝向司法机关提供，对保证人应当依法追究责任。"删去了"刑事"，但同样未规定民事连带赔偿责任，故而C错误。

D选项涉及对保证人予以罚款的决定主体。本选项可通过两种方法判断：第一，《六部门规定》第14条规定："对取保候审保证人是否履行了保证义务，由公安机关认定，对保证人的罚款决定，也由公安机关作出。"可见D错误。第二，根据常理

亦可推断：本案中取保候审的决定是由人民检察院作出的，但是根据《刑诉法》第67条第3款的规定，无论决定主体是谁，取保候审一律由公安机关执行，而对保证人的罚款应属于取保候审的执行，因此应由公安机关决定。故而D错误。

6. ［答案］C　　［难度］中

［考点］取保候审（取保候审的适用对象、保证人保证与保证金保证、被取保候审人违反义务的处理）

［命题和解题思路］命题人采用"下列哪一选项是正确的"这种出题方式，往往可以比较全面地考查某一制度的多个考点，本题即考查了取保候审的适用条件、保证方式、保证金的收取方式、违反取保规定的处理等多个考点。此类考题就像一个可以随意选择各种排列组合的筐，对考生来说一般宜采用排除法解答。

［选项分析］A是重点干扰项，涉及保证金的收取和管理，容易被误选。此选项可通过两种方法排除：第一，《刑诉法》第72条规定："取保候审的决定机关应当综合考虑保证诉讼活动正常进行的需要，被取保候审人的社会危险性、案件的性质、情节，可能判处刑罚的轻重，被取保候审人的经济状况等情况，确定保证金的数额。提供保证金的人应当将保证金存入执行机关指定银行的专门账户。"可见，存入保证金的银行账户应当是由执行机关指定的，而非由决定机关指定。值得注意的是，该条规定亦为2012年《刑诉法》修改之新增内容。第二，根据常识，收取保证金应当属于执行程序，应由执行机关负责，而不应由决定机关负责。

B涉及取保候审的适用范围。《刑诉法》第67条第1款规定："人民法院、人民检察院和公安机关对有下列情形之一的犯罪嫌疑人、被告人，可以取保候审：（一）可能判处管制、拘役或者独立适用附加刑的；（二）可能判处有期徒刑以上刑罚，采取取保候审不致发生社会危险性的；（三）患有严重疾病、生活不能自理，怀孕或者正在哺乳自己婴儿的妇女，采取取保候审不致发生社会危险性的；（四）羁押期限届满，案件尚未办结，需要采取取保候审的。"可见对于可能判处有期徒刑以上刑罚的，只要满足法定的条件，可以适用取保候审。

C 涉及取保方式。《法院解释》第 150 条第 2 款规定："对被告人决定取保候审的，应当责令其提出保证人或者交纳保证金，不得同时使用保证人保证与保证金保证。"《检察规则》第 89 条第 2 款亦规定："对同一犯罪嫌疑人决定取保候审，不得同时使用保证人保证和保证金保证方式。"故而 C 正确。

D 涉及被取保候审人违反义务的处理。《刑诉法》第 71 条第 4 款明确规定："对违反取保候审规定，需要予以逮捕的，可以对犯罪嫌疑人、被告人先行拘留。"此为 2012 年《刑诉法》修改之新增规定。

第二节　拘留的执行与期限

1. ［答案］BCD　　［难度］中

［考点］拘留的执行、逮捕的适用情形、监视居住的适用情形

［命题和解题思路］命题人通过此题考查了拘留、逮捕、监视居住三种强制措施的适用，包括适用条件和具体的执行程序。命题人在选项设计中埋伏了一些小陷阱，例如，将"拘留后 24 小时"写作"送看守所羁押后 24 小时以内"，考生对相关法条的掌握及审题都要尽可能地细致，否则很容易掉入陷阱。

［选项分析］A 选项涉及拘留后通知家属的时间。《刑诉法》第 85 条第 2 款规定："拘留后，应当立即将被拘留人送看守所羁押，至迟不得超过二十四小时。除无法通知或者涉嫌危害国家安全犯罪、恐怖活动犯罪通知可能有碍侦查的情形以外，应当在拘留后二十四小时以内，通知被拘留人的家属。有碍侦查的情形消失以后，应当立即通知被拘留人的家属。"可见，通知家属的时间应当是"拘留后二十四小时以内"，而不是"送看守所羁押后 24 小时以内"，"拘留后"到"送看守所羁押"之间还可能有 24 小时的间隔，这是命题人故意设计的陷阱，考生稍不留意，就有可能掉进去。因此应当排除 A。

B 选项涉及逮捕条件。《刑诉法》第 81 条第 3 款规定："对有证据证明有犯罪事实，可能判处十年有期徒刑以上刑罚的，或者有证据证明有犯罪事实，可能判处徒刑以上刑罚，曾经故意犯罪或者身份不明的，应当予以逮捕。"故意杀人罪为可能判处 10 年有期徒刑以上刑罚的犯罪，因此根据

本款规定，如有证据证明甲参与了故意杀害丙，就应当逮捕甲。故而 B 正确。

C 选项涉及拘留后的讯问时间。《刑诉法》第 86 条规定："公安机关对被拘留的人，应当在拘留后的二十四小时以内进行讯问。在发现不应当拘留的时候，必须立即释放，发给释放证明。"故而 C 正确。

D 选项涉及监视居住的适用条件。《刑诉法》第 74 条第 1 款规定："人民法院、人民检察院和公安机关对符合逮捕条件，有下列情形之一的犯罪嫌疑人、被告人，可以监视居住：（一）患有严重疾病、生活不能自理的；……"本案中，乙涉嫌故意杀人，可能判处 10 年以上有期徒刑，符合逮捕条件，同时又生活不能自理，符合本款规定的第 1 项，因此符合监视居住条件，可在拘留后转为监视居住。故而 D 正确。

2. ［答案］D　　［难度］中

［考点］拘留的决定和执行、搜查

［命题和解题思路］命题人通过此题主要考查了考生对拘留程序的了解，题干虽然以案例方式呈现，但是也不需要过多的分析，基本还是直接考查考生对相关法律规定的熟悉程度。由于拘留一般都由公安机关采取（检察院也可采取但适用较少）且只能由公安机关执行，因此考生应多关注《公安部规定》中的这部分内容。《法院解释》《检察规则》《公安部规定》中均有涉及的内容，在复习时间和精力有限的情况下，只看《法院解释》即可，但《检察规则》和《公安部规定》中独有的内容要多加留意，对涉及检察院、公安部门内部流程的内容可以忽视。

［选项分析］A 选项涉及拘留是否必须出示拘留证的问题。《刑诉法》第 85 条第 1 款规定："公安机关拘留人的时候，必须出示拘留证。"但《公安部规定》第 125 第 2 款则作出了例外规定，即："紧急情况下，对于符合本规定第一百二十四条所列情形之一的，经出示人民警察证，可以将犯罪嫌疑人口头传唤至公安机关后立即审查，办理法律手续。"而且从常识来看，拘留常常是在紧急情况下进行的，尤其是对现行犯，如果等办好拘留手续再去拘留很可能就来不及了。因此排除 A。

B 选项涉及执行拘留后送至看守所的时间。《刑诉法》第 85 条第 2 款规定："拘留后，应当立

即将被拘留人送看守所羁押，至迟不得超过二十四小时……"可见 B 错误。

C 选项是重点干扰项，涉及拘留后的讯问地点。《刑诉法》第 86 条规定："公安机关对被拘留的人，应当在拘留后的二十四小时以内进行讯问……"第 85 条第 2 款规定："拘留后，应当立即将被拘留人送看守所羁押，至迟不得超过二十四小时……"第 118 条第 2 款规定："犯罪嫌疑人被送交看守所羁押以后，侦查人员对其进行讯问，应当在看守所内进行。"可见，==拘留犯罪嫌疑人后的讯问可以分为两个阶段：第一个阶段是送看守所之前，这个阶段必须是在 24 小时以内；第二个阶段是送看守所之后。只有在送看守所之后的讯问才必须在看守所内进行。==因此 C 错误。

D 选项涉及无证搜查的适用条件。==《刑诉法》第 138 条第 2 款规定："在执行逮捕、拘留的时候，遇有紧急情况，不另用搜查证也可以进行搜查。"《公安部规定》第 224 规定：=="执行拘留、逮捕的时候，遇有下列紧急情况之一的，不用搜查证也可以进行搜查：（一）可能随身携带凶器的；（二）可能隐藏爆炸、剧毒等危险物品的；（三）可能隐匿、毁弃、转移犯罪证据的；（四）可能隐匿其他犯罪嫌疑人的；（五）其他突然发生的紧急情况。"本案属于本条规定中"（一）可能随身携带凶器的"，也即属于可以无证搜查的紧急情况。故而 D 正确。

第三节　逮捕的批准和决定程序

1. [答案] ABCD　　[难度] 难

[考点] 逮捕的批准和决定程序

[命题和解题思路] 命题人此题是直接考查《检察规则》第 280 条第 1 款的规定，但是又没有将该规定中的具体表述完全照搬过来，而是换了类似于小案例的描述。例如，命题人没有在选项中直接表述"对是否符合逮捕条件有疑问"，而是设计为"供述前后反复且与其他证据矛盾"，没有直接表述"侦查活动可能有重大违法行为"，而是设计为"侦查机关拘留犯罪嫌疑人 36 小时以后将其送交看守所羁押"。这样的设计增加了考题的难度。

本题只有在熟知《检察规则》相关规定的前提下才能作出正确选择。《刑诉法》第 88 条第 1 款规定："人民检察院审查批准逮捕，可以讯问犯罪嫌疑人；有下列情形之一的，应当讯问犯罪嫌疑人：（一）对是否符合逮捕条件有疑问的；（二）犯罪嫌疑人要求向检察人员当面陈述的；（三）侦查活动可能有重大违法行为的。"但==《检察规则》第 280 条第 1 款规定："人民检察院办理审查逮捕案件，可以讯问犯罪嫌疑人；具有下列==情形之一的，应当讯问犯罪嫌疑人：（一）对是否符合逮捕条件有疑问的；（二）犯罪嫌疑人要求向检察人员当面陈述的；（三）侦查活动可能有重大违法行为的；（四）案情重大、疑难、复杂的；（五）犯罪嫌疑人认罪认罚的；（六）犯罪嫌疑人系未成年人的；（七）犯罪嫌疑人是盲、聋、哑人或者是尚未完全丧失辨认或者控制自己行为能力的精神病人的。"与《刑诉法》第 88 条的规定相比，《检察规则》第 280 条的规定实际上扩大了审查逮捕需要讯问犯罪嫌疑人的范围，增加了"案情重大疑难复杂的；犯罪嫌疑人认罪认罚的；犯罪嫌疑人系未成年人的；犯罪嫌疑人是盲、聋、哑人或者是尚未完全丧失辨认或者控制自己行为能力的精神病人的"四种情形。如果只知道《刑诉法》第 88 条，不知道《检察规则》第 280 条的规定，很难做对本题。

[选项分析] A 选项的情况应当讯问。"犯罪嫌疑人的供述前后反复且与其他证据矛盾"即意味着在事实认定上存在重大疑点，不符合逮捕的证据要件，属于"是否符合逮捕条件有疑问"的情形，因此属于应当讯问的范围。因此 A 正确。

B 选项的情况应当讯问。《刑诉法》第 88 条和《检察规则》第 280 条都明确规定了，在审查逮捕中，对于犯罪嫌疑人要求向检察机关当面陈述的，应当讯问犯罪嫌疑人。因此 B 正确。

C 选项的情况应当讯问。"侦查机关拘留犯罪嫌疑人 36 小时以后将其送交看守所羁押"显然属于"侦查活动可能有重大违法行为的"，因此应当讯问。故此 C 正确。

选项 D 的情况应当讯问。根据《检察规则》第 280 条第 7 项的规定，犯罪嫌疑人是聋哑人的，应讯问犯罪嫌疑人。故此 D 正确。==如果只知《刑事诉讼法》第 88 条，而不知《检察规则》第 280 条的话，此项很容易漏选。对于司法解释中的扩大解释，考生要特别加以重视。==

2. [答案] BC　　[难度] 难

[考点] 讯问、逮捕的变更、逮捕的执行程

序、指定居所监视居住的特殊规定

[命题和解题思路] 命题人通过多选题的方式综合考查了考生对讯问和逮捕、指定居所监视居住程序的掌握。这种题属于"大筐"题，与侦查有关的任何问题都可以出现在选项中，对命题人来说比较容易出题，对考生来说则需要比较全面地掌握相关知识，否则不容易答对。本题只能逐项加以判断。

[选项分析] A选项涉及讯问时律师在场制度，我国《刑诉法》并未确立该制度，故A不违反刑诉法的规定。

B选项违反了《刑诉法》第96条的规定，即"……公安机关释放被逮捕的人或者变更逮捕措施的，应当通知原批准的人民检察院。"

C选项违反了《刑诉法》第92条的规定，即"公安机关对人民检察院不批准逮捕的决定，认为有错误的时候，可以要求复议，但是必须将被拘留的人立即释放……"根据人权保障的一般常识也可以推断出此种情况下应立即释放被拘留的人。

D选项为重点干扰项。《刑诉法》第75条第2款规定："指定居所监视居住的，除无法通知的以外，应当在执行监视居住后二十四小时以内，通知被监视居住人的家属。"**该规定仅意味着要将犯罪嫌疑人已被依法指定居所监视居住的这一信息通知家属，并未规定要将其被指定居所监视居住的理由和处所通知家属。** 因此D并未违反《刑诉法》的规定。

易混淆点解析

关于指定居所监视居住中通知家属的内容，各部门的解释及规定均不相同。

《法院解释》第161条第2款规定："对被告人指定居所监视居住后，人民法院应当在二十四小时内，将监视居住的原因和处所通知其家属；确实无法通知的，应当记录在案。"也即通知内容包括监视居住的原因和处所。

《检察规则》第117条第1款规定："在指定的居所执行监视居住，除无法通知的以外，人民检察院应当在执行监视居住后二十四小时以内，将指定居所监视居住的原因通知被监视居住人的家属。无法通知的，应当将原因写明附卷。无法通知的情形消除后，应当立即通知。"也即通知的内容仅包括监视居住的原因，而不包括处所。

《公安部规定》第113条规定："指定居所监视居住的，除无法通知的以外，应当制作监视居住通知书，在执行监视居住后二十四小时以内，由决定机关通知被监视居住人的家属。"没有明确规定通知内容。

第四节 羁押必要性审查

1. [答案] AB　[难度] 中

[考点] 羁押必要性审查

[命题和解题思路] 本题综合考查了羁押必要性审查的启动建议主体、审查主体、审查内容等知识点。本题的整体难度不大，考生在解题时需要仔细审题，避免因看错选项的字面意思而犯低级错误。

[选项分析] A选项考查羁押必要性审查的审查内容，即在审查是否有必要继续羁押时应当考虑的因素。如果仅从《检察规则》第578条"人民检察院应当根据犯罪嫌疑人、被告人涉嫌的犯罪事实、主观恶性、悔罪表现、身体状况、案件进展情况、可能判处的刑罚和有无再危害社会的危险等因素，综合评估有无必要继续羁押犯罪嫌疑人、被告人"的规定来看，似乎不必考虑已被羁押的期限。毕竟，已被羁押的时长与被羁押人社会危险性的大小并无必然联系。但是，在考虑"可能被判处的刑罚"时，可能判处较轻刑罚不仅意味着被羁押人的人身危险性较小，而且意味着羁押时长很可能折抵大部分刑期。按照《检察规则》第579条之要求，**继续羁押犯罪嫌疑人、被告人，羁押期限将超过依法可能判处的刑期的，应当向办案机关提出释放或者变更强制措施的建议。** 因此，在进行羁押必要性审查时，实际上应当考虑已被羁押的期限。A选项正确。

B选项和D选项考查启动羁押必要性审查的建议主体。检察院启动羁押必要性审查有依职权、依申请和依建议三种方式。申请主体是当事人等相关诉讼参与人，建议主体则是检察院之外的其他机关。看守所作为监管执行机关，他们对在押人员身体状况的了解可能要比侦查、起诉和审判机关更为及时准确，如果能根据在押人员的身体情况建议检察院进行羁押必要性审查，可以更好地维护在押人员的权益。对此，《检察规则》第574条第3款明确规定，看守所根据在押人员身体状况，可以建议人民检察院进行羁押必要性审查。B 选项正确。

至于公安机关能否建议检察院进行羁押必要性审查，目前无任何明文规定，但根据两机关的基本关系进行分析，可以得出公安机关无权建议检察院进行羁押必要性审查的结论。因为在侦查阶段，公安机关可以决定对犯罪嫌疑人变更强制措施，完全没有必要对其赋予羁押必要性审查启动建议权，到审查起诉及以后阶段，办案主导机关并非公安机关，公安机关既不是法律监督机关，又非羁押犯罪嫌疑人、被告人的机关，赋予其羁押必要性审查启动建议权完全没有意义，反而造成公、检之间的职能混淆。D 选项错误。

C 选项考查羁押必要性的审查主体。在各机关之间，羁押必要性的审查主体只有一个，即人民检察院。因此 C 选项错误。C 选项容易让考生犯错的点就是读题不仔细，从而判断错了本题考查的方向。按照羁押必要性审查的相关规定，在上诉期间，案件仍处于第一审程序阶段，检察院仍然可以进行羁押必要性审查，发现不宜继续羁押的，应当向第一审法院提出释放或变更强制措施建议。但本题并非考查这个点。

2. [答案] AC   [难度] 易

[考点] 羁押必要性审查

[命题和解题思路] 本题考查《检察规则》第 580 条的规定。解题时需要仔细审题，注意选项中的陷阱。

[选项分析] 《检察规则》第 580 条规定："人民检察院发现犯罪嫌疑人、被告人具有下列情形之一，且具有悔罪表现，不予羁押不致发生社会危险性的，可以向办案机关提出释放或者变更强制措施的建议：（一）预备犯或者中止犯；（二）共同犯罪中的从犯或者胁从犯；（三）过失犯罪的；（四）防卫过当或者避险过当的；（五）主观恶性较小的初犯；（六）系未成年人或者已满七十五周岁的人；（七）与被害方依法自愿达成和解协议，且已经履行或者提供担保的；（八）认罪认罚的；（九）患有严重疾病、生活不能自理的；（十）怀孕或者正在哺乳自己婴儿的妇女；（十一）系生活不能自理的人的唯一扶养人；（十二）可能被判处一年以下有期徒刑或者宣告缓刑的；（十三）其他不需要继续羁押的情形。"由此可见 A、C 选项说法正确。

对于 B 选项，须年满 75 周岁而非 65 周岁。B 选项错误。

对于 D 选项，与被害方依法自愿达成和解协议，要求已经履行或者提供担保，而不是基于为履行和解协议就变更强制措施。D 选项错误。

3. [答案] ACD   [难度] 难

[考点] 保证人保证与保证金保证、拘留的决定、逮捕的执行程序、羁押必要性审查

[命题和解题思路] 命题人通过此题考查了审判阶段强制措施的适用。强制措施的适用是法考每年必考的内容，但多数考题集中于侦查阶段强制措施的适用，对审判阶段强制措施的适用涉及较少。本案中，命题人对案例和问题的设计都聚焦于审判阶段人民法院适用强制措施的各种程序，考生要格外注意人民法院在适用强制措施方面的特殊性。

[选项分析] A 选项涉及取保候审方式的变更。《法院解释》第 162 条规定："人民检察院、公安机关已经对犯罪嫌疑人取保候审、监视居住，案件起诉至人民法院后，需要继续取保候审、监视居住或者变更强制措施的，人民法院应当在七日内作出决定，并通知人民检察院、公安机关。决定继续取保候审、监视居住的，应当重新办理手续，期限重新计算；继续使用保证金保证的，不再收取保证金。"其中，"继续使用保证金保证的，不再收取保证金"也从反面说明是可以不再继续使用保证金保证，也即可以变更为保证人保证。故而 A 正确。

B 选项涉及拘留的决定主体。《刑诉法》第 71 条第 4 款规定："对违反取保候审规定，需要予以逮捕的，可以对犯罪嫌疑人、被告人先行拘留。"因此很多考生可能都会根据此款规定选择 B。但是，题干中问的是："对于法院适用强制措施，下列哪些选项是正确的？"而根据《刑诉法》的规定，刑事拘留的强制措施只能由公安机关和人民检察院决定适用，法院不能决定适用刑事拘留的强制措施，《法院解释》也因此并未就此种情况下的"先行拘留"作出具体的解释。故而排除 B。

C 选项涉及逮捕后的讯问。《刑诉法》第 94 规定："人民法院、人民检察院对于各自决定逮捕的人，公安机关对于经人民检察院批准逮捕的

人，都必须在逮捕后的二十四小时以内进行讯问。在发现不应当逮捕的时候，必须立即释放，发给释放证明。"《法院解释》第168条规定："人民法院对决定逮捕的被告人，应当在逮捕后二十四小时以内讯问。发现不应当逮捕的，应当立即释放。必要时，可以依法变更强制措施。"因此C正确。

D选项涉及羁押必要性审查的启动方式。《检察规则》第573条规定："犯罪嫌疑人、被告人被逮捕后，人民检察院仍应当对羁押的必要性进行审查。"《检察规则》第574条规定："人民检察院在办案过程中可以依职权主动进行羁押必要性审查。犯罪嫌疑人、被告人及其法定代理人、近亲属或者辩护人可以申请人民检察院进行羁押必要性审查。申请时应当说明不需要继续羁押的理由，有相关证据或者其他材料的应当提供。看守所根据在押人员身体状况，可以建议人民检察院进行羁押必要性审查。"可见，羁押必要性审查包括依职权审查和依申请审查两种启动方式。人民法院决定逮捕乙后，同级人民检察院可以主动启动对乙的羁押必要性审查。因此D正确。

4. [答案] C [难度] 中

[考点] 羁押必要性审查

[命题和解题思路] 命题人通过此题考查了考生对羁押必要性审查的了解。特别需要注意的是，在命题时主要是为了考查《人民检察院办理羁押必要性审查案件规定（试行）》中的相关规定，该《规定》于2016年1月22日起试行，是当时人民检察院办理羁押必要性审查案件的依据。但是根据修改后的《检察规则》（2019年），关于羁押必要性审查的相关规定又发生了变化，因此考生在复习时应结合新修订的《检察规则》，凡规定有冲突的地方以《检察规则》为准，《检察规则》未作规定的，以该《规定》为准。

[选项分析] A选项涉及负责羁押必要性审查的部门。《检察规则》第575条规定："负责捕诉的部门依法对侦查和审判阶段的羁押必要性进行审查。经审查认为不需要继续羁押的，应当建议公安机关或者人民法院释放犯罪嫌疑人、被告人或者变更强制措施。审查起诉阶段，负责捕诉的部门经审查认为不需要继续羁押的，应当直接释放犯罪嫌疑人或者变更强制措施。负责刑事执行

检察的部门收到有关材料或者发现不需要继续羁押的，应当及时将有关材料和意见移送负责捕诉的部门。"依据该条规定，选项A错误。

B选项涉及羁押必要性审查的公开性原则及例外。该《规定》第14条第1款规定："人民检察院可以对羁押必要性审查案件进行公开审查。但是，涉及国家秘密、商业秘密、个人隐私的案件除外。"本案中，甲涉嫌盗窃罪，不涉及国家秘密、商业秘密、个人隐私，因此B错误。

选项C涉及羁押必要性审查中的方式。该《规定》第13条规定："人民检察院进行羁押必要性审查，可以采取以下方式：（一）审查犯罪嫌疑人、被告人不需要继续羁押的理由和证明材料；（二）听取犯罪嫌疑人、被告人及其法定代理人、辩护人的意见；（三）听取被害人及其法定代理人、诉讼代理人的意见，了解是否达成和解协议；（四）听取现阶段办案机关的意见；（五）听取侦查监督部门或者公诉部门的意见；（六）调查核实犯罪嫌疑人、被告人的身体状况；（七）其他方式。"其中仅有"（四）听取现阶段办案机关的意见"与本选项的陈述最为接近。而《检察规则》第577条规定："人民检察院可以采取以下方式进行羁押必要性审查：……（四）听取办案机关的意见；……"结合常识，应该可以推断出，在侦查阶段，检察机关对羁押的必要性予以审查，可以听取侦查机关的意见，这当然也包括向侦查机关了解侦查取证的进展情况。因此，选项C正确。

D选项涉及羁押必要性审查的立案程序。该《规定》第12条第2款规定："对于无理由或者理由明显不成立的申请，或者经人民检察院审查后未提供新的证明材料或者没有新的理由而再次申请的，由检察官决定不予立案，并书面告知申请人。"可见，不予立案可由检察官决定，不需要经检察长批准。故而D错误。

5. [答案] C [难度] 难

[考点] 羁押必要性审查

[命题和解题思路] 命题人通过此题考查了考生对羁押必要性审查的了解，与2017年的考题2017-2-27题一样，都是意在考查《人民检察院办理羁押必要性审查案件规定（试行）》中的相关规定。只是2017年的案例是盗窃，这个案例是猥亵儿童，因此涉及个人隐私。具体考点则既有

相同也有不同。与前一题一样，由于 2019 年 12 月新修订了《检察规则》，还须结合新规定一并掌握。

[选项分析] 选项 A 说法错误。根据《检察规则》第 575 条规定，负责捕诉的部门依法对侦查和审判阶段的羁押必要性进行审查。依据该条规定，选项 A 错误。注意，目前检察院实行捕诉合一，以往的侦查监督、公诉部分已重新整合。

B 选项涉及羁押必要性审查的公开性原则及例外。该《规定》第 14 条第 1 款规定："人民检察院可以对羁押必要性审查案件进行公开审查。但是，涉及国家秘密、商业秘密、个人隐私的案件除外。"猥亵儿童案件涉及个人隐私，不得公开审查，故而排除 B。

选项 C 涉及羁押必要性审查的启动方式。根据《检察规则》第 574 条的规定，人民检察院在办案过程中可以依职权主动进行羁押必要性审查。因此，选项 C 说法正确。

D 选项涉及羁押必要性审查后的处理。该《规定》第 18 条规定："经羁押必要性审查，发现犯罪嫌疑人、被告人具有下列情形之一，且具有悔罪表现，不予羁押不致发生社会危险性的，可以向办案机关提出释放或者变更强制措施的建议：……（二）共同犯罪中的从犯或者胁从犯；……"本案中，乙属于共同犯罪中的从犯，但是检察院只能"建议"不能"要求"法院变更强制措施。故而 D 应被排除。

第五节　逮捕的变更、撤销或解除

1. [答案] ACD　　　[难度] 中

[考点] 社会危险性要素

[命题和解题思路] 本题主要对于"社会危险性"的理解。解题时需要注意将选项中的描述与《检察规则》中的具体规定对应起来。

[选项分析] 根据《检察规则》第 133 条的规定，犯罪嫌疑人具有下列情形之一的，可以认定为"企图自杀或者逃跑"：（1）着手准备自杀、自残或者逃跑的；（2）曾经自杀、自残或者逃跑的；（3）有自杀、自残或者逃跑的意思表示的；（4）曾经以暴力、威胁手段抗拒抓捕的；（5）其他企图自杀或者逃跑的情形。因此 A 选项拒捕属于"企图自杀或逃跑"，符合《检察规则》第 128

条对于社会危险性的规定。A 选项正确。

B、D 选项有一定的迷惑性。根据《检察规则》第 129 条的规定，犯罪嫌疑人具有下列情形之一的，可以认定为"可能实施新的犯罪"：（1）案发前或者案发后正在策划、组织或者预备实施新的犯罪的；（2）扬言实施新的犯罪的；（3）多次作案、连续作案、流窜作案的；（4）一年内曾因故意实施同类违法行为受到行政处罚的；（5）以犯罪所得为主要生活来源的；（6）有吸毒、赌博等恶习的。由此可见，犯罪前生活困难并属于"可能实施新的犯罪"，但如果以犯罪所得作为主要生活来源的则符合。结合第 128 条的规定，因此 B 选项错误，D 选项正确。

对于 C 选项，根据前述第 129 条的规定，"经常吸毒"属于"有吸毒、赌博等恶习"，属于"可能实施新的犯罪"，因此 C 选项正确。

2. [答案] ACD　　　[难度] 中

[考点] 适用强制措施的原则

[命题和解题思路] 命题人通过此题考查了适用强制措施的原则中的变更性原则。所谓变更性原则是指强制措施的适用需要随着诉讼的进展、犯罪嫌疑人、被告人及案件情况的变化而及时变更或者解除。因此判断某一情形是否符合变更性原则的关键就是要看其是否属于强制措施的变更或者解除。

[选项分析] A 选项是因在身边发现犯罪证据而将拘传变更为拘留，属于强制措施的变更，因此选 A。

B 选项只是增加了保证金的数额，并没有将取保候审变更为其他强制措施，也不涉及取保候审的解除，因此不属于变更性原则的范畴。故而排除 B。

C 选项是因违反取保候审的规定而将取保候审变更为拘留，属于强制措施的变更，因此选 C。

D 选项是因为案件不能在法定期限内办结而释放在押的犯罪嫌疑人，属于强制措施的解除，也是变更性原则的体现，因此选 D。

3. [答案] BD　　　[难度] 中

[考点] 逮捕的变更、撤销或解除

[命题和解题思路] 命题人通过此题考查了逮捕的变更、撤销或解除，实际是为《法院解释》第 169、170 条量身而作的。这两个条款之间的区

别，也是解答本题的关键，即一为"可以"变更强制措施，二为"应当"变更强制措施或者予以释放。区分的窍门是：被告人自身的特殊原因只是"可以"导致强制措施的变更，而刑罚种类、审理期限等方面的客观原因则是"应该"导致强制措施的变更或解除。

[选项分析] 《法院解释》第 169 条规定："被逮捕的被告人具有下列情形之一的，人民法院可以变更强制措施：（一）患有严重疾病、生活不能自理的；（二）怀孕或者正在哺乳自己婴儿的；（三）系生活不能自理的人的唯一扶养人。"这三种情形都属于被告人自身的特殊原因，都是"可以"变更的情形，而非"应当"变更的情形。其中，选项 A 属于第 2 项，选项 C 属于第 1 项，由于题目问的是"应当"变更或解除强制措施的情形，因此选项 A、C 应予排除。

《法院解释》第 170 条规定："被逮捕的被告人具有下列情形之一的，人民法院应当立即释放；必要时，可以依法变更强制措施：（一）第一审人民法院判决被告人无罪、不负刑事责任或者免予刑事处罚的；（二）第一审人民法院判处管制、宣告缓刑、单独适用附加刑，判决尚未发生法律效力的；（三）被告人被羁押的时间已到第一审人民法院对其判处的刑期期限的；（四）案件不能在法律规定的期限内审结的。"本条规定的四种"应当"变更或解除强制措施的情形均非由于被告人自身的特殊原因，而是出于客观原因。由于选项 B 属于第 2 项，选项 D 属于第 4 项，故 B、D 为正确选项。

4. [答案] C [难度] 中

[考点] 适用强制措施的原则和应当考虑的因素；逮捕的变更、撤销或解除

[命题和解题思路] 命题人通过此题考查了与强制措施的适用，主要是逮捕的适用有关的一些原则和程序。其中部分选项基于常识即可判断。但关于羁押解除的一些细节问题可能易为考生忽视，人民检察院有权进行羁押必要性审查，但无权直接变更或解除羁押，而仅能提出建议，这一

点应当特别注意。同时要注意本题是要求找出错误选项，而非正确选项。

[选项分析] A 选项涉及强制措施适用的必要性原则。强制措施涉及公民的人身自由权，因此其适用必须慎重，只有在为保证刑事诉讼的顺利进行而确有必要时方能采取强制措施，也即要遵循必要性原则。羁押是对人身自由权的剥夺，其适用需更加谨慎。因此基于强制措施的必要性原则，应当尽量减少审前羁押。故而 A 说法正确。

B 选项涉及审前羁押的性质。审前羁押是为了保障刑事诉讼的顺利进行而采取的预防性措施，而非惩罚性措施，在可能出现妨害刑事诉讼进行的情形时就需要采取这种预防性措施，但当出现这些妨害情形的可能性消失时，就不再需要采取预防性措施了，因此作为预防性措施的审前羁押是临时性的状态，可以根据案件进展和犯罪嫌疑人的个人情况予以变更。故而 B 说法正确。

C 选项涉及羁押必要性的审查主体有无权利变更或解除羁押。《刑诉法》第 95 条规定："犯罪嫌疑人、被告人被逮捕后，人民检察院仍应当对羁押的必要性进行审查。对不需要继续羁押的，应当建议予以释放或者变更强制措施。有关机关应当在十日以内将处理情况通知人民检察院。"即羁押必要性审查的主体虽然是人民检察院，但是人民检察院通过羁押必要性审查发现不必要再继续羁押的，却无权直接释放或直接变更为其他非羁押性强制措施。因此 C 说法错误。由于本题要求选出错误选项，因此应当选 C。

D 选项涉及羁押的解除。《刑诉法》第 98 条规定："犯罪嫌疑人、被告人被羁押的案件，不能在本法规定的侦查羁押、审查起诉、一审、二审期限内办结的，对犯罪嫌疑人、被告人应当予以释放；需要继续查证、审理的，对犯罪嫌疑人、被告人可以取保候审或者监视居住。"解除羁押就是指不再继续羁押，释放和取保候审或监视居住均属于解除羁押。因此 D 说法正确。

第十一章　附带民事诉讼

第一节　附带民事诉讼的成立条件

1. 甲系某地交通运输管理所工作人员，在巡查执法时致一辆出租车发生重大交通事故，司机乙重伤，乘客丙当场死亡，出租车严重受损。甲以滥用职权罪被提起公诉。关于本案处理，下列哪一选项是正确的？（2017-2-28）

A. 乙可成为附带民事诉讼原告人

B. 交通运输管理所可成为附带民事诉讼被告人

C. 丙的妻子提起附带民事诉讼的，法院应裁定不予受理

D. 乙和丙的近亲属可与甲达成刑事和解

2. 甲乙二人在餐厅吃饭时言语不合进而互相推搡，乙突然倒地死亡，县公安局以甲涉嫌过失致人死亡立案侦查。经鉴定乙系特殊体质，其死亡属意外事件，县公安局随即撤销案件。关于乙的近亲属的诉讼权利，下列哪一选项是正确的？（2016-2-33）

A. 就撤销案件向县公安局申请复议

B. 就撤销案件向县公安局的上一级公安局申请复核

C. 向检察院侦查监督部门申请立案监督

D. 直接向法院对甲提起刑事附带民事诉讼

3. 法院可以受理被害人提起的下列哪一附带民事诉讼案件？（2015-2-30）

A. 抢夺案，要求被告人赔偿被夺走并变卖的手机

B. 寻衅滋事案，要求被告人赔偿所造成的物质损失

C. 虐待被监管人案，要求被告人赔偿因体罚虐待致身体损害所产生的医疗费

D. 非法搜查案，要求被告人赔偿因非法搜查所导致的物质损失

第二节　附带民事诉讼的当事人

1. 甲、乙殴打丙，致丙长期昏迷，乙在案发后潜逃，检察院以故意伤害罪对甲提起公诉。关于本案，下列哪些选项是正确的？（2016-2-71）

A. 丙的妻子、儿子和弟弟都可成为附带民事诉讼原告人

B. 甲、乙可作为附带民事诉讼共同被告人，对故意伤害丙造成的物质损失承担连带赔偿责任

C. 丙因昏迷无法继续履行与某公司签订的合同造成的财产损失不属于附带民事诉讼的赔偿范围

D. 如甲的朋友愿意代为赔偿，法院应准许并可作为酌定量刑情节考虑

2. 韩某和苏某共同殴打他人，致被害人李某死亡、吴某轻伤，韩某还抢走吴某的手机。后韩某被抓获，苏某在逃。关于本案的附带民事诉讼，下列哪一选项是正确的？（2014-2-32）

A. 李某的父母和祖父母都有权提起附带民事诉讼

B. 韩某和苏某应一并列为附带民事诉讼的被告人

C. 吴某可通过附带民事诉讼要求韩某赔偿手机

D. 吴某在侦查阶段与韩某就民事赔偿达成调解协议并全部履行后又提起附带民事诉讼，法院不予受理

3. 张一、李二、王三因口角与赵四发生斗殴，赵四因伤势过重死亡。其中张一系未成年人，王三情节轻微未被起诉，李二在一审开庭前意外死亡。本案依法负有民事赔偿责任的人是：（2013-2-95）

A. 张一、李二

B. 张一父母、李二父母

C. 张一父母、王三

D. 张一父母、李二父母、王三

第三节　附带民事诉讼的调解与审判

1. 为勒索钱财，左某绑架王某之女并将其杀害，市中级法院判处左某死刑缓期执行，并赔偿附带民事诉讼原告人王某35万元。一审判决后，检察院未提起抗诉，左某和王某均对附带民事部分提起上诉。关于本案的审理，下列哪些说法是正确的？（2021年回忆版）

A. 市中级法院可以暂缓将左某送监

B. 省高院不得增加赔偿金额

C. 如王某变更诉讼请求,省高院可以进行调解

D. 省法院应将附带民事部分与刑事部分一并审查

📶 2. 甲因琐事与乙发生口角进而厮打,推搡之间,不慎致乙死亡。检察院以甲涉嫌过失致人死亡提起公诉,乙母丙向法院提起附带民事诉讼。关于本案处理,下列哪些选项是正确的?(2015-2-75)

A. 法院可对附带民事部分进行调解

B. 如甲与丙经法院调解达成协议,调解协议中约定的赔偿损失内容可分期履行

C. 如甲提出申请,法院可组织甲与丙协商以达成和解

D. 如甲与丙达成刑事和解,其约定的赔偿损失内容可分期履行

📶 3. 王某被姜某打伤致残,在开庭审判前向法院提起附带民事诉讼,并提出财产保全的申请。法院对于该申请的处理,下列哪一选项是正确的?(2013-2-32)

A. 不予受理

B. 可以采取查封、扣押或者冻结被告人财产的措施

C. 只有在王某提供担保后,法院才予以财产保全

D. 移送财产所在地的法院采取保全措施

📶 4. 张一、李二、王三因口角与赵四发生斗殴,赵四因伤势过重死亡。其中张一系未成年人,王三情节轻微未被起诉,李二在一审开庭前意外死亡。在一审过程中,如果发生附带民事诉讼原、被告当事人不到庭情形,法院的下列做法正确的是:(2013-2-96)

A. 赵四父母经传唤,无正当理由不到庭,法庭应当择期审理

B. 赵四父母到庭后未经法庭许可中途退庭,法庭应当按撤诉处理

C. 王三经传唤,无正当理由不到庭,法庭应当采取强制手段强制其到庭

D. 李二父母未经法庭许可中途退庭,就附带民事诉讼部分,法庭应当缺席判决

详 解

第一节 附带民事诉讼的成立条件

1. [答案] C   [难度] 中

[考点] 附带民事诉讼的成立条件(不受理附带民事诉讼的情形)、刑事和解适用案件范围

[命题和解题思路] 命题人通过此题考查了附带民事诉讼的成立条件和刑事和解的适用条件。附带民事诉讼的成立条件、有权提起附带民事诉讼的主体、附带民事诉讼中依法负有赔偿责任的人等都是高频考点,几乎每年必考。但是本题的考查范围比较窄,仅集中于对国家机关工作人员在行使职权时实施犯罪这一例外情况的考查,前三个选项均涉及同一法条,即《法院解释》第177条。因此,对于了解此条规定的考生而言,本题非常容易。这也提醒考生,在复习时对各种有关例外情况的规定要尤为注意。

[选项分析] A、B、C 三个选项均涉及附带民事诉讼的成立条件。《法院解释》第177条规定:"国家机关工作人员在行使职权时,侵犯他人人身、财产权利构成犯罪,被害人或者其法定代理人、近亲属提起附带民事诉讼的,人民法院不予受理,但应当告知其可以依法申请国家赔偿。"本案中,甲为国家机关工作人员,其行为涉嫌滥用职权罪,因此乙或丙的妻子提起附带民事诉讼,人民法院均应裁定不予受理,故也就不存在附带民事诉讼的原告人、被告人,因此排除 A、B,而选择 C。

D 选项涉及刑事和解适用的案件范围。《刑诉法》第288条第1款规定:"下列公诉案件,犯罪嫌疑人、被告人真诚悔罪,通过向被害人赔偿损失、赔礼道歉等方式获得被害人谅解,被害人自愿和解的,双方当事人可以和解:(一)因民间纠纷引起,涉嫌刑法分则第四章、第五章规定的犯罪案件,可能判处三年有期徒刑以下刑罚的;(二)除渎职犯罪以外的可能判处七年有期徒刑以下刑罚的过失犯罪案件。""除渎职犯罪以外"的规定说明对于渎职犯罪是不适用刑事和解的,因此 D 错误。

2. [答案] D   [难度] 难

[考点] 立案监督、提起自诉的条件、附带民事诉讼的成立条件

[命题和解题思路] 命题人通过此题考查的是在撤销案件的情况下，被害人近亲属有哪些救济权利。四个选项分别涉及立案与撤案程序间的差别、检察机关内部的部门分工、附带民事诉讼成立的条件等。由于命题人对本题正确答案的设计过于"迂回"，考生很难直接选出正确答案，因此只能通过排除法将错误的答案都排除掉，最终选取剩下的那个答案即为正确答案。

[选项分析] A、B 两个选项混淆了立案程序与撤案程序。《刑诉法》及《公安部规定》仅规定控告人可对不立案决定申请复议，并可就不予立案的复议决定向上一级公安机关申请复核，但是并没有关于撤销案件的决定可以申请复议或复核的规定。故排除 A、B。

选项 C 为重点干扰项，涉及检察机关内部的部门分工。《检察规则》第 558 条规定，人民检察院负责控告申诉检察的部门受理对公安机关应当立案而不应当立案或者不应当立案而立案的控告、申诉，应当根据事实、法律进行审查。认为需要公安机关说明不立案或者立案理由的，应当及时将案件移送负责捕诉的部门办理；认为公安机关立案或者不立案决定正确的，应当制作相关法律文书，答复控告人、申诉人。相应的控告均应先由控告检察部门受理后，再移送捕诉部门办理。故而，选项 C 也应当被排除。

D 选项设计得非常"迂回"。考生的第一反应一般都是既然案件撤销，刑事诉讼不成立，那么当然也就不能再提起刑事附带民事诉讼了。但是本案的情况属于《刑诉法》第 210 条规定的自诉案件的范围，即"被害人有证据证明对被告人侵犯自己人身、财产权利的行为应当依法追究刑事责任，而公安机关或者人民检察院不予追究被告人刑事责任的案件"，同时，《刑诉法》第 114 条规定："对于自诉案件，被害人有权向人民法院直接起诉。被害人死亡或者丧失行为能力的，被害人的法定代理人、近亲属有权向人民法院起诉。人民法院应当依法受理。"可见，本案中乙的近亲属完全可以向法院提出自诉，法院也应当受理。那么，依据《刑诉法》第 101 条第 1 款的规定："被害人由于被告人的犯罪行为而遭受物质损失的，在刑事诉讼过程中，有权提起附带民事诉讼。被害人死亡或者丧失行为能力的，被害人的法定代理人、近亲属有权提起附带民事诉讼。"乙的近

亲属可以提起附带民事诉讼。本选项中的"直接"是指不需要先经控告、申诉等程序，而不是指不提起自诉就直接提起附带民事诉讼。但是，如果不是使用排除法排除前三个确有错误的答案的话，那么也很难对 D 选项作出此种理解。

【易混淆点解析】
《刑诉法》第 112 条规定："人民法院、人民检察院或者公安机关对于报案、控告、举报和自首的材料，应当按照管辖范围，迅速进行审查，认为有犯罪事实需要追究刑事责任的时候，应当立案；认为没有犯罪事实，或者犯罪事实显著轻微，不需要追究刑事责任的时候，不予立案，并且将不立案的原因通知控告人。控告人如果不服，可以申请复议。"此规定中的复议仅能针对不立案而提出，不能针对撤销案件而提出。

《刑诉法》第 112 条仅规定了控告人可以对不立案决定申请复议。《公安部规定》第 179 条第 2 款进一步规定，控告人对不予立案的复议决定不服可以向上一级公安机关申请复核。考生不必关注该条规定中的具体程序，但应当知道控告人有此权利。

3. [答案] B　　[难度] 难
[考点] 附带民事诉讼的成立条件
[命题和解题思路] 命题人通过此题考查了附带民事诉讼的成立条件，主要是考查了可以提起附带民事诉讼的损失范围，这是历年考试中的常考点。对可以提起附带民事诉讼的损失范围的限制条件主要规定在《法院解释》第 175～177 条中，考生要熟悉并深刻理解这几条规定。

[选项分析] A 选项可以通过两种方式判断：第一，本案中的手机被夺走和变卖，这属于被告人非法占有和处置被害人财产，应当适用《法院解释》第 176 条的规定，即："被告人非法占有、处置被害人财产的，应当依法予以追缴或者责令退赔。被害人提起附带民事诉讼的，人民法院不予受理……"因此排除 A。第二，《法院解释》第 175 条第 1 款规定："被害人因人身权利受到犯罪侵犯或者财物被犯罪分子毁坏而遭受物质损失的，有权在刑事诉讼过程中提起附带民事诉讼……"

而本案中的手机只是被被告人夺走并变卖，并未"毁坏"，因此不在本条规定的范围内。考生要注意区分"非法占有、处置"和"毁坏"的情况。由此排除 A。

B 选项符合《刑诉法》第 101 条的规定，即"被害人由于被告人的犯罪行为而遭受物质损失的，在刑事诉讼过程中，有权提起附带民事诉讼……"因此选择 B。

C 选项中的虐待被监管人员案属于国家机关工作人员在行使职权时实施的犯罪，应当适用

《法院解释》第 177 条的规定，即："国家机关工作人员在行使职权时，侵犯他人人身、财产权利构成犯罪，被害人或者其法定代理人、近亲属提起附带民事诉讼的，人民法院不予受理，但应当告知其可以依法申请国家赔偿。"可见 C 也应当予以排除。2017-2-28 题再次专门考查了此条内容。

D 选项中的非法搜查案与 C 选项一样属于国家机关工作人员在行使职权时实施的犯罪，也应当申请国家赔偿，而不应提起附带民事诉讼。故而 D 选项也应予排除。

易混淆点解析

因犯罪引起的哪些损失可以提起附带民事诉讼，是考试中的高频考点，现将相关法律规定总结如下：

《刑诉法》第 101 条规定："被害人由于被告人的犯罪行为而遭受物质损失的，在刑事诉讼过程中，有权提起附带民事诉讼……"

《法院解释》第 175 条规定："被害人因人身权利受到犯罪侵犯或者财物被犯罪分子毁坏而遭受物质损失的，有权在刑事诉讼过程中提起附带民事诉讼……因受到犯罪侵犯，提起附带民事诉讼或者单独提起民事诉讼要求赔偿精神损失的，人民法院一般不予受理。"

《法院解释》第 176 条规定："被告人非法占有、处置被害人财产的，应当依法予以追缴或者责令退赔。被害人提起附带民事诉讼的，人民法院不予受理……"

《法院解释》第 177 条规定："国家机关工作人员在行使职权时，侵犯他人人身、财产权利构成犯罪，被害人或者其法定代理人、近亲属提起附带民事诉讼的，人民法院不予受理，但应当告知其可以依法申请国家赔偿。"

此外，附带民事诉讼理论还要求相关物质损失只能是已经遭受的实际损失和必然造成的物质损失，不能是间接的、或然性的损失。

上述内容可通过下表理解和记忆：

损失性质	条件	处理	
物质损失	人身权利受到犯罪侵犯	受理	
	财产被犯罪分子毁坏		
	实际损失和必然损失		
	间接的、或然性的损失	不予受理	另行提起民事诉讼
	被告人非法占有、处置被害人财产		依法予以追缴或责令退赔
	国家工作人员在行使职权时侵犯他人人身、财产权利		告知依法申请国家赔偿
精神损失			另行提起民事诉讼

第二节 附带民事诉讼的当事人

1. ［答案］ACD　　　［难度］难
　　［考点］有权提起附带民事诉讼的主体、附带

民事诉讼中依法负有赔偿责任的人、物质损失同被告人行为之间的因果关系

　　［命题和解题思路］命题人通过此题考查了附带民事诉讼中的多个考点，每个选项都相当于一

个小型的案例分析，其中大多是对刑诉法及司法解释中相关规定的考查，也涉及附带民事诉讼的相关理论问题。

[选项分析] A选项涉及附带民事诉讼原告人的资格问题。对此，《刑诉法》第101条第1款规定："被害人由于被告人的犯罪行为而遭受物质损失的，在刑事诉讼过程中，有权提起附带民事诉讼。被害人死亡或者丧失行为能力的，被害人的法定代理人、近亲属有权提起附带民事诉讼。"《刑诉法》第108条规定："……（六）'近亲属'是指夫、妻、父、母、子、女、同胞兄弟姊妹。"丙的妻子、儿子和弟弟都是丙的近亲属，因此在丙长期昏迷，丧失行为能力的情况下，有权提起附带民事诉讼，成为附带民事诉讼的原告人。故A正确。

B选项为重点干扰项，涉及附带民事诉讼依法负有赔偿责任的人。《法院解释》第181条第1款规定："被害人或者其法定代理人、近亲属仅对部分共同侵害人提起附带民事诉讼的，人民法院应当告知其可以对其他共同侵害人，包括没有被追究刑事责任的共同侵害人，一并提起附带民事诉讼，但共同犯罪案件中同案犯在逃的除外。"可见，在逃的同案犯不能成为附带民事诉讼的共同被告人。因此排除B。

C选项涉及附带民事诉讼的赔偿范围。对此，《法院解释》第175条规定："被害人因人身权利受到犯罪侵犯或者财物被犯罪分子毁坏而遭受物质损失的，有权在刑事诉讼过程中提起附带民事诉讼……因受到犯罪侵犯，提起附带民事诉讼或者单独提起民事诉讼要求赔偿精神损失的，人民法院一般不予受理。"由此可知，刑事附带民事诉讼中的赔偿范围仅限于物质损失，而且仅限于被害人因人身权利受到犯罪侵犯或者财物被犯罪分子毁坏而遭受的物质损失。根据附带民事诉讼的相关理论，该物质损失必须是由被告人的犯罪行为造成的，其与被告人的犯罪行为之间存在着直接的因果关系，该物质损失包括已经遭受的实际损失和必然造成的物质损失，而不包括因犯罪行为间接导致的或然性的物质损失。丙因昏迷无法继续履行与某公司签订合同而造成的财产损失并非由犯罪行为直接导致的必然性的物质损失，故不属于附带民事诉讼的赔偿范围。因此C正确。

D选项符合《法院解释》第180条第2款的

规定，即"附带民事诉讼被告人的亲友自愿代为赔偿的，可以准许。"该条虽然没有明确规定法院应当以此作为酌定量刑情节予以考虑，但根据常识可知，赔偿情况在故意伤害案中属于重要的酌定量刑情节。故D正确。

2. [答案] D　　　[难度] 难

[考点] 附带民事诉讼当事人、附带民事诉讼的成立条件

[命题和解题思路] 命题人通过此题对附带民事诉讼的原告资格、被告范围、成立条件等予以了综合考查。这些考点基本都为高频考点。有些为《法院解释》中的特殊规定，如果不了解相关规定，很难答对此题。因此对于这部分内容，考生要格外关注司法解释中的相关规定。

[选项分析] A选项涉及附带民事诉讼的原告人资格。《刑诉法》第101条第1款规定："被害人由于被告人的犯罪行为而遭受物质损失的，在刑事诉讼过程中，有权提起附带民事诉讼。被害人死亡或者丧失行为能力的，被害人的法定代理人、近亲属有权提起附带民事诉讼。"由于题干并未提及李某为无行为能力人或限制行为能力人，因此不存在法定代理人的问题，故而判断此选项的关键就在于判断李某的父母和祖父母是否属于他的近亲属。《刑诉法》第108条规定："……（六）'近亲属'是指夫、妻、父、母、子、女、同胞兄弟姊妹。"可见，祖父母并不属于刑诉法中的近亲属，因此本案中，李某的祖父母无权提起附带民事诉讼。故A错误。

B选项为重点干扰项，涉及在逃共犯能够列为附带民事诉讼的被告人。《法院解释》第183条规定："共同犯罪案件，同案犯在逃的，不应列为附带民事诉讼被告人。逃跑的同案犯到案后，被害人或者其法定代理人、近亲属可以对其提起附带民事诉讼，但已经从其他共同犯罪人处获得足额赔偿的除外。"可B错误。

C选项涉及附带民事诉讼的成立条件。《法院解释》第175条规定："被害人因人身权利受到犯罪侵犯或者财物被犯罪分子毁坏而遭受物质损失的，有权在刑事诉讼过程中提起附带民事诉讼……"《法院解释》第176条规定："被告人非法占有、处置被害人财产的，应当依法予以追缴或者责令退赔。被害人提起附带民事诉讼的，人民

法院不予受理……"也就是说，只有相关财物被毁坏的，才可提起附带民事诉讼，如果该财物只是被非法占有、处置，则不需要通过附带民事诉讼追偿，而只需要依法予以追缴或责令退赔即可。本案中，韩某只是抢走了吴某的手机，而并未毁坏该手机，因此只要责令其退赔即可，不需要也不能提起附带民事诉讼。故 C 错误。

D 选项涉及在侦查阶段就民事赔偿达成调解协议并全部履行后能否再提起附带民事诉讼。《法院解释》第 185 条规定："侦查、审查起诉期间，有权提起附带民事诉讼的人提出赔偿要求，经公安机关、人民检察院调解，当事人双方已经达成协议并全部履行，被害人或者其法定代理人、近亲属又提起附带民事诉讼的，人民法院不予受理，但有证据证明调解违反自愿、合法原则的除外。"题干中仅说吴某在侦查阶段与韩某就民事赔偿达成调解协议并全部履行，并未提及该调解违反自愿、合法原则，因此不存在例外情况，故而吴某又提起附带民事诉讼的，法院不予受理的做法是正确的。故 D 正确。

3. [答案] D   [难度] 中
[考点] 附带民事诉讼当事人（附带民事诉讼中依法负有赔偿责任的人）

[命题和解题思路] 命题人通过此题考查了《法院解释》第 180 条的规定，也即附带民事诉讼中依法负有赔偿责任的人，案例的设计完全是为该规定量身而作的。

本题可通过两种方法解答：第一，根据《法院解释》第 180 条的规定解答，即"附带民事诉讼中依法负有赔偿责任的人包括：（一）刑事被告人以及未被追究刑事责任的其他共同侵害人；（二）刑事被告人的监护人；（三）死刑罪犯的遗产继承人；（四）共同犯罪案件中，案件审结前死亡的被告人的遗产继承人；（五）对被害人的物质损失依法应当承担赔偿责任的其他单位和个人。附带民事诉讼被告人的亲友自愿代为赔偿的，可以准许。"第二，根据常识判断：对于未成年人，当然应由他的监护人来承担民事赔偿责任；对于已死亡的人，当然应当由其遗产继承人来承担民事赔偿责任；对于虽然因情节轻微没有被追究刑事责任的，因其参与了侵害，当然要承担相应的民事赔偿责任。

[选项分析] A 选项中张一是未成年人、李二已经死亡，显然都无法承担民事赔偿责任。故排除 A。

B、C、D 选项中，张一是未成年人，张一的父母属于上述规定中第 2 项的"刑事被告人的监护人"。李二在案件审结前死亡，李二的父母属于第 4 项中的"共同犯罪案件中，案件审结前死亡的被告人的遗产继承人"。虽然王三因为情节轻微未被起诉，但是属于第 1 项中的"未被追究刑事责任的其他共同侵害人。"因此，张一父母、李二父母和王三均为本案中依法应当承担赔偿责任的人，由于 B、C 两个选项中所列出的"本案依法负有民事赔偿责任的人"不全，因此本题选 D。

本题中可能会有考生认为 B、C 也是正确的，因为 B、C 中所列的人都是依法应当承担赔偿责任的人。但是，题干问的是"本案中依法负有赔偿责任的人是"，而不是"下列哪些人依法负有赔偿责任"，前者的答案应当穷尽所有依法负有赔偿责任的人。

第三节　附带民事诉讼的调解与审判

1. [答案] CD   [难度] 难
[考点] 刑事附带民事诉讼的二审

[命题和解题思路] 本题考查了附带民事诉讼二审中的几个难点问题，也是常见的重点问题。解题时注意乙市中院一审判处死缓，即便未上诉或抗诉，该判决也并未生效，应当由省高院进行死缓复核。

[选项分析] A 选项具有较大的迷惑性。如果考生没有注意市中院的一审判决是死缓判决，只看到检察院没有抗诉，且只有附带民事的原被告提起了上诉，容易以为本案的一审刑事判决已经生效，此时就会援引《法院解释》第 408 条的规定，刑事附带民事诉讼案件，只有附带民事诉讼当事人及其法定代理人上诉的，第一审刑事部分的判决在上诉期满后即发生法律效力。应当送监执行的第一审刑事被告人是第二审附带民事诉讼被告人的，在第二审附带民事诉讼案件审结前，可以暂缓送监执行。但是，由于死缓判决须报请省高院复核，因此，一审刑事部分的判决并未生效，自然也就谈不上送监执行的问题，所以 A 选项说法错误。

由于附带民事诉讼的原被告均对一审附带民

事部分的判决提起了上诉，所以省高院可以增加赔偿金额。B 选项说法错误。

根据《法院解释》第 410 条的规定，第二审期间，第一审附带民事诉讼原告人增加独立的诉讼请求或者第一审附带民事诉讼被告人提出反诉的，第二审人民法院可以根据自愿、合法的原则进行调解；调解不成的，告知当事人另行起诉。因此，王某在二审期间变更诉讼请求的，省高院可以先调解，调解不成再告知王某另行起诉。C 选项说法正确。

对于 D 选项，可从两个方面思考，一是二审的全面审查原则；二是死缓案件须经高院复核，所以一审刑事部分的判决并未生效，因此省高院当然应当将提起上诉的附民部分与刑事部分一并审查。D 选项说法正确。

2. [答案] ABC　　　[难度] 难

[考点] 附带民事诉讼的调解、刑事和解的适用条件、刑事和解的程序规则

[命题和解题思路] 命题人通过此题主要考查了附带民事诉讼中的调解与刑事和解的区别，其中包括可否进行调解和刑事和解的问题，因此又考查到了刑事和解的适用范围。命题人对附带民事诉讼中的调解与刑事和解之区别的考查非常关注细节。考生在对相关法条的理解和记忆中则不仅要关注细节，还要理解命题人的考查意图，否则很容易"跑偏"。

[选项分析] A 选项涉及附带民事诉讼可否进行调解。《刑诉法》第 103 条规定："人民法院审理附带民事诉讼案件，可以进行调解，或者根据物质损失情况作出判决、裁定。"因此 A 正确。

B 选项和 D 选项分别涉及附带民事诉讼调解协议和刑事和解协议的履行方式。《法院解释》第 190 条规定："人民法院审理附带民事诉讼案件，可以根据自愿、合法的原则进行调解。经调解达成协议的，应当制作调解书。调解书经双方当事人签收后即具有法律效力。调解达成协议并即时履行完毕的，可以不制作调解书，但应当制作笔录，经双方当事人、审判人员、书记员签名后即发生法律效力。"《法院解释》第 593 条第 1 款规定："和解协议约定的赔偿损失内容，被告人应当在协议签署后即时履行。"对比这两条规定，可以得出如下结论，第一，**附带民事诉讼中的调解协**议也应当即时履行，不能即时履行的，应当制作调解书。第二，**刑事和解中的和解协议只能即时履行，没有替代方法**。《刑诉法》虽然没有明确规定刑事附带民事调解书可以分期履行，但根据《民事诉讼法》的相关规定，刑事附带民事诉讼调解书也是可以规定分期履行的，实践中也是这么做的。因此，**调解协议中约定的赔偿损失内容最终是可以分期履行的**，故 B 正确。（如果将调解协议和调解书区分开来，则似乎应得出调解协议不能分期履行，而调解书可以分期履行的结论。但命题人的意图是在考查附带民事诉讼调解协议和刑事和解协议的区别，而不在于考查调解协议和调解书的区别，故而不宜从此角度加以判断。）

C 选项涉及当事人和解的刑事诉讼程序的适用范围和相关程序。**《刑诉法》第 288 条**规定："下列公诉案件，犯罪嫌疑人、被告人真诚悔罪，通过向被害人赔偿损失、赔礼道歉等方式获得被害人谅解，被害人自愿和解的，双方当事人可以和解：（一）因民间纠纷引起，涉嫌刑法分则第四章、第五章规定的犯罪案件，可能判处三年有期徒刑以下刑罚的；（二）除渎职犯罪以外的可能判处七年有期徒刑以下刑罚的过失犯罪案件。犯罪嫌疑人、被告人在五年以内曾经故意犯罪的，不适用本章规定的程序。"本案为过失致人死亡的过失犯罪案件，根据《刑法》第 233 条的规定："过失致人死亡的，处三年以上七年以下有期徒刑；情节较轻的，处三年以下有期徒刑。本法另有规定的，依照规定。"可见，本案可以适用刑事和解。而**《法院解释》第 587 条第 1 款**规定："对符合刑事诉讼法第二百八十八条规定的公诉案件，事实清楚、证据充分的，人民法院应当告知当事人可以自行和解；当事人提出申请的，人民法院可以主持双方当事人协商以达成和解。"可见 C 正确。

D 选项涉及刑事和解协议的履行方式。《法院解释》第 593 条第 1 款规定："和解协议约定的赔偿损失内容，被告人应当在协议签署后即时履行。"故 D 错误。

> **易混淆点解析**
>
> 《法院解释》第 594 条规定："双方当事人在侦查、审查起诉期间已经达成和解协议并全部履行，被害人或者其法定代理人、近亲属又提起附带民事诉讼的，人民法院不予受理，但有证据证

明和解违反自愿、合法原则的除外。"**第 595 条**规定："被害人或者其法定代理人、近亲属提起附带民事诉讼后，双方愿意和解，但被告人不能即时履行全部赔偿义务的，人民法院应当制作附带民事调解书。"

应当注意**第 595 条规定的和解尽管也在第二十一章下**，但其却并非通常所说的刑事和解，而是在因侦查、审查起诉期间的刑事和解协议未全部履行，或者有证据证明和解违反自愿、合法原则的情况下，又提起的附带民事诉讼中的和解。对于这一附带民事诉讼中的和解协议，与前面《法院解释》第六章"附带民事诉讼"中第 190 条中的调解协议一样，在不能即时履行的情况下，应当制作附带民事调解书，附带民事调解书可以分期履行；而与《法院解释》第 593 条中的刑事和解协议不同，刑事和解协议只能即时履行。

3. [答案] B   [难度] 中

[考点] 附带民事诉讼中的财产保全

[命题和解题思路] 附带民事诉讼原告人或人民检察院可以申请人民法院采取保全措施是 2012 年《刑诉法》修改的增加内容，命题人此题是为《刑诉法》第 102 条量身定做。由于民事诉讼中有诉前财产保全和诉讼中财产保全之分，诉前财产保全需要提供担保，考生容易记混，命题人在选项设计上特意由此入手设计了"小陷阱"以干扰考生。考生如果没有注意到民诉法与刑诉法规定在这一点上的区别，就会落入陷阱。

[选项分析] 《刑诉法》第 102 条规定："人民法院在必要的时候，可以采取保全措施，查封、扣押或者冻结被告人的财产。附带民事诉讼原告人或者人民检察院可以申请人民法院采取保全措施。人民法院采取保全措施，适用民事诉讼法的有关规定。"对该规定比较熟悉的考生可以一眼看出 B 为正确答案。对该规定不够熟悉的考生则只能运用排除法，还需对民事诉讼法的有关规定比较了解。

A 选项从常识上讲比较容易排除，除非考生对刑诉法新修改的内容毫不重视，否则不应当错选。

B 选项符合《刑诉法》第 102 条的规定，为财产保全的基本措施。

C 选项为重点干扰项。《民事诉讼法》第 104 条有关于诉前财产保全需要提供担保的规定。但是题干中给出的情况是**在提起附带民事诉讼的同时提出财产保全的申请，因此并不属于诉前财产保全，不需要提供担保**。本题中，"在开庭审判前"指的是提起附带民事诉讼的时间，与财产保全是诉前还是诉后没有直接关系，只有在提起此附带民事诉讼之前申请保全，才属于"诉前"财产保全。

D 选项也有比较强的干扰性。根据《民事诉讼法》第 103、104 条和《法院解释》第 189 条的规定，**诉讼中的财产保全，向哪个法院起诉即向哪个法院申请保全；诉前财产保全则可以向被保全财产所在地、被申请人住所地或对案件有管辖权的人民法院提出**。但无论是哪种保全，均无要移送财产所在地法院采取保全措施的规定。

难点解析

《法院解释》第 189 条第 2 款规定："有权提起附带民事诉讼的人因情况紧急，不立即申请保全将会使其合法权益受到难以弥补的损害的，可以在提起附带民事诉讼前，向被保全财产所在地、被申请人居住地或者对案件有管辖权的人民法院申请采取保全措施。申请人在人民法院受理刑事案件后十五日以内未提起附带民事诉讼的，人民法院应当解除保全措施。"该款规定肯定了可以在提起附带民事诉讼前提出诉前财产保全，但是并未提及是否需要提供担保。

不过，第 189 条第 3 款规定："人民法院采取保全措施，适用民事诉讼法第一百条①至第一百零五条②的有关规定，但民事诉讼法第一百零一条③第三款的规定除外。"而《民事诉讼法》关于诉前财产保全需要提供担保的规定是在第 104 条第 1 款中，不属于"除外"范围，因此应当适用于刑事附带民事诉讼的财产保全。

作为"除外"，《民事诉讼法》第 104 条第 3 款的规定是："申请人在人民法院采取保全措施后三十日内不依法提起诉讼或者申请仲裁的，人民法院应当解除保全。"可见，《刑诉法》将这一款规定中的"三十日"改为了"十五日"，故

---

① 现为《民事诉讼法》第 103 条。
② 现为《民事诉讼法》第 108 条。
③ 现为《民事诉讼法》第 104 条。

而不再适用此款规定。但其他条款的规定仍应适用。

4.　[答案] B　　　[难度] 难

[考点] 附带民事诉讼的审判

[命题和解题思路] 命题人通过此题考查了附带民事诉讼中当事人等缺席的情况应如何处理的问题，并且又在细节上设置了陷阱，将"可以缺席判决"写作"应当缺席判决"，要求考生对相关规定的细节非常熟悉。

《法院解释》第 195 条第 1、2 款规定，即"附带民事诉讼原告人经传唤，无正当理由拒不到庭，或者未经法庭许可中途退庭的，应当按撤诉处理。刑事被告人以外的附带民事诉讼被告人经传唤，无正当理由拒不到庭，或者未经法庭许可

中途退庭的，附带民事部分可以缺席判决。"本题的难点主要在于，原告人缺席是"应当"按撤诉处理，被告人缺席则是"可以"缺席判决，没有注意到这一细节的考生很容易答错此题。这也正是命题人的"心机"所在。

[选项分析] A 选项中的"择期审理"不符合上述《法院解释》第 195 条第 1 款的规定，况且刑诉法中也根本从未出现过"择期审理"的说法，故排除 A。

B 选项符合《法院解释》第 195 条第 1 款的规定，故为正确选项。

C 选项中的"应当采取强制手段强制其到庭"和 D 选项中的"应当缺席判决"均不符合《法院解释》第 195 条第 2 款中"可以缺席判决"的规定，故排除 C、D。

第十二章　立　案

试　题

1. 某县公安机关接到群众对李某涉嫌贩卖毒品的举报。关于公安机关立案前的初查，下列哪些说法是错误的？（2019 年回忆版）

A. 由侦查员假扮吸毒人员与李某联系购买毒品

B. 经上一级公安机关负责人批准，监听李某的电话

C. 侦查人员趁李某外出，秘密搜查其住所

D. 侦查人员到银行调取李某的存款转账记录

2. 甲向 Z 省 F 市质量监督局举报红光食品厂生产有毒有害食品。F 市质量监督局调查后认为该厂已构成生产有毒有害食品罪，遂将案件移送给 F 市公安局立案侦查。F 市公安局审查后以没有犯罪事实为由决定不予立案。关于本案，下列哪一选项是正确的？（2018 年回忆版）

A. 如甲对不立案决定不服，可向 F 市公安局申请复议

B. 如甲接到复议决定后仍不服，可向 Z 省公安厅申请复核

C. 如 F 市质量监督局对不立案决定不服，可向 F 市公安局申请复议

D. 如 F 市质量监督局接到复议决定后仍不

服，可向 Z 省公安厅申请复核

3. 环卫工人马某在垃圾桶内发现一名刚出生的婴儿后向公安机关报案，公安机关紧急将婴儿送医院成功抢救后未予立案。关于本案的立案程序，下列哪一选项是正确的？（2017-2-30）

A. 确定遗弃婴儿的原因后才能立案

B. 马某对公安机关不予立案的决定可申请复议

C. 了解婴儿被谁遗弃的知情人可向检察院控告

D. 检察院可向公安机关发出要求说明不立案理由通知书

4. 公安机关获知有多年吸毒史的王某近期可能从事毒品销售活动，遂对其展开初步调查工作。关于这一阶段公安机关可以采取的措施，下列哪些选项是正确的？（2016-2-72）

A. 监听

B. 查询王某的银行存款

C. 询问王某

D. 通缉

5. 甲公司以虚构工程及伪造文件的方式，骗取乙工程保证金 400 余万元。公安机关接到乙控

告后，以尚无明确证据证明甲涉嫌犯罪为由不予立案。关于本案，下列哪一选项是正确的？（2015-2-32）

A. 乙应先申请公安机关复议，只有不服复议决定的才能请求检察院立案监督

B. 乙请求立案监督，检察院审查后认为公安机关应立案的，可通知公安机关立案

C. 公安机关接到检察院立案通知后仍不立案的，经省级检察院决定，检察院可自行立案侦查

D. 乙可直接向法院提起自诉

📶 **6.** 卢某坠楼身亡，公安机关排除他杀，不予立案。但卢某的父母坚称他杀可能性大，应当立案，请求检察院监督。检察院的下列哪一做法是正确的？（2013-2-34）

A. 要求公安机关说明不立案理由

B. 拒绝受理并向卢某的父母解释不立案原因

C. 认为符合立案条件的，可以立案并交由公安机关侦查

D. 认为公安机关不立案理由不能成立的，应当建议公安机关立案

详 解

1. ［答案］ABC ［难度］中

［考点］立案前的初查

［命题和解题思路］本题主要考查了公安机关在立案前为核实线索可以采取哪些初查措施。解题时，一是要注意技术侦查只能是在立案后方能实施；二是要注意哪些措施会限制被调查对象人身和财产权利。

［选项分析］选项 A 说法错误。A 选项实质是侦查人员隐匿身份实施侦查，属于技术侦查的一种类型，必须在立案后方能实施，因此说法错误。

B 选项说法错误。如前所述，监听通讯也是属于技术侦查中的一种，虽然其实施需要经市一级（本题中的上一级）公安机关负责人批准，但必须是在立案后才能实施，因此说法错误。

C 选项说法错误。搜查被调查人的住所，属于强制侦查行为的一种，只能在立案后才能实施，类似的还包括查封、扣押、冻结等，因此说法错误。

D 选项说法正确。根据《公安部规定》第 174 条的规定，对接受的案件，或者发现的犯罪线索，

公安机关应当迅速进行审查。发现案件事实或者线索不明的，必要时，经办案部门负责人批准，可以进行调查核实。调查核实过程中，公安机关可以依照有关法律和规定采取询问、查询、勘验、鉴定和调取证据材料等不限制被调查对象人身、财产权利的措施。但是，不得对被调查对象采取强制措施，不得查封、扣押、冻结被调查对象的财产，不得采取技术侦查措施。D 选项中公安机关调取其银行存款和转账记录并不会限制其财产权利，符合初查的要求，因此说法正确。

2. ［答案］C ［难度］难

［考点］对不立案决定的复议、复核

［命题和解题思路］本题考查了对不立案决定的复议和复核程序，由于加入了行政机关对移送案件不立案的复议这一知识点，难度较大，如果考生不了解《公安部规定》的相关内容，难以正确回答本题。此外，在解题时还需要注意甲的身份系举报人，而非控告人，这也是以往多次考查的考点。

［选项分析］A 选项和 B 选项说法均错误。解题的关键在于弄清楚甲的身份。根据题干表述，甲系举报人，而非控告人。而只有控告人才能对公安机关不立案的决定申请复议和复核，所以选项 A 和 B 说法均错误。

C 选项说法正确，D 选项说法错误。判断的理由为同一知识点。本案 F 市质量监督局（行政机关）将案件移送给 F 市公安局，根据《公安部规定》第 181 条的规定，移送案件的行政执法机关对不予立案决定不服的，可以在收到不予立案通知书后 3 日以内向作出决定的公安机关申请复议；公安机关应当在收到行政执法机关的复议申请后 3 日以内作出决定，并书面通知移送案件的行政执法机关。注意，仅规定了复议程序，没有向上一级公安机关的申请复核程序，所以选项 D 错误。

3. ［答案］D ［难度］中

［考点］立案的材料来源、立案的条件、立案程序、立案监督

［命题和解题思路］命题人通过此题重点考查了控告人的权利和控告、报案、举报等概念的区别。由于这些概念的区别并非为法律所明确规定，因此容易为考生所忽视。只要弄清了它们之间的区别并明确只有控告人才有权申请复议，则本题

难度不大。

控告人的复议权几乎是每年必考的点，但考查的角度每年都不太一样。本题考查的是**控告和报案、举报的区别**。立案监督程序也是几乎每年必考的高频考点，考查的都是具体程序。与历年考题相比，本题在立案监督方面考得比较简单。

[选项分析] A 选项涉及立案条件。《刑诉法》第 112 条规定："人民法院、人民检察院或者公安机关对于报案、控告、举报和自首的材料，应当按照管辖范围，迅速进行审查，认为有犯罪事实需要追究刑事责任的时候，应当立案……"可见，立案的条件是"有犯罪事实需要追究刑事责任"，由于此时侦查尚未开始，因此对立案条件中的"有犯罪事实"不能要求过高，只要是发现有危害社会并违反刑法的行为发生即可，而并不要求要确定犯罪的具体过程、原因等。《刑法》第 261 条规定："对于年老、年幼、患病或者其他没有独立生活能力的人，负有扶养义务而拒绝扶养，情节恶劣的，处五年以下有期徒刑、拘役或者管制。"遗弃婴儿的原因虽然可能成为判断情节是否恶劣的因素之一，但并不是遗弃罪犯罪构成中的必要条件，因此不是非要确定遗弃婴儿的原因后才能立案。故排除 A。

B 选项涉及可以申请复议的主体。《刑诉法》第 112 条规定："人民法院、人民检察院或者公安机关对于报案、控告、举报和自首的材料……认为没有犯罪事实，或者犯罪事实显著轻微，不需要追究刑事责任的时候，不予立案，并且将不立案的原因通知控告人。控告人如果不服，可以申请复议。"可见，有权申请复议的，只能是控告人。**控告**是指被害人就其人身权利、财产权利遭受不法侵害的事实及犯罪嫌疑人的有关情况，向公安司法机关揭露和告发，要求依法追究其刑事责任的诉讼行为。**报案**则是指被害人或与任何单位或个人发现有犯罪事实发生，但尚不知犯罪嫌疑人为何人时，向公安司法机关告发的行为。可见，本案中，马某是报案人，而不是控告人，因此其无权就公安机关不予立案的决定申请复议。故排除 B。

C 选项涉及可以提出控告的主体。如上述 B 选项的分析中所述，控告是指被害人就其人身权利、财产权利遭受不法侵害的事实及犯罪嫌疑人的有关情况，向公安司法机关揭露和告发，要求

依法追究其刑事责任的诉讼行为。可见，控告人只能是直接遭受犯罪行为侵害的被害人。了解婴儿被谁遗弃的知情人不是直接遭受犯罪行为侵害的被害人，因此不能向公安司法机关控告，但是可以向公安司法机关举报。**举报**是指单位和个人对其发现的犯罪事实或犯罪嫌疑人向公安司法机关进行告发、揭露的行为。故排除 C。

选项 D 涉及立案监督程序。《刑诉法》第 113 条规定："人民检察院认为公安机关对应当立案侦查的案件而不立案侦查的，或者被害人认为公安机关对应当立案侦查的案件而不立案侦查，向人民检察院提出的，人民检察院应当要求公安机关说明不立案的理由……"《检察规则》第 559 条第 1 款规定："人民检察院经审查，认为需要公安机关说明不立案理由的，应当要求公安机关书面说明不立案的理由。"因此，选项 D 正确。

> **易混淆点解析**
>
> 控告、报案、举报之间的区别在于：第一，从主体看，控告的主体只能是被害人，这里的"被害人"是指广义的被害人，包括公诉案件的被害人和自诉人，也包括单位被害人；报案的主体可以是被害人，也可以是一般的单位或个人；举报的主体只能是一般的单位或个人。第二，从内容上看，控告和举报是已发现犯罪事实和犯罪嫌疑人，被害人提出的叫"控告"，一般单位和个人提出的叫"举报"；报案则是已发现犯罪事实，但尚未发现犯罪嫌疑人，无论是被害人提出，还是一般的单位或个人提出，都叫作"报案"。
>
> | | 发现犯罪事实，但不知犯罪嫌疑人 | 发现犯罪事实和犯罪嫌疑人 |
> |---|---|---|
> | 被害人 | 报案 | 控告 |
> | 一般的单位或个人 | 报案 | 举报 |

4. [答案] BC　　　[难度] 易

[考点] 初查

[命题和解题思路] 命题人通过此题考查了公安机关初查过程中可以采取的措施。在考试大纲中很难找到一个与之完全对应的考点。但是根据属于考纲范围内的一些知识和常识，要做对此题

并不困难。

[选项分析] 本题可通过三种方法解答：

第一，《公安部规定》第 174 条第 2 款规定："调查核实过程中，公安机关可以依照有关法律和规定采取询问、查询、勘验、鉴定和调取证据材料等不限制被调查对象人身、财产权利的措施。但是，不得对被调查对象采取强制措施，不得查封、扣押、冻结被调查对象的财产，不得采取技术侦查措施。"可知 B、C 正确。

第二，对于不了解上述规定的考生，可通过常识解决此题。根据刑事诉讼的一般常识，立案前不能采取强制性的侦查措施，而在四个选项中，A 和 D 显然带有一定的强制性，故应予排除。

第三，可通过排除法解答此题。A 选项属于技术侦查措施。《刑诉法》第 150 条第 1 款规定："公安机关在立案后，对于危害国家安全犯罪、恐怖活动犯罪、黑社会性质的组织犯罪、重大毒品犯罪或者其他严重危害社会的犯罪案件，根据侦查犯罪的需要，经过严格的批准手续，可以采取技术侦查措施。"可见，技术侦查只有在立案后才能采取，这是法律明确规定了的，故排除 A。B、C、D 三个选项所涉及的法律规定中均未明确规定可采取该措施的时间，但是通缉针对的是应当逮捕而在逃的犯罪嫌疑人，而逮捕是最严厉的强制措施，因此根据常识，也可知道其只能在立案后方可采取，故排除 D。又因本题为多选题，正确答案自然只能是 B、C。

5. [答案] D　　[难度] 中

[考点] 立案监督、人民法院直接受理的刑事案件

[命题和解题思路] 命题人通过此题比较全面地考查了公安机关不立案后，被害人可以有哪些应对方法和各种方法之间的关系及每种方法的程序。这些内容集中规定在《刑诉法》第 112、113、114 条中。总的来说，被害人对于公安机关不予立案的，可以有三种应对方法：一是向公安机关申请复议；二是向人民检察院请求立案监督；三是向人民法院提起自诉。这三种方法之间是各自独立的，每种方法都可在公安机关不予立案后直接采取。其中，人民检察院的立案监督要分两步走，第一步是要求公安机关说明不立案的理由，第二步才是通知公安机关立案。

[选项分析] A 选项涉及被害人在请求检察院立案监督之前是否必须先申请复议。《刑诉法》第 112 条规定："人民法院、人民检察院或者公安机关……认为没有犯罪事实，或者犯罪事实显著轻微，不需要追究刑事责任的时候，不予立案，并且将不立案的原因通知控告人。控告人如果不服，可以申请复议"（这里的控告人通常就是被害人）。《刑诉法》第 113 条规定："……被害人认为公安机关对应当立案侦查的案件而不立案侦查，向人民检察院提出的，人民检察院应当要求公安机关说明不立案的理由。人民检察院认为公安机关不立案理由不能成立的，应当通知公安机关立案，公安机关接到通知后应当立案。"由此可见，被害人向公安机关申请复议和向人民检察院请求立案监督都只有一个条件，即不服公安机关的不立案决定，也即认为公安机关应当立案侦查而不立案侦查，也就是说，在此种情况下，被害人既可以选择申请复议，也可以选择请求立案监督，并非只有在不服复议决定时才能请求立案监督。故 A 错误。

B 选项为重点干扰项，涉及立案监督的具体程序。《刑诉法》第 113 条规定："人民检察院认为公安机关对应当立案侦查的案件而不立案侦查的，或者被害人认为公安机关对应当立案侦查的案件而不立案侦查，向人民检察院提出的，人民检察院应当要求公安机关说明不立案的理由。人民检察院认为公安机关不立案理由不能成立的，应当通知公安机关立案，公安机关接到通知后应当立案。"根据此条规定，人民检察院对公安机关不立案的监督应当分两步：第一步，要求公安机关说明不立案的理由；第二步，认为公安机关不立案理由不能成立的，应当通知公安机关立案。本选项中的检察院未经第一步而直接通知公安机关立案的做法，不符合法律规定。故 B 错误。

C 选项涉及人民检察院对公安机关经通知仍拒不立案的案件能否自行立案侦查。《检察规则》第 564 条第 1、2 款规定："人民检察院通知公安机关立案或者撤销案件的，应当依法对执行情况进行监督。公安机关在收到通知立案书或者通知撤销案件书后超过十五日不予立案或者未要求复议、提请复核也不撤销案件的，人民检察院应当发出纠正违法通知书。公安机关仍不纠正的，报上一级人民检察院协商同级公安机关处理。"故 C 错误。

D 选项涉及法院直接受理的刑事案件的范围。《刑诉法》第 114 条规定："对于自诉案件，被害人有权向人民法院直接起诉……"《刑诉法》第 210 条规定："自诉案件包括下列案件：（一）告诉才处理的案件；（二）被害人有证据证明的轻微刑事案件；（三）被害人有证据证明对被告人侵犯自己人身、财产权利的行为应当依法追究刑事责任，而公安机关或者人民检察院不予追究被告人刑事责任的案件。"本案应当属于自诉案件中的第 3 项，因此被害人乙可以直接向法院自诉。故 D 正确。

6. [答案] A   [难度] 易

[考点] 立案监督（立案监督的程序）

[命题和解题思路] 立案监督也是一个比较受命题人青睐的考点。关于立案监督的规定本身并不复杂，但是命题人在选项的设计上再次从细节入手设计陷阱，将检察机关认为公安机关不立案理由不能成立的，应当"通知"公安机关立案，改为了应当"建议"公安机关立案，对法条掌握不细的考生可能会比较纠结。

《刑诉法》规定的立案监督程序实际上是对公安机关应当立案而不立案的监督，其主要内容就三步：要求说明立案理由，认为理由不成立通知立案，接到通知后应当立案。除此之外，《检察规则》还规定了对公安机关不应立案而立案的监督，也即要求公安机关说明立案的理由和认为理由不成立时通知公安机关撤销案件。这两种监督的程序大体相同。但需要注意一点区别：根据《检察规则》第 563、565 条的规定，对于人民检察院通知立案的，公安机关应当在收到立案通知书后 15 日以内立案，对于通知撤销案件的，没有异议的应当立即撤销案件或者要求同级人民检察院复议，不接受复议决定还可提请上一级人民检察院复核。掌握住这几点，有关立案监督的题就不容易失分了。

[选项分析] A 选项符合《刑诉法》第 113 条的规定。该条规定："人民检察院认为公安机关对应当立案侦查的案件而不立案侦查的，或者被害人认为公安机关对应当立案侦查的案件而不立案侦查，向人民检察院提出的，人民检察院应当要求公安机关说明不立案的理由……"如果考生对该条规定不了解，亦可通过排除其他选项的方法找出正确答案。

B 选项可通过两种方法排除：第一，《检察规则》第 557 条第 1 款规定："被害人及其法定代理人、近亲属或者行政执法机关，认为公安机关对其控告或者移送的案件应当立案侦查而不立案侦查，或者当事人认为公安机关不应当立案而立案，向人民检察院提出的，人民检察院应当受理并进行审查。"第二，根据常识即可排除。检察机关作为法律监督机关，在被害人近亲属请求其进行法律监督的情况下，不应随意拒绝受理，并且，在未收到公安机关对不立案理由的说明之前，检察机关也不可能知道公安机关不予立案的原因，更没有义务替公安机关解释。

C 选项也可根据常识排除。检察机关和公安机关在立案管辖方面有明确的划分，对于应由公安机关管辖的案件，检察机关不能立案。

D 选项为重点干扰项。可以通过两种方式排除：第一，根据《刑诉法》第 113 条的规定："……人民检察院认为公安机关不立案理由不能成立的，应当通知公安机关立案，公安机关接到通知后应当立案。"这里是"通知"而非"建议"，"通知"具有强制性，公安机关"应当"立案，"建议"不具有强制性，公安机关可以不接受。第二，如果 D 正确，则 A 必然正确，因为只有要求公安机关说明不立案理由后才可能判断公安机关不立案理由是否成立，那么这道题就会出现两个正确选项，这样也可以推导出 D 肯定是错误的。

第十三章　侦查措施

试　题

第一节　讯问犯罪嫌疑人

📶 **1.** 在朱某危险驾驶案的辩护过程中，辩护律师查看了侦查机关录制的讯问同步录像。同步录像中的下列哪些行为违反法律规定？（2017-2-73）

A. 后续讯问的侦查人员与首次讯问的侦查人员完全不同

B. 朱某请求自行书写供述，侦查人员予以拒绝

C. 首次讯问时未告知朱某可聘请律师

D. 其中一次讯问持续了 14 个小时

📶 **2.** 王某系聋哑人，因涉嫌盗窃罪被提起公诉。关于本案，下列哪一选项是正确的？（2016-2-28）

A. 讯问王某时，如有必要可通知通晓聋哑手势的人参加

B. 王某没有委托辩护人，应通知法律援助机构指派律师为其提供辩护

C. 辩护人经通知未到庭，经王某同意，法院决定开庭审理

D. 因事实清楚且王某认罪，实行独任审判

📶 **3.** 甲、乙（户籍地均为 M 省 A 市）共同运营一条登记注册于 A 市的远洋渔船。某次在公海捕鱼时，甲乙二人共谋杀害了与他们素有嫌隙的水手丙。该船回国后首泊于 M 省 B 市港口以作休整，然后再航行至 A 市。从 B 市起航后，在途经 M 省 C 市航行至 A 市过程中，甲因害怕乙投案自首一直将乙捆绑拘禁于船舱。该船于 A 市靠岸后案发。本案公安机关开展侦查。关于侦查措施，下列选项正确的是：（2016-2-94）

A. 讯问甲的过程应当同步录音或录像

B. 可在讯问乙的过程中一并收集乙作为非法拘禁案的被害人的陈述

C. 在该船只上进行犯罪现场勘查时，应邀请见证人在场

D. 可查封该船只进一步收集证据

📶 **4.** 关于讯问犯罪嫌疑人，下列哪些选项是正确的？（2014-2-70）

A. 在拘留犯罪嫌疑人之前，一律不得对其进行讯问

B. 在拘留犯罪嫌疑人之后，可在送看守所羁押前进行讯问

C. 犯罪嫌疑人被拘留送看守所之后，讯问应当在看守所内进行

D. 对于被指定居所监视居住的犯罪嫌疑人，应当在指定的居所进行讯问

第二节　询问证人、被害人

📶 **1.** 某幼儿园老师乙因涉嫌性侵儿童甲被立案侦查，检察院以缺乏证据证明性侵事实为由未批准逮捕乙。公安机关对乙监视居住后，通过隐瞒真相的方式获取乙的口供。关于本案的侦查与证

据，下列选项符合刑诉法相关规定的是：（2023年回忆版）

A. 为确定案件事实，在征得甲及其监护人同意后，侦查人员检查了甲身体

B. 侦查人员只对甲进行了一次询问

C. 侦查人员通过隐瞒真相的方式获取的口供，法院将其作为非法证据排除

D. 侦查人员组织乙对甲进行了辨认

📶 **2.** 在一起聚众斗殴案件发生时，证人甲乙丙丁四人在现场目睹事实经过，侦查人员对上述四名证人进行询问。关于询问证人的程序和方式，下列哪一选项是错误的？（2013-2-30）

A. 在现场立即询问证人甲

B. 传唤证人乙到公安机关提供证言

C. 到证人丙租住的房屋询问证人丙

D. 到证人丁提出的其工作单位附近的快餐厅询问证人丁

第三节　勘验、检查

📶 **1.** 某地发生命案，侦查人员在勘验现场时邀请当地村委会主任刘某作为见证人。对此，下列哪些选项是正确的？（2023年回忆版）

A. 刘某应在勘验笔录上签字或者盖章

B. 刘某如请求公安机关予以安全保护，公安机关应采取保护措施

C. 刘某属于本案的诉讼参与人

D. 勘验笔录的真实性有争议时，法庭可通知刘某出庭

📶 **2.** 关于勘验、检查，下列哪一选项是正确的？（2014-2-34）

A. 为保证侦查活动的规范性与合法性，只有侦查人员可进行勘验、检查

B. 侦查人员进行勘验、检查，必须持有侦查机关的证明文件

C. 检查妇女的身体，应当由女工作人员或者女医师进行

D. 勘验、检查应当有见证人在场，勘验、检查笔录上没有见证人签名的，不得作为定案的根据

第四节　辨　认

📶 关于侦查辨认，下列哪一选项是正确的？（2017-2-31）

A. 强制猥亵案，让犯罪嫌疑人对被害人进行辨认

B. 盗窃案，让犯罪嫌疑人到现场辨认藏匿赃物的房屋

C. 故意伤害案，让犯罪嫌疑人和被害人一起对凶器进行辨认

D. 刑讯逼供案，让被害人在 4 张照片中辨认犯罪嫌疑人

第五节　技术侦查

📶 *1.* 某县公安机关办理一起贩毒案，决定采取监听和控制下交付。对此，下列哪一说法是正确的？（2020 年回忆版）

A. 须报上一级公安机关审批

B. 可对涉嫌贩毒和购买毒品的人进行监听

C. 对于在监听中获知的犯罪嫌疑人的其他违法行为，应将材料移送行政机关处理

D. 对于在监听中获知的商业秘密不得作为证据使用

📶 *2.* 赵某在甲省乙市丙区涉嫌特大贩毒案，张某为自己吸食毒品从赵某处购买。赵某被乙市公安局立案侦查，关于本案，下列哪些说法是正确的？（2018 年回忆版）

A. 乙市公安局可对张某实施通讯监控的侦查措施

B. 如乙市公安局在对赵某实施通讯监控后 3 个月内发现需变更为行动监控的侦查措施，须重新办理批准手续

C. 由于本案案情复杂、疑难，对赵某的通讯监控期限届满需延长 3 个月，须重新办理批准手续

D. 如对该案需采取隐匿身份实施侦查，应报甲省公安厅负责人批准

📶 *3.* 鲁某与关某涉嫌贩卖冰毒 500 余克，B 省 A 市中级法院开庭审理后，以鲁某犯贩卖毒品罪，判处死刑立即执行，关某犯贩卖毒品罪，判处死刑缓期二年执行。一审宣判后，关某以量刑过重为由向 B 省高级法院提起上诉，鲁某未上诉，检察院也未提起抗诉。关于本案侦查，下列选项正确的是：（2015-2-94）

A. 本案经批准可采用控制下交付的侦查措施

B. 对鲁某采取技术侦查的期限不得超过 9 个月

C. 侦查机关只有在对鲁某与关某立案后，才

能派遣侦查人员隐匿身份实施侦查

D. 通过技术侦查措施收集到的证据材料可作为定案的依据，但须经法庭调查程序查证属实或由审判人员在庭外予以核实

📶 *4.* 某地法院审理齐某组织、领导、参加黑社会性质组织罪，关于对作证人员的保护，下列哪些选项是正确的？（2014-2-69）

A. 可指派专人对被害人甲的人身和住宅进行保护

B. 证人乙可申请不公开真实姓名、住址等个人信息

C. 法院通知侦查人员丙出庭说明讯问的合法性，为防止黑社会组织报复，对其采取不向被告人暴露外貌、真实声音的措施

D. 为保护警方卧底丁的人身安全，丁可不出庭作证，由审判人员在庭外核实丁的证言

第六节　补充侦查

📶 *1.* 甲、乙共同实施抢劫，该案经两次退回补充侦查后，检察院发现甲在两年前曾实施诈骗犯罪。关于本案，下列哪一选项是正确的？（2016-2-35）

A. 应将全案退回公安机关依法处理

B. 对新发现的犯罪自行侦查，查清犯罪事实后一并提起公诉

C. 将新发现的犯罪移送公安机关侦查，待公安机关查明事实移送审查起诉后一并提起公诉

D. 将新发现的犯罪移送公安机关立案侦查，对已查清的犯罪事实提起公诉

📶 *2.* 关于补充侦查，下列哪些选项是正确的？（2015-2-70）

A. 审查批捕阶段，只有不批准逮捕的，才能通知公安机关补充侦查

B. 审查起诉阶段的补充侦查以两次为限

C. 审判阶段检察院应自行侦查，不得退回公安机关补充侦查

D. 审判阶段法院不得建议检察院补充侦查

详　解

第一节　讯问犯罪嫌疑人

1. [答案] BCD　　[难度] 中

[考点] 讯问犯罪嫌疑人的程序、委托辩护人

的时间

[命题和解题思路] 命题人通过此题考查了讯问犯罪嫌疑人的程序, 同时涉及委托辩护人的时间。需要考生选出的不是正确选项, 而是哪些选项违反了法律规定。各选项中涉及的问题大多都有法律的明文规定, 对照规定即可判断出是否存在违反法律规定的情形。对于法律未予要求的, 当然不属于违反法律规定的情形。

[选项分析] A 选项涉及讯问犯罪嫌疑人的主体。《刑诉法》第 118 条第 1 款规定: "讯问犯罪嫌疑人必须由人民检察院或者公安机关的侦查人员负责进行。讯问的时候, 侦查人员不得少于二人。"但并没有规定不得更换侦查人员。因此 A 并未违反法律规定, 故排除 A。

B 选项涉及犯罪嫌疑人可否自行书写供述。《刑诉法》第 122 条规定: "……犯罪嫌疑人请求自行书写供述的, 应当准许……"因此 B 选项中侦查人员不允许朱某自行书写供述是违反法律规定的。

C 选项涉及告知犯罪嫌疑人有权委托辩护的时间。《刑诉法》第 34 条第 2 款规定: "侦查机关在第一次讯问犯罪嫌疑人或者对犯罪嫌疑人采取强制措施的时候, 应当告知犯罪嫌疑人有权委托辩护人……"因此 C 选项违反了法律规定。

D 选项涉及讯问可持续的时间。对于未被羁押的犯罪嫌疑人, 讯问可持续的时间实际上也就是传唤或拘传可持续的时间。《刑诉法》第 119 条第 2 款规定: "传唤、拘传持续的时间不得超过十二小时; 案情特别重大、复杂, 需要采取拘留、逮捕措施的, 传唤、拘传持续的时间不得超过二十四小时。"本案是危险驾驶案, 不属于"案情特别重大、复杂"的, 因此传唤、拘传持续的时间不得超过 12 小时, 持续 14 小时的讯问是违法的。

2. [答案] B   [难度] 易

[考点] 讯问犯罪嫌疑人、法律援助制度、简易程序的适用范围

[命题和解题思路] 命题人通过此题考查了有关聋哑人权利保障的多个考点, 考生如熟悉相关规定, 可依规定解答。如果不熟悉相关规定, 则可依据聋哑人的权利需要被予以更周全的保障这一常识, 予以推断。在四个选项中, 对聋哑人权利保障周全的只有 B。

[选项分析] A 选项涉及对聋哑人的讯问程

序。《刑诉法》第 121 条规定: "讯问聋、哑的犯罪嫌疑人, 应当有通晓聋、哑手势的人参加, 并且将这种情况记明笔录。"本选项把"应当"改为了"如有必要", 故应当排除 A。

B 选项涉及对聋哑人的法律援助。《刑诉法》第 35 条第 2 款规定: "犯罪嫌疑人、被告人是盲、聋、哑人, 或者是尚未完全丧失辨认或者控制自己行为能力的精神病人, 没有委托辩护人的, 人民法院、人民检察院和公安机关应当通知法律援助机构指派律师为其提供辩护。"B 选项符合此款规定, 故为正确选项。

C 选项涉及对聋哑人的审判程序。《法院解释》第 225 条第 2 款规定: "辩护人经通知未到庭, 被告人同意的, 人民法院可以开庭审理, 但被告人属于应当提供法律援助情形的除外。"本题中, 被告人王某是聋哑人, 属于应当提供法律援助的情形, 因此即便王某同意, 在辩护人未到庭的情况下也不能开庭。因此排除 C。

D 选项也涉及对聋哑人的审判程序。根据刑诉法的规定, 只有简易程序才能独任审判。而《刑诉法》第 215 条规定: "有下列情形之一的, 不适用简易程序: (一) 被告人是盲、聋、哑人, 或者是尚未完全丧失辨认或者控制自己行为能力的精神病人的; ……"本案被告人王某为聋哑人, 故不能适用简易程序, 也不能独任审判。因此 D 也错误。

3. [答案] ACD   [难度] 中

[考点] 讯问犯罪嫌疑人、询问被害人、勘验、查封

[命题和解题思路] 命题人通过此题考查了多个侦查措施的适用程序, 考查内容较细, 有些并无明确规定。考生首先应判断各选项所要考查的是哪种具体的侦查措施, 以寻找相对应的法律规定, 对于没有明文规定的, 应当根据相关的规定, 结合法理与常识予以判断。

[选项分析] A 选项涉及讯问时录音录像制度。《刑诉法》第 123 条第 1 款规定: "侦查人员在讯问犯罪嫌疑人的时候, 可以对讯问过程进行录音或者录像; 对于可能判处无期徒刑、死刑的案件或者其他重大犯罪案件, 应当对讯问过程进行录音或者录像。"甲涉嫌故意杀人罪, 可能判处无期徒刑、死刑, 因此对甲的讯问应当同步录音

或录像。故 A 正确。

B 选项的实质是通过讯问程序能否收集被害人陈述。乙在故意杀人案中是犯罪嫌疑人，在非法拘禁案中是被害人，讯问犯罪嫌疑人和询问被害人是不同的侦查措施，应当遵循不同的程序和法律规定，被害人陈述只能通过询问程序收集，不能通过讯问程序收集，因此不能在讯问乙的过程中一并收集其作为非法拘禁案的被害人陈述。故 B 错误。

C 选项考查的是勘验程序是否应当邀请见证人在场。本选项可通过两种方法判断：第一，《公安部规定》第 216 条明确规定："勘查现场，应当拍摄现场照片、绘制现场图，制作笔录，由参加勘查的人和见证人签名。对重大案件的现场勘查，应录音录像。"第二，即便不知道公安部的规定，根据《刑诉法》第 133 条的规定也能得出同样结论，该条规定："勘验、检查的情况应当写成笔录，由参加勘验、检查的人和见证人签名或者盖章。"可见勘验程序应当邀请见证人在场。故 C 正确。

D 选项涉及查封措施的适用。《刑诉法》第 141 条第 1 款规定："在侦查活动中发现的可用以证明犯罪嫌疑人有罪或者无罪的各种财物、文件，应当查封、扣押；与案件无关的财物、文件，不得查封、扣押。"本案中，故意杀人案和非法拘禁案均发生在该船上，该船当然属于可能证明犯罪嫌疑人有罪或者无罪的财物，因此属于可以查封的对象。故 D 正确。船舶作为查封对象，与一般财物无异，只是根据《公安部规定》第 228 条第 2 款的规定："在侦查过程中需要查封土地、房屋等不动产，或者船舶、航空器以及其他不宜移动的大型机器、设备等特定动产的，应当经县级以上公安机关负责人批准并制作查封决定书。"

4. ［答案］BC　　［难度］中

［考点］讯问犯罪嫌疑人、拘留、指定居所监视居住

［命题和解题思路］命题人通过此题考查了被拘留人、被指定居所监视居住人的讯问时间和讯问地点，考查内容很细，有些是对法条的直接考查，有些则需要考生根据相关法条及其相互间的关系予以推导。

［选项分析］A 选项可通过两种方法判断：第一，通过常识即可判断。拘留是一种强制措施，只能适用于符合拘留条件的犯罪嫌疑人，而讯问则要适用于所有犯罪嫌疑人，对不符合拘留条件、未被拘留的犯罪嫌疑人当然也可以进行讯问。第二，《刑诉法》第 119 条第 1 款规定："对不需要逮捕、拘留的犯罪嫌疑人，可以传唤到犯罪嫌疑人所在市、县内的指定地点或者到他的住处进行讯问，但是应当出示人民检察院或者公安机关的证明文件。对在现场发现的犯罪嫌疑人，经出示工作证件，可以口头传唤，但应当在讯问笔录中注明。"可见，在拘留犯罪嫌疑人之前，完全可以进行讯问。因此 A 错误。

B 选项涉及讯问被拘留人的时间。《刑诉法》第 85 条第 2 款规定："拘留后，应当立即将被拘留人送看守所羁押，至迟不得超过二十四小时……"可见，从拘留犯罪嫌疑人到将他送交看守所羁押，这之间是有一段间隔时间的，这个间隔时间只要不超过 24 小时即可，那么，在这个间隔时间内，可以对犯罪嫌疑人进行讯问吗？《刑诉法》第 86 条规定："公安机关对被拘留的人，应当在拘留后的二十四小时以内进行讯问。在发现不应当拘留的时候，必须立即释放，发给释放证明。"可见，这一讯问应当尽早进行，以及时甄别出不应当拘留的情况，也即在被拘留人被送交看守所之前的间隔时间里就可及时讯问，而不必等到送到看守所后再进行。由此可见 B 正确。

C 选项涉及被拘留人被送交看守所后的讯问地点。《刑诉法》第 118 条第 2 款规定："犯罪嫌疑人被送交看守所羁押以后，侦查人员对其进行讯问，应当在看守所内进行。"可见 C 正确。

D 选项涉及对被指定居所监视居住的犯罪嫌疑人进行讯问的地点。本选项可通过两种方法判断：第一，《刑诉法》并未对被指定居所监视居住的犯罪嫌疑人进行讯问的地点作出专门规定。《刑诉法》第 119 条规定："对不需要逮捕、拘留的犯罪嫌疑人，可以传唤到犯罪嫌疑人所在市、县内的指定地点或者到他的住处进行讯问……"被指定居所监视居住的犯罪嫌疑人属于"不需要逮捕、拘留的犯罪嫌疑人"，因此可以适用本条规定。由此可知 D 错误。第二，《刑诉法》第 77 条规定："被监视居住的犯罪嫌疑人、被告人应当遵守以下规定：……（三）在传讯的时候及时到案；……"由此也可推断出，对被监视居住的犯罪嫌疑人，

并非必须在其被监视居住的住处或指定的居所讯问，否则就不存在"在传讯的时候及时到案"的问题了。因此 D 错误。

第二节　询问证人、被害人

1. ［答案］AB　　［难度］难
［考点］侦查
［命题和解题思路］本题考查侦查及证据方面的内容，涉及人身检查、询问未成年人、欺骗所获证据的排除和辨认共 4 个知识点。解答本题，应注意准确理解法律和司法解释的规定，不得随意展开解释。区分禁止采用的讯问方法和排除非法证据的范围，可排除 C 选项；熟知辨认的对象，可排除 D 选项。

［选项分析］A 选项考查对被害人的人身检查。人身检查是指为了确定被害人、犯罪嫌疑人的某些特征、伤害情况或者生理状态，依法对其身体进行检验、查看、提取、采集肖像、指纹等人体生物识别信息，采集血液、尿液等生物样本的侦查行为。人身检查是对活人身体进行的一种特殊检验。根据《刑诉法》第 132 条和《公安部规定》第 217 条第 1、2 款规定，为了确定被害人、犯罪嫌疑人的某些特征、伤害情况或者生理状态，可以对人身进行检查，依法提取、采集肖像、指纹等人体生物识别信息，采集血液、尿液等生物样本。犯罪嫌疑人拒绝检查、提取、采集的，侦查人员认为必要的时候，经办案部门负责人批准，可以强制检查、提取、采集。本案中，甲是被害人，不得对甲强制检查，故应经甲的同意。鉴于甲是未成年人，侦查人员征得其监护人同意的做法，体现了侦查人员的慎重。A 选项正确。

B 选项考查对未成年被害人的询问。根据《公安部规定》第 326 条第 2 款规定，询问未成年被害人、证人，应当以适当的方式进行，注意保护其隐私和名誉，尽可能减少询问频次，避免造成二次伤害。必要时，可以聘请熟悉未成年人身心特点的专业人员协助。据此，从保护未成年被害人、证人的角度出发，对未成年被害人进行一次询问，可以避免对其造成二次伤害。故本案侦查人员询问一次的做法符合该保护精神。B 选项正确。

C 选项考查欺骗所得证据的排除问题。根据《刑诉法》第 52 条规定，严禁刑讯逼供和以威胁、引诱、欺骗以及其他非法方法收集证据，不得强迫任何人证实自己有罪。可见，法律禁止以欺骗的方法收集证据，但是根据《刑诉法》第 56 条、《法院解释》第 123～125 条和《关于办理刑事案件严格排除非法证据若干问题的规定》第 2～6 条的规定，欺骗取得的证据是否排除，并未得到明确规定，故不能直接认为欺骗所得证据应予排除。侦查行为的禁止与非法证据的排除不能直接画等号。何况，本案中，侦查人员采取的隐瞒真相的方法也不一定是欺骗的方法。C 选项错误。

D 选项考查辨认的对象。根据《公安部规定》第 258 条规定，为了查明案情，在必要的时候，侦查人员可以让被害人、证人或者犯罪嫌疑人对与犯罪有关的物品、文件、尸体、场所或者犯罪嫌疑人进行辨认。据此，为了保护被害人，相关规范性文件未将被害人列为犯罪嫌疑人、证人可以辨认的对象。D 选项错误。

2. ［答案］B　　［难度］中
［考点］询问证人（询问证人的程序和方式）
［命题和解题思路］这道题的考点非常具体，单从表面上看考的是询问地点，实际上还考查了询问证人是用"传唤"还是"通知"，命题人的心思可谓细腻，"陷阱"设计得不留痕迹，考生稍不留心就可能落入陷阱。

［选项分析］《刑诉法》第 124 条第 1 款规定："侦查人员询问证人，可以在现场进行，也可以到证人所在单位、住处或者证人提出的地点进行，在必要的时候，可以通知证人到人民检察院或者公安机关提供证言。在现场询问证人，应当出示工作证件，到证人所在单位、住处或者证人提出的地点询问证人，应当出示人民检察院或者公安机关的证明文件。"根据此条规定，询问证人的地点可以是现场，也可以是证人所在单位、住处和证人提出的地点或者人民检察院或公安机关，因此，从地点上说，A、B、C、D 都可以。这时，就要比较这四个选项除了地点信息外，是否还含有其他信息？很明显，B 中除了地点信息外，还有方式信息，即要"传唤"证人到公安机关提供证言，而即便考生并不清楚对证人只能用"通知"不能用"传唤"，根据上述分析和常识，也只能选 B。

易混淆点解析

可以把《刑诉法》第124条关于询问证人地点的规定和《刑诉法》第119条第1款关于讯问犯罪嫌疑人的规定对比起来记忆。

《刑诉法》第119条第1款规定："对不需要逮捕、拘留的犯罪嫌疑人，可以传唤到犯罪嫌疑人所在市、县内的指定地点或者到他的住处进行讯问，但是应当出示人民检察院或者公安机关的证明文件。对在现场发现的犯罪嫌疑人，经出示工作证件，可以口头传唤，但应当在讯问笔录中注明。"

应当注意以下区别：

第一，对犯罪嫌疑人的讯问适用传唤，对证人的询问适用通知。

第二，对犯罪嫌疑人可以在犯罪嫌疑人所在市县内的指定地点进行讯问，对证人则不可以。对证人可以在其自己提出的地点进行询问，但不能为其指定地点。

第三，现场询问证人、讯问犯罪嫌疑人，应当出示工作证件；到证人所在单位、住处或者证人提出的地点询问证人，把犯罪嫌疑人传唤到其所在市县内的指定地点讯问犯罪嫌疑人，则应出示人民检察院或者公安机关的证明文件。

第四，只有在必要的时候，才可以通知证人到人民检察院或公安机关提供证言。

第三节　勘验、检查

1. ［答案］AD　　　［难度］中

［考点］见证人

［命题和解题思路］本题考查侦查程序中见证人的相关知识点，包括见证人的角色定位、见证的程序要求、见证人的权利、见证人的作用等。解答本题，应注意见证人与证人、鉴定人等诉讼参与人的区别。准确界定见证人的定位，可排除B选项和C选项。

［选项分析］A选项考查见证人见证的程序要求。根据《刑诉法》第133条、《公安部规定》第194条和《法院解释》第102条规定，公安机关开展勘验、检查、搜查、辨认、查封、扣押等侦查活动，应当邀请有关公民作为见证人。勘验、检查等侦查活动的情况应当写成笔录，由参加勘验、检查的人和见证人签名或者盖章。法院应当审查

勘验、检查笔录制作是否符合法律、有关规定，勘验、检查人员和见证人是否签名或者盖章。A选项正确。

B选项考查公安司法机关对部分诉讼参与人的保护。根据《刑诉法》第63条、第64条和《公安部规定》第75条、第76条规定，公安司法机关应当保障证人及其近亲属的安全，对于危害国家安全犯罪、恐怖活动犯罪、黑社会性质的组织犯罪、毒品犯罪等案件，证人、鉴定人、被害人因在诉讼中作证，本人或者其近亲属的人身安全面临危险的，公安司法机关应当采取一项或者多项保护措施。由此可见，刑事诉讼中被保护的对象是证人、鉴定人和被害人。见证人参与诉讼，几乎不会对打击犯罪起到作用，其人身安全不会面临现实危险。B选项错误。

C选项考查见证人的角色定位。刑事诉讼中的诉讼参与人包括当事人与其他诉讼参与人两类。《刑诉法》第108条明确规定，"当事人"是指被害人、自诉人、犯罪嫌疑人、被告人、附带民事诉讼的原告人和被告人；"诉讼参与人"是指当事人、法定代理人、诉讼代理人、辩护人、证人、鉴定人和翻译人员。由此可见，立法未将见证人、有专门知识的人等纳入"诉讼参与人"范畴，也未在法条中用"等"字给出容纳空间。虽然理论上多认为应将见证人、有专门知识的人等视作诉讼参与人，但法考解题还是应遵循已有条文的明确规定，不将见证人、有专门知识的人等纳入"诉讼参与人"范畴。C选项错误。在我国刑事诉讼中，还存在一些诉讼地位类似于其他诉讼参与人的主体，他们参与刑事诉讼的主要目的在于协助刑事诉讼的进行，享有类似于其他诉讼参与人的权利，并履行相应的义务，该类主体主要包括参与勘验、检查的有专门知识的人；就案件的专门性问题出具报告的有专门知识的人；出庭的专家辅助人；讯问和询问未成年人时在场的合适成年人；进行社会调查的人员等。

D选项考查见证人的出庭。根据《法院解释》第249条第2款规定，控辩双方对侦破经过、证据来源、证据真实性或者合法性等有异议，申请调查人员、侦查人员或者有关人员出庭，人民法院认为有必要的，应当通知调查人员、侦查人员或者有关人员出庭。第251条规定，为查明案件事实、调查核实证据，法院可以依职权通知证人、

鉴定人、有专门知识的人、调查人员、侦查人员或者其他人员出庭。勘验活动中，见证人的作用是对勘验活动的全过程进行见证，其亲眼所见勘验活动和现场情况，当勘验笔录的真实性、合法性受到质疑时，见证人在某种程度上可发挥程序性或辅助性的证明作用。根据见证人的作用，可将其作为上述"其他人员"，法院在有查明事实之需时，可依职权通知见证人出庭。同时，根据《检察规则》第413条规定，对于搜查、查封、扣押、冻结、勘验、检查、辨认、侦查实验等活动中形成的笔录存在争议，需要调查人员、侦查人员以及上述活动的见证人出庭陈述有关情况的，公诉人可以建议合议庭通知其出庭。这也反映出见证人在必要时需要履行出庭陈述情况的义务。D选项正确。

2. ［答案］B　　　［难度］中
［考点］勘验、检查的程序
［命题和解题思路］命题人通过此题考查了考生对勘验、检查程序的把握，考查的内容非常细，很多都是不为考生所注意或者容易混淆的细节。其中，关于没有见证人签名的勘验、检查笔录的证据资格问题在2016-2-29题中再次出现，一整道题就考这一个考点。这也提醒考生在复习时要注意细节，也要注意研究历年真题。

［选项分析］A选项涉及勘验、检查的主体。《刑诉法》第128条规定："侦查人员对于与犯罪有关的场所、物品、人身、尸体应当进行勘验或者检查。在必要的时候，可以指派或者聘请具有专门知识的人，在侦查人员的主持下进行勘验、检查。"可见，并非只有侦查人员才能进行勘验、检查，必要的时候，受侦查机关指派或聘请的具有专门知识的人也可以进行勘验、检查。因此A错误。

B选项涉及勘验、检查的具体程序。《刑诉法》第130条规定："侦查人员执行勘验、检查，必须持有人民检察院或者公安机关的证明文件。"可见B正确。

C选项有一定的干扰性，很多不注意细节的考生可能会错选此项。《刑诉法》第132条第3款规定："检查妇女的身体，应当由女工作人员或者医师进行。"也即检查妇女身体的工作人员必须是女性，但对医师性别则没有要求。可见C错误。

D选项是重点干扰项，涉及没有见证人签名的勘验、检查笔录的证据资格。《刑诉法》第133条规定："勘验、检查的情况应当写成笔录，由参加勘验、检查的人和见证人签名或者盖章。"《法院解释》第103条规定："勘验、检查笔录存在明显不符合法律、有关规定的情形，不能作出合理解释或者说明的，不得作为定案的根据。"因此，会有考生认为没有见证人签名，属于明显不符合法律、有关规定的情形，因此误选此项。但是，《法院解释》第80条第3款又规定："由于客观原因无法由符合条件的人员担任见证人的，应当在笔录材料中注明情况，并对相关活动进行全程录音录像。"可见，在这种情况下，即便没有见证人参加，相应的刑事诉讼活动，包括勘验、检查，只要遵守了其他程序规定，就依然是合法的，因此所制作的没有见证人签名的勘验、检查笔录也是可以作为定案根据的。故而D错误。

第四节　辨　认

［答案］B　　　［难度］易
［考点］辨认
［命题和解题思路］命题人通过此题考查了有关辨认程序的一些基本规定。一般而言，历年考试对《刑诉法》和《法院解释》考查得较多，对《检察规则》，尤其是《公安部规定》则考查得较少，因此考生在复习时不需要全面、详细地记忆《公安部规定》的内容，只需要关注其中的重点部分即可，而辨认程序就是其中最容易被考到的内容。本题中，命题人在各个选项中设定了不同的案件，这些案件应分别由公安机关和人民检察院管辖，因此辨认程序应分别适用《公安部规定》和《检察规则》的相关规定。关于辨认程序，《检察规则》与《公安部规定》的内容基本一致，只是《检察规则》中混杂辨认所需的人或物的数量与《公安部规定》中的数量不一致。

［选项分析］A选项涉及辨认对象。强制猥亵案的辨认程序适用《公安部规定》。本选项可通过两种方法判断：第一，《公安部规定》第258条规定："为了查明案情，在必要的时候，侦查人员可以让被害人、证人或者犯罪嫌疑人对与犯罪有关的物品、文件、尸体、场所或者犯罪嫌疑人进行辨认。"可见，辨认对象中仅包括与犯罪有关的物

品、文件、尸体、场所或者犯罪嫌疑人，并不包括被害人。故排除 A。第二，从常识看，让犯罪嫌疑人辨认被强制猥亵的被害人也不合情理。因此排除 A。

B 选项也涉及辨认对象。盗窃案的辨认程序也适用《公安部规定》。根据上述《公安部规定》第 258 条的规定，在必要的时候，侦查人员可以让犯罪嫌疑人对犯罪现场进行辨认，因此 B 正确。

C 选项涉及个别辨认原则。故意伤害案的辨认程序也适用《公安部规定》。《公安部规定》第 259 条第 2 款规定："几名辨认人对同一辨认对象进行辨认时，应当由辨认人个别进行。"因此不能让犯罪嫌疑人和被害人一起对凶器进行辨认，故而 C 错误。

D 选项涉及混杂辨认中混杂对象的数量。刑讯逼供案属于人民检察院管辖，应当适用《检察规则》。《检察规则》第 226 条第 2 款规定："辨认犯罪嫌疑人时，被辨认的人数不得少于七人，照片不得少于十张。"本案中，让被害人辨认的照片仅有 4 张，显然不符合规定。因此 D 错误。

第五节　技术侦查

1. [答案] B　　　[难度] 中

[考点] 技术侦查

[命题和解题思路] 本题主要考查技术侦查中监听以及控制下交付的相关规定以及对于技术侦查所获材料如何使用的问题。解题时需要注意区分两种不同的技术侦查手段的审批权限。

[选项分析] 根据《公安部规定》第 264、265 条的规定，技术侦查措施是指由设区的市一级以上公安机关负责技术侦查的部门实施的记录监控、行踪监控、通信监控、场所监控等措施。需要采取技术侦查措施的，应当制作呈请采取技术侦查措施报告书，报设区的市一级以上公安机关负责人批准，制作采取技术侦查措施决定书。因此监听需要报上一级公安机关批准。但是根据《公安部规定》第 272 条的规定，对涉及给付毒品等违禁品或者财物的犯罪活动，为查明参与该项犯罪的人员和犯罪事实，根据侦查需要，经县级以上公安机关负责人决定，可以实施控制下交付。因此控制下交付无须报上一级公安机关。A 选项错误。

根据《公安部规定》第 264 条的规定，技术侦查措施的适用对象是犯罪嫌疑人、被告人以及与犯罪活动直接关联的人员。因此可以监听贩毒者和购买毒品的人。B 选项正确。

根据《公安部规定》第 269 条的规定，采取技术侦查措施收集的材料，应当严格依照有关规定存放，只能用于对犯罪的侦查、起诉和审判，不得用于其他用途。因此对于涉嫌违法而非犯罪的材料不得移送。C 选项错误。

根据《公安部规定》第 270 条的规定，侦查人员对采取技术侦查措施过程中知悉的国家秘密、商业秘密和个人隐私，应当保密，但并未限制其作为证据使用。D 选项错误。

2. [答案] ABC　　　[难度] 难

[考点] 技术侦查

[命题和解题思路] 技术侦查在以往的考试中多次出现，属于必考考点之一。本题的难度在于考点主要是围绕《公安部规定》中的相关规定来命制，如果只掌握《刑诉法》相关规定，难度较大。

[选项分析] A 选项说法正确。根据《公安部规定》第 264 条的规定，技术侦查措施是指由设区的市一级以上公安机关负责技术侦查的部门实施的记录监控、行踪监控、通信监控、场所监控等措施。技术侦查措施的适用对象是犯罪嫌疑人、被告人以及与犯罪活动直接关联的人员。张某属于与犯罪活动直接关联的人，可以对其采取技术侦查手段，因此说法正确。

B 选项说法正确。根据《公安部规定》第 267 条的规定，采取技术侦查措施，必须严格按照批准的措施种类、适用对象和期限执行。在有效期限内，需要变更技术侦查措施种类或者适用对象的，应当按照本规定第 265 条（需要采取技术侦查措施的，应当制作呈请采取技术侦查措施报告书，报设区的市一级以上公安机关负责人批准，制作采取技术侦查措施决定书）规定重新办理批准手续。因此，将通讯监控变更为行动监控，须重新办理审批手续。

C 选项说法正确。根据《公安部规定》第 266 条第 3 款的规定，对复杂、疑难案件，采取技术侦查措施的有效期限届满仍需要继续采取技术侦查措施的，经负责技术侦查的部门审核后，报批准机关负责人批准，制作延长技术侦查措施期限决定书。批准延长期限，每次不得超过 3 个月。

D 选项说法错误。根据《公安部规定》第 271 条的规定，为了查明案情，在必要的时候，经县级以上公安机关负责人决定，可以由侦查人员或者公安机关指定的其他人员隐匿身份实施侦查。因此，隐匿身份实施侦查无须报省级公安机关，乙市公安机关即可决定。

3. [答案] ACD　　[难度] 易

[考点] 技术侦查的程序和要求

[命题和解题思路] 命题人通过此题考查了技术侦查措施的种类范围、适用条件及程序要求，考查方法也比较直接，主要是考查考生对相关法条和司法解释的熟悉程度。技术侦查措施也是 2012 年《刑诉法》修改后的新增内容，考生首先要知道哪些侦查行为属于技术侦查或者至少是被放在了技术侦查措施的章节中，从而要遵守有关技术侦查的规定。根据《公安部规定》第 264 条的规定，技术侦查措施包括记录监控、行踪监控、通信监控、场所监控等措施。除此之外，控制下交付、隐匿身份侦查（诱惑侦查）也被规定在了"技术侦查措施"的章节内，要遵守法律及司法解释对技术侦查措施的规范。

[选项分析] A 选项涉及控制下交付的适用条件。控制下交付被规定在《刑诉法》第二编第二章第八节的"技术侦查措施"中。《刑诉法》第 150 条第 1 款规定："公安机关在立案后，对于危害国家安全犯罪、恐怖活动犯罪、黑社会性质的组织犯罪、重大毒品犯罪或者其他严重危害社会的犯罪案件，根据侦查犯罪的需要，经过严格的批准手续，可以采取技术侦查措施。"第 153 条第 2 款规定："对涉及给付毒品等违禁品或者财物的犯罪活动，公安机关根据侦查犯罪的需要，可以依照规定实施控制下交付。"本案为贩卖毒品的犯罪，公安机关根据侦查犯罪的需要，经过严格的审批手续，可以采用控制下交付。因此 A 正确。

B 选项涉及技术侦查的期限。《刑诉法》第 151 条规定："……批准决定自签发之日起三个月以内有效。对于不需要继续采取技术侦查措施的，应当及时解除；对于复杂、疑难案件，期限届满

仍有必要继续采取技术侦查措施的，经过批准，有效期可以延长，每次不得超过三个月。"该条规定了技术侦查的有效期可以延长，但没有限制延长的次数。因此 B 错误。

C 选项涉及隐匿身份侦查的条件。隐匿身份侦查也被规定在《刑诉法》第二编第二章第八节的"技术侦查措施"中，因此"技术侦查措施"的适用条件也适用于隐匿身份侦查。根据上述《刑诉法》第 150 条第 1 款的规定，公安机关在立案后才能采取技术侦查措施，因此公安机关也只有在立案后才能派遣侦查人员隐匿身份实施侦查。因此 C 正确。

D 选项涉及通过技术侦查所取得的证据的证据资格和审查方法。《刑诉法》第 154 条规定："依照本节规定采取侦查措施收集的材料在刑事诉讼中可以作为证据使用。如果使用该证据可能危及有关人员的人身安全，或者可能产生其他严重后果的，应当采取不暴露有关人员身份、技术方法等保护措施，必要的时候，可以由审判人员在庭外对证据进行核实。"《法院解释》第 120 条规定："采取技术调查、侦查措施收集的证据材料，应当经过当庭出示、辨认、质证等法庭调查程序查证。当庭调查技术调查、侦查证据材料可能危及有关人员的人身安全，或者可能产生其他严重后果的，法庭应当采取不暴露有关人员身份和技术调查、侦查措施使用的技术设备、技术方法等保护措施。必要时，审判人员可以在庭外对证据进行核实。"由此可见，通过技术侦查措施收集到的证据材料经过查证属实的，可以作为定案的根据，查证的方法有二：一是通过出庭、辨认、质证等法庭调查程序来予以查证；二是由审判人员在庭外核实。由此可见 D 选项是正确的。

4. [答案] ABD　　[难度] 中

[考点] 证人保护、技术侦查的程序和要求

[命题和解题思路] 命题人通过此题考查了与证人保护有关的问题。证人保护是 2012 年《刑诉法》修改后的增加内容。本题的考点乍一看比较集中，但是通过对各选项的进一步分析会发现，本题还涉及警察出庭作证、特殊侦查措施等多个其他考点，如果仅关注于《刑诉法》第 62 条第 1 款关于证人保护的规定，就可能错选或漏选。

[选项分析] A、B 两个选项涉及对一般证人的保护。对此，《刑诉法》第 64 条第 1 款规定："对于危害国家安全犯罪、恐怖活动犯罪、黑社会性质的组织犯罪、毒品犯罪等案件，证人、鉴定人、被害人因在诉讼中作证，本人或者其近亲属的人身安全面临危险的，人民法院、人民检察院和公安机关应当采取以下一项或者多项保护措施：（一）不公开真实姓名、住址和工作单位等个人信息；（二）采取不暴露外貌、真实声音等出庭作证措施；（三）禁止特定的人员接触证人、鉴定人、被害人及其近亲属；（四）对人身和住宅采取专门性保护措施；（五）其他必要的保护措施。"本案为黑社会性质的组织犯罪案件，因此属于上述证人保护规定的适用范围。其中，A 选项属于"（四）对人身和住宅采取专门性保护措施"，B 选项属于"（一）不公开真实姓名、住址和工作单位等个人信息"，故 A、B 均正确。

C 选项是重点干扰项，涉及就证据合法性出庭说明情况的侦查人员的保护。警察出庭作证有两种情况，一是《刑诉法》第 192 条第 2 款"人民警察就其执行职务时目击的犯罪情况作为证人出庭作证"的规定，这种情况下，警察与一般证人一样，都是就其耳闻目睹的被告人的犯罪事实出庭作证，适用一般的证人保护规定。二是《刑诉法》第 59 条第 2 款"现有证据材料不能证明证据收集的合法性的，人民检察院可以提请人民法院通知有关侦查人员或者其他人员出庭说明情况；人民法院可以通知有关侦查人员或者其他人员出庭说明情况。有关侦查人员或者其他人员也可以要求出庭说明情况。经人民法院通知，有关人员应当出庭"的规定，这种情况下，警察是作为侦查人员，就自己的取证行为的合法性说明情况，因此与就被告人的犯罪事实提供证言的一般证人还是有区别的。对于就取证合法性出庭说明情况的侦查人员采取不向被告人暴露外貌、真实声音的措施，既无必要，也不合理。一则，侦查人员在讯问时与被告人有过直接接触，审判时再采取不向被告人暴露其外貌和真实声音的措施殊无必要；二则，被告人可能需要就对其实施非法取证行为的侦查人员进行辨认，通过不暴露外貌和真实声音的方式尚可进行质证，却无法进行辨认。因此对就取证合法性出庭说明情况的侦查人员采取不向被告人暴露外貌、真实声音的措施是不合

理的。故排除 C。

D 选项涉及对特殊侦查措施中需要隐匿身份的人员的保护。对此，《刑诉法》第 154 条规定："依照本节规定采取侦查措施收集的材料在刑事诉讼中可以作为证据使用。如果使用该证据可能危及有关人员的人身安全，或者可能产生其他严重后果的，应当采取不暴露有关人员身份、技术方法等保护措施，必要的时候，可以由审判人员在庭外对证据进行核实。"因此，对警方卧底采取庭外合适证言的保护措施是符合法律规定的。故 D 正确。

第六节　补充侦查

1. [答案] D　　　[难度] 易
[考点] 补充侦查
[命题和解题思路] 此题是命题人为《检察规则》第 349 条量身而作的，即"人民检察院对已经退回监察机关二次补充调查或者退回公安机关二次补充侦查的案件，在审查起诉中又发现新的犯罪事实，应当将线索移送监察机关或者公安机关。对已经查清的犯罪事实，应当依法提起公诉。"了解该规定的考生很容易答对本题。不了解该规定的考生，可以通过其他规定及常识排除掉错误选项，筛选出正确答案。

[选项分析] A 选项没有使用"补充侦查"一词，但此种情况下退回公安机关，公安机关所能做的处理除了补充侦查外更加于法无据。而《刑诉法》第 175 条第 2、3 款规定："人民检察院审查案件，对于需要补充侦查的，可以退回公安机关补充侦查，也可以自行侦查。对于补充侦查的案件，应当在一个月以内补充侦查完毕。补充侦查以二次为限……"本案已经两次退回补充侦查，故不能再次退回公安机关，因此应当排除 A。

B 选项通过常识即可排除，一则诈骗犯罪不由检察机关管辖，检察机关不可能给对诈骗犯罪予以侦查；二则抢案已到审查起诉阶段，受审查起诉期限的限制，不可能等查清新发现的犯罪再一并起诉。故而应当排除 B。

C 选项为重点干扰项。抢劫案已到审查起诉阶段，要受审查起诉期限的限制，不可能等到新发现的犯罪查清后再一并起诉。故而排除 C。

D 选项完全符合《检察规则》第 349 条的规定，故为正确答案。

2. [答案] ABC　　[难度] 中

[考点] 补充侦查

[命题和解题思路] 命题人通过此题将考纲中补充侦查条目下所列的考点几乎全都考到了，涵盖了各阶段补充侦查中最重要和最容易被混淆的内容。补充侦查几乎是历年考试的必考点，考生对相关法律及司法解释的规定要做到非常熟悉，从而能够根据法律规定来逐一排查。

[选项分析] A 选项涉及审查逮捕阶段的补充侦查。《刑诉法》第 90 条规定："人民检察院对于公安机关提请批准逮捕的案件进行审查后，应当根据情况分别作出批准逮捕或者不批准逮捕的决定。对于批准逮捕的决定，公安机关应当立即执行，并且将执行情况及时通知人民检察院。对于不批准逮捕的，人民检察院应当说明理由，需要补充侦查的，应当同时通知公安机关。"可见，对于不批准逮捕而需要补充侦查的，法律明确规定人民检察院应当通知公安机关补充侦查，而对于批准逮捕的，则说明已经达到逮捕条件，人民检察院侦查监督部门直接批准逮捕即可，不需要通知公安机关补充侦查。故 A 是正确的。

B 选项涉及审查起诉阶段补充侦查的次数。《刑诉法》第 175 条第 2、3 款规定："人民检察院审查案件，对于需要补充侦查的，可以退回公安机关补充侦查，也可以自行侦查……补充侦查以二次为限……"可见 B 正确。

C 选项涉及审判阶段的补充侦查。《检察规则》第 422 条第 1 款规定："在审判过程中，对于需要补充提供法庭审判所必需的证据或者补充侦查的，人民检察院应当自行收集证据和进行侦查，必要时可以要求监察机关或者公安机关提供协助；也可以书面要求监察机关或者公安机关补充提供证据。"可见，在审判阶段，人民检察院可以要求监察机关或者公安机关提供协助或补充提供证据，但不能退回监察机关或者公安机关补充侦查，而"应当自行收集证据和进行侦查。"故 C 正确。

D 选项是重点干扰项，涉及法院可否建议检察院补充侦查的问题。《法院解释》第 277 条第 2 款规定："审判期间，被告人提出新的立功线索的，人民法院可以建议人民检察院补充侦查。"可见，法院并非一概不能建议检察院补充侦查。故 D 错误。

第十四章　起　诉

试　题

第一节　与监察法的衔接

1. 李某涉嫌贪污罪，在留置期间认罪认罚，积极退赃。关于本案，下列哪些说法是正确的？（2021 年回忆版）

A. 监察机关可以提出从宽处罚的建议

B. 该案需指定审判管辖时，应由检察院与同级法院协商确定

C. 移送审查起诉期间，如检察院决定取保候审，留置措施自动解除

D. 检察院应当在接到监察机关移送的案件之日起三日内告知李某有权委托辩护人

2. 某市监察委在调查一起贪污案件的过程中，在对被调查人黄某采取留置措施前，黄某脱逃。对此，下列哪一说法是错误的？（2020 年回忆版）

A. 市监察委如继续调查，应当经过省级监察机关的批准

B. 市监察委可以通过检察机关向法院提出没收违法所得申请

C. 如欲对黄某进行全国通缉，应当由国家监察机关决定，由公安部发布通缉令

D. 为防止黄某逃匿境外，市监察委可以采取限制出境的措施

3. 某市监察机关对王某受贿案立案后，对其采取了留置措施。调查结束后移送市检察院审查起诉。关于该案，下列说法正确的是：（2018 年回忆版）

A. 在移送检察院后，检察院应当对王某采取强制措施

B. 市监察机关在《监察法》生效前对王某留置 6 个月，在《监察法》生效后王某被判处有期徒刑 3 年，留置的 6 个月可以折抵刑期 6 个月

C. 市检察院审查起诉期间，两次退回补充调查后，仍认为事实不清，证据不足的，应当直接作出不起诉的决定

D. 如市检察院作出不起诉的决定，市监察机关可向市检察院申请复议

第二节　审查起诉

1. 甲省乙市监察委在调查王某涉嫌受贿案中，在决定对王某采取留置措施前，王某逃匿，后被抓获。调查结束后，案件移送至乙市检察院审查起诉。关于本案，下列哪一选项是正确的？（2019年回忆版）

A. 在全国范围内通缉王某的决定须报甲省监察委决定

B. 乙市监察委可以决定对王某采取限制出境的措施

C. 应将王某涉嫌受贿所得的款项一并移送乙市检察院

D. 如乙市检察院作出不起诉决定，乙市监察委可向甲省检察院提起复核

2. 高某涉嫌抢劫犯罪，公安机关经二次补充侦查后将案件移送检察机关，检察机关审查发现高某可能还实施了另一起盗窃犯罪。检察机关关于此案的处理，下列哪一选项是正确的？（2013-2-25）

A. 再次退回公安机关补充侦查，并要求在一个月内补充侦查完毕

B. 要求公安机关收集并提供新发现的盗窃犯罪的证据材料

C. 对新发现的盗窃犯罪自行侦查，并要求公安机关提供协助

D. 将新发现的盗窃犯罪移送公安机关另行立案侦查，对已经查清的抢劫犯罪提起公诉

3. 只要有足够证据证明犯罪嫌疑人构成犯罪，检察机关就必须提起公诉。关于这一制度的法理基础，下列哪一选项是正确的？（2013-2-36）

A. 起诉便宜主义

B. 起诉法定主义

C. 公诉垄断主义

D. 私人诉追主义

第三节　不起诉

1. 杨某醉酒驾驶电动自行车与行人宋某发生碰撞，造成宋某轻微伤。后检察院对杨某作出存疑不起诉决定。对此，检察院的下列哪一理由是正确的？（2022年回忆版）

A. 鉴定机构承认杨某的血液样本被污染

B. 交通事故责任认定书确认杨某负主要责任，宋某负次要责任

C. 杨某辩称知道醉酒不能驾驶轿车，但不知道不能驾驶电动自行车

D. 杨某驾驶的车符合法律规定的非机动车的标准

2. 甲、乙二人结伴逛街，丙盗窃了乙的手机，在追回被盗手机的过程中，甲失手将丙打成重伤。甲、乙、丙三人都被公安机关立案侦查。检察院认为甲成立防卫过当，乙的行为与丙的重伤无关，丙系初犯且认罪态度好，遂对三人作出不起诉决定。关于本案，下列说法正确的是：（2022年回忆版）

A. 如甲对丙的不起诉决定不服，可提出申诉

B. 如丙对乙的不起诉决定不服，可提出申诉

C. 如甲对自己的不起诉决定不服，可提出申诉

D. 如乙对自己的不起诉决定不服，可提出申诉

3. 赵某为制止李某实施盗窃，将李某打伤。A省B市C区检察院认为赵某防卫过当，决定不起诉。对此，下列说法正确的是：（2020年回忆版）

A. 李某对决定不服，可向C区检察院提出申诉

B. 赵某对决定不服，可向B市检察院提出申诉

C. B市检察院认为该决定不当的，可指令C区检察院纠正

D. A省检察院认为该决定不当的，可指令C区检察院纠正

4. 叶某涉嫌飞车抢夺行人财物被立案侦查。移送审查起诉后，检察院认为实施该抢夺行为的另有其人。关于本案处理，下列哪一选项是正确的？（2017-2-32）

A. 检察院可将案卷材料退回公安机关并建议公安机关撤销案件

B. 在两次退回公安机关补充侦查后，检察院应作出证据不足不起诉的决定

C. 检察院作出不起诉决定后，被害人不服向

法院提起自诉，法院受理后，不起诉决定视为自动撤销

D. 如最高检察院认为对叶某的不起诉决定确有错误的，可直接撤销不起诉决定

5. 甲、乙、丙、丁四人涉嫌多次结伙盗窃，公安机关侦查终结移送审查起诉后，甲突然死亡。检察院审查后发现，甲和乙共同盗窃 1 次，数额未达刑事立案标准；乙和丙共同盗窃 1 次，数额刚达刑事立案标准；甲、丙、丁三人共同盗窃 1 次，数额巨大，但经两次退回公安机关补充侦查后仍证据不足；乙对其参与的 2 起盗窃有自首情节。关于本案，下列哪一选项是正确的？（2015-2-33）

A. 对甲可作出酌定不起诉决定

B. 对乙可作出法定不起诉决定

C. 对丙应作出证据不足不起诉决定

D. 对丁应作出证据不足不起诉决定

详　解

第一节　与监察法的衔接

1. [答案] AB　　[难度] 难

[考点] 监察法与刑诉法的衔接

[命题和解题思路] 本题主要考查了监察法与刑诉法的衔接。解题时需要注意题干中已说明已对李某采取了留置。

[选项分析] 根据《监察法》第 31 条的规定，涉嫌职务犯罪的被调查人主动认罪认罚，有下列情形之一的，监察机关经领导人员集体研究，并报上一级监察机关批准，可以在移送人民检察院时提出从宽处罚的建议：（1）自动投案，真诚悔罪悔过的；（2）积极配合调查工作，如实供述监察机关还未掌握的违法犯罪行为的；（3）积极退赃，减少损失的；（4）具有重大立功表现或者案件涉及国家重大利益等情形。本题中，李某在留置期间认罪认罚且积极退赃，符合第 31 条的规定，所以 A 选项说法正确。

本选项有较大的难度，属于《检察规则》中比较冷僻的规定。根据《检察规则》第 329 条的规定，监察机关移送起诉的案件，需要依照刑事诉讼法的规定指定审判管辖的，人民检察院应当在监察机关移送起诉 20 日前协商同级人民法院办理指定管辖有关事宜。因此，B 选项说法正确。

根据《检察规则》第 142 条的规定，对于监察机关移送起诉的已采取留置措施的案件，人民检察院应当在受理案件后，及时对犯罪嫌疑人作出拘留决定，交公安机关执行。执行拘留后，留置措施自动解除。题干中已说明监察调查期间已对李某采取留置，因此案件移送检察院时，检察院应当先行拘留，一旦对李某采取拘留，留置自动解除。因此 C 选项中"检察院决定取保候审的，留置措施自动解除"说法错误。

根据《检察规则》第 145 条的规定，人民检察院应当自收到移送起诉的案卷材料之日起 3 日以内告知犯罪嫌疑人有权委托辩护人。对已经采取留置措施的，应当在执行拘留时告知。从题干可知，检察院应当对李某在执行拘留时告知，而非收到材料之日起 3 日内，所以 D 选项说法错误。

2. [答案] D　　[难度] 中

[考点] 监察法

[命题和解题思路] 《监察法》是近年来刑事诉讼部分重点考查的内容，考生须对《监察法》中的重要规定有所掌握。

[选项分析] 根据《监察法》第 48 条的规定，监察机关在调查贪污贿赂、失职渎职等职务犯罪案件过程中，被调查人逃匿或者死亡，有必要继续调查的，经省级以上监察机关批准，应当继续调查并作出结论。被调查人逃匿，在通缉 1 年后不能到案，或者死亡的，由监察机关提请人民检察院依照法定程序，向人民法院提出没收违法所得的申请。所以 A 选项说法正确，不当选。

根据前述《监察法》第 48 条的规定，B 选项说法正确，不当选。

根据《监察法》第 29 条的规定，依法应当留置的被调查人如果在逃，监察机关可以决定在本行政区域内通缉，由公安机关发布通缉令，追捕归案。通缉范围超出本行政区域的，应当报请有权决定的上级监察机关决定。因此，在全国范围内通缉黄某经由国家监察委决定，并由公安部发布通缉令。C 选项说法正确，不当选。

根据《监察法》第 30 条的规定，监察机关为防止被调查人及相关人员逃匿境外，经省级以上监察机关批准，可以对被调查人及相关人员采取限制出境措施，由公安机关依法执行。对于不需要继续采取限制出境措施的，应当及时解除。因

此，市监察委须报省级监察机关批准。D 选项说法错误，当选。

3. [答案] AB　　　[难度] 难

[考点] 刑诉法与监察法的衔接

[命题和解题思路] 本题既考查了 2018 年《刑诉法》修改后新增的"与监察法的衔接"，又同时考查了《监察法》的内容，如果不熟悉这些规定，本题难以正确选择。

[选项分析] A 选项说法正确。根据《刑诉法》第 170 条第 2 款的规定，对于监察机关移送起诉的已采取留置措施的案件，人民检察院应当对犯罪嫌疑人先行拘留，留置措施自动解除。人民检察院应当在拘留后的 10 日以内作出是否逮捕、取保候审或者监视居住的决定。在特殊情况下，决定的时间可以延长 1 日至 4 日。人民检察院决定采取强制措施的期间不计入审查起诉期限。从题干可知，王某已被留置，因此移送后市检察院应当对其拘留，所以说法正确。

B 选项说法正确。根据《监察法》第 44 条第 3 款的规定，被留置人员涉嫌犯罪移送司法机关后，被依法判处管制、拘役和有期徒刑的，留置 1 日折抵管制 2 日，折抵拘役、有期徒刑 1 日。虽然题干中有一定的迷惑表述，留置是在《监察法》生效前作出的，但从有利于被告的角度来看，也应当折抵刑期。

C 选项和 D 选项说法均错误。根据《监察法》第 47 条第 3、4 款的规定，人民检察院经审查，认为需要补充核实的，应当退回监察机关补充调查，必要时可以自行补充侦查。对于补充调查的案件，应当在 1 个月内补充调查完毕。补充调查以二次为限。人民检察院对于有《刑诉法》规定的不起诉的情形，经上一级人民检察院批准，依法作出不起诉的决定。监察机关认为不起诉的决定有错误的，可以向上一级人民检察院提请复议。所以说法错误。由此可见，C 选项中直接作出不起诉决定的表述错误，D 选项中向市检察院提请复议的表述错误。

第二节　审查起诉

1. [答案] C　　　[难度] 难

[考点] 监察法

[命题和解题思路]《监察法》自 2018 年公布

实施后，法考中已经考查多次，且试题主要设置在《刑诉法》部分，需要考生予以重视。

[选项分析] A 选项说法错误。根据《监察法》第 29 条的规定，依法应当留置的被调查人如果在逃，监察机关可以决定在本行政区域内通缉，由公安机关发布通缉令，追捕归案。通缉范围超出本行政区域的，应当报请有权决定的上级监察机关决定。根据题干可知，王某属于"应当留置的被调查人"，且逃匿。如在全国范围内对其进行通缉，已超出甲省监察委的行政区域，应报国家监察委决定，因此 A 选项说法错误。

B 选项说法错误。根据《监察法》第 30 条的规定，监察机关为防止被调查人及相关人员逃匿境外，经省级以上监察机关批准，可以对被调查人及相关人员采取限制出境措施，由公安机关依法执行。对于不需要继续采取限制出境措施的，应当及时解除。因此，B 选项中乙市监察委无权决定，应由甲省监察委决定。

C 选项说法正确。根据《监察法》第 46 条的规定，监察机关经调查，对违法取得的财物，依法予以没收、追缴或者责令退赔；对涉嫌犯罪取得的财物，应当随案移送人民检察院。因此 C 选项说法正确。

D 选项说法错误。根据《监察法》第 47 条第 4 款的规定，人民检察院对于有《刑诉法》规定的不起诉的情形，经上一级人民检察院批准，依法作出不起诉的决定。监察机关认为不起诉的决定有错误的，可以向上一级人民检察院提请复议。因此，向甲省检察院提起复议而不是复核。

2. [答案] D　　　[难度] 中

[考点] 审查起诉（审查起诉的内容、审查起诉的步骤和方法）、补充侦查（审查起诉阶段补充侦查的形式、次数）、提起公诉（提起公诉的条件）

[命题和解题思路] 与补充侦查有关的问题是常考的知识点，要特别重视。由于《检察规则》规定得非常详细，容易出题，因此越来越为命题人所青睐。本题题干中的小案例就是命题人为《检察规则》第 349 条的规定"量身而作"的。

本题可以通过三种方法解答：第一，《检察规则》第 349 条规定："人民检察院对已经退回监察机关二次补充调查或者退回公安机关二次补充侦查的案件，在审查起诉中又发现新的犯罪事实，应当将线索移送监察机关或者公安机关。对已经查清的犯罪事实，应当依法提起公诉。"根据此条规定，可直接选出正确答案 D。第二，《检察规则》第 355 条规定："人民检察院认为犯罪嫌疑人的犯罪事实已经查清，证据确实、充分，依法应当追究刑事责任的，应当作出起诉决定。具有下列情形之一的，可以认为犯罪事实已经查清：……（二）属于数个罪行的案件，部分罪行已经查清并符合起诉条件，其他罪行无法查清的；……对于符合前款第二项情形的，应当以已经查清的罪行起诉。"根据该条规定也可得知，本案中检察机关应当以已经查清的抢劫罪提起公诉，故而可知 D 正确。第三，如果考生对这两条规定都不熟悉，则可以运用排除法解答此题。

[选项分析] A 选项是重点干扰项，涉及补充侦查的方式、时间和次数问题。根据《刑诉法》第 175 条第 2、3 款规定："人民检察院审查案件，对于需要补充侦查的，可以退回公安机关补充侦查，也可以自行侦查。对于补充侦查的案件，应当在一个月以内补充侦查完毕。补充侦查以二次为限。"本案已经由公安机关二次补充侦查，显然不能再次退回公安机关补充侦查。本选项的后半句"要求在一个月内补充侦查完毕"是命题人故意采取将正确表述与错误表述混搭的方式来迷惑考生，考生要注意鉴别，不要被部分正确的表述所迷惑。

B 选项违背逻辑和常理。要求公安机关收集并提供证据材料实际上等同于要求公安机关侦查，但补充侦查次数已经用尽，而既不能让公安机关补充侦查，又要求公安机关收集并提供证据材料显然有违逻辑和常理，故而排除 B。

C 选项涉及职能管辖问题。盗窃罪应当由公安机关管辖，检察机关不能侦查。

D 选项完全符合《检察规则》第 349、355 条的规定。即便拿不准这两条规定，在排除上述选项后也应当能作出正确的选择。D 正确。

3. [答案] B　　[难度] 易
[考点] 刑事公诉的一般理论
[命题和解题思路] 本题考查的是刑事公诉的一般理论。刑诉法考题中大多是直接考查法条的，能够从理论角度进行考查的题并不多，尤其是在

分则部分。刑事公诉的一般理论是分则中少有的能够出理论题的部分，因此也容易受到命题人的青睐。命题人对本题的设计没有绕弯子，而是直接考查了起诉法定主义的基本内涵，难度不大。

刑事公诉的一般理论主要就是两组概念：一是根据刑事起诉权是被国家独占还是允许自诉分为公诉独占（垄断）主义和公诉兼自诉主义；二是根据对符合起诉条件的案件是一律起诉还是可以由公诉机关裁量而分为起诉法定（合法）主义和起诉便宜（合理）主义。把握住这两组概念的基本含义，相关试题就可以迎刃而解。实际上，即便不了解这两组概念各自的确切含义，根据它们的字面含义也可作出正确推断。

[选项分析] 只要有足够证据证明犯罪嫌疑人构成犯罪就必须提起公诉，这一表述的重点显然在是不是必须提起公诉上，而不在是要公诉还是要自诉上，据此可以判断，其与公诉或私诉的划分无关，故排除 C 和 D。"必须"的表述显然意味着是不能裁量的，因此选 B，而不选 A。

A 选项中的起诉便宜主义又称起诉合理主义，是指嫌疑人的行为具备起诉条件时，是否起诉由检察官根据其行为的具体情况以及刑事政策等因素自由裁量。"只要有足够证据证明犯罪嫌疑人构成犯罪就必须提起公诉"显然与此含义背道而驰，故排除 A。

B 选项中的起诉法定主义又称起诉合法主义，是指只要嫌疑人的行为具备起诉条件，公诉机关就必须起诉，不享有自由裁量的权力。这显然与题干表述相符，故选择 B。

C 选项中的公诉垄断主义又称公诉独占主义，是指刑事案件的起诉权被国家垄断，排除被害人自诉。这道题的题干重点在检察机关是否"必须"提起公诉上，而不在是否"只能"提起公诉上，因此与是否为公诉垄断主义无关，故排除 C。

D 选项中的私人追诉主义，是指刑事案件的起诉权由私人以个人名义行使，而不由国家机关以国家名义提起公诉。题干中明确表述是检察机关提起公诉，显然不是私人追诉，故排除 D。

第三节　不起诉

1. [答案] A　　[难度] 中
[考点] 存疑不起诉
[命题和解题思路] 本题考查存疑不起诉的适

用情形。考生解答该题时，应当注意区分存疑不起诉和法定不起诉的适用情形，同时注意识别该案各个证据在认定犯罪事实时所起到的作用。

[选项分析] A 选项涉及的证据是用于确定驾驶人员血液中酒精含量的血液样本，根据其鉴定得出的酒精含量系认定杨某是否属于醉酒驾车的关键证据。如果该血液样本被污染，将导致血液酒精含量的鉴定意见不准确，进而导致杨某是否醉酒驾车存疑。显然，鉴定机构承认杨某的血液样本被污染，属于导致本案证据不足，进而作出存疑不起诉决定的理由。选项 A 说法正确。

B 选项涉及的证据是道路交通事故认定书，其关于责任的划分与杨某是否构成危险驾驶罪没有关联。选项 B 说法错误。

C 选项涉及的证据是"不知行为是犯罪"的辩解，很显然这归咎于杨某自身的犯罪风险防范意识不足，当然不能成为其免责的理由，也不会导致犯罪事实不清，证据不足。选项 C 说法错误。

D 选项涉及的证据是杨某驾驶的电动自行车，如果该车不是机动车，按照《刑法》第 133 条之一的规定，属于没有犯罪事实，当然不构成危险驾驶罪。对此检察院应当作出法定不起诉的决定。选项 D 说法错误。

2. [答案] BC　　　[难度] 难

[考点] 对不起诉决定的申诉

[命题和解题思路] "不起诉"是法考每年的必考点，本题针对不起诉决定的申诉权行使进行了全面的考查。考生解答该题，首先需记住哪些当事人针对何种不起诉决定具有申诉权，其次需厘清该题中的案件及其当事人的关系。

[选项分析] 本题存在两个案件，即甲、乙二人的过失致人重伤案和丙的盗窃案。在甲、乙案中，甲和乙是犯罪嫌疑人，丙是被害人。在丙案中，丙是犯罪嫌疑人，乙是被害人。根据《刑诉法》第 180 条的规定，对于有被害人的案件，决定不起诉的，人民检察院应当将不起诉决定书送达被害人。被害人如果不服，可以自收到决定书后 7 日以内向上一级人民检察院申诉，请求提起公诉。根据《刑诉法》第 181 条的规定，对于人民检察院依照本法第 177 条第 2 款规定作出的不起诉决定（酌定不起诉），被不起诉人如果不服，可以自收到决定书后 7 日以内向人民检察院申诉。

据此，被害人可以针对任何种类不起诉决定提出申诉，被不起诉人只能针对酌定不起诉提出申诉。由此进一步分析各选项：

在丙盗窃案中，只有乙是被害人，甲虽然帮乙追回手机，但并非被害人，所以不能对丙的不起诉决定提出申诉。A 选项说法错误。

在甲、乙过失致人重伤案中，丙是被害人，有权对乙的不起诉决定提出申诉。B 选项说法正确。

检察院认定甲系防卫过当，即构成犯罪，对其作出的是酌定不起诉的决定，甲可以对自己的不起诉决定提出申诉。C 选项说法正确。

检察院认定乙的行为与丙的重伤无关，即认为乙的行为不构成过失致人重伤罪，对其作出的是法定不起诉的决定，乙不可以对自己的不起诉决定提出申诉。D 选项说法错误。

3. [答案] ACD　　　[难度] 中

[考点] 不起诉

[命题和解题思路] 本题主要考查对不起诉决定的异议以及上级检察院的权限。解题的关键在于理解题干中以防卫过当为由作出的不起诉决定系酌定不起诉。

[选项分析] 根据《检察规则》第 381、382 条的规定，被害人不服不起诉决定，在收到不起诉决定书后 7 日以内提出申诉的，由作出不起诉决定的人民检察院的上一级人民检察院负责捕诉的部门进行复查。被害人不服不起诉决定，在收到不起诉决定书 7 日以后提出申诉的，由作出不起诉决定的人民检察院负责控告申诉检察的部门进行审查。由此可见，被害人的申诉既可以向上一级检察院提出（收到不起诉决定书后 7 日以内），也可以向作出不起诉决定的检察院提出（收到不起诉决定书后 7 日以后）。而题干中并未说明李某何时提出的申诉，因此 A 选项说法正确。

根据《检察规则》第 385 条的规定，对于人民检察院依照《刑诉法》第 177 条第 2 款规定作出的不起诉决定（酌定不起诉），被不起诉人不服，在收到不起诉决定书后 7 日以内提出申诉的，应当由作出决定的人民检察院负责捕诉的部门进行复查；被不起诉人在收到不起诉决定书 7 日以后提出申诉的，由负责控告申诉检察的部门进行审查。因此，赵某只能向 C 区检察院提出申诉，所以 B 选项错误。

根据《检察规则》第 389 条的规定，最高人民检察院对地方各级人民检察院的起诉、不起诉决定，上级人民检察院对下级人民检察院的起诉、不起诉决定，发现确有错误的，应当予以撤销或者指令下级人民检察院纠正。因此 A 省检察院和 B 市检察院都可以指令 C 区检察院纠正。所以 C、D 选项说法正确。

4. ［答案］D ［难度］难

［考点］不起诉（不起诉的种类、不起诉的程序）

［命题和解题思路］命题人通过此题考查了不起诉的种类、撤销程序及其与自诉的关系，有些选项直接出自刑诉法或司法解释的规定，只要比照相关规定即可作出判断，有些选项则需要考生运用相关的理论知识予以较深层次的分析。详见选项分析。

［选项分析］A 选项涉及撤销案件的适用阶段。《刑诉法》第 163 条规定："在侦查过程中，发现不应对犯罪嫌疑人追究刑事责任的，应当撤销案件……"可见，撤销案件适用于侦查过程中，本案已进入审查起诉阶段，不应再退回公安机关撤销案件。因此排除 A。

B 选项涉及不起诉的种类。《刑诉法》第 177 条第 1 款规定："犯罪嫌疑人没有犯罪事实，或者有本法第十六规定的情形之一的，人民检察院应当作出不起诉决定。"《刑诉法》第 175 条第 4 款规定："对于二次补充侦查的案件，人民检察院仍然认为证据不足，不符合起诉条件的，应当作出不起诉的决定。"前者为法定不起诉，不起诉的原因是犯罪嫌疑人没有犯罪事实或不需要追究刑事责任；后者为证据不足不起诉。本案属于犯罪嫌疑人没有犯罪事实的情况，而不属于证据不足的情况，因此应直接作出不起诉决定，不应再退回公安机关补充侦查后再作出证据不足不起诉的决定。因此排除 B。

C 选项为重点干扰项，涉及公诉与自诉的关系。根据《刑诉法》第 180 条的规定，检察院作出不起诉决定，被害人可以向法院提起自诉。但刑诉法及司法解释均无法院受理被害人的自诉后，人民检察院作出的不起诉决定就视为自动撤销的

规定。事实上，人民检察院的不起诉决定既不应当也不需要撤销，这是因为：第一，检察院作出不起诉的决定是由于案件不应当或不需要（本案中是不应当）提起公诉，即便被害人提起自诉并被法院受理，案件依然不应当或不需要提起公诉，这一点并没有改变，不起诉决定并没有错误，因此不应撤销；第二，案件不应当或者不需要提起公诉，并不意味着案件不能提起自诉，因此检察院作出的不起诉决定并不影响自诉的进行，所以也不需要撤销。故排除 C。

D 选项涉及不起诉决定的撤销程序。本选项可通过两种方法判断：第一，《检察规则》第 389 条规定："最高人民检察院对地方各级人民检察院的起诉、不起诉决定，上级人民检察院对下级人民检察院的起诉、不起诉决定，发现确有错误的，应当予以撤销或者指令下级人民检察院纠正。"可见 D 正确。第二，即便考生不了解《检察规则》第 389 条的规定，也可根据检察系统上下级关系的性质作出判断。人民检察院上下级之间是领导与被领导的关系，上级人民检察院有权就具体案件对下级人民检察院作出命令、指示。因此 D 正确。

5. ［答案］D ［难度］中

［考点］不起诉的种类

［命题和解题思路］命题人通过案例比较全面地考查了不起诉的种类，案例中的犯罪嫌疑人情况各不相同，分别符合不同种类的不起诉的条件。不起诉可以分为法定不起诉、酌定不起诉、证据不足不起诉和附条件不起诉四类，其中，法定不起诉又称绝对不起诉，是指对于犯罪嫌疑人没有犯罪事实，或者有法律规定的情形的，人民检察院应当一律作出不起诉的决定；酌定不起诉又称相对不起诉，是指对于犯罪情节轻微，依照刑法规定不需要判处刑罚或者免除刑罚的，人民检察院可以作出不起诉的决定；证据不足不起诉，是指人民检察院认为证据不足，不符合起诉条件的，应当作出不起诉的决定；附条件不起诉仅适用于未成年人犯罪，本题不涉及。考生只要将选项中的情形与前三种不起诉决定所各自要求的条件加以对照，就可选出正确答案。

［选项分析］A 选项可通过两种方法判断：第一，甲在审查起诉期间已经死亡，对于此种情况，只能作法定不起诉，不能作酌定不起诉。法定不

起诉又称绝对不起诉，是指《刑诉法》第 177 条第 1 款规定的情形，即"犯罪嫌疑人没有犯罪事实，或者有本法第十六条规定的情形之一的，人民检察院应当作出不起诉决定。"而《刑诉法》第 16 条规定："有下列情形之一的，不追究刑事责任，已经追究的，应当撤销案件，或者不起诉，或者终止审理，或者宣告无罪：（一）情节显著轻微、危害不大，不认为是犯罪的；（二）犯罪已过追诉时效期限的；（三）经特赦令免除刑罚的；（四）依照刑法告诉才处理的犯罪，没有告诉或者撤回告诉的；（五）犯罪嫌疑人、被告人死亡的；（六）其他法律规定免予追究刑事责任的。"甲属于其中的"（五）犯罪嫌疑人、被告人死亡的"，因此对甲只能作出法定不起诉决定；第二，酌定不起诉又称相对不起诉，是指《刑诉法》第 177 条第 2 款规定的情形，即"对于犯罪情节轻微，依照刑法规定不需要判处刑罚或者免除刑罚的，人民检察院可以作出不起诉决定。"对已经死亡的犯罪嫌疑人不能适用酌定不起诉，退一步说，即便甲没有死亡，因其涉嫌参加的盗窃中有一起数额巨大，不属于本款规定的"犯罪情节轻微"，也不能适用酌定不起诉决定。故而排除 A。

B 选项中的乙不符合法定不起诉的条件。如上所述，法定不起诉要么要求犯罪嫌疑人没有犯罪事实，要么要求有《刑诉法》第 16 条规定的情形，而乙显然不符合这两个条件中的任何一个，因此不能对乙作出法定不起诉决定。故而排除 B。

C 选项中的丙参与了两起盗窃，其中跟乙共同盗窃的那次不属于证据不足的情况，不能作出证据不足不起诉的决定。

D 选项中的丁仅参与过一次盗窃，这次盗窃虽然数额巨大，但是经两次退回补充侦查后证据仍然不足，根据《刑诉法》第 175 条第 4 款的规定，即"对于二次补充侦查的案件，人民检察院仍然认为证据不足，不符合起诉条件的，应当作出不起诉的决定。"因此 D 正确。

> **易混淆点分析**
>
> 第一，相对不起诉的条件。
> 《刑诉法》第 177 条第 2 款规定："对于犯罪情节轻微，依照刑法规定不需要判处刑罚或者免除刑罚的，人民检察院可以作出不起诉决定。"也即酌定不起诉有两个条件："犯罪情节轻微"和"依照刑法规定不需要判处刑罚或者免除刑罚"，那么，是只要具备这两个条件中的一个就可以酌定不起诉，还是只有二者同时具备才酌定不起诉呢？这个问题曾经有过争议，但目前通说认为，必须两个条件同时具备，才能作出酌定不起诉的决定。例如，本题中，乙参与过两次盗窃，一次数额未达刑事立案标准，一次刚达刑事立案标准，符合"犯罪情节轻微"的条件，且乙对这两起盗窃均有自首情节，根据《刑法》第 67 条第 1 款的规定"……对于自首的犯罪分子，可以从轻或者减轻处罚。其中，犯罪较轻的，可以免除处罚。"也即符合"依照刑法规定……免除刑罚"的条件，因此，对乙可以作出酌定不起诉的决定。如果只是犯罪情节轻微，不具有自首情节，则不能作出酌定不起诉决定。
>
> 第二，证据不足不起诉的条件。
> 《刑诉法》第 175 条第 3、4 款规定："对于补充侦查的案件，应当在一个月以内补充侦查完毕。补充侦查以二次为限。补充侦查完毕移送人民检察院后，人民检察院重新计算审查起诉期限。对于二次补充侦查的案件，人民检察院仍然认为证据不足，不符合起诉条件的，应当作出不起诉的决定。"可见，对于二次补充侦查仍然证据不足的，只能（应当）作出不起诉决定。
>
> 对于只经过一次补充侦查，人民检察院认为证据不足的，可以直接作出不起诉决定吗？对此，《检察规则》第 367 条第 2 款规定："人民检察院对于经过一次退回补充调查或者补充侦查的案件，认为证据不足，不符合起诉条件，且没有退回补充调查或者补充侦查必要的，经检察长批准，可以作出不起诉决定。"
>
> 那么，未经退回补充侦查，人民检察院认为证据不足的，可以直接作出不起诉决定吗？对此，法律及司法解释均无规定。但是 2014-2-35 题所采取的立场是，人民检察院认为证据不足，补充侦查意义不大的，可以不退回补充侦查，而在经检察院批准后可直接作出不起诉决定。

第十五章　刑事审判概述

试　题

第一节　我国刑事审判模式

📶 **1.** 《关于推进以审判为中心的刑事诉讼制度改革的意见》第13条要求完善法庭辩论规则，确保控辩意见发表在法庭。法庭应当充分听取控辩双方意见，依法保障被告人及其辩护人的辩论辩护权。关于这一规定的理解，下列哪些选项是正确的？（2017-2-74）

A. 符合我国刑事审判模式逐步弱化职权主义色彩的发展方向

B. 确保控辩意见发表在法庭，核心在于保障被告人和辩护人能充分发表意见

C. 体现了刑事审判的公开性

D. 被告人认罪的案件的法庭辩论，主要围绕量刑进行

📶 **2.** 《中共中央关于全面深化改革若干重大问题的决定》提出"让审理者裁判、由裁判者负责"。结合刑事诉讼基本原理，关于这一表述的理解，下列哪一选项是正确的？（2016-2-22）

A. 体现了我国刑事诉讼职能的进一步细化与完善

B. 体现了刑事诉讼直接原则的要求

C. 体现了刑事审判的程序性特征

D. 体现了刑事审判控辩式庭审方式改革的方向

📶 **3.** 我国刑事审判模式正处于由职权主义走向控辩式的改革过程之中，2012年《刑事诉讼法》修改内容中，下列哪一选项体现了这一趋势？（2015-2-34）

A. 扩大刑事简易程序的适用范围

B. 延长第一审程序的审理期限

C. 允许法院强制证人出庭作证

D. 增设当事人和解的公诉案件诉讼程序

第二节　刑事审判原则

📶 **1.** 刑事审判具有亲历性特征。下列哪一选项不符合亲历性要求。（2014-2-36）

A. 证人因路途遥远无法出庭，采用远程作证方式在庭审过程中作证

B. 首次开庭并对出庭证人的证言质证后，某合议庭成员因病无法参与审理，由另一人民陪审员担任合议庭成员继续审理并作出判决

C. 某案件独任审判员在公诉人和辩护人共同参与下对部分证据进行庭外调查核实

D. 第二审法院对决定不开庭审理的案件，通过讯问被告人，听取被害人、辩护人和诉讼代理人的意见进行审理

📶 **2.** 开庭审判过程中，一名陪审员离开法庭处理个人事务，辩护律师提出异议并要求休庭，审判长予以拒绝，四十分钟后陪审员返回法庭继续参与审理。陪审员长时间离开法庭的行为违背下列哪一审判原则？（2013-2-27）

A. 职权主义原则

B. 证据裁判规则

C. 直接言词原则

D. 集中审理原则

第三节　合议庭

📶 **1.** 甲县法院由审判员和人民陪审员共7人组成合议庭审理一起因征地拆迁引发的故意致人重伤案。一审判决后，被告人提起上诉。二审法院以事实不清为由发回重审，合议庭重新审理后，因案情疑难复杂报请院长将该案提交本院审判委员会讨论。对此，下列哪一说法是正确的？（2022年回忆版）

A. 人民陪审员可以就案件事实发表意见，不能对法律适用发表意见

B. 审委会讨论时，应由合议庭的审判长最后发言

C. 甲县法院所有审委会委员都必须出席讨论

D. 人民陪审员应列席审判委员会会议讨论

📶 **2.** 在庭审结束后、评议前，部分合议庭成员不能继续履行审判职责的，人民法院应当依法更换合议庭组成人员，重新开庭审理。对此，下列哪一理解是正确的？（2021年回忆版）

A. 体现了集中审理原则

B. 更换合议庭成员就要更换全部成员

C. 重新审理意味着之前的审理程序都归于无效

D. 体现了亲历性原则

3. 下列哪些情形下，合议庭成员不承担责任？（2013-2-73）

A. 发现了新的无罪证据，合议庭作出的判决被改判的

B. 合议庭认为审前供述虽非自愿，但能够与其他证据相印证，因此予以采纳，该供述后来被上级法院排除后而改判的

C. 辩护方提出被告人不在犯罪现场的线索和证据材料，合议庭不予调查，作出有罪判决而改判无罪的

D. 合议庭对某一事实的认定以生效的民事判决为依据，后来该民事判决被撤销，导致刑事判决发回重审的

第四节　人民陪审员

1. 闵某系某法院 7 人合议庭中的人民陪审员，关于其享有的权利，下列哪些说法是正确的？（2021年回忆版）

A. 针对案件的法律适用发表意见的权利

B. 开庭前阅卷的权利

C. 经审判长同意向证人发问的权利

D. 法院应将裁判文书副本及时送交闵某

2. 关于人民陪审员，下列说法正确的是：（2020年回忆版）

A. 7 人合议庭可以由 2 名法官和 5 名人民陪审员组成

B. 在由 2 名法官和 1 名人民陪审员组成的合议庭中，人民陪审员只能就事实认定行使表决权

C. 人民陪审员由法院院长任命

D. 人民陪审员在自诉案件审理过程中可以对被告人和被害人进行调解

3. 罗某作为人民陪审员参与 D 市中级法院的案件审理工作。关于罗某的下列哪一说法是正确的？（2015-2-35）

A. 担任人民陪审员，必须经 D 市人大常委会任命

B. 同法官享有同等权利，也能担任合议庭审判长

C. 可参与中级法院二审案件审理，并对事实认定、法律适用独立行使表决权

D. 可要求合议庭将案件提请院长决定是否提交审委会讨论决定

4. 关于我国人民陪审员制度与一些国家的陪审团制度存在的差异，下列哪一选项是正确的？（2013-2-26）

A. 人民陪审员制度目的在于协助法院完成审判任务，陪审团制度目的在于制约法官

B. 人民陪审员与法官行使相同职权，陪审团与法官存在职权分工

C. 人民陪审员在成年公民中随机选任，陪审团从有选民资格的人员中聘任

D. 是否适用人民陪审员制度取决于当事人的意愿，陪审团适用于所有案件

详　解

第一节　我国刑事审判模式

1. [答案] ABD　　[难度] 中

[考点] 刑事审判模式、法庭辩论的程序

[命题和解题思路] 命题人通过此题以法庭辩论规则为切入点考查了考生对以审判为中心的刑事诉讼制度改革的理解。《关于推进以审判为中心的刑事诉讼制度改革的意见》第 13 条规定："完善法庭辩论规则，确保控辩意见发表在法庭。法庭辩论应当围绕定罪、量刑分别进行，对被告人认罪的案件，主要围绕量刑进行。法庭应当充分听取控辩双方意见，依法保障被告人及其辩护人的辩论辩护权。"不过，即便并不了解该条规定的具体内容，只要对国家刑事审判改革的基本方向有所了解，凭借常识也能答对此题。

[选项分析] A 选项涉及刑事审判模式的转变。职权主义的刑事审判模式强调国家专门机关的调查权，被告人的主体性地位相对较弱，更多的是处于被调查者的地位。该《意见》第 13 条则强调被告人的辩论辩护权，强调被告人的主体地位，因此显然是符合我国刑事审判模式逐步弱化职权主义色彩的发展方向的。因此 A 正确。

B 选项涉及确保控辩意见发表在法庭的核心。由于我国传统的刑事诉讼具有比较浓厚的职权主义色彩，因此控辩双方并不平等，法官往往更加

重视控方的意见，因此该《意见》第13条中确保控辩意见发表在法庭的核心是在于保障被告人和辩护人能充分发表意见。故 B 正确。

C 选项涉及该《意见》第13条的规定是否体现了刑事审判的公开性。该《意见》第13条主要是保障被告人和辩护人能够在法庭上充分发表意见，与刑事审判的公开性没有关系。故排除 C。

D 选项涉及被告人认罪的案件是否主要围绕量刑进行。该《意见》第13条明文规定："……法庭辩论应当围绕定罪、量刑分别进行，对被告人认罪的案件，主要围绕量刑进行……"即便不知道此条规定，根据常识应当也能作出判断。因此选择 D。

2. ［答案］B ［难度］难

［考点］直接言辞原则、刑事诉讼职能、我国刑事审判模式

［命题和解题思路］命题人此题出得比较巧妙。其实际是要考查考生对直接言辞原则的理解，但是没有采取直接考查该原则内涵的方法，而是从《中共中央关于全面深化改革若干重大问题的决定》中摘了一句话，要求考生分析这句话体现了刑事诉讼的哪一原理，增加了题目的难度。值得考生注意的是，刑事诉讼的基本原理并非只存在于相关辅导用书第一章中，而是散见于各章"概述"部分。本题所考查的"直接言辞原则"就出自相关辅导用书第十四章"刑事审判概述"中。如果考生知道"直接原则"的含义，本题应该不难回答。因此，考生在刑诉法的复习中，不能仅专注于对法条的理解与记忆，对各章"概述"也应当予以关注，至少要做到在看到相关概念时不至于一头雾水、不知所云。

这道题的解题思路应当分两步：第一步，分析题干，明确"让审理者裁判、由裁判者负责"指向的是什么问题？如果考生知道该《决定》提出"让审理者裁判、由裁判者负责"的背景是要解决审者不判、判者不审的问题，是要完善主审法官、合议庭办案责任制，那么就能很容易地判断出"让审理者裁判、由裁判者负责"指向的是裁判权及裁判责任的归属问题。当然，即便考生不知道这一背景，仅从字面上判断，只要稍加分析，也能够得出同样的结论。第二步，分析选项，找出四个选项中哪个是有关裁判权及裁判责任

归属问题的。

［选项分析］A 选项是重点干扰项，涉及刑事诉讼职能。刑事诉讼法学对刑事诉讼职能的研究一般是指对控诉、辩护、审判职能间关系的研究。"让审理者裁判、由裁判者负责"确实涉及审判职能，算是对审判职能的完善，但是谈不上对审判职能的细化，更谈不上对整个刑事诉讼职能的完善与细化。因此排除 A。

B 选项中的"直接原则"是"直接言辞原则"的组成部分，是指法官必须与诉讼当事人和诉讼参与人直接接触，直接审查案件事实材料和证据的原则。上述要求反过来讲，就是没有与诉讼当事人和诉讼参与人直接接触，没有直接审查案件事实材料和证据的人是不能对案件作出裁判的。显然，从这个角度讲，"直接原则"指向的是裁判权的归属问题。而且四个选项中只有"直接原则"涉及裁判权的归属问题。因此选择 B。

C 选项中的"程序性特征"一词语焉不详，裁判权及裁判责任的归属问题虽然涉及程序问题，但很难说是"程序性特征"。因此排除 C。

D 选项中"控辩式庭审改革的方向"强调的是要加强庭审中控辩双方的平等与对抗，也不涉及裁判权及裁判责任的归属，因此排除 D。

3. ［答案］C ［难度］中

［考点］刑事审判的模式

［命题和解题思路］命题人通过此题考查了考生对刑事审判模式的理解，其选取的四个选项都是2012年《刑诉法》新修改的内容，但只有一项体现了刑事审判模式的变化。刑事审判模式是指控诉、辩护、审判三方在刑事审判中的诉讼地位和相互关系，以及与之相适应的审判程序组合方式。职权主义的刑事审判模式，又称审问式审判模式，是指法官在刑事审判中居于主导和控制地位的审判模式。控辩式审判模式也称当事人主义审判模式，是指法官（陪审团）居于中立且被动的裁判者地位，法庭审判的进行由控方的举证和辩方的反驳共同推动和控制的审判模式。要判断各选项是否体现了刑事审判模式从职权主义向控辩式的转变，就要看其是否强化了控辩双方的对抗对法庭审判的控制和推动。

［选项分析］A 选项中扩大刑事简易程序的适用范围主要是为了提高诉讼效率，与刑事审判模

式的转变没有直接关系。因此排除 A。

B 选项中延长第一审程序的审理期限主要是为了保障第一审案件的质量，与刑事审判模式的转变也没有直接关系，因此排除 B。

C 选项中的强制证人出庭作证制度是为了加强庭审中控辩双方的质证，使得控辩双方可以在法庭上询问出庭证人，也使得法官可根据控辩双方对证人证言当庭质证的情况来审查判断证据，强化了控辩双方而非法官对庭审程序的推动和控制，这恰恰体现了职权主义向控辩式的转化。故选 C。

D 选项是重点干扰项，当事人和解的公诉案件诉讼程序也是注重发挥当事人的作用，而不是法官的职权，但是其功能不是通过加强控辩双方的质证来推动和控制法庭审判，而是通过强化犯罪嫌疑人、被告人与被害人之间的协商来推动矛盾的解决和社会关系的修复。因此排除 D。

第二节　刑事审判原则

1. ［答案］B　　　［难度］中

［考点］刑事审判的特征

［命题和解题思路］命题人通过此题考查了考生对刑事审判亲历性特征的理解。刑事审判具有程序启动的被动性、独立性、中立性、职权性、程序性、亲历性、公开性、公正性、终局性特征，考生在复习时往往只是大概了解刑事审判都有哪些特征，而容易忽略各特征的具体含义。这些特征的含义多数都比较简单，从概念上即可判断，不需要专门记忆，唯有亲历性特征是有特定含义的，如果考生没有注意或记忆模糊，就很难作出正确选择。

刑事审判的亲历性是指案件的裁判者必须自始至终参与审理，审查所有证据，对案件作出判决须以充分听取控辩双方的意见为前提。判断某种情形是否违背亲历性要求，其关键是要判断裁判者是否亲自参与证据调查，只要是符合法律的规定，那么无论该调查是以开庭的方式还是不开庭的方式、是在法庭上进行还是在法庭外进行，则均在所不问。

［选项分析］A 选项中的证人没有直接出庭，而是采取了远程作证的方式，并不违背刑事审判的亲历性要求：一则从证人角度来看，《法院解释》第 253 条规定："证人具有下列情形之一，无

法出庭作证的，人民法院可以准许其不出庭：（一）在庭审期间身患严重疾病或者行动极为不便的；（二）居所远离开庭地点且交通极为不便的；（三）身处国外短期无法回国的；（四）有其他客观原因，确实无法出庭的。具有前款规定情形的，可以通过视频等方式作证。"可见证人因路途遥远无法出庭而采取远程作证的方式，并不违背法律规定。更关键的是，刑事审判的亲历性仅指裁判者对庭审的亲历性，而非证人对庭审的亲历性，即便证人没有出庭，也与刑事审判的亲历性无关。二则从裁判者角度来看，尽管证人没有出庭，但是对证人以远程方式所进行的作证活动，裁判者是亲自观看、听取了的，因此并不违反亲历性要求。故 A 选项应予排除。

B 选项中的人民陪审员是中途加入合议庭的，其对之前进行的证人质证没有亲历，因此其继续审理并作出判决的做法有违亲历性原则。此种情况下，应当重新审理案件。因此本题选 B。

C 选项中的裁判者在公诉人和辩护人的共同参加下对部分证据进行庭外调查核实，并不违反亲历性要求。《刑诉法》第 196 条第 1 款规定："法庭审理过程中，合议庭对证据有疑问的，可以宣布休庭，对证据进行调查核实。"可见庭外调查核实证据并不违反法律的规定，只要对这部分证据的调查核实是法官亲自进行的，就不违反亲历性原则。故 C 也应予排除。

D 选项中第二审法院对决定不开庭审理的案件，通过讯问被告人，听取被害人、辩护人和诉讼代理人的意见进行审理，这符合《法院解释》第 400 条的规定。只要是法官亲自讯问被告人，听取被害人、辩护人和诉讼代理人的意见，就不违反亲历性原则。因此 D 也应予排除。

2. ［答案］C　　　［难度］中

［考点］刑事审判的原则

［命题和解题思路］本题考查分则部分的刑诉理论。由于考查理论的考题和考查法条的考题都要有一定的占比，不能所有题都是考法条的，因此命题人往往要绞尽脑汁出一些关于刑诉理论的考题，而能够在考试中予以考查的刑诉理论，尤其是分则部分的刑诉理论其实是非常有限的，因此，考生应当对这部分内容有所了解，以免不必要的失分。一般来说只要对相关原则、主义的大

体含义有所了解即可。有些原则从其概括语汇本身的表述中即可判断出其大体含义。

[选项分析] A 选项中的职权主义是用于标表刑事诉讼模式的一个概念，一般并不被称为"原则"。职权主义诉讼模式是与当事人主义诉讼模式相对应的，是指注重发挥法官职权，而非依赖于控辩双方对抗的刑事诉讼模式。本题题干中所表述的情形显然与职权主义和当事人主义的划分没有关系，故排除 A。

B 选项中的证据裁判原则又称证据裁判主义，是指对案件事实的认定，必须有相应的证据予以证明。这显然也与题干中描述的情形无关，故应当予以排除。

C 选项中的直接言辞原则是一项重要的审判原则，由直接原则和言辞原则组成，它是指法官必须在法庭上亲自听取当事人、证人及其他诉讼参与人的口头陈述，案件事实和证据必须由控辩双方当庭口头提出并以口头辩论和质证的方式进行调查。其中，直接原则强调的是法官的亲历性，言词原则强调的是证据呈现方式的言辞性。本题题干中陪审员离开法庭四十多分钟，但法庭审理没有中止，而是继续进行，对于这四十多分钟的庭审，该陪审员没有亲历，违反了直接原则，其事后也只能是根据法庭记录和案卷等文字材料来对案件的事实和证据作出判断，也违反了言词原则。因此本题应当选 C。

D 选项是重点干扰项。集中审理原则又称不中断审理原则，是指法庭开庭审理案件，应在不更换审判人员的条件下，不中断地连续进行。题干中陪审员出去了四十多分钟后又回来，可能会有考生认为这违反了集中审理原则，但是，在其出去的四十多分钟时间里，庭审并没有中断，而集中审理原则针对的是庭审本身是否中断，而非指法官是否离开法庭。法官离开法庭丧失的是对法庭的亲历性，违反的是直接原则，而非集中审理原则。故本题应当选 C 而非选 D。

第三节　合议庭

1. [答案] D　　[难度] 易
[考点] 人民陪审员、审委会
[命题和解题思路] 本题考查了两个关联知识点，题目相对简单，难点主要集中在审委会讨论问题的程序。

[选项分析] 人民陪审员参加的七人合议庭与三人合议庭最大的区别就在于能否对法律问题进行表决。根据《法院解释》第 215 条的规定，人民陪审员参加三人合议庭审判案件，应当对事实认定、法律适用，独立发表意见，行使表决权。人民陪审员参加七人合议庭审判案件，应当对事实认定，独立发表意见，并与法官共同表决；对法律适用，可以发表意见，但不参加表决。由此可见选项 A 说法错误。

根据 2019 年最高人民法院《关于健全完善人民法院审判委员会工作机制的意见》第 20 条的规定，审判委员会讨论决定案件和事项，一般按照以下程序进行：（1）合议庭、承办人汇报；（2）委员就有关问题进行询问；（3）委员按照法官等级和资历由低到高顺序发表意见，主持人最后发表意见；（4）主持人作会议总结，会议作出决议。由此可见，首先发言的是合议庭成员（包括本案的审判长），最后发言的是主持人（根据第 17 条的规定，审判委员会全体会议及专业委员会会议应当由院长或者院长委托的副院长主持），所以选项 B 说法错误。

根据《关于健全完善人民法院审判委员会工作机制的意见》第 16 条的规定，审判委员会召开全体会议和专业委员会会议，应当有其组成人员的过半数出席。因此并非必须全体出席，从常识上也可以判断，如果有正当事由，审委会委员也可请假不参加审委会讨论。选项 C 说法错误。

根据《关于健全完善人民法院审判委员会工作机制的意见》第 18 条的规定，下列人员应当列席审判委员会会议：（1）承办案件的合议庭成员、独任法官或者事项承办人；（2）承办案件、事项的审判庭或者部门负责人；（3）其他有必要列席的人员。审判委员会召开会议，必要时可以邀请人大代表、政协委员、专家学者等列席。经主持人同意，列席人员可以提供说明或者表达意见，但不参与表决。人民陪审员是合议庭的组成人员，属于应当列席审委会会议的人员，因此选项 D 说法正确。

2. [答案] D　　[难度] 难
[考点] 合议庭、审判原则
[命题和解题思路] 本题考查了对《法院解释》第 301 条的理解。解题时一是注意集中审理

和亲历性原则的含义；二是注意选项中的陷阱性表述。

[选项分析] 所谓集中审理原则，又称为不中断审理原则，强调法院开庭审理案件，应在不更换审判人员的条件下连续进行，不得中断审理。而本条规定强调的是如果亲自审理案件的合议庭成员不能参加评议，应当更换合议庭成员并重新审理，这与集中审理原则关注的重点并不一致，因此 A 选项说法错误。

更换合议庭组成人员并不意味着全部更换，而是更换不能继续履职的成员，因此 B 选项说法错误。

C 选项的说法过于绝对。如果该审理程序是二审程序，重新审理也仅是恢复到二审开始审理的状态，并不影响之前一审的效力，所以"之前的审理程序都归于无效"的说法过于绝对。C 选项说法错误。

所谓亲历性原则，是指合议庭成员应当亲自听审，并根据审理形成的心证形成裁判结论。如果仅是亲自听审，评议不参加，而由其他未参加审理的人员来制作裁判结论，这与亲历性的要求相悖，因此 D 选项说法正确。

3. [答案] ABD   [难度] 难

[考点] 合议庭

[命题和解题思路] 命题人通过此题考查了最高人民法院《关于进一步加强合议庭职责的若干规定》中第 10 条的规定，不了解该规定及对该规定有不同理解的考生要答对这道题还是比较困难的。但是判断裁判人员应否就案件改判或发回重审承担责任其实有一条常识性的标准，即其在作出判决的过程中，也即履职过程中是否存在违背法定职责的情形，如果不存在违背法定职责的情形，只是由于一些客观上的原因或者认识上的偏差而导致案件嗣后被改判或发回重审，则不应追究裁判人员的责任。

[选项分析] 最高人民法院《关于进一步加强合议庭职责的若干规定》第 10 条规定："……合议庭审理案件有下列情形之一的，合议庭成员不承担责任：（一）因对法律理解和认识上的偏差而导致案件被改判或者发回重审的；（二）因对案件事实和证据认识上的偏差而导致案件被改判或者发回重审的；（三）因新的证据而导致案件被改判或者发回重审的；（四）因法律修订或者政策调整

而导致案件被改判或者发回重审的；（五）因裁判所依据的其他法律文书被撤销或变更而导致案件被改判或者发回重审的；（六）其他依法履行审判职责不应当承担责任的情形。"

A 属于上述规定中的第 3 项。从常识而言，判决后才出现了新的证据与裁判人员的履职行为无关，只要裁判人员没有违背职责即不应追究其责任。

B 属于上述规定中的第 1 项，即对于法律所规定的非法证据的排除范围在理解和认识上存在偏差。理解和认识上的偏差不属于对法定职责的违背，不应追究责任。

C 是重点干扰项。"不予调查"是违背法定职责的行为，当然应当追究责任。

D 属于上述规定中的第 4 项。民事判决嗣后被撤销与合议庭成员的履职行为无关，不能归责于合议庭成员。

第四节 人民陪审员

1. [答案] ABD   [难度] 难

[考点] 人民陪审员

[命题和解题思路] 本题主要考查了《人民陪审员法》及最高人民法院《关于适用〈中华人民共和国人民陪审员法〉若干问题的解释》中的相关规定。解题时注意题干中已告知是 7 人合议庭。

[选项分析] 根据《人民陪审员法》第 22 条的规定，人民陪审员参加 7 人合议庭审判案件，对事实认定，独立发表意见，并与法官共同表决；对法律适用，可以发表意见，但不参加表决。因此 A 选项说法正确。

根据最高人民法院《关于适用〈中华人民共和国人民陪审员法〉若干问题的解释》第 8 条的规定，人民法院应当在开庭前，将相关权利和义务告知人民陪审员，并为其阅卷提供便利条件。由此可见，陪审员有庭前阅卷的权利。B 选项说法正确。

根据最高人民法院《关于适用〈中华人民共和国陪人民审员法〉若干问题的解释》第 11 条的规定，庭审过程中，人民陪审员依法有权向诉讼参加人发问，审判长应当提示人民陪审员围绕案件争议焦点进行发问。由此，陪审员发问并不需要经审判长同意，所以 C 选项说法错误。根据最高人民法院《关于适用〈中华人民共和国人民陪审员法〉若干问题的解释》第 16 条的规定，案件审结后，人民法院应将裁判文书副本及时送交参

加该案审判的人民陪审员。D 选项说法正确。

2. [答案] D　　[难度] 中
[考点] 人民陪审员

[命题和解题思路] 本题主要考查 2018 年《人民陪审员法》中相关规定。解题的关键在于区分 3 人制和 7 人制合议庭中人民陪审员的职权问题。

[选项分析] 根据《人民陪审员法》第 14 条的规定，人民陪审员和法官组成合议庭审判案件，由法官担任审判长，可以组成 3 人合议庭，也可以由法官 3 人与人民陪审员 4 人组成 7 人合议庭。7 人制合议庭中人民陪审员的数量固定为 4 人，所以 A 选项说法错误。

根据《人民陪审员法》第 21 条的规定，人民陪审员参加 3 人合议庭审判案件，对事实认定、法律适用，独立发表意见，行使表决权。因此 B 选项错误。

根据《人民陪审员法》第 11 条的规定，人民陪审员由基层人民法院院长提请同级人民代表大会常务委员会任命。C 选项错误。

虽然《人民陪审员法》中未有明确规定，但根据第 2 条的规定，人民陪审员依照本法产生，依法参加人民法院的审判活动，除法律另有规定外，同法官有同等权利。而进行调解并不属于法律另有规定的情形，属于人民陪审员的权利之一。D 选项说法正确。

3. [答案] D　　[难度] 中
[考点] 人民陪审制

[命题和解题思路] 命题人通过此题考查了人民陪审制的适用范围、人民陪审员的职权和产生方式等问题，考生须注意，2018 年 4 月颁布了《人民陪审员法》，2004 年 8 月 28 日第十届全国人民代表大会常务委员会第十一次会议通过的《全国人民代表大会常务委员会关于完善人民陪审员制度的决定》已经废止。考生应熟悉新法的规定。

[选项分析] A 选项是重点干扰项，涉及人民陪审员的产生方式。根据《人民陪审员法》第 9 条、第 10 条以及第 19 条的规定，人民陪审员是由基层人民法院院长提请同级人民代表大会常务委员会任命，中级人民法院审判案件需要由人民陪审员参加合议庭审判的，在其辖区内的基层人民法院的人民陪审员名单中随机抽取确定，并不

是由中级人民法院对应的市人大常委会任命陪审员，故而排除 A。

B 选项涉及人民陪审员的职权。根据《人民陪审员法》第 2、14 条的规定，人民陪审员依法参加人民法院的审判活动，除法律另有规定外，同法官有同等权利。人民陪审员和法官组成合议庭审判案件，由法官担任审判长。可见人民陪审员不能担任审判长。故而排除 B。

C 选项涉及人民陪审员的适用范围和职权。因为《刑诉法》第 183 条第 4 款规定："人民法院审判上诉和抗诉案件，由审判员三人至五人组成合议庭进行。"也就是说，人民陪审员只能参加第一审程序的合议庭，二审合议庭则只能由审判员组成，人民陪审员不能参加。故而排除 C。

D 选项涉及人民陪审员的职权。根据《人民陪审员法》第 2 条的规定，人民陪审员依法参加人民法院的审判活动，除法律另有规定外，同法官有同等权利。因此，人民陪审员和其他合议庭组成人员一样，都可以要求合议庭将案件提请院长决定是否提交审委会讨论决定。故而 D 正确。

4. [答案] B　　[难度] 中
[考点] 人民陪审制

[命题和解题思路] 命题人从与西方陪审团制度的比较入手来考查人民陪审制，对考生的知识面有较高的要求。对于知识面比较广、对西方陪审团制度有所了解的考生来说，较易选出正确答案。不过，从此题的实际效果来说，由于命题人所设计的四个选项中，都分为两个部分，前半句是描述人民陪审制度的，后半句是描述西方陪审团制度的，只有这两方面的描述都正确的，才是正确选项，因此每个选项中，只要可以判断出有半句是错误的，就可以排除。而本题四个选项关于人民陪审制度的描述本来就只有一个是正确的，找出了该项即可作出正确的选择，后半句关于西方陪审团制度的描述反而有提示作用，降低了难度。假设命题人在关于人民陪审制度的描述中设计两个或两个以上的正确选项，考生对后半句的判断就至关重要了。对于对这两个制度了解较多的考生来说，应该可以直接选出 B 是正确的，因为这正是这两个制度各自最典型的特征和最大的差异。对西方陪审团制度或者对这两个制度都不够了解的考生则只好通过排除法逐一解决。

[选项分析] A 选项是关于人民陪审员和陪审团制度的目的的比较。根据《人民陪审员法》第 1 条的规定，为了保障公民依法参加审判活动，促进司法公正，提升司法公信，制定本法。这说明人民陪审员制度的目的是"促进司法公正"，这当然包括制约法官。况且，即便不知道此规定，根据常识，也应当可以作出相同的判断。故 A 可以排除。

B 选项是职权比较，根据《人民陪审员法》第 2 条的规定，人民陪审员依照本法产生，依法参加人民法院的审判活动，除法律另有规定外，同法官有同等权利。而西方陪审团制度最典型的特征及其与我们的人民陪审员制度最大的差异恰恰在于陪审团与法官之间存在职权分工，前者仅负责事实认定，后者则负责法律适用及量刑。因此 B 的前后两个半句的表述都是正确的，应当选 B。

C 选项是选任方式比较。根据《人民陪审员法》第 19 条的规定，基层人民法院审判案件需要由人民陪审员参加合议庭审判的，应当在人民陪审员名单中随机抽取确定。中级人民法院、高级人民法院审判案件需要由人民陪审员参加合议庭审判的，在其辖区内的基层人民法院的人民陪审员名单中随机抽取确定。可见，人民陪审员虽然是"随机抽取"的，但并不是从所有成年公民中随机抽取的，而是从符合人民陪审员条件并进入人民陪审员名单的人中随机抽取。而西方陪审团制度对陪审团成员的选择则是从选民中随机抽取的，而不是聘任的。当然，考生并不需要熟知以上规定，而只要知道人民陪审员是要符合一定条件的，或者知道西方陪审团制度是随机抽取陪审团成员的，就可以排除 C 选项。

D 选项是适用范围比较。根据《人民陪审员法》第 15 条的规定，人民法院审判第一审刑事、民事、行政案件，有下列情形之一的，由人民陪审员和法官组成合议庭进行：（1）涉及群体利益、公共利益的；（2）人民群众广泛关注或者其他社会影响较大的；（3）案情复杂或者有其他情形，需要由人民陪审员参加审判的。可见是否适用人民陪审员制度并非取决于当事人的意愿。西方陪审团制度更非适用于所有案件，以美国为例，其 90% 以上的案件都是通过辩诉交易解决的，而辩诉交易的条件之一就是被告人放弃由陪审团审判，因此，西方的陪审团制度实际上仅适用于极少数的案件。只要对辩诉交易制度和陪审团制度稍有了解，D 选项也比较容易排除。

第十六章　公诉案件第一审程序

试　题

第一节　公诉案件庭前审查

📶 甲女与乙男在某社交软件互加好友，手机网络聊天过程中，甲女多次向乙男发送暧昧言语和色情图片，表示可以提供有偿性服务。二人于酒店内见面后因价钱谈不拢而争吵，乙男强行将甲女留在房间内，并采用胁迫手段与其发生性关系。后甲女向公安机关报案，乙男则辩称双方系自愿发生性关系。本案后起诉至法院，关于本案审理程序，下列选项正确的是：（2016-2-96）

A. 应当不公开审理

B. 甲女因出庭作证而支出的交通、住宿的费用，法院应给予补助

C. 甲女可向法院提起附带民事诉讼要求乙男赔偿因受侵害而支出的医疗费

D. 公诉人讯问乙男后，甲女可就强奸的犯罪事实向乙男发问

第二节　庭前会议

📶 **1.** 某法院审理一起个人诈骗案，审判长甲、审判员乙和人民陪审员丙组成合议庭，法官助理丁协助甲承办此案。辩护人申请排除非法证据，法院为此召开庭前会议。对此，下列哪些说法是正确的？（2023 年回忆版）

A. 应通知公诉人、被告人及其辩护人到场

B. 甲可委托丁主持庭前会议

C. 丙可参加庭前会议

D. 法院认为争议证据合法性存疑，可建议检察院撤回该证据

📶 **2.** 高某利用职务便利多次收受贿赂，还雇凶将举报他的下属王某打成重伤。关于本案庭前会议，下列哪些选项是正确的？（2015-2-72）

A. 高某可就案件管辖提出异议

B. 王某提起附带民事诉讼的，可调解

C. 高某提出其口供系刑讯所得，法官可在审查讯问时同步录像的基础上决定是否排除口供

D. 庭前会议上出示过的证据，庭审时举证、质证可简化

第三节 审理程序

📶 赵甲的儿子赵乙（16 周岁）因琐事与邻居康某发生争执，康某将赵乙打成轻伤。赵甲因了解案件的前因后果成为本案重要证人。关于本案，下列哪些说法是正确的？（2023 年回忆版）

A. 对于赵甲作为证人出庭支出的食宿、交通费用，相关机关应给予补助

B. 赵甲可作为赵乙的法定代理人

C. 赵甲有义务协助康某的辩护律师调查取证

D. 如赵甲经法院通知无正当理由拒绝出庭，法院可强制其出庭

第四节 判决、裁定和决定

📶 **1.** 刘某在家突发疾病，其丈夫醉酒归来后发现这一情况，遂拨打 120，但救护车无法及时到达现场。情急之下刘某丈夫驾车送其去医院，事后刘某丈夫被人民检察院以危险驾驶罪提起公诉。关于本案的审理，下列哪一说法是正确的？（2022 年回忆版）

A. 法庭辩论中辩护人提出案发道路人员稀少的新事实，法院应恢复法庭调查

B. 法院应对刘某危险驾驶的起因进行审查

C. 庭审后，辩护人提交 120 接听记录作为紧急避险的证据，该记录经庭外征求意见后可作为定案的根据

D. 法院如适用速裁程序审理本案，则不再对定案证据进行质证

📶 **2.** 在一审法院审理中出现下列哪一特殊情形时，应以判决的形式作出裁判？（2017-2-35）

A. 经审理发现犯罪已过追诉时效且不是必须追诉的

B. 自诉人未经法庭准许中途退庭的

C. 经审理发现被告人系精神病人，在不能控制自己行为时造成危害结果的

D. 被告人在审理过程中死亡，根据已查明的

案件事实和认定的证据，尚不能确认其无罪的

📶 **3.** 法院就被告人"钱某"盗窃案作出一审判决，判决生效后检察院发现"钱某"并不姓钱，于是在确认其真实身份后向法院提出其冒用他人身份，但该案认定事实和适用法律正确。关于法院对此案的处理，下列哪一选项是正确的？（2013-2-40）

A. 可以建议检察院提出抗诉，通过审判监督程序加以改判

B. 可以自行启动审判监督程序加以改判

C. 可以撤销原判并建议检察机关重新起诉

D. 可以用裁定对判决书加以更正

第五节 单位犯罪案件的审理程序

📶 **1.** 某公司涉嫌走私普通货物罪，公司实控人杨某也被提起公诉，金达律师事务所律师秦某担任公司诉讼代表人。关于本案的辩护，下列哪一说法是正确的？（2021 年回忆版）

A. 秦某担任诉讼代表人可由该公司委托，也可由检察机关指派

B. 杨某不可委托金达律师事务所的律师担任其辩护人

C. 秦某在本案中行使辩护职能

D. 秦某可一并担任公司辩护人

📶 **2.** 甲、乙二人系药材公司仓库保管员，涉嫌 5 次共同盗窃其保管的名贵药材，涉案金额 40 余万元。一审开庭审理时，药材公司法定代表人丙参加庭审。经审理，法院认定了其中 4 起盗窃事实，另 1 起因证据不足未予认定，甲和乙以职务侵占罪分别被判处有期徒刑 3 年和 1 年。关于丙参与法庭审理，下列选项正确的是：（2017-2-93）

A. 丙可委托诉讼代理人参加法庭审理

B. 公诉人讯问甲和乙后，丙可就犯罪事实向甲、乙发问

C. 丙可代表药材公司在附带民事诉讼中要求甲和乙赔偿被窃的药材损失

D. 丙反对适用简易程序的，应转为普通程序审理

📶 **3.** 某国有银行涉嫌违法发放贷款造成重大损失，该行行长因系直接负责的主管人员也被追究刑事责任，信贷科科长齐某因较为熟悉银行贷款业务被确定为单位的诉讼代表人。关于本案审理

程序，下列哪一选项是正确的？（2015-2-37）

A. 如该案在开庭审理前召开庭前会议，应通知齐某参加

B. 齐某无正当理由拒不出庭的，可拘传其到庭

C. 齐某可当庭拒绝银行委托的辩护律师为该行辩护

D. 齐某没有最后陈述的权利

第六节 延期审理（补充或变更起诉）

📶 **1.** 关于办案期限重新计算的说法，下列哪一选项是正确的？（2015-2-31）

A. 甲盗窃汽车案，在侦查过程中发现其还涉嫌盗窃1辆普通自行车，重新计算侦查羁押期限

B. 乙受贿案，检察院审查起诉时发现一笔受贿款项证据不足，退回补充侦查后再次移送审查起诉时，重新计算审查起诉期限

C. 丙聚众斗殴案，在处理完丙提出的有关检察院书记员应当回避的申请后，重新计算一审审理期限

D. 丁贩卖毒品案，二审法院决定开庭审理并通知同级检察院阅卷，检察院阅卷结束后，重新计算二审审理期限

📶 **2.** 法院审理郑某涉嫌滥用职权犯罪案件，在宣告判决前，检察院发现郑某和张某接受秦某巨款，涉嫌贿赂犯罪。对于新发现犯罪嫌疑人和遗漏罪行的处理，下列哪些做法是正确的？（2013-2-66）

A. 法院可以主动将张某、秦某追加为被告人一并审理

B. 检察院可以补充起诉郑某、张某和秦某的贿赂犯罪

C. 检察院可以将张某、秦某追加为被告人，要求法院一并审理

D. 检察院应当撤回起诉，将三名犯罪嫌疑人以两个罪名重新起诉

详 解

第一节 公诉案件庭前审查

[答案] ACD　　　[难度] 中

[考点] 审判公开原则、证人出庭作证制度、附带民事诉讼的成立条件、法庭调查的程序

[命题和解题思路] 命题人通过此题考查了审判公开的例外情形、出庭作证的补助对象、附带民事诉讼的成立条件和法庭调查程序中的发问环节。命题人抓住了考生可能会误以为关于证人的规定均可适用于被害人的误会，将作证补助制度的对象设定为被害人，为考生设计了陷阱。考生如可识破此陷阱，则本题并不难。

[选项分析] A 选项涉及公开审判原则。《刑诉法》第 188 条第 1 款规定："人民法院审判第一审案件应当公开进行。但是有关国家秘密或者个人隐私的案件，不公开审理；涉及商业秘密的案件，当事人申请不公开审理的，可以不公开审理。"本案涉及男女性行为，属于个人隐私，应当不公开审理。故而 A 正确。

B 选项为重点干扰项，涉及出庭保障。《刑诉法》第 65 条第 1 款规定"证人因履行作证义务而支出的交通、住宿、就餐等费用，应当给予补助。证人作证的补助列入司法机关业务经费，由同级政府财政予以保障。"《刑诉法》第 127 条规定"询问被害人，适用本节各条规定。"其中的"本节"仅指《刑诉法》分则的第二章"侦查"中的第三节"询问证人"，但有考生会误记为关于证人的各项规定都同时适用于被害人，从而误选此项。其实《刑诉法》第 65 条第 1 款关于法院补助证人出庭支出的规定位于《刑诉法》总则第五章中，并不适用于被害人。故而排除 B。

C 选项涉及附带民事诉讼的成立条件。《刑诉法》第 101 条规定："被害人由于被告人的犯罪行为而遭受物质损失的，在刑事诉讼过程中，有权提起附带民事诉讼……"《法院解释》第 175 条规定："被害人因人身权利受到犯罪侵犯或者财物被犯罪分子毁坏而遭受物质损失的，有权在刑事诉讼过程中提起附带民事诉讼……"本案中，甲女是被害人，其因遭受乙男侵害而支出的医疗费属于因人身权利受到犯罪侵害而遭受的物质损失，因此其有权就此提出附带民事诉讼要求乙男赔偿。故 C 正确。

D 选项涉及第一审普通程序的法庭调查程序。《刑诉法》第 191 条规定："公诉人在法庭上宣读起诉书后，被告人、被害人可以就起诉书指控的犯罪进行陈述，公诉人可以讯问被告人。被害人、附带民事诉讼的原告人和辩护人、诉讼代理人，经审判长许可，可以向被告人发问。审判人员可

以讯问被告人。"《法院解释》第 242 条规定：在审判长主持下，公诉人可以就起诉书指控的犯罪事实讯问被告人。经审判长准许，被害人及其法定代理人、诉讼代理人可以就公诉人讯问的犯罪事实补充发问；附带民事诉讼原告人及其法定代理人、诉讼代理人可以就附带民事部分的事实向被告人发问；被告人的法定代理人、辩护人，附带民事诉讼被告人及其法定代理人、诉讼代理人可以在控诉方、附带民事诉讼原告方就某一问题讯问、发问完毕后向被告人发问。根据案件情况，就证据问题对被告人的讯问、发问可以在举证、质证环节进行。由此可知 D 正确。

第二节　庭前会议

1. ［答案］AC　　［难度］难
［考点］庭前会议

［命题和解题思路］本题考查庭前会议的相关知识点，涉及参会人员、主持人员、对排非申请的处理等多个知识点。解答本题，应准确把握主持庭前会议的人员范围和庭前会议处理排非申请的方式。注意区分法官助理和审判人员，可排除 B 选项；掌握庭前会议中法院对检察院提出建议的情形，可排除 D 选项。

［选项分析］A 选项考查召开庭前会议应通知到场的人员范围。根据《法院解释》第 230 条第 2 款、第 3 款规定，召开庭前会议应当通知公诉人、辩护人到场。庭前会议准备就非法证据排除了解情况、听取意见，或者准备询问控辩双方对证据材料的意见的，应当通知被告人到场。有多名被告人的案件，可以根据情况确定参加庭前会议的被告人。由此可见，召开庭前会议，法院一定要通知公诉人、辩护人到场，至于是否通知被告人到场，根据情况而定。本案中，法院因辩护人申请排除非法证据而召开庭前会议，故应通知被告人到场。A 选项正确。

B 选项和 C 选项考查参加庭前会议的合议庭成员及其职责。根据《法院解释》第 230 条第 1 款规定，庭前会议由审判长主持，合议庭其他审判员也可以主持庭前会议。由此可梳理：合议庭的人民陪审员不能主持庭前会议，但是可以参加；法官助理属于审判辅助人员，不属于"审判人员"，也不能由其主持庭前会议。B 选项错误；C 选项正确。

D 选项考查法院在庭前会议中对排非申请的处理。根据《法院解释》第 130 条规定，开庭审理前，人民法院可以召开庭前会议，就非法证据排除等问题了解情况，听取意见。在庭前会议中，人民检察院可以通过出示有关证据材料等方式，对证据收集的合法性加以说明。必要时，可以通知调查人员、侦查人员或者其他人员参加庭前会议，说明情况。第 131 条规定，在庭前会议中，人民检察院可以撤回有关证据。撤回的证据，没有新的理由，不得在庭审中出示。当事人及其辩护人、诉讼代理人可以撤回排除非法证据的申请。撤回申请后，没有新的线索或者材料，不得再次对有关证据提出排除申请。第 133 条规定，控辩双方在庭前会议中对证据收集是否合法未达成一致意见，人民法院对证据收集的合法性有疑问的，应当在庭审中进行调查；对证据收集的合法性没有疑问，且无新的线索或者材料表明可能存在非法取证的，可以决定不再进行调查并说明理由。第 232 条规定，人民法院在庭前会议中听取控辩双方对案件事实、证据材料的意见后，对明显事实不清、证据不足的案件，可以建议检察院补充材料或者撤回起诉。由此可见，如果法院认为存在非法取证的可能，且检察院不主动撤回有关证据，就应当在庭审中进一步调查，然后再作出决定。如法院主动建议检察院撤回有关证据，实则在庭前会议中对该证据合法性问题作出了判断，与庭前会议了解情况，庭审进一步调查的要求不符。D 选项错误。

2. ［答案］AB　　［难度］易
［考点］庭前会议

［命题和解题思路］命题人虽然采取了案例的考查形式，但其内容实际上是对《法院解释》第 228 条、第 229 条的直接考查，只是在选项上设计了一些考生容易忽略的陷阱，比如 D 选项中考生可能会忽略掉控辩双方无异议的条件。但对于熟悉这条规定的考生来说，只要将这一条的规定与本题的各选项的表述认真加以比照，还是比较容易选出正确答案的。

［选项分析］A 选项涉及庭前会议的内容。《法院解释》第 228 条第 1 款对此作出了规定，即"庭前会议可以就下列事项向控辩双方了解情况，听取意见：（一）是否对案件管辖有异议；……"

可见，提出管辖异议正是本款规定中第 1 项的内容。故 A 正确。

B 选项同样涉及庭前会议的内容。《法院解释》第 228 条第 2 款规定："庭前会议中，人民法院可以开展附带民事调解。"故 B 正确。

C 选项涉及庭前会议的效力。《法院解释》第 228 条第 1 款规定："庭前会议可以就下列事项向控辩双方了解情况，听取意见：……（四）是否申请排除非法证据；……"可见，对于非法证据问题，庭前会议只能是"了解情况，听取意见"，而不能作出是否排除的决定。故 C 错误。

D 选项是重点干扰项，也涉及庭前会议的效力。《法院解释》第 229 条规定："庭前会议中，审判人员可以询问控辩双方对证据材料有无异议，对有异议的证据，应当在庭审时重点调查；无异议的，庭审时举证、质证可以简化。"可见，庭前会议上出示过的证据，并非均可在庭审时简化举证、质证。只有控辩双方无异议的证据，才可简化举证、质证，对控辩双方有异议的证据，要重点调查。故 D 错误。

第三节　审理程序

[答案] AD　　　[难度] 中
[考点] 证人作证

[命题和解题思路] 本题考查证人作证的权利和义务。解答本题，应注意本案中证人赵甲的当事人近亲属身份。牢记证人身份的优先性，可排除 B 选项；了解辩护律师对证人调查取证的前提条件，可排除 C 选项。

[选项分析] A 选项考查证人作证的补助与保障。根据《刑诉法》第 65 条第 1 款规定，证人因履行作证义务而支出的交通、住宿、就餐等费用，应当给予补助。证人作证的补助列入司法机关业务经费，由同级政府财政予以保障。A 选项正确，当选。

B 选项考查证人身份的优先性。根据回避规则，当诉讼中的证人身份形成后，由于证人的不可替代性，他们不能在诉讼中担任侦查、检察、审判人员及鉴定人、翻译人员等。虽然法律没有明确规定同一案件中的证人不能作为当事人的法定代理人，但考虑到法定代理人具有独立的法律地位，享有与被代理人相同的诉讼权利，如果同时作为证人和法定代理人，必然会产生利害冲突。

故证人不应同时作为同一案件中的法定代理人。B 选项错误，不当选。

C 选项考查辩护律师对证人调查取证的前提条件。根据《刑诉法》第 43 条规定，辩护律师经证人或者其他有关单位和个人同意，可以向他们收集与本案有关的材料，也可以申请检察院、法院收集、调取证据，或者申请法院通知证人出庭作证。辩护律师经检察院或者法院许可，并且经被害人或者其近亲属、被害人提供的证人同意，可以向他们收集与本案有关的材料。由此可见，辩护律师对证人调查取证的前提条件是取得证人的同意，证人并无协助调查取证的义务。C 选项错误，不当选。

D 选项考查强制证人出庭。根据《刑诉法》第 193 条第 1 款规定，经法院通知，证人没有正当理由不出庭作证的，法院可以强制其到庭，但是被告人的配偶、父母、子女除外。本案中，赵甲是被害人赵乙的父亲，不属于强制证人出庭的例外人员范围，法院可强制其出庭。D 选项正确，当选。

第四节　判决、裁定和决定

1. [答案] B　　　[难度] 难
[考点] 庭审

[命题和解题思路] 本题改编自真实案例，综合考查了法庭调查和法庭辩论的相关知识点。鉴于几个考查点较为偏僻，考生在解答该题时，可以结合其他规定充分思考相关做法的合理性。

[选项分析] 根据《法院解释》第 286 条的规定，法庭辩论过程中，合议庭发现与定罪、量刑有关的新的事实，有必要调查的，审判长可以宣布恢复法庭调查，在对新的事实调查后，继续法庭辩论。从中可见，法庭辩论阶段发现新的事实，是否恢复法庭调查需根据具体情况而定，并非一定要恢复法庭调查。因此，A 选项说法错误。

本案中，刘某丈夫危险驾驶的起因是刘某突发疾病，救护车无法及时赶到，通过该起因足见刘某丈夫主观恶性很小。根据《法院解释》第 276 条的规定，法院除应当审查被告人是否具有法定量刑情节外，还应当根据案件情况审查一些影响量刑的情节，其中包括案件起因。因此，B 选项说法正确。

对于庭后补交的证据，如果对定罪量刑有重要影响，显然不能在庭外征求意见后即作为定案的根据。根据《法院解释》第 271 条第 2 款的规定，对公诉人、当事人及其法定代理人、辩护人、诉讼代理人补充的和审判人员庭外调查核实取得的证据，应当经过当庭质证才能作为定案的根据。但是，对不影响定罪量刑的非关键证据、有利于被告人的量刑证据以及认定被告人有犯罪前科的裁判文书等证据，经庭外征求意见，控辩双方没有异议的除外。本案中，**作为紧急避险的证据显然属于可能影响罪与非罪的证据，应当经过当庭质证才能作为定案的根据**。因此，C 选项说法错误。

根据《法院解释》第 372 条的规定，速裁程序中，公诉人简要宣读起诉书后，审判人员应当当庭询问被告人对指控事实、证据、量刑建议以及适用速裁程序的意见，核实具结书签署的自愿性、真实性、合法性，并核实附带民事诉讼赔偿等情况。虽无法庭调查和法庭辩论环节，但审判人员仍应当庭询问被告人对指控的证据有无异议，被告人无异议的，即应当视为经过庭审质证程序。所以，速裁程序中作为定案根据的证据，实际上也经过了庭审举证、质证程序。因此，D 选项说法错误。

2. [答案] C   [难度] 易

[考点] 人民法院对不同案件的裁判、裁定与判决的区别

[命题和解题思路] 命题人通过此题考查了一审法院对各种特殊情形的处理方式，是用判决处理，还是用裁定处理。解答此题的方法有两种：第一，从法律规定出发，每种情况都有相对应的法律规定，明确规定了如何处理，是用判决，还是裁定；第二，从理论出发，**判决和裁定最重要的区别之一在于，判决只用以解决实体问题，裁定则大多用以解决程序问题**。在本题的四个选项中，只有 C 涉及定罪问题，因此也就只有 C 可以适用判决。

[选项分析] A 选项涉及犯罪已过追诉时效期限的处理。对此，《法院解释》第 295 条第 1 款第 8 项规定：“对第一审公诉案件，人民法院审理后，应当按照下列情形分别作出判决、裁定：……（八）犯罪已过追诉时效期限且不是必须追诉，或者经特赦令免除刑罚的，应当裁定终止审理；……”可见此种情况下应当用裁定终止审理，

故而排除 A。

B 选项涉及自诉人未经法庭许可中途退庭的处理。对此，《法院解释》第 331 条第 1 款规定：“自诉人经两次传唤，无正当理由拒不到庭，或者未经法庭准许中途退庭的，人民法院应当裁定按撤诉处理。”可见此种情形也应当用裁定，不能用判决。因此排除 B。

C 选项涉及对精神病人不能控制自己行为造成危害后果的处理。对此，《法院解释》第 295 条第 1 款第 7 项规定：“……（七）被告人是精神病人，在不能辨认或者不能控制自己行为时造成危害结果，不予刑事处罚的，应当判决宣告被告人不负刑事责任；被告人符合强制医疗条件的，应当依照本解释第二十六章的规定进行审理并作出判决；……”而从题干并不能反映出被告人是否符合强制医疗的条件，可见，此种情形应当适用判决。故而本题选 C。

D 选项为重点干扰项，涉及对被告人死亡的情况的处理。《法院解释》第 295 条第 1 款第 10 项规定：“……（十）被告人死亡的，应当裁定终止审理；但有证据证明被告人无罪，经缺席审理确认无罪的，应当判决宣告被告人无罪。”可见，对于被告人死亡的，根据已查明的案件事实和认定的证据能否确认其无罪，可分为两种情况处理：第一，不能确认无罪的，应当裁定终止审理；第二，能够确认无罪的，应当判决宣告被告人无罪。本题属于前一种情况，应当适用裁定。故而排除 D。

3. [答案] D   [难度] 中

[考点] 裁定（适用裁定的情形）、审判监督程序（提起审判监督程序的理由）

[命题和解题思路] 命题人设计了判决生效后发现被告人冒用他人姓名的案例，是为《法院解释》第 473 条量身而作，同时考查了适用裁定的情形和提起审判监督程序的理由。考生如果熟悉《法院解释》第 473 条，当然可迅速选出正确答案，如果不知道，但对适用裁定的情形和提起审判监督程序的理由比较了解，也能通过分析答对此题。

本题可以通过三种方法解答：第一，《法院解释》第 473 条规定：“原判决、裁定认定被告人姓名等身份信息有误，但认定事实和适用法律正确、量刑适当的，作出生效判决、裁定的人民法院可

以通过裁定对有关信息予以更正。"了解此规定的考生可直接选出正确答案。第二，判决是用于解决实体问题的，因此改判也是为了改变原判决对实体问题的认定，包括改变定罪和量刑，修改被告人姓名不属于这一范畴的，不需要改判，只需要用裁定纠正。了解判决与裁定区别的考生也可以直接选出正确答案。第三，通过排除法解答，详见选项分析。

[选项分析] 除命题和解题思路中已列出的方法之外，A 选项还可以通过两种方法排除：第一，我国刑事诉讼法中并无人民法院可以建议人民检察院提出抗诉的制度，据此可以直接排除 A。第二，《检察规则》第 591 条第 1 款的规定："人民检察院认为人民法院已经发生法律效力的判决、裁定确有错误，具有下列情形之一的，应当按照审判监督程序向人民法院提出抗诉：（一）有新的证据证明原判决、裁定认定的事实确有错误，可能影响定罪量刑的；（二）据以定罪量刑的证据不确实、不充分的；（三）据以定罪量刑的证据依法应当予以排除的；（四）据以定罪量刑的主要证据之间存在矛盾的；（五）原判决、裁定的主要事实依据被依法变更或者撤销的；（六）认定罪名错误且明显影响量刑的；（七）违反法律关于追诉时效期限的规定的；（八）量刑明显不当的；（九）违反法律规定的诉讼程序，可能影响公正审判的；（十）审判人员在审理案件的时候有贪污受贿，徇私舞弊，枉法裁判行为的。"可见，本题中的情况不属于人民检察院应当按审判监督程序向人民法院提起抗诉的范围。尽管《刑诉法》对人民检察院按审判监督程序提起抗诉的理由仅规定了"确有错误"，但从此司法解释的规定来看，该错误应属于"在认定事实上或者在适用法律上确有错误"，而不是任何错误均可提出抗诉。

B 为重点干扰项。根据《刑诉法》第 254 条第 1 款的规定："各级人民法院院长对本院已经发生法律效力的判决和裁定，如果发现在认定事实上或者在适用法律上确有错误，必须提交审判委员会处理。"该款规定实际上意味着，对于本院的生效裁判，只有"发现在认定事实上或者在适用法律上确有错误"才能启动审判监督程序，而本题中无这方面的错误，故此排除 B。

C 选项可以通过三种方法排除：第一，我国并无撤销原判后建议人民检察院重新起诉的诉讼

制度；第二，根据我国刑诉法的规定，对于已经生效的判决，只有通过审判监督程序才能撤销原判，不能在发现错误后即直接撤销原判；第三，根据我国刑诉法的相关规定，只有在原判事实不清或证据不足或适用法律错误或量刑不当的情况下，才有可能撤销原判，只是名字错误不能撤销原判。

D 选项符合《法院解释》第 473 条的规定，也符合裁定的一般适用范围，故选择 D。

第五节　单位犯罪案件的审理程序

1. [答案] A　　[难度] 中
[考点] 单位犯罪
[命题和解题思路] 本题主要考查了单位犯罪这一常见考点，尤其是 2021 年《法院解释》修改后增加的内容。

[选项分析] 根据《法院解释》第 336 条第 2 款、第 3 款的规定，依据前款规定难以确定诉讼代表人的，可以由被告单位委托律师等单位以外的人员作为诉讼代表人。诉讼代表人不得同时担任被告单位或者被指控为单位犯罪直接责任人员的有关人员的辩护人。同时，根据第 337 条第 1 款的规定，开庭审理单位犯罪案件，应当通知被告单位的诉讼代表人出庭；诉讼代表人不符合前条规定的，应当要求人民检察院另行确定。由此可见，律师秦某可以由公司委托担任公司的诉讼代表人（公司实控人已被同时提起公诉），也可以由检察机关确定为公司的诉讼代表人。因此 A 选项说法正确。

秦某作为公司的诉讼代表人，就不能作为公司的辩护人，在诉讼中承担辩护职能，因此 C、D 选项说法错误。

只要杨某委托的辩护人与公司委托的辩护人不是同一人即可，并不禁止由同一律所的律师分别担任同一案件中不同被告的辩护人。B 选项说法错误。

2. [答案] AB　　[难度] 难
[考点] 单位当事人、附带民事诉讼的成立条件、简易审判程序的特点（简易程序在必要时得变更为普通程序）
[命题和解题思路] 命题人通过此题考查了单位被害人的诉讼代表人的权利。相关司法解释对

单位犯罪的审理程序及单位被告人的诉讼代表人的权利义务规定较多，对单位被害人的诉讼权利则无明确规定。关于单位被害人的诉讼代表人的权利有一个基本的原则，即单位被害人的诉讼代表人在刑事诉讼中享有被害人的诉讼权利。因此，本题实际上也是在考查被害人的权利，与此同时，还考查了附带民事诉讼的成立条件和简易程序转为普通程序的条件。

[选项分析] A 选项涉及单位被害人的诉讼代表人是否可以委托诉讼代理人参加法庭审理，因为单位被害人的诉讼代表人在刑事诉讼中享有被害人的诉讼权利，因此该选项实际上可以替换为"被害人可委托诉讼代理人参加法庭审理"，可见 A 正确。

B 选项可以替换为"公诉人讯问被告人后，被害人可就犯罪事实向被告人发问。"《刑诉法》第 191 条第 1、2 款规定："公诉人在法庭上宣读起诉书后，被告人、被害人可以就起诉书指控的犯罪进行陈述，公诉人可以讯问被告人。被害人、附带民事诉讼的原告人和辩护人、诉讼代理人，经审判长许可，可以向被告人发问。"因此 B 正确。

C 选项为重点干扰项，其表面上看仍然是在考查被害人及单位被害人的诉讼代表人的诉讼权利，实际却涉及附带民事诉讼的成立条件。《法院解释》第 176 条规定："被告人非法占有、处置被害人财产的，应当依法予以追缴或者责令退赔。被害人提起附带民事诉讼的，人民法院不予受理……"本案中，甲乙盗窃药材的行为属于非法占有被害人财产，不能成立附带民事诉讼。故而排除 C。

D 选项可替换为"被害人反对适用简易程序的，应转为普通程序审理。"本选项可通过两种方法判断：第一，《法院解释》第 368 条第 1 款规定："适用简易程序审理案件，在法庭审理过程中，有下列情形之一的，应当转为普通程序审理：（一）被告人的行为可能不构成犯罪的；（二）被告人可能不负刑事责任的；（三）被告人当庭对起诉指控的犯罪事实予以否认的；（四）案件事实不清、证据不足的；（五）不应当或者不宜适用简易程序的其他情形。"其中，并无被害人反对适用简易程序即应转为普通程序审理的规定。因此排除 D。第二，简易程序的适用本身只需要被告人的同

意，而不需要被害人的同意，换句话说，被害人不同意并不影响简易程序的适用，因此也就不需要转为普通程序。故而排除 D。

3. [答案] C [难度] 中
[考点] 单位犯罪案件的审理程序
[命题和解题思路] 命题人通过此题考查了单位犯罪案件的审理程序中被告单位诉讼代表人的权利和义务。《法院解释》第 338 条规定："被告单位的诉讼代表人享有刑事诉讼法规定的有关被告人的诉讼权利……"因此对涉及诉讼代表人权利的选项，实际上就是要判断被告人有没有相应权利。但是对涉及诉讼代表人义务的选项，则要更为慎重，注意相关的具体规定。

[选项分析] A 选项涉及庭前会议是否应通知被告单位的诉讼代表人参加。《法院解释》第 230 条第 3 款规定："庭前会议准备就非法证据排除了解情况、听取意见，或者准备询问控辩双方对证据材料的意见的，应当通知被告人到场。有多名被告人的案件，可以根据情况确定参加庭前会议的被告人。"可见，被告人能否参加庭前会议要根据案件情况而定。因此享有被告人诉讼权利的被告单位诉讼代表人也是一样。因此排除 A。

B 选项为重点干扰项，涉及强制措施的适用。《法院解释》第 337 条第 2 款规定："被告单位的诉讼代表人不出庭的，应当按照下列情形分别处理：（一）诉讼代表人系被告单位的法定代表人、实际控制人或者主要负责人，无正当理由拒不出庭的，可以拘传其到庭；因客观原因无法出庭，或者下落不明的，应当要求人民检察院另行确定诉讼代表人；（二）诉讼代表人系其他人员的，应当要求人民检察院另行确定诉讼代表人。"本案中，齐某是信贷科科长，仅因熟悉银行信贷业务而被确定为单位的诉讼代表人，而非单位的法定代表人、实际控制人或主要负责人，因此如其不到庭，只能另行确定诉讼代表人，不能适用拘传。故而 B 错误。

C 选项中的当庭拒绝辩护是被告人的权利，而《法院解释》第 338 条规定："被告单位的诉讼代表人享有刑事诉讼法规定的有关被告人的诉讼权利……"因此齐某有权当庭拒绝银行委托的辩护律师为该行辩护。故而 C 正确。

D 选项中的最后陈述也是被告人的权利，根

据上述《法院解释》第 338 条的规定，齐某可以享有。因此 D 错误。

第六节　延期审理（补充或变更起诉）

1. ［答案］B　　　［难度］中

［考点］期间的重新计算、延期审理

［命题和解题思路］命题人通过此题考查了期间的重新计算问题，同时还涉及延期审理等问题。期间的重新计算也是考试中的常考点。命题人设计的几个选项比较全面地涵盖了刑事诉讼期限计算中的多种特殊情况。考生需对相关法条比较熟悉才能选对。

［选项分析］A 选项涉及侦查期间发现还有其他罪行的，能否重新计算侦查羁押期限。根据《刑诉法》第 160 条第 1 款的规定："在侦查期间，发现犯罪嫌疑人另有重要罪行的，自发现之日起依照本法第一百五十六条的规定重新计算侦查羁押期限。"所发现的其他罪行必须属于"重要罪行"，才能重新计算侦查羁押期限。本案是盗窃汽车的案件，盗窃一辆普通自行车不能算"另有重要罪行"，因此不能重新计算侦查羁押期限。故而排除 A。2016-2-66 题也考查了这一考点。

B 选项涉及审查起诉期间退回补充侦查后再次移送审查起诉时能否重新计算审查起诉期限。《刑诉法》第 175 条第 2、3 款规定："人民检察院审查案件，对于需要补充侦查的，可以退回公安机关补充侦查，也可以自行侦查。对于补充侦查的案件，应当在一个月以内补充侦查完毕。补充侦查以二次为限。补充侦查完毕移送人民检察院后，人民检察院重新计算审查起诉期限。"本案符合本条规定，应当重新计算审查起诉期限。故而选择 B。

C 选项涉及一审期间处理完回避申请后能否重新计算一审审理期限的问题。《刑诉法》第 204 条的规定："在法庭审判过程中，遇有下列情形之一，影响审判进行的，可以延期审理：（一）需要通知新的证人到庭，调取新的物证，重新鉴定或者勘验的；（二）检察人员发现提起公诉的案件需要补充侦查，提出建议的；（三）由于申请回避而不能进行审判的。"可见处理回避申请适用延期审理，而非重新计算审限。故而排除 C。

D 选项涉及二审中检察院阅卷后可否重新计算审限的问题。《刑诉法》第 235 条规定："……第二审人民法院应当在决定开庭审理后及时通知人民检察院查阅案卷。人民检察院应当在一个月以内查阅完毕。人民检察院查阅案卷的时间不计入审理期限。""不计入审限"相当于暂时中止计算，等查阅完毕后再接着计算，而非重新计算审限。故而排除 D。

┌─────────────────────────────────┐

易混淆点解析

现将刑事诉讼法及司法解释中关于重新计算期限的规定总结如下：

《刑诉法》第 160 条第 1 款规定："在侦查期间，发现犯罪嫌疑人另有重要罪行的，自发现之日起依照本法第一百五十六条的规定重新计算侦查羁押期限。"

《刑诉法》第 175 条第 3 款规定："……补充侦查完毕移送人民检察院后，人民检察院重新计算审查起诉期限。"

《刑诉法》第 208 条第 3 款规定："人民检察院补充侦查的案件，补充侦查完毕移送人民法院后，人民法院重新计算审理期限。"

《刑诉法》第 241 条规定："第二审人民法院发回原审人民法院重新审判的案件，原审人民法院从收到发回的案件之日起，重新计算审理期限。"

《法院解释》第 162 条规定："人民检察院、公安机关已经对犯罪嫌疑人取保候审、监视居住，案件起诉至人民法院后，需要继续取保候审、监视居住或者变更强制措施的……决定继续取保候审、监视居住的，应当重新办理手续，期限重新计算……"

《检察规则》第 103 条规定："公安机关决定对犯罪嫌疑人取保候审，案件移送人民检察院审查起诉后，对于需要继续取保候审的，人民检察院应当依法重新作出取保候审决定，并对犯罪嫌疑人办理取保候审手续。取保候审的期限应当重新计算并告知犯罪嫌疑人……"

《检察规则》第 113 条规定："公安机关决定对犯罪嫌疑人监视居住，案件移送人民检察院审查起诉后，对于需要继续监视居住的，人民检察院应当依法重新作出监视居住决定，并对犯罪嫌疑人办理监视居住手续。监视居住的期限应当重新计算并告知犯罪嫌疑人。"

└─────────────────────────────────┘

上述规定可通过下表来理解和记忆：

	诉讼阶段	条件	重新计算的起点
重新计算期限	侦查	另有重要罪行	发现另有重要罪行
	审查起诉	补充侦查	补充侦查完毕移送人民检察院
	一审	补充侦查	补充侦查完毕移送人民法院
	二审	发回重审	原审人民法院收到发回的案件
	跨诉讼阶段	前后两机关均决定适用取保候审或监视居住	后一诉讼阶段的机关作出取保候审或监视居住决定

2. ［答案］BC　　［难度］难

［考点］延期审理（补充、追加或者变更起诉）、撤回起诉

［命题和解题思路］漏罪的处理是常考点。大纲所列的考点中并没有明确列出"补充、追加或者变更起诉"，但这实际上属于"延期审理"的一种情形，因此并未超纲，而且还是常考点。大纲中也没有明确列出"撤回起诉"的考点，但其实际属于"具有法定情形不予追究刑事责任"的一种特殊处理方式，因此也不算超纲，同时也是常考点。对于与"补充、追加或者变更起诉"和"撤回起诉"相关的规定，考生要加以注意。

［选项分析］A 选项可通过两种途径排除。第一，根据《法院解释》第 297 条的规定排除，该条规定："审判期间，人民法院发现新的事实，可能影响定罪量刑的，或者需要补查补证的，应当通知人民检察院，由其决定是否补充、变更、追加起诉或者补充侦查。人民检察院不同意或者在指定时间内未回复书面意见的，人民法院应当就起诉指控的事实，依照本解释第二百九十五条的规定作出判决、裁定。"根据此条规定可知，本案中，人民法院只能通知人民检察院，由人民检察院决定是否补充、变更、追加起诉或者补充侦查，不能主动将张某、秦某追加为被告人并一并审理。第二，即便考生不知道此条规定，也可以**根据刑事诉讼控审分离、不告不理、法官中立的基本原理排除此选项**，法院只能在起诉范围内审判，不能超出起诉范围审判，更不能化身为公诉人，主动追加被告人，自诉

自审，控审合一。据此可以排除 A。

B、C 两个选项正确。根据《检察规则》第 420 条的规定："在法庭审判过程中，遇有下列情形之一的，公诉人可以建议法庭延期审理：……（三）发现遗漏罪行或者遗漏同案犯罪嫌疑人，虽不需要补充侦查和补充提供证据，但需要补充、追加起诉的；……"据此可知，在法庭审理过程中发现遗漏罪行或者遗漏同案犯罪嫌疑人，是可以补充、追加起诉的。对遗漏的罪行一般称补充起诉，对遗漏的同案犯罪嫌疑人一般称追加起诉。据此，B、C 均正确。

D 选项为重点干扰项，但是可以通过两种途径排除。第一，根据《检察规则》第 424 条第 1 款的规定："人民法院宣告判决前，人民检察院发现具有下列情形之一的，经检察院批准，可以撤回起诉：（一）不存在犯罪事实的；（二）犯罪事实并非被告人所为的；（三）情节显著轻微、危害不大，不认为是犯罪的；（四）证据不足或者证据发生变化，不符合起诉条件的；（五）被告人因未达到刑事责任年龄，不负刑事责任的；（六）法律、司法解释发生变化导致不应当追究被告人刑事责任的；（七）其他不应当追究被告人刑事责任的。"本案显然不属于可以撤回起诉的情况，因此排除 D。第二，如果不知道上述规定，则可以通过常识判断，**只有当起诉错误或者不必要起诉的时候，才会有撤回起诉的情况**。本案中，对于郑某涉嫌的滥用职权犯罪案件，不存在起诉错误或者不必要起诉的情形，因此不应当撤回起诉。故此应当排除 D。

第十七章　自诉案件第一审程序

试　题

1. 甲与乙婚后育有一子丙（刚满 5 岁），邻居丁发现甲疑似重婚并向公安机关报案。公安机关经调查核实，发现甲向重婚对象的转账记录，数日后对甲以涉嫌重婚罪立案侦查。得知此事后，乙向法院提起自诉。关于本案的处理，下列哪一说法是正确的？（2023 年回忆版）

A. 儿童丙因年龄过小，在本案中不能作为证人作证

B. 公安机关发现甲转走的款项后可立即将其冻结

C. 公安机关应将立案通知书送达丁

D. 法院应说服乙撤回自诉

2. 张某的丈夫唐某和李某以夫妻名义生活，并在与李某同居期间给其 10 万元。张某找李某理论时被李某打伤，李某被行政拘留 10 天。后张某起诉李某涉嫌重婚罪，法院告知张某不起诉唐某的后果，张某仍只起诉李某，李某被判处有期徒刑 10 个月。对此，下列哪一说法是正确的？（2022 年回忆版）

A. 如张某一并提起附带民事诉讼，要求李某返还 10 万元，法院不予受理

B. 张某提起自诉后，法院应将唐某给予李某的 10 万元予以冻结

C. 如之后张某向公安机关控告唐某重婚，则公安机关不予受理

D. 李某被行政拘留的 10 天可以用于折抵刑期

3. 吴某因郎某对其诽谤，向法院提起自诉，法院经审查后决定立案受理。后因该案社会影响重大，检察院决定对郎某以诽谤罪提起公诉。关于本案，下列哪一说法是正确的？（2021 年回忆版）

A. 法院在审理自诉案件时，如郎某认罪认罚且同意适用速裁程序，可适用速裁程序

B. 法院在审理公诉案件时，如郎某认罪认罚且同意适用速裁程序，可适用速裁程序

C. 法院可以将公诉和自诉案件一并审理

D. 不论公诉或自诉案件，均可以和解

4. 赵某和陈某共同在网上侮辱周某，对周某名誉造成较大损害。周某向法院提起自诉，但只起诉了赵某。关于本案，下列哪些说法是正确的？（2021 年回忆版）

A. 如周某经法院两次传唤无正当理由拒不到庭，法院应裁定按撤诉处理

B. 如周某提出自己无法收集在网上被侮辱的证据，法院可以要求公安机关协助收集

C. 在审理过程中发现赵某还对周某实施了诈骗，法院应当一并审理

D. 法院可将陈某列为共同被告

5. 关于自诉案件的程序，下列哪一选项是正确的？（2014-2-37）

A. 不论被告人是否羁押，自诉案件与普通公诉案件的审理期限都相同

B. 不论在第一审程序还是第二审程序中，在宣告判决前，当事人都可和解

C. 不论当事人在第一审还是第二审审理中提出反诉的，法院都应当受理

D. 在第二审程序中调解结案的，应当裁定撤销第一审裁判

6. 方某涉嫌在公众场合侮辱高某和任某，高某向法院提起自诉。关于本案的审理，下列哪些选项是正确的？（2014-2-72）

A. 如果任某担心影响不好不愿起诉，任某的父亲可代为起诉

B. 法院通知任某参加诉讼并告知其不参加的法律后果，任某仍未到庭，视为放弃告诉，该案宣判后，任某不得再行自诉

C. 方某的弟弟系该案关键目击证人，经法院通知其无正当理由不出庭作证的，法院可强制其到庭

D. 本案应当适用简易程序审理

详　解

1. [答案] D　　[难度] 难

[考点] 立案、自诉

[命题和解题思路] 本题考查立案程序的相关知识点，同时考查自诉案件的立案受理条件。解答本题，应注意细致区分本案相关诉讼行为的前后顺序和所属阶段。了解证人的资格，可排除 A 选项；了解立案前调查核实的可为和不可为，可排除 B 选项；了解立案阶段的送达要求，可排除 C 选项。

[选项分析] A 选项考查证人的资格。根据《刑诉法》第 62 条规定，凡是知道案件情况的人，都有作证的义务。生理上、精神上有缺陷或者年幼，不能辨别是非、不能正确表达的人，不能作证。根据这一规定，凡是了解案情的人，都有作证的义务。因生理上、精神上有缺陷或者年幼而不能辨别是非，不能正确表达的人，由于不能向公安司法机关提供对查清案件事实有意义的情况，不能为证人。虽然生理上、精神上有缺陷或者年幼，但能够辨别是非并能够将自己所了解的案件情况准确表达出来，如盲人讲述所听到的情况，聋哑人描述所看到的情况以及儿童描述所看到并且以其年龄能够理解的情况等，依法都可以作为证人提供证言。公安司法机关对于证人能否辨别是非、能否正确表达，必要时可以进行审查或者鉴定。因此，本案中，不能因为丙年幼就直接否认其证人资格。A 选项错误。

B 选项考查立案前公安机关可采取的措施。根据《公安部规定》第 174 条规定，对接受的案件，或者发现的犯罪线索，公安机关应当迅速进行审查。发现案件事实或者线索不明的，必要时，经办案部门负责人批准，可以进行调查核实。调查核实过程中，公安机关可以依照有关法律和规定采取询问、查询、勘验、鉴定和调取证据材料等不限制被调查对象人身、财产权利的措施。但是，不得对被调查对象采取强制措施，不得查封、扣押、冻结被调查对象的财产，不得采取技术侦查措施。B 选项错误。

C 选项考查立案阶段法律文书的送达。根据《公安部规定》第 180 条规定，对行政执法机关移送的案件，公安机关依法决定立案的，应当书面通知移送案件的行政执法机关；依法不予立案的，应当说明理由，并将不予立案通知书送达移送案件的行政执法机关，相应退回案件材料。第 178 条规定，对有控告人的案件，决定不予立案的，公安机关应当制作不予立案通知书，并在 3 日以

内送达控告人。以上两种情况之所以需要书面通知立案或不立案的决定，是考虑到行政执法机关或控告人知晓情况后可能会及时寻求救济。相关规定未要求将立案或不立案的决定书面告知报案人。本案中，丁作为案外人，公安机关没有书面通知丁立案情况的义务。C 选项错误。

D 选项考查同一案件公诉自诉交叉时的处理。根据《法院解释》第 320 条第 2 款第 8 项规定，自诉案件属于本解释第一条第二项规定的案件（含重婚案），公安机关正在立案侦查或者检察院正在审查起诉的，法院应当说服自诉人撤回起诉；自诉人不撤回起诉的，裁定不予受理。D 选项正确。

2. [答案] A   [难度] 难
[考点] 自诉案件
[命题和解题思路] 本题以自诉案件为切入点，综合考查了附带民事诉讼的受案范围，对涉案财物的扣押、冻结，自诉案件放弃告诉的效力和行政拘留折抵刑期这四个方面的内容。本题考查的方式非常灵活，同样要求考生仔细审题，认真甄别相关羁押期限同财产与犯罪行为的关系，从而准确作答。

[选项分析] A 选项考查附带民事诉讼受案范围。根据《法院解释》第 175 条的规定，被害人因人身权利受到犯罪侵犯或者财物被犯罪分子毁坏而遭受物质损失的，有权在刑事诉讼过程中提起附带民事诉讼。本案中，李某并未对张某人身或财物实施以上行为，因此张某无权针对李某获得的 10 万元提起附带民事诉讼。选项 A 说法正确。

B 选项考查涉案财物的冻结。如上分析，由于张某无权对李某提起附带民事诉讼，法院不能基于执行民事判决而保全唐某给予李某的 10 万元。本案的实质是李某的重婚行为对张某的家庭关系造成破坏，得到唐某给予的 10 万元和重婚行为并无必然联系，不能将这 10 万元视为犯罪所得并予以冻结，但张某可以提起民事诉讼要求李某返还。选项 B 说法错误。

C 选项考查放弃告诉的效力。根据《法院解释》第 323 条第 1 款的规定，自诉人明知有其他共同侵害人，但只对部分侵害人提起自诉的，法院应当受理，并告知其放弃告诉的法律后果；自诉人放弃告诉，判决宣告后又对其他共同侵害人

就同一事实提起自诉的，法院不予受理。该条文只是将自诉人对同案犯放弃告诉的拘束力限定于再次向法院提起告诉，防止自诉人重复行使自诉权。又根据《公安部规定》第14条第3项规定，被害人直接向公安机关控告的，公安机关应当受理。其中并没有限制自诉人对同案犯放弃告诉后又向公安机关控告的权利。选项C说法错误。

D选项考查行政拘留折抵刑期。根据《行政处罚法》第35条的规定，违法行为构成犯罪，法院判处拘役或者有期徒刑时，行政机关已经给予当事人行政拘留的，应当依法折抵相应刑期。但本案中，李某被行政处罚的行为系打伤张某，而非重婚，其被行政拘留的期限不能用于折抵因重婚行为被判处的刑期。D选项说法错误。

3.　[答案]　D　　　　[难度]　难

[考点]　自诉案件、速裁程序

[命题和解题思路]　本题系根据社会热点案件改编。解题时须注意题干中"社会影响重大"的表述。

[选项分析]　《法院解释》第370条规定："具有下列情形之一的，不适用速裁程序：……（四）案件有重大社会影响的；……"题干中已告知，本案社会影响重大，因此不可适用速裁程序，所以A、B选项说法错误。

从法理分析，本案中的自诉以及公诉，都是郎某的同一行为——涉嫌诽谤罪，如果一并审理，不可能同时对郎某作出两个判决，因此C选项说法错误。

因为郎某涉嫌诽谤罪，符合刑事和解的条件，也符合自诉案件的第一种情况，双方可以和解。D选项说法正确。

4.　[答案]　AB　　　　[难度]　难

[考点]　自诉案件

[命题和解题思路]　本题主要考查了自诉案件的审理，解题时需要特别注意2021年《法院解释》中新增加的规定。

[选项分析]　根据《法院解释》第331条的规定，自诉人经两次传唤，无正当理由拒不到庭，或者未经法庭准许中途退庭的，人民法院应当裁定按撤诉处理。部分自诉人撤诉或者被裁定按撤诉处理的，不影响案件的继续审理。A选项说法正确。

根据《法院解释》第325条第2款的规定，对

通过信息网络实施的侮辱、诽谤行为，被害人向人民法院告诉，但提供证据确有困难的，人民法院可以要求公安机关提供协助。B选项说法正确。

根据《法院解释》第324条的规定，被告人实施两个以上犯罪行为，分别属于公诉案件和自诉案件，人民法院可以一并审理。对自诉部分的审理，适用本章的规定。因此并不是应当一并审理，而是可以一并审理。C选项说法错误。

根据《法院解释》第323条的规定，自诉人明知有其他共同侵害人，但只对部分侵害人提起自诉的，人民法院应当受理，并告知其放弃告诉的法律后果；自诉人放弃告诉，判决宣告后又对其他共同侵害人就同一事实提起自诉的，人民法院不予受理。从题干可知，周某只起诉赵某，放弃了对陈某的告诉，法院应当受理，不应主动将陈某列为共同被告。D选项说法错误。

5.　[答案]　B　　　　[难度]　中

[考点]　自诉案件第一审程序、第二审程序中对自诉案件的处理

[命题和解题思路]　命题人通过此题考查了自诉案件的第一审程序和第二审程序，涉及审理期限、和解、调解、反诉等多方面的内容，基本是对法律规定及司法解释的直接考查。考生需要熟悉相关法律及司法解释的规定，比照这些规定对各选项作出判断。

[选项分析]　A选项涉及自诉案件的审理期限。《刑诉法》第212条第2款规定："人民法院审理自诉案件的期限，被告人被羁押的，适用本法第二百零八条第一款、第二款的规定；未被羁押的，应当在受理后六个月以内宣判。"可见法律对于被告人未被羁押的自诉案件的审理期限是有特殊规定的。因此A错误。

B选项涉及自诉案件中当事人可以和解的时间。《刑诉法》第212条第1款规定："……自诉人在宣告判决前，可以同被告人自行和解或者撤回自诉……"《法院解释》第411条规定："对第二审自诉案件，必要时可以调解，当事人也可以自行和解。调解结案的，应当制作调解书，第一审判决、裁定视为自动撤销。当事人自行和解的，依照本解释第三百二十九条的规定处理；裁定准许撤回自诉的，应当撤销第一审判决、裁定。"可见，自诉案件中的当事人无论是在第一审程序还

是第二审程序中均可进行和解，第一审程序中的和解，法律明文规定了要"在宣告判决前"进行，第二审程序的和解，法律及司法解释虽未明文规定具体时间，但根据常识，也应在判决宣告前进行，因此 B 正确。

C 选项涉及自诉案件中被告人可以提出反诉的时间。《法院解释》第 412 条规定："第二审期间，自诉案件的当事人提出反诉的，应当告知其另行起诉。"因为如果允许在二审期间提出反诉，则反诉需适用一审程序，那么本诉和反诉就无法合并审理，起不到提高诉讼效率的作用。因此 C 选项错误。

D 选项涉及自诉案件第二审程序的结案方式。根据上述《法院解释》第 411 条的规定，无需专门裁定撤销第一审裁判。因此 D 错误。

6. [答案] BC　　[难度] 中

[考点] 自诉案件第一审普通程序、强制证人出庭程序、简易程序的适用范围

[命题和解题思路] 命题人设计了一个自诉案件的案例，通过该案例考查了自诉案件第一审普通程序中的一些特殊规定、强制证人出庭程序及简易程序的适用范围。该题虽然采取了案例的形式，但实际上还是对法条的直接考查，不需要过多分析。但最后一个选项利用刑诉法修改前后内容的变化设计了一个小陷阱，考生如果对刑诉法修改前的相关规定印象深刻，而没有关注刑诉法修改后内容的变化，就会错选此项。

[选项分析] A 选项涉及可以提起自诉的主体。《刑诉法》第 114 条规定："对于自诉案件，被害人有权向人民法院直接起诉。被害人死亡或者丧失行为能力的，被害人的法定代理人、近亲属有权向人民法院起诉。人民法院应当依法受理。"本案中，被害人任某并未死亡或丧失行为能力，应当自己起诉，不能因其不愿起诉而由其父亲代为起诉。因此 A 错误。

B 选项涉及没有告诉的共同被害人的权利和义务。《法院解释》第 323 条第 2 款规定："共同被害人中只有部分人告诉的，人民法院应当通知其他被害人参加诉讼，并告知其不参加诉讼的法律后果。被通知人接到通知后表示不参加诉讼或者不出庭的，视为放弃告诉。第一审宣判后，被通知人就同一事实又提起自诉的，人民法院不予

受理。但是，当事人另行提起民事诉讼的，不受本解释限制。"本案中，任某为没有告诉的共同被害人，其在接到法院通知后仍不到庭，根据上述规定，视为放弃告诉，案件宣判后，任某不得就此再行自诉。因此 B 正确。

C 选项涉及证人强制出庭程序。《刑诉法》第 193 条第 1 款规定："经人民法院通知，证人没有正当理由不出庭作证的，人民法院可以强制其到庭，但是被告人的配偶、父母、子女除外。"方某的弟弟系关键目击证人，经法院通知其无正当理由不出庭作证，又不属于方某的配偶、父母、子女，因此法院可以强制其到庭。故而 C 正确。

D 选项是重点干扰项，涉及简易程序的适用范围。《刑诉法》第 214 条第 1 款规定："基层人民法院管辖的案件，符合下列条件的，可以适用简易程序审判：（一）案件事实清楚、证据充分的；（二）被告人承认自己所犯罪行，对指控的犯罪事实没有异议的；（三）被告人对适用简易程序没有异议的。"《法院解释》第 327 条规定："自诉案件符合简易程序适用条件的，可以适用简易程序审理。不适用简易程序审理的自诉案件，参照适用公诉案件第一审普通程序的有关规定。"根据本题题干给出的信息，无法判断是否应当适用简易程序。因此 D 错误。本选项的干扰性较强，原因在于修改前的《刑诉法》第 174 条规定："人民法院对于下列案件，可以适用简易程序，由审判员一人独任审判：（一）对依法可能判处三年以下有期徒刑、拘役、管制、单处罚金的公诉案件，事实清楚、证据充分，人民检察院建议或者同意适用简易程序的；（二）告诉才处理的案件；（三）被害人起诉的有证据证明的轻微刑事案件。"本案为侮辱案，属于上述规定中的"（二）告诉才处理的案件"，因此可能会有考生根据对这条规定的记忆，错选此项。但修改后的《刑诉法》一方面扩大了简易程序的适用范围，即凡是基层人民法院管辖的案件均可使用，因此没有必要再就案件类型予以罗列，另一方面增加规定了这些案件要适用简易程序需要具备的三个条件。换句话说，**即使是告诉才处理的案件，也必须符合"（一）案件事实清楚、证据充分的；（二）被告人承认自己所犯罪行，对指控的犯罪事实没有异议的；（三）被告人对适用简易程序没有异议的"三个条件，才能适用简易程序**。因此 D 错误。

第十八章 简易程序

第一节　简易程序的适用范围

1. 下列哪一案件可适用简易程序审理？（2017-2-34）

A. 甲为境外非法提供国家秘密案，情节较轻，可能判处 3 年以下有期徒刑

B. 乙抢劫案，可能判处 10 年以上有期徒刑，检察院未建议适用简易程序

C. 丙传播淫秽物品案，经审查认为，情节显著轻微，可能不构成犯罪

D. 丁暴力取证案，可能被判处拘役，丁的辩护人作无罪辩护

2. 关于简易程序，下列哪些选项是正确的？（2014-2-73）

A. 甲涉嫌持枪抢劫，法院决定适用简易程序，并由两名审判员和一名人民陪审员组成合议庭进行审理

B. 乙涉嫌盗窃，未满 16 周岁，法院只有在征得乙的法定代理人和辩护人同意后，才能适用简易程序

C. 丙涉嫌诈骗并对罪行供认不讳，但辩护人为其做无罪辩护，法院决定适用简易程序

D. 丁涉嫌故意伤害，经审理认为可能不构成犯罪，遂转为普通程序审理

第二节　简易程序的特点

1. 关于刑事案件简易程序和速裁程序的具体适用，下列哪些说法是正确的？（2023 年回忆版）

A. 甲涉嫌抢夺罪，由于甲是未成年人，法院不能适用简易程序

B. 乙涉嫌赌博罪，法院适用速裁程序，可与其他速裁案件合并审理

C. 丙涉嫌诈骗罪，被害人不同意法院适用简易程序，法院仍适用简易程序

D. 丁涉嫌盗窃罪，法院适用速裁程序，公诉人在庭上未讯问被告人

2. 甲犯抢夺罪，法院经审查决定适用简易程序审理。关于本案，下列哪一选项是正确的？（2016-2-37）

A. 适用简易程序必须由检察院提出建议

B. 如被告人已提交承认指控犯罪事实的书面材料，则无需再当庭询问其对指控的意见

C. 不需要调查证据，直接围绕罪名确定和量刑问题进行审理

D. 如无特殊情况，应当庭宣判

3. 某基层法院就郭某敲诈勒索案一审适用简易程序，判处郭某有期徒刑 4 年。对于一审中的下列哪些情形，二审法院应以程序违法为由，撤销原判发回重审？（2016-2-73）

A. 未在开庭 10 日前向郭某送达起诉书副本

B. 由一名审判员独任审理

C. 公诉人没有对被告人进行发问

D. 应公开审理但未公开审理

第一节　简易程序的适用范围

1. ［答案］B　［难度］易

［考点］简易程序的适用范围（适用范围、不适用简易程序的情形）

［命题和解题思路］命题人通过此题考查了简易程序的适用范围。简易程序的适用范围在刑诉法及司法解释中有明确的规定，命题人在本题中所设计的选项基本可对应这些规定，考生要判断出各选项所针对的具体考点。需要注意的是，《法院解释》第 360 条对《刑诉法》第 215 条所规定的不适用简易程序的情形予以了扩充，复习时应以《法院解释》第 360 条的规定为准。此外，由于简易程序仅适用于基层人民法院管辖的案件，因此在解答有关简易程序适用范围的题目时，要注意级别管辖的问题。

［选项分析］《刑诉法》第 214 条第 1 款从正面规定了可以适用简易程序的条件，即"基层人民法院管辖的案件，符合下列条件的，可以适用

简易程序审判：（一）案件事实清楚、证据充分的；（二）被告人承认自己所犯罪行，对指控的犯罪事实没有异议的；（三）被告人对适用简易程序没有异议的。"

《刑诉法》第 215 条从反面规定了不适用简易程序的情形，《法院解释》第 360 条予以了补充，即"具有下列情形之一的，不适用简易程序：（一）被告人是盲、聋、哑人的；（二）被告人是尚未完全丧失辨认或者控制自己行为能力的精神病人的；（三）案件有重大社会影响的；（四）共同犯罪案件中部分被告人不认罪或者对适用简易程序有异议的；（五）辩护人作无罪辩护的；（六）被告人认罪但经审查认为可能不构成犯罪的；（七）不宜适用简易程序审理的其他情形。"

A 选项为重点干扰项。可能会有考生一看"情节较轻，可能判处 3 年以下有期徒刑"，就认为可以适用简易程序。但是，《刑诉法》第 21 条的规定："中级人民法院管辖下列第一审刑事案件：（一）危害国家安全、恐怖活动案件；（二）可能判处无期徒刑、死刑的案件。"为境外非法提供国家秘密案属于危害国家安全的案件，因此应当由中级人民法院管辖。而根据《刑诉法》第 214 条的规定，简易程序只适用于由基层人民法院管辖的案件，因此 A 选项应予排除。

B 选项可以通过两种方法判断：第一，上述有关简易程序适用条件的规定中，并没有"人民检察院建议适用简易程序"这一条；有关不适用简易程序的情形的规定中，也没有"人民检察院未建议适用简易程序的"情形。因此，检察院未建议适用简易程序的案件也可以适用简易程序。B 选项中的抢劫案可能判处 10 年以上有期徒刑，属于基层人民法院管辖，虽然题干中未指明该案是否符合适用简易程序的其他条件，但可以看出命题人的意图就在于考查简易程序的适用是否必须经由人民检察院建议，只要是能得出人民检察院未建议适用简易程序的案件也可以适用简易程序，即可选择此项。第二，《法院解释》第 359 条第 1 款规定："基层人民法院受理公诉案件后，经审查认为案件事实清楚、证据充分的，在将起诉书副本送达被告人时，应当询问被告人对指控的犯罪事实的意见，告知其适用简易程序的法律规定。被告人对指控的犯罪事实没有异议并同意适用简易程序的，可以决定适用简易程序，并在开庭前

通知人民检察院和辩护人。"从"在开庭前通知人民检察院"的规定中也可看出，人民检察院未建议适用简易程序的案件也可适用简易程序，只需要在开庭前通知人民检察院即可。

上述《法院解释》第 360 条中的第 6 项明确规定了经审查认为可能不构成犯罪的案件不能适用简易程序，因此排除 C。

上述《法院解释》第 360 条中的第 5 项明确规定了辩护人作无罪辩护的情形不能适用简易程序，因此排除 D。

2. ［答案］ABD ［难度］易

［考点］简易程序的适用范围（适用范围、不适用简易程序的情形）、审判组织、未成年人刑事案件诉讼程序

［命题和解题思路］命题人通过此题考查了简易程序的适用范围、不适用简易程序的情形、审判组织等，同时考查了未成年人刑事案件适用简易程序的条件。各选项均采小案例形式，但都可直接对应相关法条，考点集中，难度不大。

［选项分析］A 选项涉及简易程序的审判组织。对这一选项的判断可分两步：第一步，简易程序可否组成合议庭进行审判？《刑诉法》第 216 条第 1 款规定："适用简易程序审理案件，对可能判处三年有期徒刑以下刑罚的，可以组成合议庭进行审判，也可以由审判员一人独任审判；对可能判处的有期徒刑超过三年的，应当组成合议庭进行审判。"可见，所有适用简易程序审理的案件，均可组成合议庭进行审判，区别仅在于，可能判处三年有期徒刑以下刑罚的，既可以组成合议庭进行审判，也可以由审判员一人独任审判；可能判处的有期徒刑超过三年的，则只能组成合议庭进行审判。因此，本题中，无论甲可能被判处何种刑罚，均可组成合议庭进行审判。当然，实际上，甲涉嫌持枪抢劫，根据《刑法》第 263 条的规定，应判处 10 年以上有期徒刑、无期徒刑或者死刑，因此应组成合议庭进行审判。第二步，简易程序中的合议庭可否由 2 名审判员和 1 名人民陪审员组成？《刑诉法》第 183 条第 1 款规定："基层人民法院、中级人民法院审判第一审案件，应当由审判员三人或者由审判员和人民陪审员共三人或者七人组成合议庭进行，但是基层人民法院适用简易程序、速裁程序的案件可以由审判员一人独任审判。"

可见，《刑诉法》对简易程序审判组织的特殊规定仅限于其可以适用独任审判，而并未对其合议庭的组成人员作出特殊规定。因此本案由2名审判员和1名人民陪审员组成合议庭审判是没有问题的，A正确。

B选项涉及未成年人刑事案件适用简易程序的条件。《法院解释》第566条规定："对未成年人刑事案件，人民法院决定适用简易程序审理的，应当征求未成年被告人及其法定代理人、辩护人的意见。上述人员提出异议的，不适用简易程序。"因此B正确。即便不知道此条规定，根据有关未成年人和法定代理人的一般常识应当也可判断出B正确。

C选项涉及不适用简易程序的情形。《法院解释》第360条规定："具有下列情形之一的，不适用简易程序：……（五）辩护人作无罪辩护的；……"本选项属于"辩护人作无罪辩护的"情形，因此不能适用简易程序。可见C错误。

D选项涉及简易程序转为普通程序的条件。《法院解释》第368条第1款规定："适用简易程序审理案件，在法庭审理过程中，具有下列情形之一的，应当转为普通程序审理：（一）被告人的行为可能不构成犯罪的；……"本选项属于"被告人的行为可能不构成犯罪的"情形，因此应当转为普通程序审理。故而D正确。

第二节　简易程序的特点

1. ［答案］CD　　［难度］中

［考点］简易程序与速裁程序

［命题和解题思路］本题考查简易程序与速裁程序的相关知识点，主要涉及适用条件和审理方式两方面。解答本题，考生应注意仔细审题并斟酌相关表述。区分简易程序与速裁程序的适用条件，可排除A选项；区分合并审理和集中审理，可排除B选项。

［选项分析］A选项考查排除适用简易程序和速裁程序的情形。根据《刑诉法》第215条和《法院解释》第360条规定，不能适用简易程序的情形包括：被告人是盲、聋、哑人的；被告人是尚未完全丧失辨认或者控制自己行为能力的精神病人的；案件有重大社会影响的；共同犯罪案件中部分被告人不认罪或者对适用简易程序有异议的；辩护人作无罪辩护的；被告人认罪但经审查

认为可能不构成犯罪的；不宜适用简易程序审理的其他情形。根据《刑诉法》第223条和《法院解释》第370条规定，不能适用速裁程序的情形包括：被告人是盲、聋、哑人的；被告人是尚未完全丧失辨认或者控制自己行为能力的精神病人的；被告人是未成年人的；案件有重大社会影响的；共同犯罪案件中部分被告人对指控的犯罪事实、罪名、量刑建议或者适用速裁程序有异议的；被告人与被害人或者其法定代理人没有就附带民事诉讼赔偿等事项达成调解、和解协议的；辩护人作无罪辩护的；其他不宜适用速裁程序的情形。由上可见，简易程序和速裁程序在排除适用情形方面的关系是，不能适用简易程序的案件一定不能适用速裁程序，不能适用速裁程序的案件部分可以适用简易程序。比如被告人是未成年人的案件，不能适用速裁程序，但可以适用简易程序。A选项错误。

B选项考查速裁案件集中审理。根据《法院解释》第372条第1款规定，适用速裁程序审理案件，可以集中开庭，逐案审理。司法实践中，同一法官对其承办的数个速裁案件集中审理，有利于真正发挥速裁程序的效率。但集中开庭不等于合并审理。根据《法院解释》第220条第2款规定，对分案起诉的共同犯罪或者关联犯罪案件，人民法院经审查认为，合并审理更有利于查明案件事实、保障诉讼权利、准确定罪量刑的，可以并案审理。据此，合并审理与并案审理是一个意思。速裁案件即使案情再简单，在案件无关联的情况下也不能合并审理，必须逐案审理。B选项错误。

C选项考查适用简易程序的合意要求。根据《刑诉法》第214条第1款第3项和《法院解释》第359条规定，法院适用简易程序需征得被告人同意，无需征得被害人的同意。被害人不同意适用简易程序也不会排除简易程序的适用。C选项正确。

D选项考查速裁程序的审理。根据《检察规则》第442条规定，公诉人出席速裁程序法庭时，可以简要宣读起诉书指控的犯罪事实、证据、适用法律及量刑建议，一般不再讯问被告人。这符合《刑诉法》第224条关于适用速裁程序审理案件一般不进行法庭调查和法庭辩论的规定。D选项正确。

2. ［答案］D ［难度］易

［考点］简易审判程序的特点

［命题和解题思路］命题人通过此题考查了简易审判程序中的一些具体规定，考得比较直接，不需要分析案例，也没有特别的陷阱，就是要直接比照相关规定。如果不熟悉相关规定，在推断时要把握住一个基本的原则，即简易程序中的简易是有底线的，这一底线就是仍要保障被告人的一些最基本的权利和保障案件事实能够得到正确的认定。

［选项分析］A 选项涉及简易程序的启动。《法院解释》第 359 条规定："基层人民法院受理公诉案件后，经审查认为案件事实清楚、证据充分的，在将起诉书副本送达被告人时，应当询问被告人对指控的犯罪事实的意见，告知其适用简易程序的法律规定。被告人对指控的犯罪事实没有异议并同意适用简易程序的，可以决定适用简易程序，并在开庭前通知人民检察院和辩护人。对人民检察院建议或者被告人及其辩护人申请适用简易程序审理的案件，依照前款规定处理；不符合简易程序适用条件的，应当通知人民检察院或者被告人及其辩护人。"可见，简易程序的启动分为法院决定启动、检察院建议启动、被告人及其辩护人申请启动三种，检察院建议启动的需要法院和被告人都同意才能适用简易程序，法院决定启动的只需要被告人同意即可适用简易程序，只是要在开庭前通知检察院。因此排除 A。

B 选项违背了《法院解释》第 364 条的规定，即"适用简易程序审理案件，审判长或者独任审判员应当当庭询问被告人对指控的犯罪事实的意见，告知被告人适用简易程序审理的法律规定，确认被告人是否同意适用简易程序。"因此排除 B。

C 选项是重点干扰项。《法院解释》第 365 条第 1 款规定："适用简易程序审理案件，可以对庭审作如下简化：……（三）对控辩双方无异议的证据，可以仅就证据的名称及所证明的事项作出说明；对控辩双方有异议，或者法庭认为有必要调查核实的证据，应当出示，并进行质证；（四）控辩双方对与定罪量刑有关的事实、证据没有异议的，法庭审理可以直接围绕罪名确定和量刑问题进行。"可见，简易程序的庭审并非完全省略法庭调查，即便是双方无异议的证据，也要作出相应说明，有异议的或法庭认为有必要调查核实的证据

则要进行出示和质证；只有控辩双方对于定罪量刑有关的事实、证据没有异议的，才能直接围绕罪名确定和量刑问题进行审理。因此排除 C。

D 选项符合《法院解释》第 367 条的规定，即"适用简易程序审理案件，裁判文书可以简化。适用简易程序审理案件，一般应当当庭宣判。"因此 D 为正确答案。

3. ［答案］BD ［难度］中

［考点］简易审判程序的特点；对上诉、抗诉案件审理后的处理

［命题和解题思路］命题人通过此题将对简易程序的考查和对二审裁判的考查巧妙地结合了起来。考生对此题的解答应分两步走：第一步，先分析相关做法是否违背简易程序的规定，即是否存在程序违法；第二步，如果确实存在程序违法，再分析此种程序违法是否应撤销原判发回重审。只有既违反了法定程序又确实应撤销原判发回重审的选项才是本题的正确选项。

［选项分析］《刑诉法》第 219 条规定："适用简易程序审理案件，不受本章第一节关于送达期限、讯问被告人、询问证人、鉴定人、出示证据、法庭辩论程序规定的限制。但在判决宣告前应当听取被告人的最后陈述意见。"由此可知，A 选项和 C 选项并不违反简易程序的规定，不存在程序违法，因此应予排除。

B 选项涉及简易程序的审判组织。对此，《刑诉法》第 216 条第 1 款规定："适用简易程序审理案件，对可能判处三年有期徒刑以下刑罚的，可以组成合议庭进行审判，也可以由审判员一人独任审判；对可能判处的有期徒刑超过三年的，应当组成合议庭进行审判。"本案中，郭某被判处有期徒刑 4 年，应当组成合议庭进行审判，因此 B 选项中的由审判员独任审理确实违反了法定程序。而《刑诉法》第 238 条规定："第二审人民法院发现第一审人民法院的审理有下列违反法律规定的诉讼程序的情形之一的，应当裁定撤销原判，发回原审人民法院重新审判：（一）违反本法有关公开审判的规定的；（二）违反回避制度的；（三）剥夺或者限制了当事人的法定诉讼权利，可能影响公正审判的；（四）审判组织的组成不合法的；（五）其他违反法律规定的诉讼程序，可能影响公正审判的。"B 选项属于此条规定中的第 4 项，也

即审判组织的组成不合法的，因此应当撤销原判，发回重审。故选择 B。

D 选项属于上述《刑诉法》第 238 条第 1 项，即违反了本法有关公开审理的规定，因此也应当撤销原判，发回重审。故选择 D。

第十九章 认罪认罚从宽制度与速裁程序

试 题

📶 **1.** 王某因犯诈骗罪被判处有期徒刑二年。刑满释放后第二年，王某因经济纠纷将吴某打成轻伤。审查起诉阶段，王某自愿认罪认罚，但暂未与吴某谈及赔偿。关于本案认罪认罚从宽制度的适用，下列哪些说法是正确的？（2023 年回忆版）

A. 检察院应积极促进王某与吴某自愿达成和解

B. 对王某认罚的认定应结合其对吴某赔偿损失和赔礼道歉的情况来考量

C. 如吴某拒绝接受王某的赔偿，则不对王某从宽处理

D. 如认定王某认罪认罚且可从宽处理，应从严把握从宽幅度

📶 **2.** 常某和郑某交往期间，以投资为由从郑某处骗得 8 万元，后因涉嫌诈骗被立案侦查。在审查起诉阶段，常某认罪认罚，积极退还部分款项并取得郑某谅解。在法院适用速裁程序审理此案时，常某辩称欺骗郑某感情为真，但 8 万元系借款，会积极退赔剩余款项。对此，下列哪些说法是正确的？（2022 年回忆版）

A. 检察院可提出加重犯罪嫌疑人刑罚的量刑建议

B. 常某的表态仅影响认罚，不影响认罪

C. 法院可将速裁程序转为简易程序继续审理

D. 法院仍可按照积极退赔从宽量刑

📶 **3.** 樊某因寻衅滋事造成付某财物损毁，检察院对其批准逮捕。樊某在侦查阶段拒不认罪，移送审查起诉后认罪认罚，但未与付某就财物损毁的赔偿达成一致意见。关于本案，检察院的下列哪些做法是正确的？（2021 年回忆版）

A. 应及时对樊某的羁押必要性进行审查

B. 可在起诉樊某时建议法院适用速裁程序审理

C. 拟对樊某提出缓刑量刑建议时，可自行对樊某进行社会调查

D. 可积极促成樊某和付某达成刑事和解

📶 **4.** 某县法院用速裁程序审理赵某故意伤害一案。关于本案的审理，下列哪一说法是正确的？（2019 年回忆版）

A. 应当在 10 天内审结

B. 可以定期宣判

C. 如赵某没有委托辩护律师，法院应当指派值班律师为其辩护

D. 如审理后发现不应当追究赵某刑事责任，应当重新组成合议庭审理

详 解

1. ［答案］BD ［难度］难

［考点］认罪认罚从宽制度

［命题和解题思路］本题考查认罪认罚从宽制度的适用，涉及认罚的认定和从宽幅度的把握。解答本题，应注意本案中王某具有的累犯情节对适用刑事和解制度和把握从宽幅度的影响。掌握不适用当事人和解程序的情形，可排除 A 选项；掌握未能赔偿被害人损失对从宽处理的影响，可排除 C 选项。

［选项分析］A 选项考查认罪认罚案件刑事和解的适用。根据《关于适用认罪认罚从宽制度的指导意见》第 17 条规定，促进和解谅解。对符合当事人和解程序适用条件的公诉案件，犯罪嫌疑人、被告人认罪认罚的，人民法院、人民检察院、公安机关应当积极促进当事人自愿达成和解。对其他认罪认罚案件，人民法院、人民检察院、公安机关可以促进犯罪嫌疑人、被告人通过向被害方赔偿损失、赔礼道歉等方式获得谅解，被害方出具的谅解意见应当随案移送。人民法院、人民检察院、公安机关在促进当事人和解谅解过程中，应当向被害方释明认罪认罚从宽、公诉案件当事人和解适用程序等具体法律规定，充分听取被害

方意见，符合司法救助条件的，应当积极协调办理。本案中，王某涉嫌的罪名虽符合刑事和解的案件类型，但根据《刑诉法》第288条第1款第2项规定，王某在5年以内曾经故意犯罪，不能适用当事人和解程序。故本案中，检察院只可促进王某通过向吴某赔偿损失、赔礼道歉等方式获得谅解。A选项错误。

B选项考查"认罚"的把握。根据《关于适用认罪认罚从宽制度的指导意见》第7条第2款规定，"认罚"考察的重点是犯罪嫌疑人、被告人的悔罪态度和悔罪表现，应当结合退赃退赔、赔偿损失、赔礼道歉等因素来考量。犯罪嫌疑人、被告人虽然表示"认罚"，却暗中串供、干扰证人作证、毁灭、伪造证据或者隐匿、转移财产，有赔偿能力而不赔偿损失，则不能适用认罪认罚从宽制度。犯罪嫌疑人、被告人享有程序选择权，不同意适用速裁程序、简易程序的，不影响"认罚"的认定。B选项正确。

C选项考查被害方拒绝赔偿的处理。根据《关于适用认罪认罚从宽制度的指导意见》第18条规定，被害人及其诉讼代理人不同意对认罪认罚的犯罪嫌疑人、被告人从宽处理的，不影响认罪认罚从宽制度的适用。犯罪嫌疑人、被告人认罪认罚，但没有退赃退赔、赔偿损失，未能与被害方达成调解或者和解协议的，从宽时应当予以酌减。犯罪嫌疑人、被告人自愿认罪并且愿意积极赔偿损失，但由于被害方赔偿请求明显不合理，未能达成调解或者和解协议的，一般不影响对犯罪嫌疑人、被告人从宽处理。据此，如被害人拒绝接受赔偿，并不阻却对认罪认罚的犯罪嫌疑人、被告人从宽处理。C选项错误。

D选项考查从宽幅度的把握。根据《关于适用认罪认罚从宽制度的指导意见》第9条第3款规定，对罪行较轻、人身危险性较小的，特别是初犯、偶犯，从宽幅度可以大一些；罪行较重、人身危险性较大的，以及累犯、再犯，从宽幅度应当从严把握。本案中，**王某系累犯**，从宽幅度应当从严把握。D选项正确。

2. ［答案］AD ［难度］难
［考点］认罪认罚从宽制度
［命题和解题思路］本题通过一个案例考查了认罪认罚从宽制度。认罪认罚从宽制度作为近年来的热点问题，已经多次考查，考查的方式也更加灵活，涉及对相关规定的理解和运用，解题时需要认真阅读题干，分析是否构成认罪认罚。

［选项分析］从题干可知，虽然常某在审查起诉阶段认罪认罚，但在审判环节，辩称自己系借款而非骗取，即否认了诈骗罪中的"非法占有目的"这一要件，这已经属于"不认罪"。

根据《人民检察院办理认罪认罚案件开展量刑建议工作的指导意见》第30条的规定，对于认罪认罚案件，犯罪嫌疑人签署具结书后，没有新的事实和证据，且犯罪嫌疑人未反悔的，人民检察院不得撤销具结书、变更量刑建议。除发现犯罪嫌疑人认罪悔罪不真实、认罪认罚后又反悔或者不履行具结书中需要履行的赔偿损失、退赃退赔等情形外，不得提出加重犯罪嫌疑人刑罚的量刑建议。从题干可知，常某在审判阶段已经"不认罪"，据此人民检察院可以提出加重其刑罚的量刑建议。选项A说法正确。

根据前述分析可知，常某在审判阶段属于"不认罪"，而非"不认罚"；简易程序的适用仍以被告人承认指控的犯罪事实为前提，所以本案只能转为普通程序审理。选项BC说法错误。

D选项有一定的迷惑性，虽然对常某不能"认罪认罚从宽"，但积极退赔仍属于量刑情节中从宽处罚的情节之一，因此选项D说法正确。

3. ［答案］AC ［难度］难
［考点］认罪认罚、刑事和解
［命题和解题思路］本题主要考查了检察环节认罪认罚案件办理中的相关规定，同时还考查了刑事和解的案件范围。解题时要注意题干对涉及罪名的表述，判断是否属于刑事和解的案件范围。

［选项分析］根据《检察规则》第270条的规定，批准或者决定逮捕，应当将犯罪嫌疑人涉嫌犯罪的性质、情节、认罪认罚等情况，作为是否可能发生社会危险性的考虑因素。已经逮捕的犯罪嫌疑人认罪认罚的，人民检察院应当及时对羁押必要性进行审查。经审查，认为没有继续羁押必要的，应当予以释放或者变更强制措施。A选项说法正确。

根据《法院解释》第370条的规定："具有下列情形之一的，不适用速裁程序：……（六）被告人与被害人或者其法定代理人没有就附带民事诉讼赔偿等事项达成调解、和解协议的；……"从题干可知，本题属于第六种情形，因此不适用速裁程序。B 选项说法错误。

根据《关于适用认罪认罚从宽制度的指导意见》第 36 条的规定，犯罪嫌疑人认罪认罚，人民检察院拟提出缓刑或者管制量刑建议的，可以及时委托犯罪嫌疑人居住地的社区矫正机构进行调查评估，也可以自行调查评估。C 选项说法正确。

从题干可知，樊某涉嫌寻衅滋事罪，该罪属于刑法分则第六章的罪名，不属于刑事和解的案件范围（刑法分则第四章、第五章的犯罪）。D 选项说法错误。

4. ［答案］D　　［难度］难

［考点］速裁程序

［命题和解题思路］本题主要考查了 2018 年《刑诉法》增加的速裁程序的相关规定。解题时，一是要注意对规定的准确记忆；二是要注意速裁程序与简易程序、普通程序的转化。

［选项分析］选项 A 说法错误。根据《刑诉法》第 225 条的规定："适用速裁程序审理案件，人民法院应当在受理后十日以内审结；对可能判处的有期徒刑超过一年的，可以延长至十五日。"根据题干中的表述，无法判断本案是否判处 1 年

以下有期徒刑，所以 A 选项说法错误。

B 选项说法错误。根据《刑诉法》第 224 条第 2 款的规定："适用速裁程序审理案件，应当当庭宣判。"因此，选项中"可以"的表述错误。

C 选项说法错误。值班律师制度也是 2018 年《刑诉法》新增加的内容，但在速裁程序中并未规定"指定辩护"，从题干中也无法判断赵某是否属于应当通知法律援助机构指派律师提供辩护的情形；并且，即便是指派律师，也并未规定指派值班律师，所以说法错误。

D 选项说法正确。D 选项有一定难度，涉及速裁程序转为普通程序。根据《刑诉法》第 226 条的规定："人民法院在审理过程中，发现有被告人的行为不构成犯罪或者不应当追究其刑事责任、被告人违背意愿认罪认罚、被告人否认指控的犯罪事实或者其他不宜适用速裁程序审理的情形的，应当按照本章第一节或者第三节的规定重新审理。"即转化为普通程序或者简易程序。而根据选项的表述来看，不应当追究其刑事责任属于应当转为普通程序审理的情形，因为简易程序的适用是以犯罪事实清楚，证据确实、充分为前提。而转为普通程序审理，应当组成合议庭，因此 D 选项说法正确。

第二十章　第二审程序

试题

第一节　第二审程序的审判原则

1. 关于我国刑事诉讼法规定的第二审程序中的全面审查原则，下列哪些说法是正确的？（2023 年回忆版）

A. 体现实体公正和程序公正并重

B. 体现职权主义审判的特征

C. 与两审终审制相配套

D. 同时是集中审理原则的体现

2. 甲因涉嫌盗窃罪和诈骗罪被提起公诉，一审法院判处甲盗窃罪有期徒刑 5 年、诈骗罪有期徒刑 5 年，两罪合并执行 8 年。甲不服一审判决提起上诉，检察院未抗诉。二审法院认为事实

清，证据不足发回重审。重审后，一审法院判处甲盗窃罪有期徒刑 6 年，诈骗罪不予追究刑事责任，检察院对该判决提起抗诉。下列说法正确的是：（2022 年回忆版）

A. 抗诉后再到二审，二审对盗窃罪的判罚不能超过 6 年有期徒刑

B. 抗诉后再到二审，二审对诈骗罪的判罚不能超过 5 年有期徒刑

C. 抗诉后再到二审，二审法院对两罪的判罚合并执行不得超过 8 年有期徒刑

D. 发回重审后一审法院改判盗窃罪 6 年有期徒刑违反了上诉不加刑原则

3. 龚某因生产不符合安全标准的食品罪被一审法院判处有期徒刑 5 年，并被禁止在刑罚执行完毕之日起 3 年内从事食品加工行业。龚某以量

刑畸重为由上诉，检察院未抗诉。关于本案二审，下列哪一选项是正确的？（2016-3-38）

A. 应开庭审理

B. 可维持有期徒刑 5 年的判决，并将职业禁止的期限变更为 4 年

C. 如认为原判认定罪名不当，二审法院可在维持原判刑罚不变的情况下改判为生产有害食品罪

D. 发回重审后，如检察院变更起诉罪名为生产有害食品罪，一审法院可改判并加重龚某的刑罚

4. 甲乙丙三人共同实施故意杀人，一审法院判处甲死刑立即执行、乙无期徒刑、丙有期徒刑 10 年。丙以量刑过重为由上诉，甲和乙未上诉，检察院未抗诉。关于本案的第二审程序，下列哪一选项是正确的？（2014-2-38）

A. 可不开庭审理

B. 认为没有必要的，甲可不再到庭

C. 由于乙没有上诉，其不得另行委托辩护人为其辩护

D. 审理后认为原判事实不清且对丙的量刑过轻，发回一审法院重审，一审法院重审后可加重丙的刑罚

第二节 第二审程序的审理

1. 郭某和郑某因贩卖毒品罪被一审法院分别判处有期徒刑 6 年和有期徒刑 7 年，郭某不服上诉，郑某未上诉。二审法院经审理认为原判无误，但发现郭某还另有故意伤害的犯罪事实。对此，二审法院的下列哪一做法是正确的？（2022 年回忆版）

A. 对郑某延期审理，对郭某发回重审

B. 全面审查并依法改判

C. 对郑某维持原判，对郭某发回重审

D. 对全案发回重审

2. 鲁某与关某涉嫌贩卖冰毒 500 余克，B 省 A 市中级法院开庭审理后，以鲁某犯贩卖毒品罪，判处死刑立即执行，关某犯贩卖毒品罪，判处死刑缓期二年执行。一审宣判后，关某以量刑过重为由向 B 省高级法院提起上诉，鲁某未上诉，检察院也未提起抗诉。如 B 省高级法院审理后认为，本案事实清楚、证据确实充分，对鲁某的量刑适

当，但对关某应判处死刑缓期二年执行同时限制减刑，则对本案正确的做法是：（2015-2-95）

A. 二审应开庭审理

B. 由于未提起抗诉，同级检察院可不派员出席法庭

C. 高级法院可将全案发回 A 市中级法院重新审判

D. 高级法院可维持对鲁某的判决，并改判关某死刑缓期二年执行同时限制减刑

详 解

第一节 第二审程序的审判原则

1. ［答案］AB ［难度］难

［考点］全面审查原则

［命题和解题思路］本题从理论层面考查第二审程序中的全面审查原则。解答本题，应注意准确解读全面审查原则的内涵，同时准确把握职权主义审判模式的特征、集中审理原则的内容和审级制度的概念。如果相关制度、原则的设置与全面审查原则无明显关联，就不应将两者强行联系在一起。

［选项分析］《刑诉法》第 233 条规定，第二审人民法院应当就第一审判决认定的事实和适用法律进行全面审查，不受上诉或者抗诉范围的限制。共同犯罪的案件只有部分被告人上诉的，应当对全案进行审查，一并处理。这就是第二审程序中的全面审查原则。全面审查原则的"全面性"进一步体现在《法院解释》第 391 条规定。根据该条规定，第二审法院对上诉、抗诉案件，应当着重审查下列内容：（1）第一审判决认定的事实是否清楚，证据是否确实、充分；（2）第一审判决适用法律是否正确，量刑是否适当；（3）在调查、侦查、审查起诉、第一审程序中，有无违反法定程序的情形；（4）上诉、抗诉是否提出新的事实、证据；（5）被告人的供述和辩解情况；（6）辩护人的辩护意见及采纳情况；（7）附带民事部分的判决、裁定是否合法、适当；（8）对涉案财物的处理是否正确；（9）第一审人民法院合议庭、审判委员会讨论的意见。

由上可见，全面审查原则要求第二审法院既要对案件进行实体审，又要对诉讼活动进行程序审，体现了对实体公正和程序公正的同等重视。A

选项正确。

职权主义审判模式强调法官在审判程序中居于主导和控制地位，为了查明案件事实，法官有权而且有责任积极地行使调查权和审判指挥权。全面审查原则要求二审法官依职权对案件进行全面审查，不受控辩双方上诉或抗诉范围的限制，体现出职权主义审判的特征。B选项正确。

两审终审制，是指法律规定案件起诉后最多经过两级法院审判必须终结的诉讼制度，但有少许例外。该制度与二审全面审查原则无直接关联。C选项错误。

集中审理原则，是指法院开庭审理案件，应在不更换审判人员的条件下连续进行，不得中断审理的诉讼原则。集中审理原则强调审理过程的集中性和连续性，这与全面审查原则强调的审理内容的全面性是明显不同的。D选项错误。

2. ［答案］C　　［难度］中
［考点］上诉不加刑原则
［命题和解题思路］2021年《法院解释》对"上诉不加刑"原则进行了进一步的完善，其核心在于"不得作实质不利的改判"，如何理解"实质不利的改判"成为考查的重点。本题考查修订后的《法院解释》第401、403条的规定，这也是两处重要的修改之处。解题时需要仔细审题，注意检察院是否提起抗诉，这也是上诉不加刑原则适用的前提条件。

［选项分析］选项A、B、D考查的均是对《法院解释》第401条的理解，也是2021年《法院解释》重要的修改之处。如果按照2013年《法院解释》的规定，A、B、D三个选项都是正确的。但是根据2021年《法院解释》第401条的规定，审理被告人或者其法定代理人、辩护人、近亲属提出上诉的案件，不得对被告人的刑罚作出实质不利的改判，并应当执行下列规定：（2）原判认定的罪名不当的，可以改变罪名，但不得加重刑罚或者对刑罚执行产生不利影响；（3）原判认定的罪数不当的，可以改变罪数，并调整刑罚，但不得加重决定执行的刑罚或者对刑罚执行产生不利影响。由此可见，"上诉不加刑"的核心在于"实质不利的改判"，即从"决定执行的刑罚"和"刑罚执行产生不利影响"两个角度来评价。

从题干可知，一审认定两罪，决定执行的刑罚为8年。由于只有上诉，没有抗诉，因此二审发回重审也要受上诉不加刑原则的限制（检察院没有新的犯罪事实且补充起诉，《法院解释》第403条），而发回重审后不管罪名、罪数如何变化，只要不突破有期徒刑8年即可（决定执行的刑罚），由此可见选项D说法错误。

针对发回重审后改判盗窃罪有期徒刑6年，检察院提起了抗诉，因此抗诉后引发的二审可以加重刑罚，但是这种加重又受到《法院解释》第403条的限制，即"被告人或者其法定代理人、辩护人、近亲属提出上诉，人民检察院未提出抗诉的案件，第二审人民法院发回重新审判后，除有新的犯罪事实且人民检察院补充起诉的以外，原审人民法院不得加重被告人的刑罚。对前款规定的案件，原审人民法院对上诉发回重新审判的案件依法作出判决后，人民检察院抗诉的，第二审人民法院不得改判为重于原审人民法院第一次判处的刑罚。"

从题干可知，本题正是属于《法院解释》第403条第2款规定的情形，即抗诉后的二审可以加重，但不得重于原审人民法院第一次判处的刑罚，即合并执行有期徒刑8年，由此可见，选项A、选项B说法都是错误的，因为按照选项的说法都没有突破有期徒刑8年的限制，并没有导致实质不利。只有选项C说法正确。

3. ［答案］C　　［难度］难
［考点］上诉不加刑原则、第二审程序的审理
［命题和解题思路］命题人通过此题主要考查的是上诉不加刑原则，附带考查了二审程序开庭审理的范围。关于上诉不加刑原则，命题人考查的几个点都比较难，要么为法律没有明确规定的内容，需要考生根据相关原理加以分析；要么含有易混淆的内容，容易导致考生误判。考生需要深入理解上诉不加刑的基本精神。

［选项分析］A选项涉及二审案件开庭审理的范围。本案中，龚某仅以量刑畸重为由上诉，没有就事实、证据提出异议，检察院也未抗诉，不属于应当开庭审理的案件，因此A错误。

B选项中的职业禁止是《刑法修正案（九）》的新增内容，根据《法院解释》第401条第1款第5项规定，原判没有宣告职业禁止、禁止令的，

不得增加宣告；原判宣告职业禁止、禁止令的，不得增加内容、延长期限。所以 B 选项违反了上诉不加刑的要求，应予排除。

C 选项符合《法院解释》第 401 条第 1 款第 2 项的规定，原判认定的罪名不当的，可以改变罪名，但不得加重刑罚或者对刑罚执行产生不利影响。从选项可知刑罚不变，且对刑罚执行不产生不利影响，符合上诉不加刑原则的要求，因此 C 正确。

D 选项为重点干扰项。根据《法院解释》第 403 条的规定，被告人或者其法定代理人、辩护人、近亲属提出上诉，人民检察院未提出抗诉的案件，第二审人民法院发回重新审判后，除有新的犯罪事实且人民检察院补充起诉的以外，原审人民法院不得加重被告人的刑罚。本选项中，检察院仅仅是对原来认定的犯罪事实变更了新的罪名，而并没有补充起诉新的犯罪事实，因此仍然不得加重被告人的刑罚。故应当排除 D。

4. [答案] B　　[难度] 中

[考点] 第二审程序的审理、上诉不加刑原则

[命题和解题思路] 命题人通过此题考查了第二审程序的审理方式及具体的程序规定，以及上诉不加刑原则。命题人设计的案例同时包括多名被告人部分上诉部分未上诉、死刑案件等特殊因素，考查了相关的特殊规定。第二审的审理方式以及上诉不加刑原则几乎是法考每年的必考内容，有关多名被告的特殊规定尤其要引起重视。关于上诉不加刑其实只需要记住两句话：一是除非控方上诉或抗诉，不得以任何形式加重任何被告人的刑罚；二是因事实不清、证据不足发回重审的案件，除非是控方上诉或抗诉或因新的犯罪事实补充起诉，否则也不得以任何形式加重任何被告人的刑罚。

[选项分析] A 选项涉及二审程序开庭审理的范围，为重点干扰项。本选项可通过两种方式判断：第一，《法院解释》第 393 条规定："下列案件，根据刑事诉讼法第二百三十四条的规定，应当开庭审理：（一）被告人、自诉人及其法定代理人对第一审认定的事实、证据提出异议，可能影响定罪量刑的上诉案件；（二）被告人被判处死刑的上诉案件；（三）人民检察院抗诉的案件；（四）应当开庭审理的其他案件。被判处死刑的

被告人没有上诉，同案的其他被告人上诉的案件，第二审人民法院应当开庭审理。"本案中，虽然被判处死刑立即执行的被告人甲没有上诉，但是同案的丙上诉了，因此第二审人民法院仍应开庭审理。故 A 错误。

B 选项涉及不上诉的同案被告人的二审出庭问题。对此，《法院解释》第 399 条规定："开庭审理上诉、抗诉案件……（三）对同案审理案件中未上诉的被告人，未被申请出庭或者人民法院认为没有必要到庭的，可以不再传唤到庭；……"本案中，甲没有上诉，人民法院认为其没有必要出庭的，可不再到庭。因此 B 正确。

C 选项涉及没有上诉的同案被告人能否另行委托辩护人的问题。对此，《法院解释》第 392 条规定："第二审期间，被告人除自行辩护外，还可以继续委托第一审辩护人或者另行委托辩护人辩护。共同犯罪案件，只有部分被告人提出上诉，或者自诉人只对部分被告人的判决提出上诉，或者人民检察院只对部分被告人的判决提出抗诉的，其他同案被告人也可以委托辩护人辩护。"该规定明确指出，没有上诉的同案被告人也可以委托辩护人辩护，根据上下文及常识可知，这里的委托辩护人辩护应当包括继续委托第一审辩护人或者另行委托辩护人辩护。故 C 错误。

D 选项涉及上诉不加刑原则。《法院解释》第 403 条规定："被告人或者其法定代理人、辩护人、近亲属提出上诉，人民检察院未提出抗诉的案件，第二审人民法院发回重新审判后，除有新的犯罪事实且人民检察院补充起诉的以外，原审人民法院不得加重被告人的刑罚。"本案中，检察院未提出抗诉，只有丙上诉，因此不得以任何形式加重丙或其他同案被告人的刑罚，即便发回重审，除非是有新的犯罪事实并经人民检察院补充起诉外，也不得以任何形式加重被告人的刑罚，本题中并未提及发回重审后发现新的犯罪事实并补充起诉，因此不得加重被告人刑罚。故 D 错误。

第二节　第二审程序的审理

1. [答案] C　　[难度] 中

[考点] 二审分案处理

[命题和解题思路] 本题考查二审分案处理的情形，系 2021 年《法院解释》新增知识点。本题

难度适中，考生应当在充分理解相关法条涵义的基础上，判断本案的处理方式。

[选项分析] 根据《法院解释》第404条的规定，有多名被告人的案件，部分被告人的犯罪事实不清、证据不足或者有新的犯罪事实需要追诉，且有关犯罪与其他同案被告人没有关联的，第二审法院根据案件情况，可以对该部分被告人分案处理，将该部分被告人发回原审人民法院重新审判。根据该条规定，结合本案案情，对四个选项分析如下：

由于法院对郑某的事实已经查清，且没有新的与之相关的犯罪事实，因此对郑某没有任何延期审理的理由。A选项说法错误。

虽然全面审查原则系第二审程序的审判原则，但并不包括对未指控事实的审查，更不能依据新的犯罪事实直接改判，否则不仅违背了控审分离的要求，而且剥夺了被追诉人的上诉权。B选项说法错误。

将两人分案处理，对郑某继续审理并作出维持原判的裁定，对郭某发回重审，待检察院对新的犯罪事实补充起诉后对郭某两罪一并审理，这样的处理方式符合《法院解释》第404条的要求，且避免了对郑某的处理久拖不决。C选项说法正确。

对于郭某新的犯罪事实，可能需要检察院补充侦查后再起诉，需要耗费一定时间。二审法院如果不对二人分案处理，正确的做法就是对两人维持原判，检察院另行起诉郭某的漏罪。一审法院对两人的判决系正确的，二审法院没有理由将两人同时发回重审，《法院解释》第404条只是授权可以将有新的犯罪事实的被告人发回重审。D选项说法错误。

2. [答案] A [难度] 中
[考点] 第二审程序的审理；对上诉、抗诉案件审理后的处理；上诉不加刑原则

[命题和解题思路] 命题人通过此题考查了第二审程序的审理方式、程序和对上诉、抗诉案件审理后的处理。其中，前两个选项是直接考查考生对法律及司法解释相关条款的把握。后两个选项则考查了考生对上诉不加刑原则的理解。尽管法律及司法解释关于上诉不加刑原则的具体规定冗长而复杂，但其实只要牢牢把握住"上诉不加刑原则"的实质要求，那么即便记不住具体规定，也能作出正确的选择。

[选项分析] A选项涉及二审程序的审理方式。《法院解释》第393条第2款规定："被判处死刑的被告人没有上诉，同案的其他被告人上诉的案件，第二审人民法院应当开庭审理。"本案中，鲁某被判处死刑立即执行，没有上诉，但同案的关某上诉了，因此根据上述《法院解释》第393条的规定，二审应当开庭审理。因此A正确。

B选项涉及二审程序检察院派员出庭的问题。根据上述A选项的分析可知，本案属于二审应当开庭审理的公诉案件，因此同级人民检察院应当派员出席法庭。故而B错误。

C选项为重点干扰项，涉及二审发回重审的问题。本案中只有关某上诉，检察院没有抗诉。二审能够发回重审的只有一种情况，即原判决事实不清楚或者证据不足的，本案中原判决事实清楚、证据确实充分，因此不能发回重审。故而C错误。

D选项涉及上诉不加刑原则，限制减刑虽然不是直接加重被告人的刑罚，但是也是不利于被告人的，不符合上诉不加刑原则通过打消被告人顾虑来保障被告人有效行使上诉权的初衷，因此本案中高级法院不能改判关某死刑缓期二年执行同时限制减刑，可见D错误。

第二十一章 死刑复核后的处理

试 题

📶 *1.* 刘某因犯故意杀人罪被判处死刑立即执行，同案犯钱某因涉嫌其他犯罪案件被另案处理。最高法院复核后认为原判认定事实正确、证据充分，但依法不应判处刘某死刑。关于本案的死刑复核程序，下列哪些说法是正确的？（2023年回忆版）

A. 刘某的辩护律师可将辩护意见直接寄送至

最高法院

B. 报请死刑复核案件的综合报告中应包括对钱某的处理情况

C. 如最高法院认为应对刘某判处死缓并限制减刑，可直接改判

D. 如最高检察院提出意见，最高法院应当面听取并制作笔录

📶 **2.** 李某因贩卖毒品罪被甲省乙市中院一审判处死刑立即执行。最高法院在复核死刑期间，李某申请法律援助，司法部法律援助中心指派律师刘某作为其辩护人。后李某又委托律师钱某作为辩护人。最高法院复核后，裁定不予核准，撤销原判并发回重审。关于本案的处理，下列说法正确的是：（2022 年回忆版）

A. 李某委托钱某后，司法部法律援助中心应作出终止法律援助的决定

B. 最高法院应当当面听取钱某的辩护意见

C. 最高法院应当发回乙市中院重审

D. 重审法院应当另行组成合议庭

📶 **3.** 甲因犯故意杀人罪被 H 省 S 市中级法院一审判处死刑立即执行。甲未上诉，S 市检察院未抗诉。最高法院复核后认为该案认定事实并无不当，但依法不应当判处死刑，裁定撤销原判，发回重审。关于本案，下列哪一选项是正确的？（2018 年回忆版）

A. 在上诉、抗诉期满后 10 日内，由 H 省高院报请最高法院复核

B. H 省高院重新审判，应当按照一审程序进行审理

C. S 市中院重新审判，应当另行组成合议庭

D. S 市中院重新审判后，甲可以对判决提起上诉

📶 **4.** 段某因贩卖毒品罪被市中级法院判处死刑立即执行，段某上诉后省高级法院维持了一审判决。最高法院复核后认为，原判认定事实清楚，但量刑过重，依法不应当判处死刑，不予核准，发回省高级法院重新审判。关于省高级法院重新审判，下列哪一选项是正确的？（2017－2－36）

A. 应另行组成合议庭

B. 应由审判员 5 人组成合议庭

C. 应开庭审理

D. 可直接改判死刑缓期 2 年执行，该判决为终审判决

📶 **5.** 鲁某与关某涉嫌贩卖冰毒 500 余克，B 省 A 市中级法院开庭审理后，以鲁某犯贩卖毒品罪，判处死刑立即执行，关某犯贩卖毒品罪，判处死刑缓期二年执行。一审宣判后，关某以量刑过重为由向 B 省高级法院提起上诉，鲁某未上诉，检察院也未提起抗诉。如 B 省高级法院审理后认为，一审判决认定事实和适用法律正确、量刑适当，裁定驳回关某的上诉，维持原判，则对本案进行死刑复核的正确程序是：（2015－2－96）

A. 对关某的死刑缓期二年执行判决，B 省高级法院不再另行复核

B. 最高法院复核鲁某的死刑立即执行判决，应由审判员三人组成合议庭进行

C. 如鲁某在死刑复核阶段委托律师担任辩护人的，死刑复核合议庭应在办公场所当面听取律师意见

D. 最高法院裁定不予核准鲁某死刑的，可发回 A 市中级法院或 B 省高级法院重新审理

详　解

1. ［答案］ABC　　　［难度］难

［考点］死刑复核程序

［命题和解题思路］本题考查死刑复核程序中较偏的几个知识点。解答本题，可充分运用经验和常识判断部分选项的正误，应准确把握最高法院对报请核准案件可直接改判的情形。

［选项分析］A 选项考查**辩护意见的递交方式**。根据《最高人民法院关于办理死刑复核案件听取辩护律师意见的办法》第 3 条规定，辩护律师提交委托手续、法律援助手续及辩护意见、证据等书面材料的，可以经高级人民法院同意后代收并随案移送，也可以寄送至最高人民法院承办案件的审判庭或者在当面反映意见时提交；对尚未立案的案件，辩护律师可以寄送至最高人民法院立案庭，由立案庭在立案后随案移送。A 选项正确。

B 选项考查**报请复核案件的报告内容**。根据《法院解释》第 426 条规定，报请复核死刑、死刑缓期执行的报告，应当写明案由、简要案情、审理过程和判决结果。案件综合报告应当包括需要

说明的问题，包括共同犯罪案件中另案处理的同案犯的处理情况，案件有无重大社会影响，以及当事人的反应等情况。B选项正确。

C选项考查最高法院复核后可直接改判的情形。根据《法院解释》第429条第5项规定，原判认定事实正确、证据充分，但依法不应当判处死刑的，应当裁定不予核准，并撤销原判，发回重新审判；根据案件情况，必要时，也可以依法改判。据此规定，本应对本案裁定不予核准，并撤销原判，发回重新审判。但最高法院已经确认本案的改判刑期，出于诉讼效率的考虑，可予直接改判。C选项正确。

D选项考查死刑复核程序中最高检察院提出意见。根据《刑诉法》第251条第2款规定，在复核死刑案件过程中，最高人民检察院可以向最高人民法院提出意见。最高人民法院应当将死刑复核结果通报最高人民检察院。根据《法院解释》第435条规定，死刑复核期间，最高人民检察院提出意见的，最高人民法院应当审查，并将采纳情况及理由反馈最高人民检察院。根据《法院解释》第434条规定，死刑复核期间，辩护律师要求当面反映意见的，最高人民法院有关合议庭应当在办公场所听取其意见，并制作笔录；辩护律师提出书面意见的，应当附卷。由此可见，相关规定并未要求最高法院必须当面听取最高检察院的意见。D选项错误。

2. ［答案］A　　［难度］中
［考点］死刑复核
［命题和解题思路］死刑复核是每年客观题必考的考点。2022年1月生效的最高人民法院、司法部《关于为死刑复核案件被告人依法提供法律援助的规定（试行）》作为死刑复核中的新增考点成为当年考查的热点问题。本题主要考查了两方面的内容，一是直接考查前述新增司法解释中的具体规定，二是继续考查传统考点中发回重审的法院及审理方式问题。解题的关键在于搞清楚在进入复核程序之前，该案经历了哪些审理程序，这直接决定了如何发回的问题。

［选项分析］选项A和B均是直接考查2022年1月生效的最高人民法院、司法部《关于为死刑复核案件被告人依法提供法律援助的规定（试行）》的具体规定。根据该规定第6条，被告人

在死刑复核期间自行委托辩护律师的，司法部法律援助中心应当作出终止法律援助的决定，并及时函告最高人民法院。最高人民法院在复核死刑案件过程中发现有前款规定情形的，应当及时函告司法部法律援助中心。司法部法律援助中心应当作出终止法律援助的决定。之所以这样规定，是因为死刑复核期间的法律援助并不属于强制辩护，其产生是基于被告人的申请，故指派辩护律师后，被告人也可以拒绝。而当被告人自己另行委托辩护人后，也就没有继续给予其法律援助的意义，所以应当作出终止法律援助的决定。因此选项A说法正确。

根据最高人民法院、司法部《关于为死刑复核案件被告人依法提供法律援助的规定（试行）》第10条，辩护律师应当在接受指派之日起一个半月内提交书面辩护意见或者当面反映辩护意见。辩护律师要求当面反映意见的，最高人民法院应当听取辩护律师的意见。由此可见，辩护意见的提交有两种方式：一种是书面，另一种是当面反映。只有当辩护律师要求当面反映的，最高人民法院才应当当面听取，所以选项B说法错误。

选项C和D属于死刑复核的传统考查重点。从题干可知，该案一审是乙市中院，未交代该案是否有上诉和抗诉。因此最高法院复核前，该案可能经历了两种程序：一是没有上诉或抗诉的情况下，甲省高院经过复核，同意判处死刑立即执行再报送至最高法院；二是有上诉或抗诉，甲省高院二审裁定驳回，维持原判后再报送至最高法院。如果是第一种程序，最高法院裁定不予核准，发回重审的，应当发回甲省高院（《法院解释》第431条规定，高级人民法院依照复核程序审理后报请最高人民法院核准死刑，最高人民法院裁定不予核准，发回高级人民法院重新审判的，高级人民法院可以依照第二审程序提审或者发回重新审判）。如果是第二种程序，最高法院裁定不予核准，发回重审的，则可以视案件情况发回甲省高院或者乙市中院（《法院解释》第430条规定，最高人民法院裁定不予核准死刑的，根据案件情况，可以发回第二审人民法院或者第一审人民法院重新审判）。因此，选项C中"应当"发回乙市中院的说法与两种程序均不符合，说法错误。

根据《法院解释》第432条的规定，最高人

民法院裁定不予核准死刑，发回重新审判的案件，原审人民法院应当另行组成合议庭审理，但本解释第429条第4项、第5项规定的案件除外。《法院解释》第429条规定，最高人民法院复核死刑案件，应当按照下列情形分别处理：（1）原判认定事实和适用法律正确、量刑适当、诉讼程序合法的，应当裁定核准；（2）原判认定的某一具体事实或者引用的法律条款等存在瑕疵，但判处被告人死刑并无不当的，可以在纠正后作出核准的判决、裁定；（3）原判事实不清、证据不足的，应当裁定不予核准，并撤销原判，发回重新审判；（4）复核期间出现新的影响定罪量刑的事实、证据的，应当裁定不予核准，并撤销原判，发回重新审判；（5）原判认定事实正确、证据充分，但依法不应当判处死刑的，应当裁定不予核准，并撤销原判，发回重新审判；根据案件情况，必要时，也可以依法改判；（6）原审违反法定诉讼程序，可能影响公正审判的，应当裁定不予核准，并撤销原判，发回重新审判。从题干可知，最高法院不予核准发回重审，并没有说明是基于何种原因，因此存在第429条规定的第4项、第5项两种情形的可能，所以并非"应当"另行组成合议庭，选项D说法错误。

3. ［答案］D ［难度］中

［考点］死刑复核

［命题和解题思路］本题属于常规考点，几乎每年都会涉及，但难度并不大。解题时，首先应清楚本案属于一审判死刑无上诉抗诉的情况，然后再梳理后续的程序。此外，要注意最高法院不予核准，发回重审时并非一定要另行组成合议庭，有两种情形下可以由原合议庭继续审理。

［选项分析］A选项说法错误。此选项错误较为明显，比较好判断。即便本案未上诉抗诉，但也应由H省高院进行复核后，认为应当判处死刑的，再报请最高法院核准，而不是直接报请。

B选项说法错误。根据《法院解释》第431条的规定，高级人民法院依照复核程序审理后报请最高人民法院核准死刑，最高人民法院裁定不予核准，发回高级人民法院重新审判的，高级人民法院可以依照第二审程序提审或者发回重新审判。本案中如由H省高院重审，应当依照二审程序而非一审程序来审理。

C选项说法错误，本选项也是本题中最易错选的项，因为根据通常情况，发回重审时一般应另行组成合议庭。但是根据《法院解释》第432条的规定，最高人民法院裁定不予核准死刑，发回重新审判的案件，原审人民法院应当另行组成合议庭审理，但本解释第429条第4项、第5项规定的案件除外。而《法院解释》第429条第4项、第5项的规定分别为"（四）复核期间出现新的影响定罪量刑的事实、证据的，应当裁定不予核准，并撤销原判，发回重新审判"和"（五）原判认定事实正确、证据充分，但依法不应当判处死刑的，应当裁定不予核准，并撤销原判，发回重新审判；根据案件情况，必要时，也可以依法改判"本案属于第5项所规定的情形，因此属于《法院解释》第432条规定的"除外"情况，不需要另行组成合议庭审理，可以由原合议庭审理，所以C选项错误。

D选项说法正确。如由S市法院重新审理，则适用一审程序，对于其判决，被告人当然可以提起上诉。

4. ［答案］D ［难度］难

［考点］判处死刑立即执行案件复核后的处理

［命题和解题思路］命题人通过此题考查了死刑复核程序中发回二审法院重审的相关问题，包括是否要另组合议庭、合议庭的具体组成、审理方式和最终处理等。各选项的判断需要考生具备将相关知识融会贯通的能力。

［选项分析］A选项为重点干扰项，涉及死刑复核案件发回重审的是否需要另行组成合议庭。《法院解释》第432条规定："最高人民法院裁定不予核准死刑，发回重新审判的案件，原审人民法院应当另行组成合议庭审理，但本解释第四百二十九条第四项、第五项规定的案件除外。"而《法院解释》第429条第4、5项的规定分别为"（四）复核期间出现新的影响定罪量刑的事实、证据的，应当裁定不予核准，并撤销原判，发回重新审判"和"（五）原判认定事实正确、证据充分，但依法不应当判处死刑的，应当裁定不予核准，并撤销原判，发回重新审判；根据案件情况，必要时，也可以依法改判"本案属于第5项所规定的情形，因此属于《法院解释》第432条规定的"除外"情况，不需要另行组成合议庭审理。因此排除A。

B 选项涉及合议庭的组成。本案中，高级人民法院是二审法院，发回高级人民法院重审应当仍按二审程序进行。人民法院审判上诉和抗诉案件，由审判员 3 人至 5 人组成合议庭进行。因此不是"应当"由审判员 5 人组成合议庭。故而排除 B。

C 选项涉及审理方式。《法院解释》第 432 条第 1、3 款规定："最高人民法院裁定不予核准死刑的，根据案件情况，可以发回第二审人民法院或者第一审人民法院重新审判。第一审人民法院重新审判的，应当开庭审理。第二审人民法院重新审判的，可以直接改判；必须通过开庭查清事实、核实证据或者纠正原审程序违法的，应当开庭审理。"本案属于第二审人民法院重新审判的情况，而且只是量刑过重，不存在必须通过开庭查清事实、核实证据或者纠正原审程序违法的情形，因此可以直接改判。故而排除 C。

D 选项涉及二审法院重审死刑案件后的处理。根据上述《法院解释》第 432 条的规定，本案中，高级法院可直接改判为死刑缓期二年执行。由于死缓案件本身只需要报高级人民法院复核，因此高级人民法院自己作出的死缓判决就不需要再报请复核了，而是直接生效的终审判决，因此 D 正确。

> **易混淆点解析**
>
> 与另组合议庭有关的规定如下：
>
> 二审程序中，《刑诉法》第 239 条规定："原审人民法院对于（第二审人民法院）发回重新审判的案件，应当另行组成合议庭……"
>
> 死刑复核程序中，《法院解释》第 432 条规定："最高人民法院裁定不予核准死刑，发回重新审判的案件，原审人民法院应当另行组成合议庭审理，但本解释第四百二十九条第四项、第五项规定的案件除外。"而《法院解释》第 429 条规定："最高人民法院复核死刑案件，应当按照下列情形分别处理：（一）原判认定事实和适用法律正确、量刑适当、诉讼程序合法的，应当裁定核准；（二）原判认定的某一具体事实或者引用的法律条款等存在瑕疵，但判处被告人死刑并无不当的，可以在纠正后作出核准的判决、裁定；（三）原判事实不清、证据不足的，应当裁定不予核准，并撤销原判，发回重新审

判；（四）复核期间出现新的影响定罪量刑的事实、证据的，应当裁定不予核准，并撤销原判，发回重新审判；（五）原判认定事实正确、证据充分，但依法不应当判处死刑的，应当裁定不予核准，并撤销原判，发回重新审判；根据案件情况，必要时，也可以依法改判；（六）原审违反法定诉讼程序，可能影响公正审判的，应当裁定不予核准，并撤销原判，发回重新审判。"对比《法院解释》第 429 条中的各项规定，可以发现，发回重新审判的情况有（三）（四）（五）（六）四种，但是只有（三）（六）需要另行组成合议庭，（四）（五）则不需要。

审判监督程序中，《刑诉法》第 256 条规定："人民法院按照审判监督程序重新审判的案件，由原审人民法院审理的，应当另行组成合议庭进行……"

此外，《法院解释》第 29 条第 2 款规定："在一个审判程序中参与过本案审判工作的合议庭组成人员或者独任审判员，不得再参与本案其他程序的审判。但是，发回重新审判的案件，在第一审人民法院作出裁判后又进入第二审程序、在法定刑以下判处刑罚的复核程序或者死刑复核程序的，原第二审程序、在法定刑以下判处刑罚的复核程序或者死刑复核程序中的合议庭组成人员不受本款规定的限制。"

上述内容可通过下表记忆：

	二审	死刑复核		审监
原审法院重审	另组合议庭	另组	原判事实不清、证据不足	原审法院另组合议庭
			原审违反法定程序可能影响公正审判	
		无需另组	有新的影响定罪量刑的事实、证据	
			原判认定事实正确，但量刑不当	
重审后再次进入相关程序	无需另组合议庭	无需另组合议庭		

其中，发回重审后"又进入"第二审程序、在法定刑以下判处刑罚的复核程序或死刑复核程序的，这种情况下的二审、在法定刑以下判处刑罚的复核程序和死刑复核是原来的第二审程序、在法定刑以下判处刑罚的复核程序或死刑复核程序的继续，所以无需另组合议庭，原来参加过审判的审判人员无需回避。2014-2-67 题曾经考过此条规定。

5. ［答案］ABD　　［难度］中

［考点］判处死刑立即执行案件的复核程序、复核后的处理、判处死刑缓期二年执行案件的复核程序

［命题和解题思路］命题人通过此题考查了死刑复核程序中的多个考点，虽然基本的解题方法也还是将选项与法律及司法解释的规定相对照，但是与那些直接考查法律规定，只是把"犯罪嫌疑人、被告人"换成了"张三""李四"的题目不同，本题中的部分选项还是需要一些分析的。例如，法律及司法解释中都没有类似于"高级人民法院判处死刑的第二审案件，不需要再另行复核"的规定，此类题目只能通过其他相关的法律规定去推断。

［选项分析］A 选项涉及死刑缓期二年执行案件的复核程序。《刑诉法》第 247 条第 2 款规定："高级人民法院……判处死刑的第二审案件……应

当报请最高人民法院核准。"《刑诉法》第 248 条规定："中级人民法院判处死刑缓期二年执行的案件，由高级人民法院核准。"也即没有规定高级人民法院判处死刑缓期执行的第二审案件，要报请核准，也即对于高级人民法院判处死刑缓期二年执行的第二审案件，不需要再另行复核。故而 A 正确。

B 选项涉及死刑复核程序的合议庭人数和人员构成。《刑诉法》第 249 条规定："最高人民法院复核死刑案件，高级人民法院复核死刑缓期执行的案件，应当由审判员三人组成合议庭进行。"可见 B 正确。

C 选项涉及死刑复核程序中听取辩护律师意见的具体程序。《法院解释》第 434 条规定："死刑复核期间，辩护律师要求当面反映意见的，最高人民法院有关合议庭应当在办公场所听取其意见，并制作笔录；辩护律师提出书面意见的，应当附卷。"可见，合议庭并非都要在办公场所当面听取辩护律师的意见，只有当辩护律师要求当面反映意见的，才需要如此。因此 C 错误。

D 选项涉及死刑复核后的处理。《法院解释》第 430 条第 1 款规定："最高人民法院裁定不予核准死刑的，根据案件情况，可以发回第二审人民法院或者第一审人民法院重新审判。"可见 D 正确。

第二十二章　审判监督程序

试 题

第一节　提起审判监督程序的材料来源和理由

1. 关于审判监督程序中的申诉，下列哪一选项是正确的？（2015-2-39）

A. 二审法院裁定准许撤回上诉的案件，申诉人对一审判决提出的申诉，应由一审法院审理

B. 上一级法院对未经终审法院审理的申诉，应直接审理

C. 对经两级法院依照审判监督程序复查均驳回的申诉，法院不再受理

D. 对死刑案件的申诉，可由原核准的法院审查，也可交由原审法院审查

2. 关于审判监督程序，下列哪些选项是正确的？（2014-2-75）

A. 只有当事人及其法定代理人、近亲属才能对已经发生法律效力的裁判提出申诉

B. 原审法院依照审判监督程序重新审判的案件，应当另行组成合议庭

C. 对于依照审判监督程序重新审判后可能改判无罪的案件，可中止原判决、裁定的执行

D. 上级法院指令下级法院再审的，一般应当指令原审法院以外的下级法院审理

第二节　提起审判监督程序的主体和方式

📶 **1.** 甲因涉嫌贩卖毒品罪被 H 省 I 市中级法院判处死刑缓期二年执行，甲未上诉，H 省高级法院复核后裁定核准。执行期间，原判被发现确有错误，H 省高级法院对本案再审后改判甲有期徒刑十年。关于本案，下列哪些做法是正确的？（2023 年回忆版）

A. H 省检察院可向 H 省高级法院抗诉启动再审

B. H 省高级法院再审本案应开庭审理

C. H 省高级法院可安排曾复核本案的合议庭再审本案

D. H 省高级法院应制作再审决定书

📶 **2.** 王某因间谍罪被甲省乙市中级法院一审判处死刑，缓期 2 年执行。王某没有上诉，检察院没有抗诉。判决生效后，发现有新的证据证明原判决认定的事实确有错误。下列哪些机关有权对本案提起审判监督程序？（2017-2-75）

A. 乙市中级法院

B. 甲省高级法院

C. 甲省检察院

D. 最高检察院

第三节　重新审判的程序和审判后的处理

📶 **1.** 某市中级法院二审判决欧某和冯某犯职务侵占罪并分别判处有期徒刑，同时宣告被告人牟某无罪。上级法院在教育整顿期间发现本案存在欧某为牟某顶罪的重大嫌疑，遂指令市中级法院对欧某与牟某启动再审。经再审查明，欧某并未参与职务侵占，系为牟某顶罪并替冯某分担罪责。关于本案，下列哪些说法是正确的？（2021 年回忆版）

A. 再审期间法院可决定对欧某中止执行有期徒刑

B. 本案再审应另行组成合议庭

C. 法院可在再审判决中加重冯某的刑罚

D. 再审期间检察院可决定对牟某采取逮捕措施

📶 **2.** 《最高人民法院关于适用〈中华人民共和国刑事诉讼法〉的解释》第 386 条（2021 年《法院解释》第 469 条）规定，除检察院抗诉的以外，

再审一般不得加重原审被告人的刑罚。关于这一规定的理解，下列哪些选项是正确的？（2016-2-74）

A. 体现了刑事诉讼惩罚犯罪和保障人权基本理念的平衡

B. 体现了刑事诉讼具有追求实体真实与维护正当程序两方面的目的

C. 再审不加刑有例外，上诉不加刑也有例外

D. 审判监督程序的纠错功能决定了再审不加刑存在例外情形

▍详　解▍

第一节　提起审判监督程序的材料来源和理由

1. ［答案］D　　［难度］难

［考点］申诉的提出、受理及审查处理

［命题和解题思路］命题人通过此题考查了各级法院对待不同情况下的申诉的处理，考查方式比较直接，就是直接考查相关司法解释的规定。如果考生对相关司法解释的规定非常熟悉，则本题无需过多分析，直接套用规定即可。但由于这部分规定较为繁杂，不容易理解和记忆，所以要答对此题还是有一定难度的。

［选项分析］A 选项为重点干扰项，其考查的是《法院解释》第 453 条第 1 款的规定，即"申诉由终审人民法院审查处理。但是，第二审人民法院裁定准许撤回上诉的案件，申诉人对第一审判决提出申诉的，可以由第一审人民法院审查处理。"可见，此种情况下，只是"可以"而非"应当"由第一审人民法院审查处理。故 A 错误。

B 选项考查的是《法院解释》第 453 条第 2 款的规定，即"上一级人民法院对未经终审人民法院审查处理的申诉，可以告知申诉人向终审人民法院提出申诉，或者直接交终审人民法院审查处理，并告知申诉人；案件疑难、复杂、重大的，也可以直接审查处理。"也就是说，原则上应当由终审人民法院负责审查处理申诉，只有在案件疑难复杂重大的情况下，才可由上一级人民法院直接审查处理。故 B 错误。

C 选项的干扰性也比较强，其考查的情况在《刑诉法》及《法院解释》中均未有明确规定。

但是最高人民法院《关于规范人民法院再审立案的若干意见（试行）》第 15 条规定："上级人民法院对经终审法院的上一级人民法院依照审判监督程序审理后维持原判或者经两级人民法院依照审判监督程序复查均驳回的申请再审或申诉案件，一般不予受理。但再审申请人或申诉人提出新的理由，且符合《中华人民共和国刑事诉讼法》第二百零四条（现为第二百五十三条）……规定条件的，以及刑事案件的原审被告人可能被宣告无罪的除外。"虽然《刑诉法》已经修改，本条中所援引的《刑诉法》第 204 条关于申诉条件的规定已改为第 253 条，但是在无新规定的情况下，本条应当依然适用。故而对于经两级法院依照审判监督程序复查均驳回的申诉，法院只是一般不再受理，而非一概不再受理，如果申诉人提出新的理由，且符合新《刑诉法》第 253 条规定的条件，或者刑事案件的原审被告人可能被宣告无罪，那么即便申诉已被两级法院驳回，仍应再予受理。故 C 错误。

D 选项考查的是《法院解释》第 455 条的规定："对死刑案件的申诉，可以由原核准的人民法院直接审查处理，也可以交由原审人民法院审查。

原审人民法院应当制作审查报告，提出处理意见，层报原核准的人民法院审查处理。"故 D 正确。

易混清点解析

关于有权审查处理申诉的法院，除上述规定外，还有以下规定：

《法院解释》第 453 条第 3 款规定："对未经终审人民法院及其上一级人民法院审查处理，直接向上级人民法院申诉的，上级人民法院应当告知申诉人向下级人民法院提出。"

《法院解释》第 459 条规定："申诉人对驳回申诉不服的，可以向上一级人民法院申诉。上一级人民法院经审查认为申诉不符合刑事诉讼法第二百五十三条和本解释第四百五十七条第二款规定的，应当说服申诉人撤回申诉；对仍然坚持申诉的，应当驳回或者通知不予重新审判。"

《法院解释》第 454 条规定："最高人民法院或者上级人民法院可以指定终审人民法院以外的人民法院对申诉进行审查。被指定的人民法院审查后，应当制作审查报告，提出处理意见，层报最高人民法院或者上级人民法院审查处理。"

上述规定可以通过下表记忆：

法院	第一条件	第二条件	处理
终审法院	/	/	审查处理
一审法院	二审法院裁定准许撤回上诉的	/	可以审查处理
（终审法院的）上一级法院	未经终审法院审查处理	一般情况下	告知申诉人向终审法院申诉
			直接交终审法院审查处理
		案件疑难复杂重大	可以直接审查处理
	对终审法院驳回申诉不服	申诉不符合法律和司法解释的规定	应当说服申诉人撤回申诉
		说服申诉人撤回申诉，但申诉人仍然坚持申诉	驳回
			通知不予重新审判
（再）上级法院	未经终审法院及其上一级法院审查处理	/	应当告知申诉人向下级人民法院提出

续表

法院	第一条件		第二条件	处理
（再）上级法院	经终审法院的上一级法院依审监程序审理后维持原判	经两级法院依审监程序复查均驳回	一般情况下	不予受理
			申诉人提出新的理由且符合法律规定	应当受理
			原审被告人可能宣告无罪	
死刑案件的原核准法院	/		/	可以直接审查处理
				也可以交原审人民法院审查

2. ［答案］BCD　　［难度］易

［考点］审判监督程序的材料来源（申诉的提出）、提起审判监督的方式（指令再审）、重新审判的程序

［命题和解题思路］命题人通过此题考查了审判监督程序中有权提起申诉的主体和重新审判中的一些具体的程序性规定，这些内容有的规定于《刑诉法》中，有的规定于《法院解释》中，考生要尤为注意《法院解释》的规定。有些表述仅从《刑诉法》的规定看可能是对的，但从《法院解释》的补充性规定看却有失全面，而这种情况恰恰是最容易受命题人青睐的考点，考生要多加留意。

［选项分析］A 选项是重点干扰项，涉及可以对已生效裁判提出申诉的主体。《刑诉法》第252条规定：“当事人及其法定代理人、近亲属，对已经发生法律效力的判决、裁定，可以向人民法院或者人民检察院提出申诉，但是不能停止判决、裁定的执行。”有考生可能会据此认为 A 选项正确，但是，《法院解释》第451条第2款又补充规定了：“案外人认为已经发生法律效力的判决、裁定侵害其合法权益，提出申诉的，人民法院应当审查处理。”可见，可以对已生效裁判提出申诉的不只是当事人及其法定代理人、近亲属，还包括认为已生效裁判侵害其合法权益的案外人。故 A 错误。

B 选项涉及原审法院重审案件的审判组织。本选项可通过三种方法判断：第一，《刑诉法》第256条规定：“人民法院按照审判监督程序重新审判的案件，由原审人民法院审理的，应当另行组成合议庭进行……”可见 B 正确；第二，参考《法院解释》第29条第2款的规定，即“在一个审判程序中参与过本案审判工作的合议庭组成人员或者独任审判员，不得再参与本案其他程序的审判……”，也可推知 B 正确；第三，根据常识可知由原来的合议庭重审不利于案件的纠正。故 B 正确。

C 选项涉及再审决定的效力。《法院解释》第464条规定：“……再审期间不停止原判决、裁定的执行，但被告人可能经再审改判无罪，或者可能经再审减轻原判刑罚而致刑期届满的，可以决定中止原判决、裁定的执行……”可见 C 正确。

D 选项涉及指令再审程序。《刑诉法》第255条规定：“上级人民法院指令下级人民法院再审的，应当指令原审人民法院以外的下级人民法院审理；由原审人民法院审理更为适宜的，也可以指令原审人民法院审理。”可见，上级人民法院指令下级人民法院再审的，应当以指令原审人民法院以外的下级人民法院审理为原则，以指令原审人民法院再审为例外。根据常识也可判断，由原审人民法院以外的法院重审更容易保持客观公正，有利于案件的纠正。因此 D 正确。

第二节　提起审判监督程序的主体和方式

1. ［答案］BD　　［难度］难

［考点］审判监督程序

［命题和解题思路］本题考查审判监督程序的相关知识点。解答本题，考生应注意准确把握本案原作出生效判的法院、高级法院再审本案的审级以及启动再审的程序要求。准确判断本案的原判法院，可排除 A 选项；掌握再审程序对合议

庭组成的要求，可排除 C 选项。

[选项分析] A 选项考查有权提出再审抗诉的检察院。根据《刑诉法》第 254 条第 3 款规定，最高人民检察院对各级人民法院已经发生法律效力的判决和裁定，上级人民检察院对下级人民法院已经发生法律效力的判决和裁定，如果发现确有错误，有权按照审判监督程序向同级人民法院提出抗诉。本案中，作出死刑缓期执行生效裁判的是 H 省高级法院，如该裁判确有错误，只有最高检察院有权向最高法院提出抗诉。A 选项错误。

B 选项考查再审案件的审理方式。根据《刑诉法》第 256 条第 1 款规定，人民法院按照审判监督程序重新审判的案件，由原审人民法院审理的，应当另行组成合议庭进行。如果原来是第一审案件，应当依照第一审程序进行审判，所作的判决、裁定，可以上诉、抗诉；如果原来是第二审案件，或者是上级人民法院提审的案件，应当依照第二审程序进行审判，所作的判决、裁定，是终审的判决、裁定。本案原来是中级法院审理的第一审案件，但判决经省高级法院复核后才生效，如果高级法院启动再审，从审级上看，应按第二审程序审理。根据《刑事诉讼法》第 234 条第 1 款第 2 项的规定，被告人被判处死刑的上诉案件，第二审法院应当开庭审理。本案虽然不是上诉案件，但鉴于本案原来是死刑案件，再审后的第二审程序应当参考"被告人被判处死刑的上诉案件"，将本案视为"其他应当开庭审理的案件"，进行开庭审理后再改判。B 选项正确。

C 选项考查再审案件合议庭的组成。根据《刑诉法》第 256 条规定，人民法院按照审判监督程序重新审判的案件，由原审法院审理的，应当另行组成合议庭进行。本案中，H 省高级法院是核准死缓判决的法院，原复核法官实质上参与过案件的审理，H 省高级法院安排原复核合议庭重新审理本案，不符合另行组成合议庭的要求。C 选项错误。

D 选项考查再审程序的启动。根据《法院解释》第 464 条规定，对决定依照审判监督程序重新审判的案件，人民法院应当制作再审决定书。据此，无论是依检察院抗诉启动再审，还是由法院自行启动再审，法院都应当制作再审决定书。D 选项正确。

2. [答案] BD　　[难度] 难

[考点] 提起审判监督程序的主体

[命题和解题思路] 命题人通过此题考查了提起审判监督程序的主体，其设计的案例是一个判处死刑缓期执行的案件，因此还必须经过死刑复核程序，该一审判决并非生效判决。因此本题的关键是要先弄清楚发生法律效力的裁判是由哪一级人民法院作出的。然后再判断对于该生效裁判，哪些机关有权提起审判监督程序。

[选项分析]《刑诉法》第 248 条规定："中级人民法院判处死刑缓期二年执行的案件，由高级人民法院核准。"《刑诉法》第 259 条第 2 款规定："下列判决和裁定是发生法律效力的判决和裁定：（一）已过法定期限没有上诉、抗诉的判决和裁定；（二）终审的判决和裁定；（三）最高人民法院核准的死刑的判决和高级人民法院核准的死刑缓期二年执行的判决。"因此，本案中的生效判决应当是高级人民法院核准的死刑缓期二年执行的判决。

《刑诉法》第 254 条第 1、2、3 款规定："各级人民法院院长对本院已经发生法律效力的判决和裁定，如果发现在认定事实上或者在适用法律上确有错误，必须提交审判委员会处理。最高人民法院对各级人民法院已经发生法律效力的判决和裁定，上级人民法院对下级人民法院已经发生法律效力的判决和裁定，如果发现确有错误，有权提审或者指令下级人民法院再审。最高人民检察院对各级人民法院已经发生法律效力的判决和裁定，上级人民检察院对下级人民法院已经发生法律效力的判决和裁定，如果发现确有错误，有权按照审判监督程序向同级人民法院提出抗诉。"因此，本案中，有权对甲省高级人民法院核准死刑缓期二年执行的判决提起审判监督程序的是甲省高级人民法院、最高人民法院和最高人民检察院。故排除 A、C，选择 B、D。

第三节　重新审判的程序和审判后的处理

1. [答案] AB　　[难度] 难

[考点] 审判监督程序

[命题和解题思路] 审判监督程序是法考每年必考的内容。本题题干较长，且包含了若干解题的重要信息，解题时需要认真提炼。

[选项分析] 根据《法院解释》第 464 条的

规定，对决定依照审判监督程序重新审判的案件，人民法院应当制作再审决定书。再审期间不停止原判决、裁定的执行，但被告人可能经再审改判无罪，或者可能经再审减轻原判刑罚而致刑期届满的，可以决定中止原判决、裁定的执行，必要时，可以对被告人采取取保候审、监视居住措施。本题中，欧某系顶罪，再审可能改判无罪或者减轻原判刑罚（改判包庇罪），因此可以决定对其中止执行原刑罚。故 A 正确。

根据《法院解释》第 466 条的规定，原审人民法院审理依照审判监督程序重新审判的案件，应当另行组成合议庭。本题中，市中院重审此案应当另行组成合议庭。故 B 正确。

根据《法院解释》第 469 条的规定，除人民检察院抗诉的以外，再审一般不得加重原审被告人的刑罚。再审决定书或者抗诉书只针对部分原审被告人的，不得加重其他同案原审被告人的刑罚。题干中可知，市中院只针对欧某与牟某启动再审，因此对于冯某不得加重其刑罚。故 C 错误。

根据《检察规则》第 600 条的规定，人民检察院办理按照第二审程序、审判监督程序抗诉的案件，认为需要对被告人采取强制措施的，参照本规则相关规定。决定采取强制措施应当经检察长批准。可见，对于抗诉引发的再审案件，应由检察机关决定是否采取强制措施。同时根据前述《法院解释》第 464 条的规定，对于法院启动再审的案件，由法院决定是否采取强制措施。因此，本题中系上级法院指令再审引发的审判监督程序，应由法院而非检察院决定对牟某采取强制措施。故 D 错误。

2. ［答案］ABD　　［难度］易

［考点］重新审判的程序（不得加重刑罚的情形）、第二审程序的审判原则（上诉不加刑原则及内容）、刑事诉讼的基本理念

［命题和解题思路］命题人以再审不加刑原则和上诉不加刑原则为切入点，考查了考生对刑事诉讼基本理念及审判监督程序功能的理解。上诉不加刑原则是高频考点，但一般都是直接考查违反上诉不加刑原则的各种具体情形。本题的考查方式别具一格，要求考生对上诉不加刑原则的基本含义和相关的刑事诉讼基本理念都有较深刻

的理解。

［选项分析］A 选项涉及惩罚犯罪与人权保障相平衡的理念。不得加重原审被告人刑罚主要体现了保障人权的理念，但检察院抗诉的除外，体现了惩罚犯罪与保障人权的平衡，故 A 正确。

B 选项涉及刑事诉讼的双重目的。不得加重原审被告人的刑罚则体现了程序对实体结果的规制，反映了对正当程序的维护，但是例外规则的设立同时体现了对实体真实的追求，因此，总体上体现了刑事诉讼具有追求实体真实与维护正当程序两方面的目的。故 B 正确。

C 选项为重点干扰项，涉及对上诉不加刑原则的理解。《法院解释》第 469 条规定：“除人民检察院抗诉的以外，再审一般不得加重原审被告人的刑罚。再审决定书或者抗诉书只针对部分原审被告人的，不得加重其他同案原审被告人的刑罚。”可见，本选项的前半句是正确的，因为再审时只是“一般”不得加重原审被告人的刑罚，说明存在例外。但二审程序的上诉不加刑没有例外。《刑诉法》第 237 条规定：“第二审人民法院审理被告人或者他的法定代理人、辩护人、近亲属上诉的案件，不得加重被告人的刑罚。第二审人民法院发回原审人民法院重新审判的案件，除有新的犯罪事实，人民检察院补充起诉的以外，原审人民法院也不得加重被告人的刑罚。人民检察院提出抗诉或者自诉人提出上诉的，不受前款规定的限制。”其中“不得加重被告人的刑罚”前没有“一般”二字，说明并不存在例外情况。至于其后规定的，发回重审后发现新的犯罪事实，人民法院补充起诉的、人民检察院抗诉、自诉人上诉的，都已经是另外存在起诉、上诉或抗诉的情形了，不属于“上诉不加刑”原则中“上诉”的范畴，不能视为例外情况，也即“上诉不加刑”原则就是指只有辩方上诉的情况下不能加重被告人的刑罚，在这一点上是没有例外的。故 C 错误。

D 选项涉及审判监督程序的功能。已知再审不加刑确实存在例外，那么为什么会存在例外？这正是因为审判监督程序的功能本身就在于纠正错误的生效裁判，如果发现生效裁判确有不得不改的错误，对此错误的纠正必须要加重被告人的刑罚，那么就会产生例外情形。故 D 正确。

第二十三章　执　行

试　题

第一节　各种判决、裁定的执行

1. 周某因诈骗罪被北区法院判处有期徒刑并处罚金 30 万，后提起上诉，市中院驳回上诉，维持原判。现查明，周某名下只有位于南区的一处房子，已被公安机关查封，该房此前已被银行抵押。关于该房屋的处置，下列哪些说法是正确的？（2021 年回忆版）

A. 公安机关出具解封手续后，法院才可以处置该房屋

B. 若银行主张优先受偿，应将其排在补偿被害人被骗钱款之后

C. 应由市中级法院负责房屋的处置

D. 南区法院可受委托处置房屋

2. 张某因多次盗窃，被法院判处盗窃罪，并追缴赃款赃物。下列哪些赃款赃物应当予以追缴？（2018 年回忆版）

A. 价值 100 万却以 10 万元卖给古玩店的古董

B. 赠予其女友的价值 1 万元的金项链

C. 将价值 8000 元却以 6000 元通过网络二手平台卖给他人的笔记本电脑

D. 用于偿还赌债的 4 万元

3. 甲纠集他人多次在市中心寻衅滋事，造成路人乙轻伤、丙的临街商铺严重受损。甲被起诉到法院后，乙和丙提起附带民事诉讼。法院判处甲有期徒刑 6 年，罚金 1 万元，赔偿乙医疗费 1 万元，赔偿丙财产损失 4 万元。判决生效交付执行后，查明甲除 1 辆汽车外无其他财产，且甲曾以该汽车抵押获取小额贷款，尚欠银行贷款 2.5 万元，银行主张优先受偿。法院以 8 万元的价格拍卖了甲的汽车。关于此 8 万元的执行顺序，下列哪一选项是正确的？（2017-2-37）

A. 医疗费→银行贷款→财产损失→罚金

B. 医疗费→财产损失→银行贷款→罚金

C. 银行贷款→医疗费→财产损失→罚金

D. 医疗费→财产损失→罚金→银行贷款

4. 关于生效裁判执行，下列哪一做法是正确的？（2016-2-40）

A. 甲被判处管制 1 年，由公安机关执行

B. 乙被判处有期徒刑 1 年宣告缓刑 2 年，由社区矫正机构执行

C. 丙被判处有期徒刑 1 年 6 个月，在被交付执行前，剩余刑期 5 个月，由看守所代为执行

D. 丁被判处 10 年有期徒刑并处没收财产，没收财产部分由公安机关执行

5. 关于刑事裁判涉财产部分执行，下列哪一说法是正确的？（2015-2-40）

A. 对侦查机关查封、冻结、扣押的财产，法院执行时可直接裁定处置，无需侦查机关出具解除手续

B. 法院续行查封、冻结、扣押的顺位无需与侦查机关的顺位相同

C. 刑事裁判涉财产部分的裁判内容应明确具体，涉案财产和被害人均应在判决书主文中详细列明

D. 刑事裁判涉财产部分，应由与一审法院同级的财产所在地的法院执行

第二节　执行的变更

1. 关于死刑执行前的变更，下列哪些说法是正确的？（2019 年回忆版）

A. 发现罪犯怀孕的，应当暂停执行

B. 罪犯有立功表现的，应当暂停执行

C. 最高法院经审查，认为可能影响罪犯定罪量刑的，应当裁定停止执行死刑

D. 最高法院经审查，认为不影响罪犯定罪量刑的，应当裁定继续执行死刑

2. 甲因贷款诈骗罪被判处有期徒刑 12 年，在 H 市监狱服刑 3 年后因确有悔改表现，H 市监狱向 H 市中院建议减刑。关于减刑程序，下列哪一选项是正确的？（2018 年回忆版）

A. H 市中院可由审判员乙独任审理

B. H 市中院可以书面审理

C. 应当由甲提供其确有悔改表现的证明材料

D. 在审理过程中，甲对报请理由有疑问的，在经审判长许可后可以申请能够证明其确有悔改表现的证人丙出庭出证

🔊 3. 张某居住于甲市 A 区，曾任甲市 B 区某局局长，因受贿罪被 B 区法院判处有期徒刑 5 年，执行期间突发严重疾病而被决定暂予监外执行。张某在监外执行期间违反规定，被决定收监执行。关于本案，下列哪一选项是正确的？（2017-2-38）

A. 暂予监外执行由 A 区法院决定

B. 暂予监外执行由 B 区法院决定

C. 暂予监外执行期间由 A 区司法行政机关实行社区矫正

D. 收监执行由 B 区法院决定

🔊 4. 关于监狱在刑事诉讼中的职权，下列哪一选项是正确的？（2016-2-23）

A. 监狱监管人员指使被监管人体罚虐待其他被监管人的犯罪，由监狱进行侦查

B. 罪犯在监狱内犯罪而被发现判决时所没有发现的罪行，应由监狱一并侦查

C. 被判处有期徒刑罪犯的暂予监外执行均应当由监狱提出书面意见，报省级以上监狱管理部门批准

D. 被判处有期徒刑罪犯的减刑应当由监狱提出建议书，并报法院审核裁定

🔊 5. 关于减刑、假释案件审理程序，下列哪一选项是正确的？（2015-2-41）

A. 甲因抢劫罪和绑架罪被法院决定执行有期徒刑 20 年，对甲的减刑，应由其服刑地高级法院作出裁定

B. 乙因检举他人重大犯罪活动被报请减刑的，法院应通知乙参加减刑庭审

C. 丙因受贿罪被判处有期徒刑 5 年，对丙的假释，可书面审理，但必须提讯丙

D. 丁因强奸罪被判处无期徒刑，对丁的减刑，可聘请律师到庭发表意见

🔊 6. 钱某涉嫌纵火罪被提起公诉，在法庭审理过程中被诊断患严重疾病，法院判处其有期徒刑 8 年，同时决定予以监外执行。下列哪一选项是错误的？（2014-2-26）

A. 决定监外执行时应当将暂予监外执行决定抄送检察院

B. 钱某监外执行期间，应当对其实行社区矫正

C. 如钱某拒不报告行踪、脱离监管，应当予以收监

D. 如法院作出收监决定，钱某不服，可向上一级法院申请复议

详　解

第一节　各种判决、裁定的执行

1. [答案] D　　[难度] 难

[考点] 刑事裁判涉财产部分的执行

[命题和解题思路] 本题考查了执行程序中涉财产部分的执行，考点出自 2014 年最高人民法院《关于刑事裁判涉财产部分执行的若干规定》这一司法解释中。

[选项分析] 根据《关于刑事裁判涉财产部分执行的若干规定》第 5 条第 2 款的规定，对侦查机关查封、扣押、冻结的财产，人民法院执行中可以直接裁定处置，无需侦查机关出具解除手续，但裁定中应当指明侦查机关查封、扣押、冻结的事实。A 选项说法错误。

根据《关于刑事裁判涉财产部分执行的若干规定》第 13 条的规定，被执行人在执行中同时承担刑事责任、民事责任，其财产不足以支付的，按照下列顺序执行：（1）人身损害赔偿中的医疗费用；（2）退赔被害人的损失；（3）其他民事债务；（4）罚金；（5）没收财产。债权人对执行标的依法享有优先受偿权，其主张优先受偿的，人民法院应当在前款第 1 项规定的医疗费用受偿后，予以支持。由此可见，银行的优先受偿权应排在退赔被害人的损失之前。B 选项说法错误。

根据《关于刑事裁判涉财产部分执行的若干规定》第 2 条的规定，刑事裁判涉财产部分，由第一审人民法院执行。第一审人民法院可以委托财产所在地的同级人民法院执行。从题干可知，北区法院系一审法院，负责房屋的处置。由于该房屋位于南区，因此，北区法院可委托南区法院处置。C 选项说法错误，D 选项说法正确。

2. [答案] ABD　　[难度] 中

[考点] 涉案财物的追缴

[命题和解题思路] 本题围绕 2014 年最高人民法院《关于刑事裁判涉财产部分执行的若干规定》中的第 11 条进行了考查。如果熟悉该条规定，本题不难判断。此处通过法律常识也可进行选择。

[选项分析] 根据《关于刑事裁判涉财产部分执行的若干规定》第 11 条的规定，被执行人将刑事裁判认定为赃款赃物的涉案财物用于清偿债务、转让或者设置其他权利负担，具有下列情形之一的，人民法院应予追缴：（1）第三人明知是涉案财物而接受的；（2）第三人无偿或者以明显低于市场的价格取得涉案财物的；（3）第三人通过非法债务清偿或者违法犯罪活动取得涉案财物的；（4）第三人通过其他恶意方式取得涉案财物的。第三人善意取得涉案财物的，执行程序中不予追缴。作为原所有人的被害人对该涉案财物主张权利的，人民法院应当告知其通过诉讼程序处理。

选项 A 属于明显低于市场的价格取得涉案财物。选项 B 属于第三人以无偿的方式取得涉案财物。选项 D 属于通过非法债务清偿取得涉案财物，以上均属应当追缴的对象。

选项 C 中网络二手平台属于公开交易的平台，且 6000 元的价格也并未明显低于市场价（原本价值 8000 元），因此属于第三人善意取得涉案财物，不予追缴。

3. [答案] A　　[难度] 难
[考点] 财产刑和附带民事裁判的执行

[命题和解题思路] 命题人通过此题考查了财产刑和附带民事裁判的执行中，当被告人的财产不足以履行所有责任时，应如何确定履行顺序。本题可通过两种方法解答：第一，根据最高人民法院《关于刑事裁判涉财产部分执行的若干规定》第 13 条的规定解答。第二，对于不了解本规定的，可按如下步骤解答：第一步，先确定各项责任及债务的性质；第二步，确定民事责任和刑事责任的承担顺序；第三步，确定民事责任中，各项债务的清偿顺序。本题是一道跨学科的考题，需要考生综合运用民法和刑事诉讼法的相关知识加以解答。

[选项分析]《关于刑事裁判涉财产部分执行的若干规定》第 13 条规定："被执行人在执行中同时承担刑事责任、民事责任，其财产不足以支付的，按照下列顺序执行：（一）人身损害赔偿中的医疗费用；（二）退赔被害人的损失；（三）其他民事债务；（四）罚金；（五）没收财产。债权人对执行标的依法享有优先受偿权，其主张优先受偿的，人民法院应当在前款第（一）项规定的医疗费用受偿后，予以支持。"

根据该规定，首先可以确定，在本案的执行顺序中处于第一位的是医疗费用，处于末位的是罚金。因此解答本题的关键就是确定财产损失和银行贷款的执行顺序。其次，根据《民法典》对抵押权的规定，银行贷款的债权人对执行标的有优先受偿权。因此，根据上述规定中的第 2 款"债权人对执行标的依法享有优先受偿权，其主张优先受偿的，人民法院应当在前款第（一）项规定的医疗费用受偿后，予以支持。"也就是说，银行贷款的执行顺序应仅次于医疗费。故本案的执行顺序应为医疗费→银行贷款→财产损失→罚金，也即 A 正确。

4. [答案] B　　[难度] 易
[考点] 执行机关

[命题和解题思路] 命题人通过此题考查了各种判决、裁定的执行机关，主要是考查了 2012 年《刑诉法》修改后新增的社区矫正机构的执行范围。只要考生注意了《刑诉法》修改新增内容，这题还是比较容易答对的。

[选项分析] A 选项涉及管制的执行机关，为重点干扰项。2012 年《刑诉法》修改之前，管制确实由公安机关执行。但是现行《刑诉法》第 269 条则规定："对被判处管制、宣告缓刑、假释或者暂予监外执行的罪犯，依法实行社区矫正，由社区矫正机构负责执行。"因此管制应由社区矫正机构执行，本选项错误。

B 选项涉及缓刑的执行机关。该选项符合上述《刑诉法》第 269 条的规定，为正确选项。

C 选项涉及看守所代为执行的条件。《刑诉法》第 264 条第 2 款规定："……对被判处有期徒刑的罪犯，在被交付执行刑罚前，剩余刑期在三个月以下的，由看守所代为执行……"丙剩余的刑期超过了 3 个月，不能由看守所代为执行，因此 C 错误。

D 选项涉及没收财产判决的执行。《刑诉法》第 272 条规定："没收财产的判决，无论附加适用或者独立适用，都由人民法院执行；在必要的时候，可以会同公安机关执行。"可见，没收财产应由人民法院执行，只有在必要的时候，才可会同公安机关执行。因此 D 也错误。

5. ［答案］A　　［难度］难

［考点］各种判决、裁定的执行程序

［命题和解题思路］命题人通过此题考查了最高人民法院《关于刑事裁判涉财产部分执行的若干规定》的内容。考试大纲中并没有明确将"刑事裁判涉财产部分的执行"列为考点，但是由于该规定是 2014 年新出台的规定，所以其出现在 2015 年的考试中并不奇怪，而且其应当被涵盖于"各种判决、裁定的执行程序"中，也不算超纲。但总体说来，该规定涉及面小、内容烦琐，可考性并不大，即便考查，占分比也会很低，因此，复习时不建议在该规定上花太多时间。本题考得也非常直接，基本可对应《关于刑事裁判涉财产部分执行的若干规定》中的原话，熟悉相关规定的比照规定判断即可，不熟悉相关规定的则很难答对。

［选项分析］A 选项考查的是《关于刑事裁判涉财产部分执行的若干规定》第 5 条第 2 款，即"对侦查机关查封、扣押、冻结的财产，人民法院执行中可以直接裁定处置，无需侦查机关出具解除手续，但裁定中应当指明侦查机关查封、扣押、冻结的事实。"可见 A 正确。

B 选项考查的是《关于刑事裁判涉财产部分执行的若干规定》第 5 条第 1 款，即："刑事审判或者执行中，对于侦查机关已经采取的查封、扣押、冻结，人民法院应当在期限届满前及时续行查封、扣押、冻结。人民法院续行查封、扣押、冻结的顺位与侦查机关查封、扣押、冻结的顺位相同。"可见 B 错误。

C 选项考查的是《关于刑事裁判涉财产部分执行的若干规定》第 6 条第 1 款，即："刑事裁判涉财产部分的裁判内容，应当明确、具体。涉案财物或者被害人人数较多，不宜在判决主文中详细列明的，可以概括叙明并另附清单。"可见 C 错误。

D 选项考查的是《关于刑事裁判涉财产部分执行的若干规定》第 2 条，即："刑事裁判涉财产部分，由第一审人民法院执行。第一审人民法院可以委托财产所在地的同级人民法院执行。"可见 D 错误。

第二节　执行的变更

1. ［答案］ACD　　［难度］中

［考点］死刑执行的变更

［命题和解题思路］本题主要考查了死刑执行变更的相关规定。本题考点非常细致，需要考生对于相关知识点精准掌握。

［选项分析］选项 A 说法正确。根据《法院解释》第 500 条第 1 款第 5 项的规定，下级人民法院在接到执行死刑命令后、执行前，发现罪犯怀孕的，应当暂停执行，并立即将请求停止执行死刑的报告和相关材料层报最高人民法院，所以 A 选项说法正确。

B 选项说法错误。此选项有一定的迷惑性。根据前述解释第 4 项的规定，罪犯揭发重大犯罪事实或者有其他重大立功表现，可能需要改判的才属于应当暂停执行的情形，B 选项中的"立功表现"说法不准确，因此错误。

C 选项说法正确。根据《法院解释》第 500 条第 2 款的规定，最高人民法院经审查，认为可能影响罪犯定罪量刑的，应当裁定停止执行死刑；认为不影响的，应当决定继续执行死刑。因此正确。

选项 D 说法正确。根据《法院解释》第 504 条第 4 项的规定，确认原判决、裁定没有错误，罪犯没有重大立功表现，或者重大立功表现不影响原判决、裁定执行的，应当裁定继续执行死刑，并由院长重新签发执行死刑的命令。因此也可以用"裁定继续执行"。

2. ［答案］D　　［难度］难

［考点］减刑程序

［命题和解题思路］减刑、假释程序属于执行变更中容易命题的考点，尤其是在 2014 年最高人民法院《关于减刑、假释案件审理程序的规定》出台后，已经多次考查该解释中的内容，考生需要认真准备。

［选项分析］A 选项说法错误。根据《关于减刑、假释案件审理程序的规定》第 4 条的规定，人民法院审理减刑、假释案件，应当依法由审判员或者由审判员和人民陪审员组成合议庭进行。因此独任审理的说法错误。

B 选项说法错误。根据《关于减刑、假释案件审理程序的规定》第6条的规定，人民法院审理减刑、假释案件，可以采取开庭审理或者书面审理的方式。但下列减刑、假释案件，应当开庭审理：（1）因罪犯有重大立功表现报请减刑的；（2）报请减刑的起始时间、间隔时间或者减刑幅度不符合司法解释一般规定的；（3）公示期间收到不同意见的；（4）人民检察院有异议的；（5）被报请减刑、假释罪犯系职务犯罪罪犯，组织（领导、参加、包庇、纵容）黑社会性质组织犯罪罪犯，破坏金融管理秩序和金融诈骗犯罪罪犯及其他在社会上有重大影响或社会关注度高的；（6）人民法院认为其他应当开庭审理的。根据题干可知，甲犯贷款诈骗罪，属于第5项规定的情形，应当开庭审理，所以说法错误。

C选项说法错误。根据《关于减刑、假释案件审理程序的规定》第2条第1款的规定，人民法院受理减刑、假释案件，应当审查执行机关移送的下列材料：（1）减刑或者假释建议书；（2）终审法院裁判文书、执行通知书、历次减刑裁定书的复印件；（3）罪犯确有悔改或者立功、重大立功表现的具体事实的书面证明材料；（4）罪犯评审鉴定表、奖惩审批表等；（5）其他根据案件审理需要应予移送的材料。因此，C选项中的材料应由监狱提供，而不是甲。

D选项说法正确。根据《关于减刑、假释案件审理程序的规定》第11条第2款的规定，被报请减刑、假释罪犯对报请理由有疑问的，在经审判长许可后，可以出示证据，申请证人到庭，向证人提问并发表意见。因此D选项说法正确。

3. [答案] C　　　[难度] 中
[考点] 暂予监外执行（暂予监外执行的适用程序）

[命题和解题思路] 命题人通过此题考查了暂予监外执行的决定主体、执行主体和收监的决定主体。暂予监外执行按其发生的时间可以分为两种情形，即交付执行前直接暂予监外执行的和在执行期间暂予监外执行的，前者是由人民法院决定暂予监外执行，也由人民法院决定收监；后者则是由监狱或者看守所提出书面意见，报省级以上监狱管理机关或设区的市一级以上公安机关批准，并由批准机关决定收监。命题人的意图就是要考查这两种不同的情形，因此区分这两种情形

也是解答本题的关键。从这个角度讲，本题的难度不大，A、B、D项都比较容易排除。但是，部分考生可能不了解《社区矫正法》的规定，因此对于社区矫正是否应由被告人居住地的司法行政机关实行存在疑惑。不过这并不影响运用排除法解答此题。

[选项分析] A、B两个选项涉及暂予监外执行的决定主体。《刑诉法》第265条第5款规定："在交付执行前，暂予监外执行由交付执行的人民法院决定；在交付执行后，暂予监外执行由监狱或者看守所提出书面意见，报省级以上监狱管理机关或者设区的市一级以上公安机关批准。"本案是执行期间决定暂予监外执行的，也即是在交付执行后而不是交付执行前决定暂予监外执行的，因此不应由人民法院决定。故A和B都应当排除。

C选项涉及暂予监外执行的执行主体。《刑诉法》第269条规定："对被判处管制、宣告缓刑、假释或者暂予监外执行的罪犯，依法实行社区矫正，由社区矫正机构负责执行。"《社区矫正法》第17条第1、2、3款规定："社区矫正决定机关判处管制、宣告缓刑、裁定假释、决定或者批准暂予监外执行时应当确定社区矫正执行地。社区矫正执行地为社区矫正对象的居住地。社区矫正对象在多个地方居住的，可以确定经常居住地为执行地。社区矫正对象的居住地、经常居住地无法确定或者不适宜执行社区矫正的，社区矫正决定机关应当根据有利于社区矫正对象接受矫正、更好地融入社会的原则，确定执行地。"本案中，张某的居住地在A区，因此，应由A区司法行政机关对其实行社区矫治。故C正确。

D选项涉及收监执行的决定主体。《刑诉法》第268条第2款规定："对于人民法院决定暂予监外执行的罪犯应当予以收监的，由人民法院作出决定，将有关的法律文书送达公安机关、监狱或者其他执行机关。"可见，只有在交付执行前由人民法院决定暂予监外执行的，才由人民法院决定收监。本案不是由人民法院决定暂予监外执行的，因此也不应由人民法院决定收监。故排除D。

4. [答案] D　　　[难度] 中
[考点] 监狱的立案管辖范围、暂予监外执行程序、减刑程序、刑罚执行机关

[命题和解题思路] 命题人通过此题考查了考生对与监狱职权有关的知识的理解。"下列哪一选项是正确的"考题往往涉及多个考点，此题亦不例外。命题人通过这一道题把刑诉法有关监狱职权的主要规定几乎都考查到了。对于此类考题，除非能一眼看出哪个选项是正确的，并且非常确定，否则还是要对所有选项予以逐个的分析排除。

[选项分析] A选项考查的是监狱的立案管辖范围。对于该选项，有两种判断方法。第一，直接根据监狱立案管辖的规定予以排除。《刑诉法》第308条第3款规定："对罪犯在监狱内犯罪的案件由监狱进行侦查。"也即监狱仅管辖罪犯在监狱内犯罪的案件，而不包括监狱监管人员犯罪的案件。第二，根据人民检察院立案管辖的规定予以排除。《检察规则》第13条第1款规定："人民检察院在对诉讼活动实行法律监督中发现的司法工作人员利用职权实施的非法拘禁、刑讯逼供、非法搜查等侵犯公民权利、损害司法公正的犯罪，可以由人民检察院立案侦查。"可见，本案应当由人民检察院立案侦查。因此排除A。

B选项考查的是服刑犯服刑前漏罪的管辖。该选项也可通过两种方法判断：第一，直接根据上述《刑诉法》第308条第3款规定予以排除。即，该"漏罪"是罪犯服刑前在监狱外犯的，因此并不属于罪犯在监狱内的犯罪，故不应由监狱管辖。第二，通过间接推理的方法予以排除。《法院解释》第13条第1款规定，"正在服刑的罪犯在判决宣告前还有其他罪没有判决的，由原审地人民法院管辖"。而如果漏罪也应由监狱进行侦查的话，那么一般就应由服刑地人民法院管辖，这显然与此款规定矛盾，可见其不应由监狱进行侦查。因此排除B。

C选项为重点干扰项，涉及暂予监外执行的程序问题。《刑诉法》第265条第5款规定："在交付执行前，暂予监外执行由交付执行的人民法院决定；在交付执行后，暂予监外执行由监狱或者看守所提出书面意见，报省级以上监狱管理机关或者设区的市一级以上公安机关批准。"本选项没有区分交付执行前和交付执行后暂予监外执行，应当予以排除。该款规定为高频考点。

D选项涉及减刑程序和刑罚执行机关两个考点。《刑诉法》第273条第2款规定："被判处管制、拘役、有期徒刑或者无期徒刑的罪犯，在执行期间确有悔改或者立功表现，应当依法予以减刑、假释的时候，由执行机关提出建议书，报请人民法院审核裁定，并将建议书副本抄送人民检察院。人民检察院可以向人民法院提出书面意见。"而根据《刑诉法》第264条第2款的规定，对于被判处有期徒刑的罪犯，执行机关就是监狱。因此应由监狱提出建议书，报请人民法院审核裁定。故而D正确。

5. [答案] B　　[难度] 难
[考点] 减刑、假释的程序
[命题和解题思路] 命题人通过此题考查了最高人民法院《关于减刑、假释案件审理程序的规定》中的内容。该规定是2014年出台的，而且"减刑、假释的程序"是考纲中明确列出的考点，因此相对来说，这一规定中的部分内容还是比较重要的。命题人的考查方法仍很直接，就是对相关规定的直接考查，只要将选项与法条比对即可选出正确答案，不需要过多分析。

[选项分析] A选项涉及被判处有期徒刑20年的罪犯的减刑应由哪个法院管辖。《关于减刑、假释案件审理程序的规定》第1条规定："对减刑、假释案件，应当按照下列情形分别处理：……（三）对被判处有期徒刑和被减为有期徒刑的罪犯的减刑、假释，由罪犯服刑地的中级人民法院在收到执行机关提出的减刑、假释建议书后一个月内作出裁定，案情复杂或者情况特殊的，可以延长一个月；……"本选项中，甲虽然因数罪并罚被判有期徒刑20年，超过了单罪可判处有期徒刑的最高年限，但其归根结底仍然是有期徒刑，因此只能适用本条规定中的第3项，故甲的减刑应由其服刑地的中级人民法院作出裁定。因此A错误。

B选项涉及减刑案件开庭审理的条件和程序。《关于减刑、假释案件审理程序的规定》第6条规定："人民法院审理减刑、假释案件，可以采取开庭审理或者书面审理的方式。但下列减刑、假释案件，应当开庭审理：（一）因罪犯有重大立功表现报请减刑的；……"乙检举他人重大犯罪活动属于本条规定中的第1项，应当开庭审理。该《规定》第7条第1款规定："人民法院开庭审理减刑、假释案件，应当通知人民检察院、执行机关及被报请减刑、假释罪犯参加庭审。"因此，本案应当通知乙参加庭审，可见 B 正确。

C 选项仍涉及开庭审理的条件。丙因受贿罪被判刑，属于上述规定第 6 条第 5 项中的"被报请减刑、假释的罪犯系职务犯罪罪犯"，因此属于应当开庭审理的情形。故 C 错误。

D 选项是重点干扰项，仍然涉及开庭审理的条件和程序。丁不属于上述规定第 6 条中明确列出的"应当开庭审理"的前五种情形，但是可能属于"（六）人民法院认为其他应当开庭审理的"情形，总之对丁的减刑案件开庭审理并无错误。但是根据《关于减刑、假释案件审理程序的规定》第 7 条规定："人民法院开庭审理减刑、假释案件，应当通知人民检察院、执行机关及被报请减刑、假释罪犯参加庭审。人民法院根据需要，可以通知证明罪犯确有悔改表现或者立功、重大立功表现的证人，公示期间提出不同意见的人，以及鉴定人、翻译人员等其他人员参加庭审。"可见，在减刑、假释案件的庭审中，应当通知到庭和可以通知到庭的人员中均无律师，故排除 D。

6. [答案] D [难度] 中

[考点] 暂予监外执行

[命题和解题思路] 命题人通过此题考查了暂予监外执行中的相关规定，需要考生挑选的是错误选项，考生要看清题干。暂予监外执行也是高频考点，但是一般多为考查暂予监外执行的条件、决定暂予监外执行的程序及刑期的计算等。本题中的考点恰恰是考生在复习中容易忽视的内容。

[选项分析] A 选项涉及暂予监外执行决定是否须抄送检察院。《刑诉法》第 267 条规定："决定或者批准暂予监外执行的机关应当将暂予监外执行决定抄送人民检察院。人民检察院认为暂予监外执行不当的，应当自接到通知之日起一个月以内将书面意见送交决定或者批准暂予监外执行的机关，决定或者批准暂予监外执行的机关接到人民检察院的书面意见后，应当立即对该决定进行重新核查。"可见 A 正确。

B 选项涉及暂予监外执行的执行方式，是重点干扰项。《刑诉法》第 269 条规定："对被判处管制、宣告缓刑、假释或者暂予监外执行的罪犯，依法实行社区矫正，由社区矫正机构负责执行。"可见 B 正确。

C 选项涉及暂予监外执行的义务及违反结果。《法院解释》第 516 条第 1 款规定："人民法院收到社区矫正机构的收监执行建议书后，经审查，确认暂予监外执行的罪犯具有下列情形之一的，应当作出收监执行的决定：（一）不符合暂予监外执行条件的；（二）未经批准离开所居住的市、县，经警告拒不改正，或者拒不报告行踪、脱离监管的；……"本选项中的"不报告行踪，脱离监管"属于第 2 项，故 C 也正确。

D 选项涉及被暂予监外执行人对收监决定可否申请复议及向谁复议。对此，刑诉法及司法解释均未有相关规定，故此可知 D 错误。由于本题是要选择哪项错误，因此，本题选 D。根据排除法也可知本题选 D。

第二十四章　未成年人刑事案件诉讼程序

试 题

第一节　未成年人刑事案件诉讼程序的基本原则

🔖 成年人钱甲教唆未成年人小沈实施诈骗犯罪，钱甲委托其在邻市检察院担任检察官助理的哥哥钱乙担任辩护人，小沈由法律援助律师武某担任辩护人。关于本案处理，下列哪一选项是正确的？（2017-2-25）

A. 钱甲被拘留后，钱乙可为其申请取保候审

B. 本案移送审查起诉时，公安机关应将案件移送情况告知钱乙

C. 检察院讯问小沈时，武某可在场

D. 如检察院对钱甲和小沈分案起诉，法院可并案审理

第二节　合适成年人在场制度

🔖 **1.** 某小学发生一起猥亵儿童案件，三年级女生甲向校长许某报称被老师杨某猥亵。许某报案

后，侦查人员通过询问许某了解了甲向其陈述的被杨某猥亵的经过。侦查人员还通过询问甲了解到，另外两名女生乙和丙也可能被杨某猥亵，乙曾和甲谈到被杨某猥亵的经过，甲曾目睹杨某在课间猥亵丙。讯问杨某时，杨某否认实施猥亵行为，并表示他曾举报许某贪污，许某报案是对他的打击报复。关于本案侦查措施，下列选项正确的是：（2017-2-95）

　　A. 经出示工作证件，侦查人员可在学校询问甲

　　B. 询问乙时，可由学校的其他老师在场并代行乙的诉讼权利

　　C. 可通过侦查实验确定甲能否在其所描述的时间、地点看到杨某猥亵丙

　　D. 搜查杨某在学校内的宿舍时，可由许某在场担任见证人

2. 甲、乙系初三学生，因涉嫌抢劫同学丙（三人均不满 16 周岁）被立案侦查。关于该案诉讼程序，下列哪些选项是正确的？（2015-2-74）

　　A. 审查批捕讯问时，甲拒绝为其提供的合适成年人到场，应另行通知其他合适成年人到场

　　B. 讯问乙时，因乙的法定代理人无法到场而通知其伯父到场，其伯父可代行乙的控告权

　　C. 法庭审理询问丙时，应通知丙的法定代理人到场

　　D. 如该案适用简易程序审理，甲的法定代理人不能到场时可不再通知其他合适成年人到场

第三节　附条件不起诉制度

1. 未成年人甲与成年人乙因涉嫌过失致人重伤罪被移送审查起诉，检察院拟对认罪认罚的甲作出附条件不起诉决定。下列哪一情形会直接影响附条件不起诉决定的作出？（2023 年回忆版）

　　A. 进一步审查发现被害人先实施危害行为，甲进行防卫未超过必要限度

　　B. 乙称甲是主犯，其不同意对甲附条件不起诉

　　C. 甲的父亲同意附条件不起诉，但不同意将甲送至矫正机构接受教育矫治

　　D. 甲因辩护人提出异议而未签署认罪认罚具结书

2. 未成年人小周涉嫌故意伤害被取保候审，A

县检察院审查起诉后决定对其适用附条件不起诉，监督考察期限为 6 个月。关于本案处理，下列哪一选项是正确的？（2017-2-39）

　　A. 作出附条件不起诉决定后，应释放小周

　　B. 本案审查起诉期限自作出附条件不起诉决定之日起中止

　　C. 监督考察期间，如小周经批准迁居 B 县继续上学，改由 B 县检察院负责监督考察

　　D. 监督考察期间，如小周严格遵守各项规定，表现优异，可将考察期限缩短为 5 个月

3. 未成年人小天因涉嫌盗窃被检察院适用附条件不起诉。关于附条件不起诉可以附带的条件，下列哪些选项是正确的？（2016-2-75）

　　A. 完成一个疗程四次的心理辅导

　　B. 每周参加一次公益劳动

　　C. 每个月向检察官报告日常花销和交友情况

　　D. 不得离开所居住的县

4. 全国人大常委会关于《刑事诉讼法》第二百七十一条第二款（现为第二百八十二条第二款）的解释规定，检察院办理未成年人刑事案件，在作出附条件不起诉决定以及考验期满作出不起诉决定前，应听取被害人的意见。被害人对检察院作出的附条件不起诉的决定和不起诉的决定，可向上一级检察院申诉，但不能向法院提起自诉。关于这一解释的理解，下列哪些选项是正确的？（2015-2-71）

　　A. 增加了听取被害人陈述意见的机会

　　B. 有利于对未成年犯罪嫌疑人的转向处置

　　C. 体现了对未成年犯罪嫌疑人的特殊保护

　　D. 是刑事公诉独占主义的一种体现

5. 检察机关对未成年人童某涉嫌犯罪的案件进行审查后决定附条件不起诉。在考验期间，下列哪些情况下可以对童某撤销不起诉的决定、提起公诉？（2013-2-72）

　　A. 根据新的证据确认童某更改过年龄，在实施涉嫌犯罪行为时已满十八周岁的

　　B. 发现决定附条件不起诉以前还有其他犯罪需要追诉的

　　C. 违反考查机关有关附条件不起诉的监管规定，情节严重的

　　D. 违反治安管理规定，情节严重的

第四节 未成年人刑事案件诉讼程序中的其他特殊规定

📶 **1.** 我国刑事诉讼法明确要求对犯罪的未成年人实行教育、感化、挽救的方针，坚持教育为主、惩罚为辅的原则。根据该原则，下列做法正确的是：（2023 年回忆版）

A. 讯问未成年犯罪嫌疑人前，公安机关可对其进行社会调查

B. 讯问未成年犯罪嫌疑人，应有女性工作人员在场

C. 宣判后，法庭应对未成年被告人进行法治教育

D. 经公安机关同意，某公司可查询未成年人违法犯罪记录

📶 **2.** 谭某（17 岁）殴打何某（15 岁）致其重伤。谭某被逮捕后起诉至甲县法院，关于该案的审理，下列说法正确的是：（2022 年回忆版）

A. 甲县法院可以指定熟悉未成年人身心特点的人民陪审员王某作为该案的合议庭成员

B. 甲县法院拟对谭某取保候审，但谭某无法提供保证人时，法院应当为其指定合适的成年人担任保证人

C. 甲县法院可以对何某进行心理测评

D. 谭某在最后陈述后，法庭应当询问其到场的舅舅是否补充陈述

📶 **3.** 甲、乙（17 岁）二人因胁迫 15 岁的丙（女生）卖淫被立案追诉，丙的父亲丁参加诉讼。关于本案的处理，下列哪些选项是正确的？（2022 年回忆版）

A. 侦查期间，应由女性工作人员询问丙

B. 法院可委托专门机构对甲、乙、丙进行心理疏导

C. 在丙接受询问时，丁可要求办案人员对丙的信息保密

D. 检察院拟对从犯乙作出附条件不起诉决定，应听取丁的意见

📶 **4.** 甲（15 岁）涉嫌强奸乙（13 岁）。关于本案的办理，下列哪些说法是正确的？（2021 年回忆版）

A. 因询问时无合适成年人在场，所以乙的证词不能作为定案的根据

B. 甲的父亲对认罪认罚具结书有异议，需要在具结书上注明，但不影响对甲从宽

C. 审查起诉阶段不签署具结书，不影响审判阶段适用认罪认罚从宽制度

D. 侦查阶段对甲进行社会调查的工作人员可以出庭说明情况

📶 **5.** 关于未成年人刑事案件的办理程序，下列哪些说法是正确的？（2021 年回忆版）

A. 20 岁的在校大学生谭某涉嫌盗窃罪，应由未成年人案件审判组织审理

B. 14 岁的何某因涉嫌抢劫罪被逮捕，法院应保证其接受义务教育

C. 17 岁的被告人张某既无固定住处也无法提供保证人，法院决定取保候审时应为其指定合适成年人作为保证人

D. 询问 15 岁的故意伤害案被害人吴某时，应当同步录音录像

📶 **6.** 律师邹某受法律援助机构指派，担任未成年人陈某的辩护人。关于邹某的权利，下列哪些说法是正确的？（2015-2-73）

A. 可调查陈某的成长经历、犯罪原因、监护教育等情况，并提交给法院

B. 可反对法院对该案适用简易程序，法院因此只能采用普通程序审理

C. 可在陈某最后陈述后进行补充陈述

D. 可在有罪判决宣告后，受法庭邀请参与对陈某的法庭教育

详 解

第一节 未成年人刑事案件诉讼程序的基本原则

[答案] A　　　[难度] 中

[考点] 强制措施的变更、侦查终结的处理、未成年人刑事案件诉讼程序的原则（分案处理原则）、未成年人刑事案件诉讼程序的具体规定

[命题和解题思路] 命题人设计了一个成年人与未成年人共同犯罪的案件，主要考查了未成年人刑事案件诉讼制度和程序的一些具体规定，但有些选项根据未成年人刑事案件诉讼程序的原则也可判断。命题人在本题中特意设计一个小陷阱，担任辩护人的钱乙是一个不具有律师身份的

辩护人，而不具有律师身份的辩护人和辩护律师的权利是有区别的。但是，考生往往只关注他们在阅卷权、会见权和调查取证权等方面的区别，而对散见于其他章节中的一些仅针对辩护律师的规定，则不太注意。这也提醒考生在复习时，对相关规定中规定的是"辩护律师"还是"辩护人"，要特别留意。

[选项分析] A选项涉及辩护人有无强制措施的变更请求权。《刑诉法》第97条规定："犯罪嫌疑人、被告人及其法定代理人、近亲属或者辩护人有权申请变更强制措施……"可见，辩护人有权申请变更强制措施，为被拘留人申请取保候审属于申请变更强制措施，钱乙是钱甲的辩护人，因此，钱甲被拘留后，钱乙可为其申请取保候审。故而A正确。

B选项为重点干扰项，涉及对案件移送审查情况的告知对象。《刑诉法》第162条第1款规定："公安机关侦查终结的案件，应当做到犯罪事实清楚，证据确实、充分，并且写出起诉意见书，连同案卷材料、证据一并移送同级人民检察院审查决定；同时将案件移送情况告知犯罪嫌疑人及其辩护律师。"可见，对于案件移送情况，法律规定的是要告知"辩护律师"，而并不包括不具有律师身份的辩护人。本案中的钱乙虽然是钱甲的辩护人，但是他不具有律师身份，因此，公安机关不必将案件移送审查情况告知钱乙。故而排除B。

C选项涉及讯问未成年犯罪嫌疑人时可在场人的范围，也具有较强的干扰性。本选项可以通过两种方法判断：第一，《刑诉法》第281条第1款规定："对于未成年人刑事案件，在讯问和审判的时候，应当通知未成年犯罪嫌疑人、被告人的法定代理人到场。无法通知、法定代理人不能到场或者法定代理人是共犯的，也可以通知未成年犯罪嫌疑人、被告人的其他成年亲属，所在学校、单位、居住地基层组织或者未成年人保护组织的代表到场，并将有关情况记录在案。到场的法定代理人可以代为行使未成年犯罪嫌疑人、被告人的诉讼权利。"可见，这里应当或可以在场的人里并不包括法律援助律师或辩护人。因此C错误。第二，可能会有考生根据对合适成年人在场制度的一知半解，认为法援律师可以在场。但事实上，合适成年人在场是为了补足未成年犯罪嫌疑人的行为能力和为其提供保护，而并非为了行使辩护

权。法援律师能否在场涉及的并不是合适成年人在场制度，而是律师在场制度，而我国尚未确立讯问时律师在场制度，这应当属于常识范围。因此可以排除C。

D选项涉及未成年人与成年人共同犯罪案件的分案处理原则。本题也可通过两种方法判断：第一，《法院解释》第551条规定："对分案起诉至同一人民法院的未成年人与成年人共同犯罪案件，可以由同一个审判组织审理；不宜由同一个审判组织审理的，可以分别审理。未成年人与成年人共同犯罪案件，由不同人民法院或者不同审判组织分别审理的，有关人民法院或者审判组织应当互相了解共同犯罪被告人的审判情况，注意全案的量刑平衡。"可见，对于人民检察院分案起诉的案件，人民法院也要分案审理。第二，对于不了解此规定的考生，可通过常识推断。分案处理原则是未成年人刑事案件诉讼程序中的基本原则。基于分案处理的原则，人民法院应当继续分案审理，因此D错误。

第二节　合适成年人在场制度

1. [答案] AC　　[难度] 中

[考点] 询问被害人的程序、未成年人刑事案件诉讼程序的具体规定、侦查实验、见证人

[命题和解题思路] 命题人通过此题考查了多个没有直接关联的考点，相比单一考点的考题，这类题在判断命题人的考查意图方面更为困难。比如A选项，如果考生以为命题人考查的也是未成年人刑事案件诉讼程序中的规定，就可能因找不到合适的法律依据而陷入困惑。因此，对命题人考查意图的判断要注意跳出定势思维，从而找到最为适合的法律依据。

[选项分析] A选项涉及询问被害人的地点和相关程序。关于询问未成年被害人的地点，未成年人刑事案件诉讼程序中并无特殊规定，因此适用询问一般被害人的相关规定。《刑诉法》第124条第1款规定："侦查人员询问证人，可以在现场进行，也可以到证人所在单位、住处或者证人提出的地点进行，在必要的时候，可以通知证人到人民检察院或者公安机关提供证言。在现场询问证人，应当出示工作证件，到证人所在单位、住处或者证人提出的地点询问证人，应当出示人民检察院或者公安机关的证明文件。"《刑诉法》第

127 条规定："询问被害人，适用本节各条规定。"本案中，在学校询问属于在现场询问，应当出示工作证件。因此 A 正确。

B 选项涉及询问未成年被害人的合适成年人在场制度。《刑诉法》第 281 条第 1 款规定："对于未成年人刑事案件，在讯问和审判的时候，应当通知未成年犯罪嫌疑人、被告人的法定代理人到场。无法通知、法定代理人不能到场或者法定代理人是共犯的，也可以通知未成年犯罪嫌疑人、被告人的其他成年亲属，所在学校、单位、居住地基层组织或者未成年人保护组织的代表到场，并将有关情况记录在案。到场的法定代理人可以代为行使未成年犯罪嫌疑人、被告人的诉讼权利。"该条第 5 款规定："询问未成年被害人、证人，适用第一款、第二款、第三款的规定。"可见，学校的代表可以到场，但是只有法定代理人才能代为行使未成年人的诉讼权利。本案中，学校的其他老师可以作为学校代表在场，但是其不是乙的法定代理人，因此不能代行乙的诉讼权利。故排除 B。

C 选项涉及侦查实验的适用条件。《刑诉法》第 135 条规定："为了查明案情，在必要的时候，经公安机关负责人批准，可以进行侦查实验……侦查实验，禁止一切足以造成危险、侮辱人格或者有伤风化的行为。"可能会有考生因为本案涉及猥亵儿童，从而认为进行侦查实验有伤风化。但是本选项中的侦查实验只是要验证甲在其所描述的时间、地点的视线范围，而不是要对她所看到的猥亵情况进行实验，因此不涉及风化问题，也即可以就此进行实验。故而选 C。

D 选项涉及见证人的资格。《刑诉法》第 139 条第 1 款规定："在搜查的时候，应当有被搜查人或者他的家属，邻居或者其他见证人在场。"《法院解释》第 80 条第 1 款规定："下列人员不得担任见证人：……（二）与案件有利害关系，可能影响案件公正处理的人；……"本案中，许某是报案人，且杨某称他曾举报许某贪污，许某报案是对他进行打击报复，因此许某属于"（二）与案件有利害关系，可能影响案件公正处理的人"，不能担任见证人。故而排除 D。

2.［答案］AC ［难度］易

［考点］未成年人刑事诉讼制度的具体规定（合适成年人在场制度）

［命题和解题思路］命题人通过此题考查了未成年人刑事诉讼制度中的合适成年人在场制度。《刑诉法》《法院解释》和《人民检察院办理未成年人刑事案件的规定》中对该制度均有规定。命题人虽然采取了案例的形式，但总体上考得比较直接。考生一方面要牢牢把握一个基本原则，即讯问、询问未成年的犯罪嫌疑人、被告人、被害人、证人，都必须有合适成年人到场，没有例外；另一方面还是要熟悉相关的具体规定。

［选项分析］A 选项涉及讯问未成年人时合适成年人在场制度。《人民检察院办理未成年人刑事案件的规定》第 17 条第 5 款规定："未成年犯罪嫌疑人明确拒绝法定代理人以外的合适成年人到场，人民检察院可以准许，但应当另行通知其他合适成年人到场。"该条规定在"第二章未成年人刑事案件的审查逮捕"中，可见适用于审查逮捕阶段。故 A 正确。

B 选项涉及法定代理人及其他合适成年人的权利范围。《刑诉法》第 281 条第 1 款规定："对于未成年人刑事案件，在讯问和审判的时候，应当通知未成年犯罪嫌疑人、被告人的法定代理人到场。无法通知、法定代理人不能到场或者法定代理人是共犯的，也可以通知未成年犯罪嫌疑人、被告人的其他成年亲属，所在学校、单位、居住地基层组织或者未成年人保护组织的代表到场，并将有关情况记录在案。到场的法定代理人可以代为行使未成年犯罪嫌疑人、被告人的诉讼权利。"本案中，乙的法定代理人无法到场，乙的伯父属于他的"其他成年亲属"，因此通知乙的伯父到场是可以的。但是，只有法定代理人才可以代为行使乙的诉讼权利，这既是法律的规定，也是法定代理人制度的功能所在。总之，乙的伯父不是他的法定代理人，因此不可代行乙的控告权。故而 B 错误。

C 选项涉及法庭审理询问未成年证人时是否应通知其法定代理人到场。《刑诉法》第 281 条第 5 款规定："询问未成年被害人、证人，适用第一款、第二款、第三款的规定。"而该条第 1 款明确规定了"对于未成年人刑事案件，在讯问和审判的时候，应当通知未成年犯罪嫌疑人、被告人的法定代理人到场……"可见 C 正确。

D 选项涉及简易程序中的合适成年人到场制度。《法院解释》第 555 条第 3 款规定："适用简易程序审理未成年人刑事案件，适用前两款规定。"而该条第1款的规定就是："人民法院审理未成年人刑事案件，在讯问和开庭时，应当通知未成年被告人的法定代理人到场。法定代理人无法通知、不能到场或者是共犯的，也可以通知合适成年人到场，并将有关情况记录在案。"可见，在简易程序中，法定代理人不能到场的，也要通知其他合适成年人到场。该款规定中虽然使用了"也可以通知"的表述，但其含义是，如果法定代理人不能到场，那么通知其他合适成年人也是"可以"的，而不是指可以通知其他合适成年人到场，也可以不通知其他合适成年人到场。讯问未成年犯罪嫌疑人、被告人必须有合适成年人到场，这是不能突破的基本原则。故而D错误。

第三节　附条件不起诉制度

1. ［答案］A　　　［难度］中
［考点］附条件不起诉
［命题和解题思路］本题考查附条件不起诉的适用条件，主要涉及构罪条件和同意条件。解答本题，应牢记适用附条件不起诉应满足的各项条件。了解阻却附条件不起诉适用的异议主体，可排除B选项；区分对附条件不起诉决定的异议与对所附条件的异议，可排除C选项；牢记未成年人认罪认罚可不签署具结书的情形，可排除D选项。

［选项分析］A选项考查附条件不起诉的构罪条件。根据《刑诉法》第282条第1款规定，检察院对未成年犯罪嫌疑人作出附条件不起诉决定，应当以案件符合起诉条件为前提，即检察院认为犯罪嫌疑人的行为构成犯罪。A选项中，当检察院进一步审查发现犯罪嫌疑人的行为是正当防卫，其行为就不构成犯罪，应当作出法定不起诉，而不能再适用附条件不起诉。A选项正确。

B选项考查附条件不起诉的同意条件。根据《刑诉法》第282条和《检察规则》第469条、第470条规定，检察院在作出附条件不起诉的决定以前，应当听取公安机关、被害人、未成年犯罪嫌疑人及其法定代理人、辩护人的意见，未成年犯罪嫌疑人及其法定代理人对拟作出附条件不起诉决定提出异议的，检察院应当提起公诉。据此，作出附条件不起诉决定，只需未成年犯罪嫌疑人及其法定代理人无异议即可。虽听取公安机关和被害人意见，但只是作为参考，即公安机关和被

害人有异议，不会直接阻却附条件不起诉的适用。至于同案犯的异议，就更不会阻却附条件不起诉的适用。B选项错误。

C选项考查对所附条件异议的后果。根据《检察规则》第470条第2款规定，未成年犯罪嫌疑人及其法定代理人对案件作附条件不起诉处理没有异议，仅对所附条件及考验期有异议的，人民检察院可以依法采纳其合理的意见，对考察的内容、方式、时间等进行调整；其意见不利于对未成年犯罪嫌疑人帮教，人民检察院不采纳的，应当进行释法说理。C选项中，甲的法定代理人是对所附条件提出异议，故不会直接影响附条件不起诉决定的作出。C选项错误。

D选项考查认罪认罚具结书的签署。适用附条件不起诉的前提是犯罪嫌疑人有悔罪表现，是否认罪认罚就成为考查犯罪嫌疑人悔罪表现的一项要素。D选项中，甲未签署认罪认罚具结书是因为辩护人有异议，按照《刑诉法》第174条第2款规定，未成年犯罪嫌疑人的法定代理人、辩护人对未成年人认罪认罚有异议的，犯罪嫌疑人不需要签署认罪认罚具结书。故甲未签署认罪认罚具结书，不影响对甲适用认罪认罚从宽制度，不影响对甲作出附条件不起诉决定。D选项错误。

2. ［答案］B　　　［难度］难
［考点］未成年人刑事案件诉讼程序的具体规定
［命题和解题思路］命题人通过此题考查了未成年人刑事案件诉讼程序的具体规定。本题所涉及的规定均出自《人民检察院办理未成年人刑事案件的规定》中。该《规定》的内容在2015-2-74题、2014-2-94题中也考查过，是除《刑诉法》《法院解释》《检察规则》《公安部规定》外考查得最为频繁的一个规定。考生需熟知该规定的主要内容。

［选项分析］A选项涉及附条件不起诉决定的效力。《人民检察院办理未成年人刑事案件的规定》第34条规定："未成年犯罪嫌疑人在押的，作出附条件不起诉决定后，人民检察院应当作出释放或者变更强制措施的决定。"可见，附条件不起诉决定不具有直接释放犯罪嫌疑人的效力，要释放犯罪嫌疑人必须专门作出决定。因此排除A。

B选项涉及审查起诉期限的计算。《人民检察院办理未成年人刑事案件的规定》第40条第1款

规定："人民检察院决定附条件不起诉的，应当确定考验期。考验期为六个月以上一年以下，从人民检察院作出附条件不起诉的决定之日起计算。考验期不计入案件审查起诉期限。"这实际上就相当于暂时中止审查起诉期限的计算，等考验期结束后再继续进行。因此 B 正确。

C 选项涉及附条件不起诉的考查机关。《人民检察院办理未成年人刑事案件的规定》第 44 条规定："未成年犯罪嫌疑人经批准离开所居住的市、县或者迁居，作出附条件不起诉决定的人民检察院可以要求迁入地的人民检察院协助进行考察，并将考察结果函告作出附条件不起诉决定的人民检察院。"本案中，B 县检察院应当协助 A 县检察院进行考查，而不是取代 A 县检察院。因此 C 错误。

D 选项为重点干扰项，涉及附条件不起诉考验期的变更。《人民检察院办理未成年人刑事案件的规定》第 40 条第 2 款规定："考验期的长短应当与未成年犯罪嫌疑人所犯罪行的轻重、主观恶性的大小和人身危险性的大小、一贯表现及帮教条件等相适应，根据未成年犯罪嫌疑人在考验期的表现，可以在法定期限范围内适当缩短或者延长。"部分考生可能会依据此款规定认为 D 是正确的。但是值得注意的是，本款所规定的"缩短或者延长"考验期必须是在"法定期限范围内"，而《人民检察院办理未成年人刑事案件的规定》第 40 条第 1 款规定："……考验期为六个月以上一年以下……"因此，不能将考验期缩短到 6 个月以下。故 D 错误。

3. [答案] ABC　　[难度] 易

[考点] 未成年人刑事案件诉讼程序的具体规定

[命题和解题思路] 命题人通过此题考查了未成年人刑事案件诉讼程序中附条件不起诉的附带条件，考点非常集中，其实就是在考《刑诉法》第 283 条第 3 款的规定。本题的四个选项分别对应该规定下被附条件不起诉的未成年犯罪嫌疑人应当遵守的各项义务。

[选项分析]《刑诉法》第 283 条第 3 款规定："被附条件不起诉的未成年犯罪嫌疑人，应当遵守下列规定：（一）遵守法律法规，服从监督；（二）按照考察机关的规定报告自己的活动情况；

（三）离开所居住的市、县或者迁居，应当报经考察机关批准；（四）按照考察机关的要求接受矫治和教育。"

A、B 两个选项符合上述规定中的"（四）按照考察机关的要求接受矫治和教育"。《检察规则》第 476 条规定："人民检察院可以要求被附条件不起诉的未成年犯罪嫌疑人接受下列矫治和教育：（一）完成戒瘾治疗、心理辅导或者其他适当的处遇措施；（二）向社区或者公益团体提供公益劳动；（三）不得进入特定场所，与特定的人员会见或者通信，从事特定的活动；（四）向被害人赔偿损失、赔礼道歉等；（五）接受相关教育；（六）遵守其他保护被害人安全以及预防再犯的禁止性规定。"不过即便不知道此条规定，根据常识，也可确定接受心理辅导和参加公益活动属于"接受矫治和教育"，因此 A、B 均正确。

C 选项符合上述规定中的"（二）按照考察机关的规定报告自己的活动情况"，故也为正确答案。

D 选项对应的是上述规定中的"（三）离开所居住的市、县或者迁居，应当报经考察机关批准"，但该项规定仅要求被附条件不起诉的未成年犯罪嫌疑人离开所居住的市、县要报经考查机关批准，而不是禁止其离开所居住的市、县，故而 D 错误。

4. [答案] ABC　　[难度] 中

[考点] 未成年人刑事案件诉讼程序的功能、刑事公诉的一般理论

[命题和解题思路] 乍一看，命题人似乎是在考查附条件不起诉制度，但认真分析后就会发现命题人实际考查的是考生对未成年人刑事案件诉讼程序的功能的理解，只有深刻理解这一程序的功能，才能正确理解题干中所给出的立法解释的意图，也才能正确理解各选项的实质含义。只要把握住未成年人刑事案件诉讼程序的设立，在于为涉罪未成年人提供着眼于其未来发展的处理、分流和矫正机制，避免简单惩罚等干预方式不当对其人格形成带来负面影响，下面的选项就比较容易判断和选择了。

[选项分析] A 选项凭借常识即可判断。在普通刑事案件中，人民检察院在作出不起诉决定前，不需要听取被害人的意见。而在未成年人刑事案

件诉讼程序中，人民检察院在作出附条件不起诉决定以及考验期满作出不起诉决定前，要听取被害人的意见，这显然是增加了听取被害人陈述的机会。故 A 正确。

B 选项中的"转向处置"是指将本应进入正式刑事司法程序的未成年人刑事案件分流出去，予以非司法化的处理，以避免正式的刑事司法程序给未成年人带来消极影响。附条件不起诉考验期满遵守相关规定的，人民检察院应当作出不起诉的决定，当然是有利于对未成年犯罪嫌疑人的转向处置。即便不知道"转向处置"的确切含义，只要理解未成年人刑事案件诉讼程序的功能，也可作出大致推断。故 B 正确。

C 选项也可凭常识判断。附条件不起诉制度体现了对未成年犯罪嫌疑人的特殊保护。该解释不允许被害人就附条件不起诉及缓刑考验期满后的不起诉决定提起自诉，这也体现了对未成年犯罪嫌疑人的特殊保护。故 C 正确。

D 选项是重点干扰项。起诉独占主义是指国家垄断刑事案件的起诉权，不允许被害人提起自诉，其目的在于国家垄断起诉权。而该解释不允许被害人就附条件不起诉及缓刑考验期满后的不起诉决定提起自诉，则是为了加强对未成年犯罪嫌疑人的保护，不是为了由国家垄断起诉权，与起诉独占主义无关。故排除 D。

5. ［答案］ABCD　　　［难度］中

［考点］未成年人刑事案件诉讼程序（附条件不起诉）

［命题和解题思路］未成年人刑事案件诉讼程序是 2012 年《刑诉法》修改中的新增内容，附条件不起诉是其中一个颇具特色的制度，这样的考点容易为命题人所青睐。命题人通过此直接考查了《刑诉法》第 284 条第 1 款的规定。掌握此条规定的考生很容易答对此题，不了解此条规定的考生只能按常识推测，其中 D 选项较难判断，但是也可以推断出来。

［选项分析］《刑诉法》第 284 条第 1 款规定："被附条件不起诉的未成年犯罪嫌疑人，在考验期内有下列情形之一的，人民检察院应当撤销附条件不起诉的决定，提起公诉：（一）实施新的犯罪或者发现决定附条件不起诉以前还有其他犯罪需要追诉的；（二）违反治安管理规定或者考察机关

有关附条件不起诉的监督管理规定，情节严重的。"据此可知 ABCD 均应入选。

根据常识亦可推断。撤销某决定的原因一般可以分为两类，一是在该决定作出的时候就已经存在着不应当作出该决定的因素，只是当时没有发现；二是在该决定作出之后出现了新的情况导致该决定应被撤销。附条件不起诉的适用条件之一就是犯罪嫌疑人为未成年人且所犯罪行较轻，如果犯罪嫌疑人实际上并非未成年人或者犯过数罪，那么当然不应作出附条件不起诉决定，即便作出也应撤销，据此可知应选 A、B。违反附条件不起诉监管规定且情节严重的当然也要撤销附条件不起诉，应选 C。同时，根据常识可知附条件不起诉的监管规定中肯定有遵守法律法规的规定，违反治安管理规定也属于违反法律法规，因此，违反治安管理规定情节严重实际上也就相当于违反附条件不起诉的监管规定情节严重，当然应导致附条件不起诉的撤销。而且严重违反治安管理规定的行为本身说明该被附条件不起诉人并未真正悔过，因此也不应当再适用附条件不起诉。故此可知 D 也应当入选。

第四节　未成年人刑事案件诉讼程序中的其他特殊规定

1. ［答案］AC　　　［难度］中

［考点］未成年人诉讼程序

［命题和解题思路］本题考查未成年人刑事案件诉讼程序中的教育、感化、挽救方针与教育为主、惩罚为辅原则。解答本题，应注意充分结合该原则和方针，思考每一选项的做法是否与之契合。掌握讯问时女性工作人员在场的情形，可排除 B 选项；掌握查询被封存犯罪记录的情形，可排除 D 选项。

［选项分析］教育、感化、挽救方针，是指公安司法机关在未成年人刑事案件诉讼程序中，应当坚持教育为主，惩罚为辅，对犯罪的未成年人动之以情、晓之以理，寓教于情，寓教于行，促使未成年人认识其行为的危害性，促使其悔罪并重新回归社会。"教育、感化、挽救"方针引申出的一个重要原则就是"教育为主、惩罚为辅"。这一原则贯穿于我国未成年人刑事案件诉讼程序的整个过程。在侦查阶段，侦查人员讯问未成年犯罪嫌疑人时需要将获取口供与教育未成年犯罪嫌

疑人密切结合起来, 全面了解未成年犯罪嫌疑人的生活、学习环境、成长经历、性格特点、心理状态及社会交往等情况, 采取适合未成年犯罪嫌疑人特点的方式进行讯问; 在审查起诉阶段, 检察官需要结合未成年犯罪嫌疑人的情况进行有针对性的教育, 对符合不起诉条件的未成年犯罪嫌疑人, 检察机关作出不起诉决定时需要对其进行教育或开展相应的监督考察, 防止重新犯罪; 在审判阶段, 法庭教育是审理未成年人案件不可或缺的环节, 法官要在掌握未成年被告人的生理和心理特点的基础上, 对于构成犯罪的未成年人, 帮助其认识犯罪原因和犯罪行为的社会危害性, 做到寓教于审, 惩教结合。对未成年人的教育还可以邀请有利于感化、挽救未成年人的成年亲属和社会力量代表参与。理解教育为主、惩罚为辅原则还必须注意到, 惩罚和教育并不是矛盾的, 对犯罪的未成年人进行教育和感化, 并不是说对应当追究刑事责任的不予追究刑事责任, 或无原则的不予处罚, 而是应当坚持教育为主、惩罚为辅的原则, 可罚可不罚的尽量不罚, 以利于犯罪的未成年今后改过自新、重返社会作为是否惩罚以及如何惩罚的标准。

A 选项中, 公安机关的做法有助于掌握未成年犯罪嫌疑人的生活、学习环境、成长经历、性格特点、心理状态及社会交往等情况, 以便采取适合未成年犯罪嫌疑人特点的方式进行讯问。A 选项正确。

B 选项中,《刑诉法》第 281 条只要求讯问女性未成年犯罪嫌疑人应当有女工作人员在场。对于男性未成年犯罪嫌疑人的讯问, 只需按照《公安部规定》第 319 条规定, 未成年人刑事案件应当由熟悉未成年人身心特点, 善于做未成年人思想教育工作, 具有一定办案经验的人员办理。无需要求有女性工作人员在场。B 选项错误。

C 选项中, 根据《法院解释》第 576 条第 1 款规定, 法庭辩论结束后, 法庭可以根据未成年人的生理、心理特点和案件情况, 对未成年被告人进行法治教育; 判决未成年被告人有罪的, 宣判后, 应当对未成年被告人进行法治教育。C 选项正确。

D 选项中, 根据《刑诉法》第 286 条第 2 款规定, 犯罪记录被封存的, 不得向任何单位和个人提供, 但司法机关为办案需要或者有关单位根

据国家规定进行查询的除外。依法进行查询的单位, 应当对被封存的犯罪记录的情况予以保密。公司如能查询, 显然不利于犯罪未成年人重返社会。D 选项错误。

2. [答案] B   [难度] 中

[考点] 未成年人刑事案件的审理

[命题和解题思路]"未成年人刑事案件诉讼程序"是法考每年必考的考点之一, 在 2021 年《法院解释》的修订中对该考点又有新增的内容, 成为考查的热点。解题时, 一是留意新增规定的考查, 二是注意传统考点中细节部分的表述。

[选项分析] 选项 A 说法错误。根据《法院解释》第 549 条的规定, 人民法院应当确定专门机构或者指定专门人员, 负责审理未成年人刑事案件。审理未成年人刑事案件的人员应当经过专门培训, 熟悉未成年人身心特点、善于做未成年人思想教育工作。参加审理未成年人刑事案件的人民陪审员, 可以从熟悉未成年人身心特点、关心未成年人保护工作的人民陪审员名单中随机抽取确定。由此可见, 人民陪审员的产生仍然是"抽取确定", 因此, 选项中"指定"的说法错误。

选项 B 说法正确。该选项直接考查的是 2021 年《法院解释》新增加的内容, 为了便于对未成年被告人的取保候审,《法院解释》第 554 条规定, 人民法院对无固定住所、无法提供保证人的未成年被告人适用取保候审的, 应当指定合适成年人作为保证人, 必要时可以安排取保候审的被告人接受社会观护。所以选项 B 说法正确。

选项 C 说法错误。该选项有一定的迷惑性, 要注意区分对未成年被害人和未成年被告人的不同做法。根据《法院解释》第 569 条的规定, 人民法院根据情况, 可以对未成年被告人、被害人、证人进行心理疏导; 根据实际需要并经未成年被告人及其法定代理人同意, 可以对未成年被告人进行心理测评。心理疏导、心理测评可以委托专门机构、专业人员进行。心理测评报告可以作为办理案件和教育未成年人的参考。由此可见, 对未成年被害人进行的是心理疏导, 对未成年被告人既可以进行心理疏导也可以根据需要进行心理测评, 因此, 选项 C 说法错误。

选项 D 说法错误。本选项考查的是合适成年

人中法定代理人和其他合适成年人之间在权利上的差异。根据《法院解释》第 577 条的规定，未成年被告人最后陈述后，法庭应当询问其法定代理人是否补充陈述。注意，能补充陈述的仅限于法定代理人，而非所有在场的合适成年人。题目中到场的是谭某的舅舅，不是其法定代理人，所以说法错误。

3. [答案] BCD　　[难度] 难

[考点] 未成年人诉讼程序

[命题和解题思路] 本题综合考查了未成年人诉讼程序的多个知识点，包括询问女性未成年人、对未成年人的心理疏导、法定代理人行使权利和附条件不起诉听取意见等内容。其中一个选项系 2021 年《法院解释》新增知识点。本题有的选项看似正确，但在细节上设有陷阱，考生应特别注意。

[选项分析] 由女性工作人员讯问/询问女性未成年人的要求的确是非常合理的，但并非强制性要求。因为《刑诉法》第 281 条和《公安部规定》第 324、326 条都只是要求讯问/询问女性未成年人时，应当有女性工作人员在场。有女性工作人员在场，就能对女性未成年人起到一定的安抚和消除恐惧的作用，其在现场并非一定要开展讯问/询问工作。A 项说法错误。

鉴于未成年人心智不成熟，面临诉讼时可能心理波动较大，对其进行心理疏导是有帮助的。《法院解释》第 569 条规定，法院根据情况，可以对未成年被告人、被害人、证人进行心理疏导，心理疏导可以委托专门机构、专业人员进行。B 选项说法正确。

《公安部规定》第 326 条第 2 款规定，询问未成年被害人、证人，应当以适当的方式进行，注意保护其隐私和名誉。丁作为丙的法定代理人，可以代丙行使诉讼权利，当然可以要求询问人员对丙的信息保密。C 选项说法正确。

《检察规则》第 469 条规定，检察院在作出附条件不起诉的决定以前，应当听取公安机关、被害人、未成年犯罪嫌疑人及其法定代理人、辩护人的意见。虽然该条未写明应当听取未成年被害人的法定代理人的意见，但鉴于未成年被害人可能难以充分、准确的表达自己的意见，而法定代理人可以代行其诉讼权利，且系维护未成年被害人合法权益的重要人员，所以当被害人是未成年

人时，作出附条件不起诉还应听取被害人的法定代理人的意见。D 选项说法正确。

4. [答案] CD　　[难度] 易

[考点] 证据的分类

[命题和解题思路] 本题主要考查了未成年人认罪认罚案件的办理，另外加入了 2021 年《法院解释》修改的内容。解题时要注意选项的表述。

[选项分析] 根据《法院解释》第 90 条的规定，证人证言的收集程序、方式有下列瑕疵，经补正或者作出合理解释的，可以采用；不能补正或者作出合理解释的，不得作为定案的根据：（1）询问笔录没有填写询问人、记录人、法定代理人姓名以及询问的起止时间、地点的；（2）询问地点不符合规定的；（3）询问笔录没有记录告知证人有关权利义务和法律责任的；（4）询问笔录反映出在同一时段，同一询问人员询问不同证人的；（5）询问未成年人，其法定代理人或者合适成年人不在场的。同时，根据《法院解释》第 92 条的规定，对被害人陈述的审查与认定，参照适用本节的有关规定。因此，A 选项中询问被害人乙时没有合适成年人在场的询问笔录系瑕疵证据，只有在不能补正或者作出合理解释时，才不得作为定案的根据。A 选项说法错误。

根据两高三部《关于适用认罪认罚从宽制度的指导意见》第 31 条的规定，未成年犯罪嫌疑人的法定代理人、辩护人对未成年人认罪认罚有异议的，无须签署具结书，因此 B 选项"在具结书上注明"这一说法错误。

根据两高三部《关于适用认罪认罚从宽制度的指导意见》第 31 条第 2、3 款的规定，犯罪嫌疑人认罪认罚，有下列情形之一的，不需要签署认罪认罚具结书：（1）犯罪嫌疑人是盲、聋、哑人，或者是尚未完全丧失辨认或者控制自己行为能力的精神病人的；（2）未成年犯罪嫌疑人的法定代理人、辩护人对未成年人认罪认罚有异议的；（3）其他不需要签署认罪认罚具结书的情形。上述情形犯罪嫌疑人未签署认罪认罚具结书的，不影响认罪认罚从宽制度的适用。C 选项说法正确。

根据《法院解释》第 575 条的规定，对未成年被告人情况的调查报告，以及辩护人提交的有关未成年被告人情况的书面材料，法庭应当审查

并听取控辩双方意见。上述报告和材料可以作为办理案件和教育未成年人的参考。**人民法院可以通知作出调查报告的人员出庭说明情况，接受控辩双方和法庭的询问。**D 选项说法正确。

5. [答案] BCD　　[难度] 难

[考点] 未成年人刑事案件诉讼程序

[命题和解题思路] 未成年人刑事案件诉讼程序是属于法考每年必考的考点。本题主要考查了 2021 年《法院解释》修订中增加的相关规定。

[选项分析] 根据《法院解释》第 550 条的规定，被告人实施被指控的犯罪时不满 18 周岁、人民法院立案时不满 20 周岁的案件，由未成年人案件审判组织审理。**下列案件可以由未成年人案件审判组织审理：**（1）人民法院立案时不满 22 周岁的在校学生犯罪案件。因此，不是应当，而是可以由未成年人案件审判组织审理。A 选项说法错误。

根据《法院解释》第 553 条的规定，对未成年被告人应当严格限制适用逮捕措施。人民法院决定逮捕，应当讯问未成年被告人，听取辩护律师的意见。**对被逮捕且没有完成义务教育的未成年被告人，人民法院应当与教育行政部门互相配合，保证其接受义务教育。**B 选项说法正确。

根据《法院解释》第 554 条的规定，人民法院对无固定住所、无法提供保证人的未成年被告人适用取保候审的，**应当指定合适成年人作为保证人，必要时可以安排取保候审的被告人接受社会观护。**C 选项说法正确。

根据《法院解释》第 556 条的规定，审理未成年人遭受性侵害或者暴力伤害案件，在询问未成年被害人、证人时，应当采取同步录音录像等措施，尽量一次完成；未成年被害人、证人是女性的，应当由女性工作人员进行。D 选项说法正确。

6. [答案] ABD　　[难度] 中

[考点] 未成年人刑事案件诉讼程序的具体规定

[命题和解题思路] 此题表面是在考查未成年人刑事案件诉讼程序中辩护人的权利范围，实则考查了司法解释有关未成年人刑事案件诉讼程序的多个具体规定，有些规定并非以辩护人权利的形式出现的，因此与那些直接考查法条、表述

也与法条差不多的考题相比，需要考生稍加分析。但从整体上来说，能否答对此题还是取决于考生对相关司法解释的熟悉程度。

[选项分析] A 选项考查的是《法院解释》第 568 条第 1 款的规定，即"对人民检察院移送的关于未成年被告人性格特点、家庭情况、社会交往、成长经历、犯罪原因、犯罪前后的表现、监护教育等情况的调查报告，以及辩护人提交的反映未成年被告人上述情况的书面材料，法庭应当接受。"可见辩护人可以向法院提交反映未成年被告人成长经历、犯罪原因、监护教育等情况的调查报告，当然也就可以调查。因此 A 正确。

B 选项考查的是《法院解释》第 566 条的规定，即"对未成年人刑事案件，人民法院决定适用简易程序审理的，应当征求未成年被告人及其法定代理人、辩护人的意见。上述人员提出异议的，不适用简易程序。"可见 B 正确。

C 选项是重点干扰项。《刑诉法》第 281 条第 4 款规定："审判未成年人刑事案件，未成年被告人最后陈述后，其法定代理人可以进行补充陈述。"可见，可以进行补充陈述的是被告人的法定代理人，而非辩护人。

D 选项涉及法庭教育参与人员的范围。《法院解释》第 576 条第 1、2 款规定："法庭辩论结束后，法庭可以根据未成年人的生理、心理特点和案件情况，对未成年被告人进行法治教育；判决未成年被告人有罪的，宣判后，应当对未成年被告人进行法治教育。对未成年被告人进行教育，其法定代理人以外的成年亲属或者教师、辅导员等参与有利于感化、挽救未成年人的，人民法院应当邀请其参加有关活动。"虽然该规定并未明确将辩护人列入，但一则该规定的"等"字表明可参加法庭调查的人员范围是比较宽泛的，只要有利于对未成年被告人进行教育的人均可邀请参加；二则该规定也没有列明公诉人可以参加法庭教育，但从常识判断，公诉人当然可以参加，那么，同理，辩护人也可以参加。该规定**没有列明公诉人和辩护人的原因是对未成年人的教育是在法庭辩论结束后或宣判后紧接着进行的，而公诉人和辩护人本来就有权在场，不需要特别邀请。**故而 D 正确。

第二十五章　当事人和解的公诉案件诉讼程序

试　题

1. 甲交通肇事致乙死亡，在审查起诉中与乙的妻子丙达成和解协议，并认罪认罚，签署具结书。法院适用速裁程序审理，但甲在庭审中态度恶劣，不愿悔罪，丙反悔，不再同意和解。一审法院宣判后，甲以事实不清、证据不足为由提起上诉。上诉期间甲态度好转，又与丙达成和解。关于本案的处理，下列哪一说法是正确的？（2022年回忆版）

A 若甲已全部履行和解协议约定的赔偿损失内容，一审法院对丙的反悔应不予支持

B 法院可继续适用速裁程序审理并对甲作出判决

C 对于两人第二次达成和解，法院应听取检察院的意见

D 二审法院应裁定撤销原判，发回重审

2. 董某（17岁）在某景点旅游时，点燃荒草不慎引起大火烧毁集体所有的大风公司林地，致大风公司损失5万元，被检察院提起公诉。关于本案处理，下列哪一选项是正确的？（2017-2-40）

A. 如大风公司未提起附带民事诉讼，检察院可代为提起，并将大风公司列为附带民事诉讼原告人

B. 董某与大风公司既可就是否对董某免除刑事处分达成和解，也可就民事赔偿达成和解

C. 双方刑事和解时可约定由董某在1年内补栽树苗200棵

D. 如双方达成刑事和解，检察院经法院同意可撤回起诉并对董某适用附条件不起诉

3. 下列哪一案件可以适用当事人和解的公诉案件诉讼程序？（2016-2-41）

A. 甲因侵占罪被免除处罚2年后，又涉嫌故意伤害致人轻伤

B. 乙涉嫌寻衅滋事，在押期间由其父亲代为和解，被害人表示同意

C. 丙涉嫌过失致人重伤，被害人系限制行为能力人，被害人父亲愿意代为和解

D. 丁涉嫌破坏计算机信息系统，被害人表示

愿意和解

4. 甲因邻里纠纷失手致乙死亡，甲被批准逮捕。案件起诉后，双方拟通过协商达成和解。对于此案的和解，下列哪一选项是正确的？（2014-2-40）

A. 由于甲在押，其近亲属可自行与被害方进行和解

B. 由于乙已经死亡，可由其近亲属代为和解

C. 甲的辩护人和乙近亲属的诉讼代理人可参与和解协商

D. 由于甲在押，和解协议中约定的赔礼道歉可由其近亲属代为履行

5. 李某因琐事将邻居王某打成轻伤。案发后，李家积极赔偿，赔礼道歉，得到王家谅解。如检察院根据双方和解对李某作出不起诉决定，需要同时具备下列哪些条件？（2013-2-71）

A. 双方和解具有自愿性、合法性

B. 李某实施伤害的犯罪情节轻微，不需要判处刑罚

C. 李某五年以内未曾故意犯罪

D. 公安机关向检察院提出从宽处理的建议

详　解

1. ［答案］C　　［难度］难

［考点］刑事和解

［命题和解题思路］"刑事和解程序"是法考每年必考的考点之一。本题灵活融入了量刑建议的调整、速裁程序的适用条件、庭外和解听取检察机关意见等知识点。本题整体具有一定难度，考生首先需判明甲的态度改变对和解协议的影响。

［选项分析］甲在庭审中态度恶劣，明显是对和解协议的违反，未真诚履行和解协议。《法院解释》第592条明确要求和解协议书应当包括"被告人承认自己所犯罪行，对犯罪事实没有异议，并真诚悔罪"这一内容。又根据《法院解释》第593条的规定，和解协议约定的赔偿损失内容，被告人应当在协议签署后即时履行。和解协议已经全部履行，当事人反悔的，人民法院不予支持，但有证据证明和解违反自愿、合法原则的除外。

从中可见，已经履行和解协议约定的赔偿损失内容，不代表全部履行了和解协议。本案中，甲的态度改变，不仅未切实履行和解协议的要求，而且使两人达成和解的根基不复存在。因此，对丙的反悔应予支持，A 选项说法错误。

根据两高三部《关于适用认罪认罚从宽制度的指导意见》第 7 条的规定，认罪认罚从宽制度中的"认罚"，是指犯罪嫌疑人、被告人真诚悔罪，愿意接受处罚。"认罚"考察的重点是犯罪嫌疑人、被告人的悔罪态度和悔罪表现，应当结合退赃退赔、赔偿损失、赔礼道歉等因素来考量。甲在庭审中态度恶劣，不愿悔罪，显然已经不能认定其"认罚"。甲不再认罚，本案也就不具备适用速裁程序的条件，法院应当对本案转为普通程序或简易程序审理。因此，B 选项说法错误。

本案中，甲与丙达成的第一次和解协议未完全履行便出现甲不履行和解协议导致丙反悔的情况，该和解协议不能作为法院对甲从宽处罚的依据。法律并未禁止当事人重新达成和解协议，在符合刑事和解的条件下，甲与丙依然可以再次达成和解。两人在上诉期间达成和解，根据《法院解释》第 591 条的规定，双方当事人在庭外达成和解的，法院应当通知检察院，并听取其意见。因此，C 选项说法正确。

根据两高三部《关于适用认罪认罚从宽制度的指导意见》第 45 条规定，被告人不服适用速裁程序作出的第一审判决提出上诉的案件，二审法院发现被告人以事实不清、证据不足为由提出上诉的，应当裁定撤销原判，发回原审人民法院适用普通程序重新审理，不再按认罪认罚案件从宽处罚。本案中，甲的确是以事实不清、证据不足为由提起上诉，但如 B 选项所分析，一审法院已经不再按速裁程序审理并作出判决，因此二审法院应根据案件具体情况作出相应裁判。D 选项说法错误。

2. ［答案］C　　［难度］中

［考点］有权提起附带民事诉讼的主体、刑事和解适用案件范围、刑事和解的程序规则、未成年人刑事案件诉讼程序的具体规定（附条件不起诉的适用条件）

［命题和解题思路］命题人通过巧妙的案例设计，在一道题里考查了包括附带民事诉讼、刑事

和解、未成年人刑事案件诉讼程序中的附条件不起诉等多个考点，并且考查方法灵活，部分选项需要考生具有综合分析的能力。

［选项分析］A 选项涉及有权提起附带民事诉讼的主体。《法院解释》第 179 条第 1、2 款规定："国家财产、集体财产遭受损失，受损失的单位未提起附带民事诉讼，人民检察院在提起公诉时提起附带民事诉讼的，人民法院应当受理。人民检察院提起附带民事诉讼的，应当列为附带民事诉讼原告人。"即应当将人民检察院列为附带民事诉讼原告人，而不是将受损失的单位列为附带民事诉讼原告人。故 A 错误。

B 选项涉及刑事和解的内容。本选项可通过两种方法判断：第一，《法院解释》第 592 条第 1 款规定："和解协议应当包括以下内容：（一）被告人承认自己所犯罪行，对犯罪事实没有异议，并真诚悔罪；（二）被告人通过向被害人赔礼道歉、赔偿损失等方式获得被害人谅解；涉及赔偿损失的，应当写明赔偿的数额、方式等；提起附带民事诉讼的，由附带民事诉讼原告人撤回起诉；（三）被害人自愿和解，请求或者同意对被告人依法从宽处罚。"从该款规定中可以看出，当事人可以就民事赔偿达成和解，但对于案件的刑事处理结果，当事人只能就请求或同意对被告人依法从宽处理达成和解，不能对具体的刑事处理达成和解。因此 B 错误。第二，从常识角度看，刑罚权是国家权力，当事人当然无权就刑事案件的具体处理结果达成和解，因此 B 错误。

C 选项也涉及刑事和解的内容。上述《法院解释》第 592 条第 1 款第 2 项规定："……涉及赔偿损失的，应当写明赔偿的数额、方式等……"因此，在本案中，董某与大风公司在刑事和解时可以约定由董某在 1 年内补栽树苗 200 棵。故 C 正确。

D 选项涉及刑事和解的后果及撤回起诉、附条件不起诉的适用。本选项可通过以下方法判断：第一，本案不符合可以撤回起诉的情形。《检察规则》第 424 条第 1 款规定："人民法院宣告判决前，人民检察院发现具有下列情形之一的，经检察长批准，可以撤回起诉：（一）不存在犯罪事实的；（二）犯罪事实并非被告人所为的；（三）情节显著轻微、危害不大，不认为是犯罪的；（四）证据不足或者证据发生变化，不符合起诉条件的；（五）被告人

因未达到刑事责任年龄，不负刑事责任的；（六）法律、司法解释发生变化导致不应当追究被告人刑事责任的；（七）其他不应当追究被告人刑事责任的。"本案中不存在上述撤回起诉的事由，因此不应当撤回起诉。故 D 错误。第二，本案不符合附条件不起诉的适用范围。《刑诉法》第 282 条规定："对于未成年人涉嫌刑法分则第四章、第五章、第六章规定的犯罪，可能判处一年有期徒刑以下刑罚，符合起诉条件，但有悔罪表现的，人民检察院可以作出附条件不起诉的决定……"本案涉嫌失火罪，是属于刑法分则第二章的犯罪，因此不适用附条件不起诉的规定。故而排除 D。

3. ［答案］C ［难度］难

［考点］刑事和解适用案件范围、刑事和解的程序规则

［命题和解题思路］命题人通过四个选项中的四个小案例深入考查了刑事和解的适用范围，并考查了刑事和解中可由当事人近亲属代为和解的程序规则。命题人对案例的设计非常精巧，将本部分应当掌握的主要内容都考查到了，同时涉及《刑法》中的相关问题，需要考生对相关知识有比较全面的掌握，并善于发现选项中各案例的考查意图。一般来说，此类题首先要判断案件本身是否属于可适用刑事和解的范围，再分析其是否符合相关的程序规则。

［选项分析］A 选项中甲在 2 年前曾经故意犯罪（侵占罪不可能是过失犯罪），不能适用刑事和解程序。《刑诉法》第 288 条第 2 款规定："犯罪嫌疑人、被告人在五年以内曾经故意犯罪的，不适用本章规定的程序。"因此排除 A。

B 选项为重点干扰项。《法院解释》第 589 条第 1 款规定："被告人的近亲属经被告人同意，可以代为和解。"有些考生可能会据此选择 B。但是，《刑诉法》第 288 条第 1 款规定："下列公诉案件，犯罪嫌疑人、被告人真诚悔罪，通过向被害人赔偿损失、赔礼道歉等方式获得被害人谅解，被害人自愿和解的，双方当事人可以和解：（一）因民间纠纷引起，涉嫌刑法分则第四章、第五章规定的犯罪案件，可能判处三年有期徒刑以下刑罚的；（二）除渎职犯罪以外的可能判处七年有期徒刑以下刑罚的过失犯罪案件。"寻衅滋事罪属于《刑法》分则第六章"妨害社会管理秩序罪"，而且不

可能由过失构成，因此不属于刑事和解的适用范围，故应当排除 B。

C 选项为正确选项。根据《刑法》第 235 条的规定，过失伤害他人致人重伤的，处 3 年以下有期徒刑或者拘役。因此，本案属于上述《刑诉法》第 288 条第 1 款规定的刑事和解适用范围中的第 2 项。同时，《法院解释》第 588 条第 2 款规定："被害人系无行为能力或者限制行为能力人的，其法定代理人、近亲属可以代为和解。"因此本选项完全符合法律规定，为正确选项。

D 选项中的破坏计算机系统犯罪是属于《刑法》分则第六章"妨害社会管理秩序罪"中的故意犯罪，不符合《刑诉法》第 288 条第 1 款中规定的刑事和解的适用范围，故应当予以排除。

4. ［答案］C ［难度］中

［考点］刑事和解的程序规则

［命题和解题思路］命题人通过案例设计了被害人死亡的情形，考查了在此情形下刑事和解的程序规则。本题的各选项大多在法律及司法解释中能够找到判断依据。但有些选项根据常识也可推断，如可参加和解协商的人员范围、赔礼道歉义务可否代为履行等。

［选项分析］A 选项涉及被告人的近亲属可否自行与被害方进行和解。对此，《法院解释》第 589 条第 1 款规定："被告人的近亲属经被害人同意，可以代为和解。"可见，被告人的近亲属代被告人和解必须经被害人同意，而不能自行进行。因此 A 错误。

B 选项为重点干扰项。《法院解释》第 588 条规定："符合刑事诉讼法第二百八十八条规定的公诉案件，被害人死亡的，其近亲属可以与被告人和解……被害人系无行为能力或者限制行为能力人的，其法定代理人、近亲属可以代为和解。"可见，被害人系无行为能力或者限制行为能力的，其近亲属是"代为和解"，而被害人死亡的，其近亲属本身就是刑事和解的一方当事人，不存在"代为和解"的问题。故 B 错误。对于这一选项，考生可能会想不到判断的重点在"代为"二字上，但是一旦找准考点，其实通过常识即可排除此选项。

C 选项涉及可以参加协商的主体。《法院解释》第 587 条第 2 款规定："根据案件情况，人民法院可以邀请人民调解员、辩护人、诉讼代理人、

当事人亲友等参与促成双方当事人和解。"可见 C 正确。根据常识也可判断辩护人、诉讼代理人的参加有利于和解的推进。

D 选项涉及赔礼道歉可否为近亲属代为履行。**赔礼道歉是具有人身专属性的、不可替代履行的义务**，只有亲自履行此义务才能反映出被告人的悔意，修复被破坏的社会关系，实现刑事和解程序的功能。因此 D 错误。

5. ［答案］ABC　　［难度］中

［考点］刑事和解适用案件范围、刑事和解的程序规则

［命题和解题思路］刑事和解程序是 2012 年《刑诉法》修改中的增加内容，命题人通过此题全面考查了刑事和解的适用条件、案件范围和程序规则等各个考点，但是又非直接考查刑事和解的适用条件，而是设计了一个小陷阱，考查了刑事和解中人民检察院作出不起诉决定的条件。因此，考生不仅要熟悉相关的法律规定，还要注意认真审题，**明确题目要求的是检察院根据双方和解而做出不起诉决定的条件，而不仅仅是刑事和解的条件。**

［选项分析］A 选项根据常识即可判断为正确。《刑诉法》第 289 条规定："双方当事人和解

的，公安机关、人民检察院、人民法院应当听取当事人和其他有关人员的意见，对和解的自愿性、合法性进行审查，并主持制作和解协议书。"

B 选项并非刑事和解的必要条件，但却是检察院根据双方和解做出不起诉决定的必要条件。《刑诉法》第 290 条规定："对于达成和解协议的案件，公安机关可以向人民检察院提出从宽处理的建议。人民检察院可以向人民法院提出从宽处罚的建议；对于犯罪情节轻微，不需要判处刑罚的，可以作出不起诉的决定。人民法院可以依法对被告人从宽处罚。"本题题干问的是检察院根据刑事和解作出不起诉决定的条件，因此 B 也正确。

C 选项涉及刑事和解的禁用条件。《刑诉法》第 288 条第 2 款规定："犯罪嫌疑人、被告人在五年以内曾经故意犯罪的，不适用本章规定的程序。"因此 C 也正确。

D 选项为重点干扰项。公安机关提出从宽处理的建议并非适用刑事和解和不起诉的必要条件，即便公安机关没有提出从宽处理的建议，只要符合刑事和解的适用范围和条件，当事人达成和解，并符合不起诉条件的，人民检察院就可以作出不起诉决定。

第二十六章　缺席审判程序

试　题

📱 **1.** 潜逃境外的郭某因涉嫌受贿罪被提起公诉，其妻夏某参加诉讼，并委托律师吕某作为辩护人。休庭后，郭某病故，法院适用违法所得没收程序对郭某受贿所得作出处理。关于本案的处理，下列说法正确的是：（2023 年回忆版）

A. 夏某可在郭某审判案中出席庭审，发表辩论意见

B. 法院可在裁定终止审理的同时对郭某受贿所得作出处理

C. 夏某申请参加违法所得没收程序，应提供对涉案财产主张权利的证据材料

D. 夏某可继续委托吕某作为郭某的诉讼代理人参加违法所得没收程序

📱 **2.** 2018 年《刑事诉讼法》增设了适用于贪污

贿赂犯罪案的缺席审判程序。对此，下列哪一说法是正确的？（2019 年回忆版）

A. 是追求刑事诉讼效率的体现

B. 是刑事诉讼控审分离的例外

C. 是刑事审判具有亲历性特征的例外

D. 是刑事审判具有终局性特征的例外

详　解

1. ［答案］A　　［难度］难

［考点］缺席审判程序、违法所得没收程序

［命题和解题思路］本题考查缺席审判程序和违法所得没收程序。解答本题，**应注意把握缺席审判程序与违法所得没收程序之间的关系**。仔细把握审理程序处理违法所得及涉案财物的前提条件，可排除 B 选项；掌握近亲属参加违法所得没收程序的前提条件，可排除 C 选项；掌握违法所得没收程序

委托诉讼代理人的情形，可排除 D 选项。

[选项分析] A 选项考查缺席审判程序中近亲属参与诉讼的权利。根据《法院解释》第 602 条、第 603 条规定，人民法院审理人民检察院依照《刑诉法》第 291 条第 1 款的规定提起公诉的案件，被告人的近亲属申请参加诉讼的，应当在收到起诉书副本后、第一审开庭前提出，并提供与被告人关系的证明材料。有多名近亲属的，应当推选 1 至 2 人参加诉讼。对被告人的近亲属提出申请的，人民法院应当及时审查决定。被告人的近亲属参加诉讼的，可以发表意见，出示证据，申请法庭通知证人、鉴定人等出庭，进行辩论。A 选项正确。

B 选项考查缺席审判程序对违法所得的处理。根据《法院解释》第 604 条第 4 款规定，适用缺席审判程序审理案件，可以对违法所得及其他涉案财物一并作出处理。但根据《法院解释》第 444 条规定，法院对违法所得及其他涉案财物作出处理，应当通过判决的形式，在判决书中写明处理涉案财物的方式。根据《法院解释》第 626 条第 1 款规定，在审理案件过程中，被告人脱逃或者死亡，符合《刑诉法》第 298 条第 1 款规定的，人民检察院可以向人民法院提出没收违法所得的申请；符合《刑诉法》第 291 条第 1 款规定的，人民检察院可以按照缺席审判程序向法院提起公诉。综上，审理中被告人死亡的，法院应裁定终止审理，由于未对案件作出实体性判决，也无法据此对涉案财物作出处理，在缺席审判程序中也应当如此。如符合适用违法所得没收程序的条件，可由检察院提出违法所得没收申请，法院不能直接启动违法所得没收程序对违法所得及其涉案财产进行没收。B 选项错误。

C 选项考查近亲属参与违法所得没收程序的前提条件。根据《法院解释》第 617 条第 1 款规定，犯罪嫌疑人、被告人的近亲属和其他利害关系人申请参加诉讼的，应当在公告期间内提出。犯罪嫌疑人、被告人的近亲属应当提供其与犯罪嫌疑人、被告人关系的证明材料，其他利害关系人应当提供证明其对违法所得及其他涉案财产主张权利的证据材料。本案中，夏某为郭某近亲属，应当提供其与犯罪嫌疑人、被告人关系的证明材料。C 选项错误。

D 选项考查违法所得没收程序中的诉讼代理

人参与。根据《法院解释》第 617 条第 2 款、第 618 条规定，利害关系人可以委托诉讼代理人参加诉讼。犯罪嫌疑人、被告人逃匿境外，委托诉讼代理人申请参加诉讼，且违法所得或者其他涉案财产所在国、地区主管机关明确提出意见予以支持的，人民法院可以准许。据此，原本的犯罪嫌疑人、被告人委托诉讼代理人，有明确的条件限制。本案中，郭某病故而非逃匿境外，已无法以自己名义主张权利，当然不能委托诉讼代理人。D 选项错误。

2. [答案] D　　　[难度] 难
[考点] 缺席审判
[命题和解题思路] 本题主要考查了对 2018 年《刑诉法》增加的缺席审判制度的理解。解题时应根据缺席审判制度的具体规定来分析选项中表述的对错。

[选项分析] 选项 A 说法错误。A 选项有一定的迷惑性，也是本题的难点所在。《刑诉法》第 296 条规定，因被告人患有严重疾病无法出庭，中止审理超过 6 个月，被告人仍无法出庭，被告人及其法定代理人、近亲属申请或者同意恢复审理的，人民法院可以在被告人不出庭的情况下缺席审理，依法作出判决。从此条规定来看，确有提高诉讼效率的体现。但是，题干中表述的是"适用于贪污贿赂犯罪案的缺席审判程序"，即考查的是对《刑诉法》第 291 条（对于贪污贿赂犯罪案件，以及需要及时进行审判，经最高人民检察院核准的严重危害国家安全犯罪、恐怖活动犯罪案件，犯罪嫌疑人、被告人在境外，监察机关、公安机关移送起诉，人民检察院认为犯罪事实已经查清，证据确实、充分，依法应当追究刑事责任的，可以向人民法院提起公诉。人民法院进行审查后，对于起诉书中有明确的指控犯罪事实，符合缺席审判程序适用条件的，应当决定开庭审判）的理解。2018 年修改《刑诉法》以前，对于第 291 条所规定的情况，除非被告人到案，否则无法启动追究被告人刑事责任的起诉和审判。从无法追究（而不是延迟追究）到可以追究，并不是提升诉讼效率，而是体现了加强对于贪污贿赂犯罪的惩罚和打击。所以 A 选项说法错误。

B 选项说法错误。即便是在缺席审判程序中，仍然需要检察机关提起公诉，并且在符合条件的情况下开庭审理，仅是被告人不到案，不存在所谓控审一体，因此也谈不上控审分离的例外。

C 选项说法错误。本选项的难点在于准确理解何谓"亲历性"。亲历性，是指案件的裁判者必须自始至终参与审理，审查所有证据，对案件作出判决须以充分听取控辩双方的意见为前提。而在缺席审判程序中，裁判者不存在缺席的情况，即便是被告人未到案，但如果其近亲属未委托辩护人的，法院也应当通知法律援助机构为其指派律师提供辩护，因此辩护方也不存在缺席的情形。因此，被告人不到案并不是违反"亲历性"，所以说法错误。

D 选项说法正确。根据《刑诉法》第 295 条

第 2 款的规定，罪犯在判决、裁定发生法律效力后到案的，人民法院应当将罪犯交付执行刑罚。交付执行刑罚前，人民法院应当告知罪犯有权对判决、裁定提出异议。罪犯对判决、裁定提出异议的，人民法院应当重新审理。从此条规定可见，对于已经生效的缺席判决，罪犯提出异议的，案件需要重新审理。而根据"终局性"的要求，判决一旦生效，诉讼的任何一方原则上不能要求法院再次审理该案件，其他任何机关也不得对该案重新审理。因此，《刑诉法》第 295 条第 2 款的规定可以视为"终局性"的例外，因此 D 选项说法正确。

第二十七章　犯罪嫌疑人、被告人逃匿、死亡案件违法所得的没收程序

试　题

1. 张某因受贿案发后逃匿，甲市检察院向甲市中院提起违法所得没收申请。张某妻子李某申请参加庭审，后开庭时又无故退庭。甲市中院作出没收裁定后，李某提起上诉。二审期间，利害关系人刘某申请参加诉讼，并说明自己系身体原因没有参加一审，二审期间张某回国投案自首。关于本案的办理，下列说法正确的是：（2022 年回忆版）

A. 李某无故退庭后，法庭可以转为不开庭审理

B. 法院应准许刘某参加诉讼

C. 张某投案后应当裁定中止审理

D. 甲市检察院对张某以受贿罪向甲市中院提起公诉，甲市中院应另行组成合议庭

2. 李某（女）家住甲市，系该市某国有公司会计，涉嫌贪污公款 500 余万元，被甲市检察院立案侦查后提起公诉，甲市中级法院受理该案后，李某脱逃，下落不明。关于李某脱逃后的诉讼程序，下列选项正确的是：（2015-2-93）

A. 李某脱逃后，法院可中止审理

B. 在通缉李某一年不到案后，甲市检察院可

向甲市中级法院提出没收李某违法所得的申请

C. 李某的近亲属只能在 6 个月的公告期内申请参加诉讼

D. 在审理没收违法所得的案件过程中，李某被抓捕归案的，法院应裁定终止审理

3. A 市原副市长马某，涉嫌收受贿赂 2000 余万元。为保证公正审判，上级法院指令与本案无关的 B 市中级法院一审。B 市中级法院受理此案后，马某突发心脏病不治身亡。关于此案处理，下列哪一选项是错误的？（2014-2-41）

A. 应当由法院作出终止审理的裁定，再由检察院提出没收违法所得的申请

B. 应当由 B 市中级法院的同一审判组织对是否没收违法所得继续进行审理

C. 如裁定没收违法所得，而马某妻子不服的，可在 5 日内提出上诉

D. 如裁定没收违法所得，而其他利害关系人不服的，有权上诉

详　解

1. [答案] AB　　[难度] 难
[考点] 违法所得没收程序
[命题和解题思路] 本题集中考查违法所得没

收程序的多个知识点，因此题干较长，涉及的信息较多，解题时应注意各选项对应的表述。

[选项分析] 根据《法院解释》第619条的规定，公告期满后，人民法院应当组成合议庭对申请没收违法所得的案件进行审理。利害关系人申请参加或者委托诉讼代理人参加诉讼的，应当开庭审理。没有利害关系人申请参加诉讼的，或者利害关系人及其诉讼代理人无正当理由拒不到庭的，可以不开庭审理。同时根据《法院解释》第620条第2款的规定，利害关系人接到通知后无正当理由拒不到庭，或者未经法庭许可中途退庭的，可以转为不开庭审理，但还有其他利害关系人参加诉讼的除外。李某是在逃的犯罪嫌疑人张某的妻子，其身份系违法所得没收案件的利害关系人，当其无故退庭后，一审中又无其他利害关系人参加诉讼时，法庭可以转为不开庭审理。选项A说法正确。

根据《法院解释》第624条的规定，利害关系人非因故意或者重大过失在第一审期间未参加诉讼，在第二审期间申请参加诉讼的，人民法院应当准许，并撤销原裁定，发回原审人民法院重新审判。从题干可知，刘某在二审期间提出参加诉讼，理由是身体原因，属于非因故意或者重大过失的情形，法庭应当准许。选项B说法正确。

根据《法院解释》第625条的规定，在审理申请没收违法所得的案件过程中，在逃的犯罪嫌疑人、被告人到案的，人民法院应当裁定终止审理。人民检察院向原受理申请的人民法院提起公诉的，可以由同一审判组织审理。因为嫌疑人已经到案，没收程序成立的前提不复存在，继续进行该程序已无必要，应当结束该程序，因此应是"终止"审理。选项C说法错误。

根据前述第625条的规定，甲市检察院向甲市中院（原受理申请的法院）起诉张某受贿，可以由原来的合议庭审理，无须另行组成合议庭。选项D说法错误。

2. [答案] ABD　　[难度] 中

[考点] 中止审理；犯罪嫌疑人、被告人逃匿、死亡案件违法所得的没收程序（适用条件、公告、终止）

[命题和解题思路] 命题人通过此题考查了中止审理的适用情形和犯罪嫌疑人、被告人逃匿、

死亡案件违法所得没收程序中的一些重要内容。违法所得没收程序是2012年《刑诉法》修改后增加的程序，其适用条件及具体程序都非常独特。考生要熟知法律及司法解释关于该程序的具体规定，方能答对此题。

[选项分析] A选项涉及中止审理。《刑诉法》第206条第1款规定："在审判过程中，有下列情形之一，致使案件在较长时间内无法继续审理的，可以中止审理：（一）被告人患有严重疾病，无法出庭的；（二）被告人脱逃的；（三）自诉人患有严重疾病，无法出庭，未委托诉讼代理人出庭的；（四）由于不能抗拒的原因。"本案属于"（二）被告人脱逃的"情况，因此可以中止审理。A正确。

B选项涉及违法所得没收程序的适用范围。根据《法院解释》第609条的规定："刑事诉讼法第二百九十八条规定的'贪污贿赂犯罪、恐怖活动犯罪等'犯罪案件，是指下列案件：（一）贪污贿赂、失职渎职等职务犯罪案件；（二）刑法分则第二章规定的相关恐怖活动犯罪案件，以及恐怖活动组织、恐怖活动人员实施的杀人、爆炸、绑架等犯罪案件；（三）危害国家安全、走私、洗钱、金融诈骗、黑社会性质组织、毒品犯罪案件；（四）电信诈骗、网络诈骗犯罪案件。"根据《法院解释》第610条的规定："在省、自治区、直辖市或者全国范围内具有较大影响的犯罪案件，或者犯罪嫌疑人、被告人逃匿境外的犯罪案件，应当认定为刑事诉讼法第二百九十八条第一款规定的'重大犯罪案件'"。本案中，李某涉嫌贪污500余万元，属于重大贪污犯罪案件，李某逃匿，通缉1年不到案，符合违法所得没收程序的适用条件，因此，甲市检察院可以向甲市中级法院提出没收李某违法所得的申请。故而B选项正确。

C选项涉及违法所得没收程序的公告。《刑诉法》第299条第2款规定："人民法院受理没收违法所得的申请后，应当发出公告。公告期间为六个月。犯罪嫌疑人、被告人的近亲属和其他利害关系人有权申请参加诉讼，也可以委托诉讼代理人参加诉讼。"《法院解释》第617条第3款规定："利害关系人在公告期满后申请参加诉讼，能够合理说明理由的，人民法院应当准许。"可见存在例外情况，C选项的说法过于绝对了，因

此 C 错误。

D 选项涉及违法所得没收程序的终止。《刑诉法》第 301 条第 1 款规定："在审理过程中，在逃的犯罪嫌疑人、被告人自动投案或者被抓获的，人民法院应当终止审理。"可见 D 正确。

3. ［答案］B　　　［难度］中

［考点］终止审理；犯罪嫌疑人、被告人逃匿、死亡案件违法所得的没收程序的启动、管辖、上诉

［命题和解题思路］命题人通过案例重点考查了在案件审理过程中被告人死亡的情形下，违法所得没收程序的启动、管辖及上诉问题。在案件审理过程中，被告人死亡的，应当先终止审理正在进行的案件，这意味着关于这一案件的诉讼程序的终结。至于其死亡后的违法所得没收程序，则是另一个独立的特别程序。这两个程序之间不是前后转换的关系，而是前者终结，后者另行启动的关系。这是判断此种情形下相关问题的一个前提性论断。

［选项分析］A 选项涉及终止审理和违法所得没收程序的启动。本选项可通过两种方法判断：第一，《六部门规定》第 38 条第 2 款规定："人民法院在审理案件过程中，被告人死亡的，应当裁定终止审理；被告人脱逃的，应当裁定中止审理。人民检察院可以依法另行向人民法院提出没收违法所得的申请。"可见，选项 A 完全符合此款规定，故而正确。第二，《法院解释》第 295 条第 1 款规定："对第一审公诉案件，人民法院审理后，应当按照下列情形分别作出判决、裁定：……（十）被告人死亡的，应当裁定终止审理；但有证据证明被告人无罪，经缺席审理确认无罪的，应当判决宣告被告人无罪。"可见，法院裁定终止审理是正确的，而一旦终止审理，诉讼程序就告终结了。要另行启动违法所得没收程序，根据不告不理的原则，需要人民检察院另行提出申请。故 A 正确。但由于本题要求选出错误选项，因此应当排除 A。

B 选项涉及违法所得没收程序的管辖。本选项也可通过两种方法判断：第一，《法院解释》第 626 条规定："在审理案件过程中，被告人脱逃或

者死亡，符合刑事诉讼法第二百九十八条第一款规定的，人民检察院可以向人民法院提出没收违法所得的申请；符合刑事诉讼法第二百九十一条第一款规定的，人民检察院可以按照缺席审判程序向人民法院提起公诉。人民检察院向原受理案件的人民法院提出没收违法所得申请的，可以由同一审判组织审理。"可见，只有当人民检察院向原受理案件的人民法院提出申请的，才由同一审判组织审理，也即并非一律"应当"由原受理案件的人民法院的同一审判组织审理。可见 B 错误。第二，《刑诉法》第 299 条第 1 款规定："没收违法所得的申请，由犯罪地或者犯罪嫌疑人、被告人居住地的中级人民法院组成合议庭进行审理。"终止审理意味着诉讼程序的终结，人民检察院另行提起违法所得没收程序的申请，与之前已经终止的诉讼程序没有直接关系，因此，犯罪地或者犯罪嫌疑人、被告人居住地的中级人民法院均可受理违法所得没收申请并予以审理，而并非"应当"由原受理案件的人民法院的同一审判组织审理。据此也可推知 B 错误。由于本题要求找出错误选项，因此选 B。

C 选项涉及违法所得没收程序的上诉主体及期间。《刑诉法》第 300 条规定："人民法院经审理，对经查证属于违法所得及其他涉案财产，除依法返还被害人的以外，应当裁定予以没收；对不属于应当追缴的财产的，应当裁定驳回申请，解除查封、扣押、冻结措施。对于人民法院依照前款规定作出的裁定，犯罪嫌疑人、被告人的近亲属和其他利害关系人或者人民检察院可以提出上诉、抗诉。"《法院解释》第 622 条规定："对没收违法所得或者驳回申请的裁定，犯罪嫌疑人、被告人的近亲属和其他利害关系人或者人民检察院可以在五日以内提出上诉、抗诉。"可见，对于没收违法所得的裁定，犯罪嫌疑人、被告人的近亲属可以在 5 日内提出上诉，因此 C 正确，应予排除。

D 选项也涉及违法所得没收程序的主体。根据上述《刑诉法》第 300 条的规定，其他利害关系人也可提出上诉，因此 D 也正确，应予排除。

第二十八章　依法不负刑事责任的精神病人的强制医疗程序

试　题

1. A省B市中级法院以故意伤害罪对甲判处无期徒刑。二审期间，A省检察院建议A省高级法院对甲进行法医精神病鉴定。经委托鉴定，A省高级法院认为甲可能符合强制医疗条件。关于本案，下列哪一做法是正确的？（2023年回忆版）

A. 如A省高级法院开庭审理，由出庭检察员宣读对甲的法医精神病鉴定意见

B. A省高级法院可将本案裁定发回B市中级法院重新审判

C. A省高级法院可依照强制医疗程序，以甲为被申请人作出强制医疗决定

D. 如A省高级法院对甲作出强制医疗决定，甲不得向最高法院申请复议

2. 甲冲进幼儿园用刀砍伤数人，案件侦查终结移送审查起诉。检察院审查后发现甲为不负刑事责任的精神病人，且符合强制医疗的条件。检察院的下列做法正确的是：（2022年回忆版）

A. 应当通知公安机关撤销案件

B. 应当通知法律援助机构为甲指派辩护人

C. 应当对甲作出不起诉决定

D. 应当通知公安机关解除对甲的强制措施，并采取临时保护性约束措施

3. 流浪汉王某被甲市民政局救助站收容，其间将救助站工作人员李某打成重伤。甲市乙区法院一审以故意伤害罪判处王某有期徒刑6年，王某不服提起上诉。甲市中院在二审中发现王某行为有异，经鉴定为精神病。关于本案，下列哪一说法是正确的？（2021年回忆版）

A. 法院有权采取临时保护性约束措施

B. 甲市中院可改判王某不负刑事责任，并决定对王某强制医疗

C. 甲市中院应先裁定终止诉讼，再启动强制医疗程序

D. 甲市中院决定对王某强制医疗时应一并决定强制医疗的期限

4. 甲在公共场所实施暴力行为，经鉴定为不负刑事责任的精神病人，被县法院决定强制医疗。甲父对决定不服向市中级法院申请复议，市中级法院审理后驳回申请，维持原决定。关于本案处理，下列哪一选项是正确的？（2017-2-41）

A. 复议期间可暂缓执行强制医疗决定，但应采取临时的保护性约束措施

B. 应由公安机关将甲送交强制医疗

C. 强制医疗6个月后，甲父才能申请解除强制医疗

D. 申请解除强制医疗应向市中级法院提出

5. 甲将乙杀害，经鉴定甲系精神病人，检察院申请法院适用强制医疗程序。关于本案，下列哪一选项是正确的？（2016-2-42）

A. 法院审理该案，应当会见甲

B. 甲没有委托诉讼代理人的，法院可通知法律援助机构指派律师担任其诉讼代理人

C. 甲出庭的，应由其法定代理人或诉讼代理人代为发表意见

D. 经审理发现甲具有部分刑事责任能力，依法应当追究刑事责任的，转为普通程序继续审理

6. 依法不负刑事责任的精神病人的强制医疗程序是一种特别程序。关于其特别之处，下列哪一说法是正确的？（2015-2-42）

A. 不同于普通案件奉行的不告不理原则，法院可未经检察院对案件的起诉或申请而启动这一程序

B. 不同于普通案件审理时被告人必须到庭，可在被申请人不到庭的情况下审理并作出强制医疗的决定

C. 不同于普通案件中的抗诉或上诉，被决定强制医疗的人可通过向上一级法院申请复议启动二审程序

D. 开庭审理时无需区分法庭调查与法庭辩论阶段

7. 公安机关在案件侦查中，发现打砸多辆机动车的犯罪嫌疑人何某神情呆滞，精神恍惚。经鉴定，何某属于依法不负刑事责任的精神病人。关于公安机关对此案的处理，下列哪一选项是正确的？（2013-2-41）

A. 写出强制医疗意见书，移送检察院向法院提出强制医疗申请

B. 撤销案件，将何某交付其亲属并要求其积极治疗

C. 移送强制医疗机构对何某进行诊断评估

D. 何某的亲属没有能力承担监护责任的，可以采取临时的保护性约束措施

8. 法院受理叶某涉嫌故意杀害郭某案后，发现其可能符合强制医疗条件。经鉴定，叶某属于依法不负刑事责任的精神病人，法院审理后判决宣告叶某不负刑事责任，同时作出对叶某强制医疗的决定。关于此案的救济程序，下列哪一选项是错误的？（2013-2-42）

A. 对叶某强制医疗的决定，检察院可以提出纠正意见

B. 叶某的法定代理人可以向上一级法院申请复议

C. 叶某对强制医疗决定可以向上一级法院提出上诉

D. 郭某的近亲属可以向上一级法院申请复议

详　解

1. [答案] B　　[难度] 难

[考点] 强制医疗程序

[命题和解题思路] 本题考查强制医疗程序中容易被忽略的内容，即**第二审法院发现原审被告人可能符合强制医疗条件时的处理方式**。解答本题，应注意把握审判阶段强制医疗程序的启动和运行特征。了解法院主动启动强制医疗程序的程序要求和被告人身份界定，可排除 A 选项和 C 选项；了解被决定强制医疗的人等人的救济权利，可排除 D 选项。

[选项分析] A 选项考查法院主动适用强制医疗程序的庭审程序。根据《刑诉法》第 303 条第 2 款规定，人民法院在审理过程中发现被告人符合强制医疗条件的，可以作出强制医疗决定。据此，对于已起诉的案件，法律未要求强制医疗适用的

控审分离和不告不理。既然法院主动适用强制医疗程序，那么就需在审理时主动说明强制医疗条件。根据《法院解释》第 638 条规定，第一审人民法院在审理刑事案件过程中，发现被告人可能符合强制医疗条件的，应当依照法定程序对被告人进行法医精神病鉴定。经鉴定，被告人属于依法不负刑事责任的精神病人的，应当适用强制医疗程序，对案件进行审理。开庭审理前款规定的案件，应当先由合议庭组成人员宣读对被告人的法医精神病鉴定意见，说明被告人可能符合强制医疗的条件，后依次由公诉人和被告人的法定代理人、诉讼代理人发表意见。经审判长许可，公诉人和被告人的法定代理人、诉讼代理人可以进行辩论。A 选项错误。

B 选项考查第二审法院发现可能符合强制医疗条件的处理方式。根据《法院解释》第 640 条规定，第二审人民法院在审理刑事案件过程中，发现被告人可能符合强制医疗条件的，可以依照强制医疗程序对案件作出处理，**也可以裁定发回原审人民法院重新审判**。据此，第二审法院发现上诉或抗诉案件的原审被告人可能符合强制医疗条件时，可选择发回原审法院重审。B 选项正确。

C 选项考查法院主动作出强制医疗决定时被告人的身份转换。根据《刑诉法》第 305 条第 1 款规定，人民法院经审理，对于被申请人或者被告人符合强制医疗条件的，应当在 1 个月以内作出强制医疗的决定。可见，被决定强制医疗的人在被决定前可能的身份是被申请人或被告人。**但对申请强制医疗的案件而言，只有被申请人这一种身份，没有被告人身份**；对于法院主动适用强制医疗案件而言，根据《法院解释》第 638 条、第 639 条第 1 项规定，被告人可能符合强制医疗的条件时，仍在该案的审理中以被告人身份出席法庭。经审理，法院认为被告人符合强制医疗条件的，应当判决宣告被告人不负刑事责任，同时作出对被告人强制医疗的决定。C 选项错误。

D 选项考查对强制医疗决定的救济。根据《刑诉法》第 305 条第 2 款规定，被决定强制医疗的人、被害人及其法定代理人、近亲属对强制医疗决定不服的，可以向上一级人民法院申请复议。虽然本案的审理已经到了二审，但如果高级法院改判宣告甲不负刑事责任并对其作出强制医疗决定，生效的是判决。对于决定，不能因此剥夺当

事人等的救济权。D 选项错误。

2. ［答案］C　　　［难度］中

［考点］强制医疗程序

［命题和解题思路］"强制医疗程序"是法考每年必考的考点之一，通常会围绕该考点单独命制题目。解题时，一是要注意案件所处的诉讼阶段；二是要注意检察院在审查起诉阶段可以直接启动强制医疗的申请。

［选项分析］题干中"案件侦查终结移送到检察院"表明公安机关一开始是将此案作为刑事案件办理，而非启动强制医疗程序。当审查起诉时发现犯罪嫌疑人甲属于依法不负刑事责任的精神病人时，符合法定不予追究刑事责任的条件，检察院应当据此作出不起诉的决定，而不需要通知公安机关撤销案件。选项 A 错误。

根据《法院解释》第 634 条第 2 款的规定，在强制医疗程序中，如果被申请人或者被告人没有委托诉讼代理人的，是由人民法院，而非检察院或者公安机关通知法律援助机构指派律师担任其诉讼代理人（注意不是辩护人），为其提供法律帮助。因此，B 选项中由检察院通知，以及担任辩护人的做法均是错误的。

检察院作出不起诉决定是针对追究甲的刑事责任而言的，并不影响检察院可以同时启动强制医疗程序的申请。选项 C 正确。

对于选项 D，首先，案件已进入审查起诉阶段，检察院决定不起诉时可直接决定解除强制措施，无须再通知公安机关；其次，根据《检察院规则》第 542 条的规定，人民检察院发现公安机关对涉案精神病人不应当采取临时保护性约束措施而采取的，应当提出纠正意见。认为公安机关应当采取临时保护性约束措施而未采取的，应当建议公安机关采取临时保护性约束措施。注意，是建议公安机关采取，而非通知公安机关。选项 D 错误。

3. ［答案］B　　　［难度］中

［考点］强制医疗

［命题和解题思路］本题主要考查了法院在二审程序中启动强制医疗程序这一考点。解题时要注意此时处于二审程序中，之前已有一个故意伤害罪的一审判决。

［选项分析］根据《刑诉法》第 303 条第 3 款

的规定，对实施暴力行为的精神病人，在人民法院决定强制医疗前，公安机关可以采取临时的保护性约束措施。A 选项说法错误。

根据《法院解释》第 640 条的规定，第二审人民法院在审理刑事案件过程中，发现被告人可能符合强制医疗条件的，可以依照强制医疗程序对案件作出处理，也可以裁定发回原审人民法院重新审判。由此可见，二审法院可以直接启动强制医疗程序。同时，根据《法院解释》第 638 条、第 639 条的规定，对于一审的有罪判决，二审法院可以改判王某依法不负刑事责任，并同时作出强制医疗的决定。B 选项说法正确。

根据前述解析，二审法院无须裁定终止诉讼。C 选项说法错误。

强制医疗的期限应根据对被强制医疗的人治疗情况来决定，而不是由法院直接决定。D 选项说法错误。

4. ［答案］B　　　［难度］易

［考点］强制医疗的救济程序

［命题和解题思路］命题人通过此题考查了强制医疗程序中的一些程序性问题，主要是强制医疗的救济程序，虽然采取了案例形式，但考查内容均为法律或司法解释的明文规定，无须过多分析，只要对照相关规定即可直接作出判断。

［选项分析］A 选项涉及申请复议的效力。本选项可通过两种方法判断：第一，《法院解释》第 642 条规定："被决定强制医疗的人、被害人及其法定代理人、近亲属对强制医疗决定不服的，可以自收到决定书第二日起五日以内向上一级人民法院申请复议。复议期间不停止执行强制医疗的决定。"可见 A 错误。第二，刑事诉讼中的各种决定均为一经作出立即生效，即便部分决定可以申请复议，但是并不影响决定的生效，不能停止决定的执行。因此 A 错误。

B 选项涉及强制医疗决定的执行程序。《法院解释》第 641 条规定："人民法院决定强制医疗的，应当在作出决定后五日以内，向公安机关送达强制医疗决定书和强制医疗执行通知书，由公安机关将被决定强制医疗的人送交强制医疗。"因此 B 正确。

C 选项涉及申请解除强制医疗的条件。《刑诉法》第 306 条第 2 款规定："被强制医疗的人及其近亲属有权申请解除强制医疗。"并未规定时间限制。因此 C 错误。

D 选项申请解除强制医疗的程序。《法院解释》第 645 条第 1 款规定："被强制医疗的人及其近亲属申请解除强制医疗的，应当向决定强制医疗的人民法院提出。"可见 D 错误。

5. [答案] A   [难度] 难

[考点] 强制医疗的决定程序

[命题和解题思路] 命题人通过此题考查了强制医疗决定程序中一些容易混淆的内容，主要是《法院解释》中的规定。由于《刑诉法》对特别程序的规定都比较粗疏，所以《法院解释》对其作了比较细致的补充规定，这部分规定常为命题人所青睐，考生需要特别重视。对熟悉这部分规定的考生来说，此题的选项大多比较直接，不需要特别的分析，但对不熟悉这部分规定的考生来说，单凭常识和推断则很难答对此题。

[选项分析] A 选项符合《法院解释》第 635 条第 2 款的规定，即"审理强制医疗案件，应当会见被申请人"。故 A 为正确答案。

B 选项中通知法律援助机构指派律师的要求是强制性的，也即是"应当通知"而非"可通知"。《刑诉法》第 304 条第 2 款规定："人民法院审理强制医疗案件，应当通知被申请人或者被告人的法定代理人到场。被申请人或者被告人没有委托诉讼代理人的，人民法院应当通知法律援助机构指派律师为其提供法律帮助。"故 B 错误。

C 选项中的陈述意味着甲即便出庭，也不能自己发表意见，只能由其法定代理人或诉讼代理人代为发表意见，这不符合《法院解释》第 636 条第 2 款的规定，即"被申请人要求出庭，人民法院经审查其身体和精神状态，认为可以出庭的，应当准许。出庭的被申请人，在法庭调查、辩论阶段，可以发表意见。"故 C 错误。

D 选项为重点干扰项。《法院解释》第 637 条规定："……（三）被申请人具有完全或者部分刑事责任能力，依法应当追究刑事责任的，应当作出驳回强制医疗申请的决定，并退回人民检察院依法处理。"故 D 错误。

6. [答案] B   [难度] 中

[考点] 强制医疗的启动和决定程序、强制医疗的救济程序

[命题和解题思路] 命题人通过此题考查了强

制医疗在启动、决定和救济方面与普通程序的异同，命题人所设计的四个选项比较全面地涵盖了强制医疗程序的基本流程与特点，这些流程和特点在刑诉法及相关司法解释中有所反映，但命题人不是直接考法条，而是绕了一些小弯子，需要考生结合常识对相关法条予以正确的理解。

[选项分析] A 选项为重点干扰项，涉及法院可否自行启动强制医疗程序。《刑诉法》第 303 条第 1、2 款规定："根据本章规定对精神病人强制医疗的，由人民法院决定。公安机关发现精神病人符合强制医疗条件的，应当写出强制医疗意见书，移送人民检察院。对于公安机关移送的或者在审查起诉过程中发现的精神病人符合强制医疗条件的，人民检察院应当向人民法院提出强制医疗的申请。人民法院在审理案件过程中发现被告人符合强制医疗条件的，可以作出强制医疗的决定。"根据这一规定可以得出以下结论：第一，强制医疗由人民法院决定，是指最后的强制医疗决定要由人民法院作出，而不是指强制医疗程序由人民法院决定启动。第二，人民法院作出强制医疗决定的情形可能有二：一是在强制医疗程序中作出该决定，二是在普通的审理程序中发现被告人符合强制医疗条件的也可以作出强制医疗决定，但是普通的审理程序本身是经人民检察院起诉才启动的。也就是说，人民法院不能不经检察院的申请或起诉就自行启动强制医疗程序。因此 A 错误。

B 选项涉及强制医疗程序中被申请人是否必须到场。本选项可从两个角度分析：第一，《刑诉法》第 304 条第 2 款规定："人民法院审理强制医疗案件，应当通知被申请人或者被告人的法定代理人到场。被申请人或者被告人没有委托诉讼代理人的，人民法院应当通知法律援助机构指派律师为其提供法律帮助。"《法院解释》第 634 条规定："审理强制医疗案件，应当通知被申请人或者被告人的法定代理人到场；被申请人或者被告人的法定代理人经通知未到场的，可以通知被申请人或者被告人的其他近亲属到场。被申请人或者被告人没有委托诉讼代理人的，应当自受理强制医疗申请或者发现被告人符合强制医疗条件之日起三日以内，通知法律援助机构指派律师担任其诉讼代理人，为其提供法律帮助。"这两条规定均只规定了应当通知**被申请人的法定代理人到场，**

而并未规定应当通知被申请人到场。第二，《法院解释》第 636 条第 2 款规定：“被申请人要求出庭，人民法院经审查其身体和精神状态，认为可以出庭的，应当准许。出庭的被申请人，在法庭调查、辩论阶段，可以发表意见。”由此可以推知，在强制医疗程序中，被申请人不出庭才是常态。因此 B 正确。

C 选项涉及强制医疗程序中的申请复议可否启动二审程序。本选项也可从两个角度分析：第一，《刑诉法》第 305 条第 2 款规定：“被决定强制医疗的人、被害人及其法定代理人、近亲属对强制医疗决定不服的，可以向上一级人民法院申请复议。”《法院解释》第 642 条规定：“被决定强制医疗的人、被害人及其法定代理人、近亲属对强制医疗决定不服的，可以自收到决定书第二日起五日以内向上一级人民法院申请复议。复议期间不停止执行强制医疗的决定。”可见，强制医疗决定一经作出立即生效，复议期间不停止执行，因此申请复议不能启动二审程序。第二，强制医疗决定不是判决或裁定，而是决定，从刑事诉讼常识可知，所有决定一经作出立即生效，其中部分决定可以申请复议，但是复议程序不是二审程序，不影响决定的生效与执行。故此排除 C。

D 选项涉及强制医疗的庭审程序。《法院解释》第 636 条第 1 款规定：“开庭审理申请强制医疗的案件，按照下列程序进行：（一）审判长宣布法庭调查开始后，先由检察员宣读申请书，后由被申请人的法定代理人、诉讼代理人发表意见；（二）法庭依次就被申请人是否实施了危害公共安全或者严重危害公民人身安全的暴力行为、是否属于依法不负刑事责任的精神病人、是否有继续危害社会的可能进行调查；调查时，先由检察员出示证据，后由被申请人的法定代理人、诉讼代理人出示证据，并进行质证；必要时，可以通知鉴定人出庭对鉴定意见作出说明；（三）法庭辩论阶段，先由检察员发言，后由被申请人的法定代理人、诉讼代理人发言，并进行辩论。”可见，强制医疗案件开庭审理时也要区分法庭调查与法庭辩论阶段。故 D 错误。

7. ［答案］B　　［难度］中

［考点］强制医疗程序、具有法定情形不予追究刑事责任原则

［命题和解题思路］命题人在这道题目的选项中涵盖了强制医疗程序中的一些具体的程序和制度，看上去好像是要考强制医疗程序中的具体程序和制度，但是实际上却是要考查强制医疗程序的适用条件及不符合该适用条件的案件应如何处理，可谓醉翁之意不在酒。

本题可通过两种方式解答：第一，考生如能准确理解强制医疗程序的适用条件，即可直接判断出本案不属于强制医疗程序的适用范围，从而可直接排除掉 A、C、D。第二，如果考生不确定本案是否属于强制医疗程序的适用范围，则假设其属于的话，那么至少 A 和 D 都是正确的，这在单项选择中显然是不可能的，由此也可以反推本案一定不属于强制医疗程序的适用范围。

［选项分析］A 选项为重点干扰项。如果本题符合强制医疗程序的适用条件，则 A 选项就没有问题。但是《刑诉法》第 302 条规定：“实施暴力行为，危害公共安全或者严重危害公民人身安全，经法定程序鉴定依法不负刑事责任的精神病人，有继续危害社会可能的，可以予以强制医疗。”即只有精神病人所实施的暴力行为会危害公共安全或者严重危害公民人身安全，才能适用强制医疗程序。而本题中何某打砸多辆机动车的行为不属于此种情况，因此不应适用强制医疗程序。

B 选项中的处理符合《刑诉法》第 16 条关于不予追究刑事责任情形的规定。该条规定：“有下列情形之一的，不追究刑事责任，已经追究的，应当撤销案件，或者不起诉，或者终止审理，或者宣告无罪：（一）情节显著轻微、危害不大，不认为是犯罪的；（二）犯罪已过追诉时效期限的；（三）经特赦令免除刑罚的；（四）依照刑法告诉才处理的犯罪，没有告诉或者撤回告诉的；（五）犯罪嫌疑人、被告人死亡的；（六）其他法律规定免予追究刑事责任的。”本题属于“其他法律规定免予追究刑事责任的”情形，已经追究的，处于侦查阶段的，应当撤销案件。故此 B 正确。

C 选项中的诊断评估也是强制医疗程序中的。《刑诉法》第 306 条第 1 款规定：“强制医疗机构应当定期对被强制医疗的人进行诊断评估。对于已不具有人身危险性，不需要继续强制医疗的，应当及时提出解除意见，报决定强制医疗的人民法院批准。”本题即便符合强制医疗程序的适用条件，也要到法院决定强制医疗后的执行过程中才

存在诊断评估的问题。故此排除 C。

D 选项中的"临时的保护性约束措施"也属于强制医疗程序中的措施。《刑诉法》第 303 条第 3 款规定："对实施暴力行为的精神病人，在人民法院决定强制医疗前，公安机关可以采取临时的保护性约束措施。"本案不属于强制医疗程序的适用范围，当然也就谈不上此种措施。故排除 D。

8. [答案] C　　　[难度] 易

[考点] 强制医疗的救济程序、决定

[命题和解题思路] 命题人这道题主要考查强制医疗的救济程序，但实际上也同时考查了决定与判决、裁定的不同。同时要注意本题是要选出错误选项。

本题可以通过两种方法解答：第一，根据《刑诉法》关于强制医疗程序的规定，对各选项逐一予以判断。第二，根据决定与判决、裁定的区别，当知对任何决定都不能提起上诉，只有部分决定可以复议，由此可直接判断出 C 选项错误。

[选项分析]《刑诉法》第 307 条规定："人民检察院对强制医疗的决定和执行实行监督。"据此可知 A 正确。即便不知道此条规定，根据检察机关的法律监督地位，也可知 A 正确。

《刑诉法》第 305 条第 2 款规定："被决定强制医疗的人、被害人及其法定代理人、近亲属对强制医疗决定不服的，可以向上一级人民法院申请复议。"据此可知 B、D 正确。

由于对任何决定均不得上诉，所以 C 错误。